Delia Owens est née en 1949 en Géorgie, aux États-Unis. Diplômée en zoologie et biologie, elle part s'installer avec son mari, Mark Owens chercheur et biologiste comme elle, au Botswana en 1974. Ensemble, ils étudient les différentes espèces de mammifères de la région. Grâce à cette incroyable expérience au Kalahari puis en Zambie, ils publient trois livres de non-fiction, tous bestsellers aux USA : *Le Cri du Kalahari* (John Burroughs Award for Nature Writing), *L'Œil de l'éléphant* et *Les Secrets de la savane*. Delia Owens publie également de nombreux articles scientifiques dans *Nature, Natural History, Animal Behavior, Journal of Mammalogy*, en menant ses recherches sur les espèces animales en danger et elle monte des projets de sauvegarde de grande ampleur.

Après 23 années passées en Afrique, ils vivent désormais en Caroline du Nord, toujours au plus proche de la nature.

Véritable phénomène international, *Là où chantent les écrevisses*, le premier roman de Delia Owens, s'est vendu à plus de 8 millions d'exemplaires dans le monde et est disponible chez Points.

DES MÊMES AUTEURS

Le Cri du Kalahari
*Robert Laffont, 1985
et « Points » n° P5611*

PAR DELIA OWENS

Là où chantent les écrevisses
*Seuil, 2020
et « Points » n° P5360*

Delia et Mark Owens

L'ŒIL
DE L'ÉLÉPHANT

Une aventure épique
dans la nature sauvage africaine

INÉDIT

*Traduit de l'anglais (États-Unis)
par Patrick Dechesne*

Éditions Points

TITRE ORIGINAL
The Eye of the Elephant

© Delia and Mark Owens, 1992

ISBN 979-10-414-1286-0

© Points, 2023, pour l'édition en langue française

Le Code de la propriété intellectuelle interdit les copies ou reproductions destinées à une utilisation collective. Toute représentation ou reproduction intégrale ou partielle faite par quelque procédé que ce soit, sans le consentement de l'auteur ou de ses ayants cause, est illicite et constitue une contrefaçon sanctionnée par les articles L. 335- 2 et suivants du Code de la propriété intellectuelle.

À Helen et Fred,
Bobby et Mary,
et Mama – pour tout ce qu'ils ont fait.

Et à Lee et Glenda, qui nous donnent le sourire.

Note des auteurs

Cette histoire n'a pas pour but de juger les pratiques passées de la Zambie en matière de conservation, mais plutôt de donner de l'espoir pour l'avenir. Les événements décrits dans ce livre se sont produits sous le précédent gouvernement marxiste à parti unique alors en place. En 1991, le peuple zambien a élu un gouvernement véritablement démocratique, qui a pris des initiatives positives pour résoudre les problèmes de conservation du pays. C'est seulement grâce à ce changement politique que nous avons eu la liberté de raconter notre histoire. Les scientifiques et les défenseurs de l'environnement ont le devoir et le droit de faire état de leurs découvertes. En disant la vérité, si controversée soit-elle, ils encourent un certain risque personnel et professionnel ; en ne la disant pas, nous risquons tous bien plus.

Dans ce livre, les noms des innocents ont été changés pour les protéger des coupables ; les noms des coupables ont été changés pour nous protéger. Le reste de l'histoire est authentique.

Personnages principaux

Island Zulu — responsable du camp de Mano
Patrick Mubuka — responsable du camp de Nsansamina

Nelson Mumba
Gaston Phiri
Tapa
} gardes-chasse du camp de Mano

Chomba Simbeye
Chanda Mwuamba
Mutale Kasokola
} les premiers Bembas à travailler pour nous

Mosi Salama
Bornface Mulenga
} gardes-chasse à Mpika

Sunday Justice
Mumanga Kasokola
} nos cuisiniers

Jealous Mvula
Bwalya Muchisa
Musakanya Mumba
} nos premiers informateurs

Chanda Seven Bernard Mutondo Mpundu Katongo Chikilinti Simu Chimabe	les plus célèbres braconniers du parc de North Luangwa
John Musangu Kotela Mukendwa	chefs d'unité au camp de Mano
Banda Chungwegarde	forestier principal à Mpika
Evans Mukuka	notre premier responsable pédagogique
Marie et Harvey Hill	amis à Mpika
Chef Mukungule	chef de la zone ouest du parc
Chef Nabwalya	chef de la zone séparant le North Luangwa du South Luangwa
Chef Chikwanda	chef de la zone autour de Mpika
Max Saili	responsable des activités de notre projet dans les villages
Tom et Wanda Canon	volontaires texans
Ian Spincer Edward North	assistants de l'université de Reading

Les lions

Happy
Sunrise
Sage } les nouveaux membres de la Meute
Stormy bleue du Kalahari
Saucy

Serendipity } lions de la meute de Serendipity
Kora le long de la Mwaleshi

Bouncer le mâle sur lequel nous avons posé un collier dans les plaines

Les éléphants

Survivor le mâle qui nous rend visite au camp

Cheers le mâle qui accompagne parfois Survivor

Le Groupe du Camp le groupe de mâles qui fourragent autour de notre camp

Une Seule Défense
Mandy } une unité familiale d'éléphants
Misty femelles
Marula

Oreille Longue } une autre unité familiale d'éléphants
et ses filles femelles

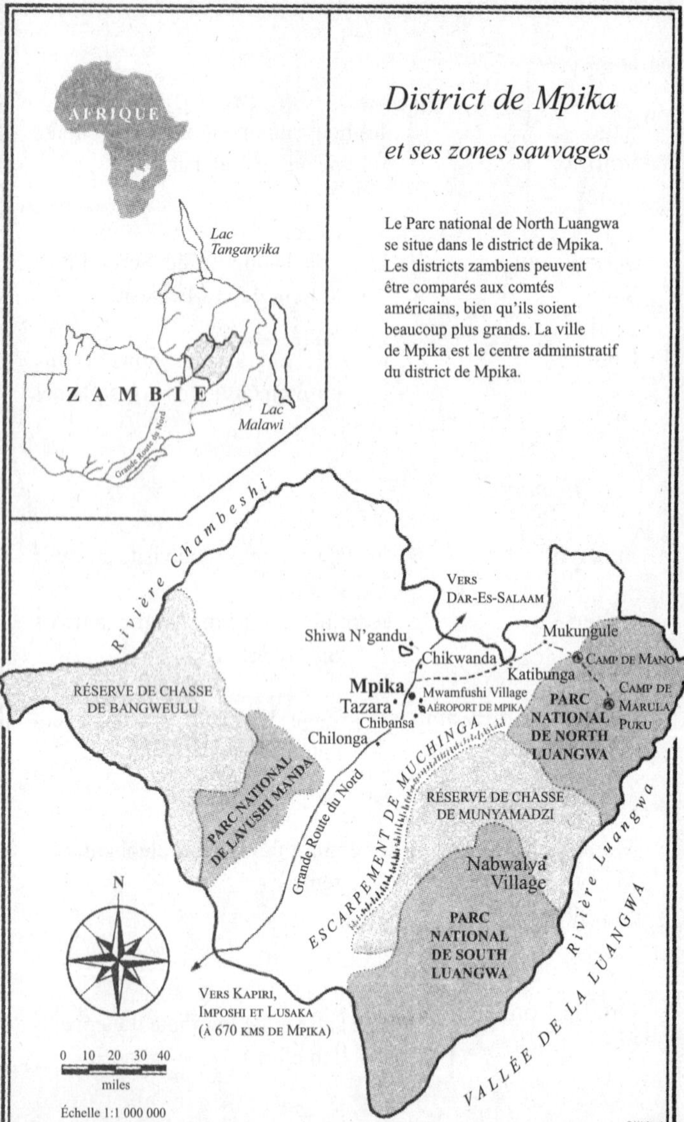

District de Mpika
et ses zones sauvages
Le Parc national de North Luangwa se situe dans le district de Mpika. Les districts zambiens peuvent être comparés aux comtés américains, bien qu'ils soient beaucoup plus grands. La ville de Mpika est le centre administratif du district de Mpika.
AFRIQUE
Lac Tanganyika
ZAMBIE
Grande Route du Nord
Lac Malawi
Rivière Chambeshi
VERS DAR-ES-SALAAM
Shiwa N'gandu
Chikwanda
Mukungule
CAMP DE MANO
Katibunga
Mpika
Mwamfushi Village
AÉROPORT DE MPIKA
Tazara
Chibansa
Chilonga
RÉSERVE DE CHASSE DE BANGWEULU
PARC NATIONAL DE LAVUSHI MANDA
ESCARPEMENT DE MUCHINGA
PARC NATIONAL DE NORTH LUANGWA
CAMP DE MARULA PUKU
RÉSERVE DE CHASSE DE MUNYAMADZI
Grande Route du Nord
Nabwalya Village
PARC NATIONAL DE SOUTH LUANGWA
Rivière Luangwa
VALLÉE DE LA LUANGWA
N
VERS KAPIRI, IMPOSHI ET LUSAKA (À 670 KMS DE MPIKA)
0 10 20 30 40
miles
Échelle 1:1 000 000
G W Ward

Parc national de North Luangwa

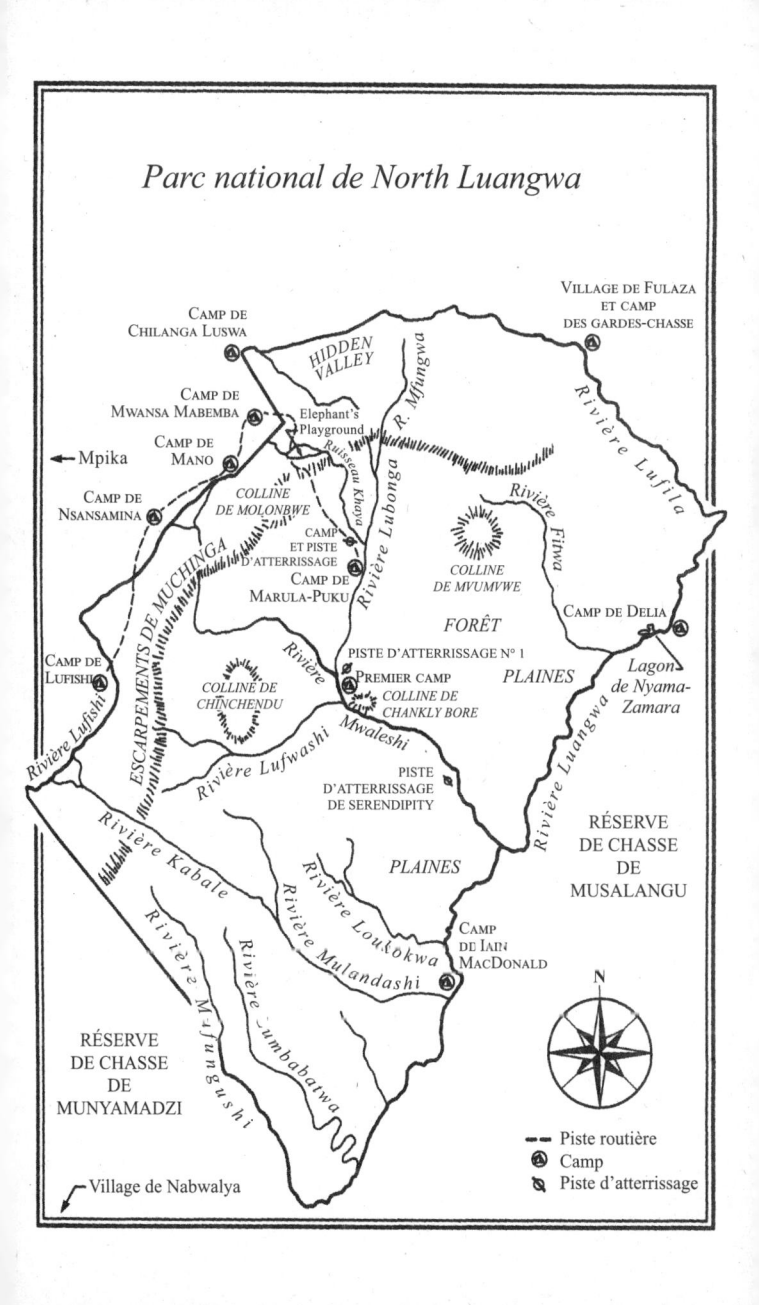

Première partie

LA SAISON SÈCHE

Introduction

Delia

Luangwa, à l'aube. J'entends l'éléphant se nourrir de fruits de marula juste à l'extérieur de la maison. En écartant délicatement la moustiquaire, je me lève du lit et, dans l'obscurité, je me dirige sur la pointe des pieds vers la salle d'eau, qui possède une minuscule fenêtre située sous un toit de chaume. Tout ce que je peux voir par la lucarne, c'est un grand œil, semblable à celui d'une baleine, qui me regarde en clignant à travers la pâle lumière du matin.

Un pas après l'autre, je me rapproche de la fenêtre jusqu'à être juste en dessous. Alors, debout sur une vieille armoire à thé, je me hisse sur le rebord et je vois l'œil de Survivor à seulement quelques dizaines de centimètres. Tandis qu'il regarde vers le sol à la recherche d'un fruit, de longs cils droits couvrent partiellement sa pupille. Puis, alors qu'il en ramasse un avec sa trompe et le porte à sa bouche, il relève ses cils et me regarde directement. Il ne montre ni surprise ni inquiétude, et je plonge dans l'éternité grise qu'est l'œil d'un éléphant.

Un tel événement peut se produire dans d'autres régions d'Afrique, mais pas dans le nord de la vallée de la Luangwa, en Zambie. Au cours des quinze dernières années, cent mille éléphants y ont été abattus par des braconniers. Ici, les éléphants s'enfuient généralement dès qu'ils aperçoivent ou sentent l'homme. Je veux me souvenir à jamais des profonds sillons de la peau plissée au-dessus des cils de Survivor, de son œil humide et scintillant, qui reflète maintenant le lever du soleil. Je suis sûre que cela ne m'arrivera plus jamais ; le souvenir doit durer toute une vie. Et je ne dois jamais oublier ce que je ressens, car en ce moment, je vois tout avec clarté.

*

Nous sommes venus pour la première fois en Afrique en 1974 et nous nous sommes installés à Deception Valley, une rivière asséchée et fossilisée du désert du Kalahari, au Botswana. Pendant sept ans, nous avons vécu dans des tentes au milieu des dunes couvertes d'arbustes, seuls habitants d'une région sauvage de la taille de l'Irlande, à l'exception de quelques bandes éparses de Bochimans. Les lions et les hyènes brunes n'avaient manifestement jamais vu d'humains auparavant. Ils nous ont acceptés dans leurs troupeaux et leurs clans, nous révélant des détails jusqu'alors inconnus de leur histoire naturelle. Notre camp, situé sur une île, se trouvait au centre du territoire de la Meute bleue. Ces lions – Blue, Sassy, Happy, Bones et, plus tard, Muffin et Moffet – s'asseyaient souvent à quelque distance de notre feu de camp ou dévalisaient notre garde-manger. Un matin, alors que nous dormions dans la savane, nous nous sommes réveillés entourés de lions, qui se tenaient à une longueur de bras de nous.

Nous avons quitté Deception Valley à la fin de l'année 1980 pour terminer nos études supérieures et nous y sommes retournés en 1985, date à laquelle commence cette histoire. Notre plus grand espoir était de retrouver les lions de la Meute bleue encore en vie et de poursuivre nos recherches encore cinq ans. Nous avions l'intention de fouiller chaque versant de dune, chaque point d'eau asséché et chaque bosquet d'acacias jusqu'à ce que nous les retrouvions.

Mais nous avions également un autre objectif. La réserve de chasse du Kalahari central, longtemps oubliée et délaissée par le monde extérieur, était désormais au centre d'une controverse. De puissants éleveurs et politiciens voulaient la démanteler et la diviser en grands ranchs privés, même si les savanes sablonneuses du désert ne peuvent pas nourrir le bétail bien longtemps. Nous avions une tout autre proposition : que la zone soit conservée au profit de la population locale via le tourisme animalier.

Malgré toutes les pressions exercées sur le Kalahari, il n'y avait sans doute pas beaucoup d'endroits sur la terre qui aient aussi peu changé depuis notre départ quatre ans plus tôt. Il n'y avait toujours aucun développement de quelque nature que ce soit dans la réserve. À notre camp, nous devions encore transporter de l'eau dans des barils sur une distance de quatre-vingts kilomètres, vivre dans les mêmes tentes défraîchies, conduire sur la seule piste de brousse que nous avions empruntée des années auparavant. Une fois de plus, nos seuls visiteurs allaient être des lions, des hyènes brunes, des chacals, des springboks, des girafes, des calaos terrestres et des lézards.

Perdus à nouveau dans les dunes, nous n'avons pas mesuré que, bien que le Kalahari soit demeuré quasiment le même, le reste de l'Afrique avait changé. Nous avions survécu à la sécheresse et aux tempêtes de sable. Nous allions maintenant être pris dans une tempête d'un autre genre, une tempête qui nous déracinerait et nous emporterait comme des herbes folles à travers le continent, à la recherche d'une autre région sauvage. Et là, la tempête continuerait.

*

Survivor baisse à nouveau les cils, à la recherche d'un autre fruit. Il finit par en trouver un et le porte à sa bouche, ses lèvres claquant bruyamment tandis qu'il le mâche. Il me regarde à nouveau. Je peux voir non seulement dans ses yeux, mais à travers eux. Au-delà, des milliers d'éléphants en troupeaux massifs se fraient un chemin le long des sentiers de montagne et descendent dans la vallée, où ils se promènent à pas lents dans des savanes immobiles entourées de forêts épaisses et luxuriantes. Des mères géantes et douces et des jeunes enjoués s'ébattent et se baignent dans de larges rivières, sans crainte. Des mâles puissants se poussent et se bousculent pour avoir le droit de faire la cour, puis s'éloignent l'un de l'autre en secouant la tête, les oreilles battant dans un nuage de poussière. À travers l'œil de Survivor, je peux voir la nature sauvage telle qu'elle était autrefois. La tempête continue, mais une lueur d'espoir brille. Grâce à elle, une partie de l'Afrique sauvage peut être sauvée.

Lentement, Survivor déploie sa trompe jusqu'au rebord de la fenêtre, où il hume mon odeur tout en me regardant à nouveau droit dans les yeux. J'avance mes doigts jusqu'à ce qu'ils soient appuyés contre la moustiquaire, à quelques centimètres seulement de sa trompe. J'ai envie de murmurer quelque chose, mais que pourrais-je dire ?

L'œil de l'éléphant est l'œil de la tempête.

1

Le vol vers Deception

Mark

> Chaque fois que je suis montée dans un avion et qu'en regardant vers le bas j'ai constaté que j'avais quitté le sol, j'ai eu conscience d'une grande découverte. Je me suis dit : « Je vois. C'était ça, l'idée. Et maintenant, je comprends tout. »
>
> Karen BLIXEN

En survolant le Kalahari pour la première fois depuis des années, j'avais l'impression de retrouver un vieil ami dans un coin secret de la terre que nous étions les seuls à connaître. Au cours de nos sept années passées dans cette vaste étendue sauvage, j'avais accumulé du sable du Kalahari dans mes chaussures, et la civilisation, avec ses beaux hôtels, ses restaurants, ses bains chauds et toutes ses commodités, n'avait pas été capable de m'en débarrasser. Plus je volais vers le nord, plus je m'enfonçais dans le désert. En voyant les marécages familiers, les vallées fluviales fossilisées, la vaste savane ondulante où les girafes broutent les acacias faux-gommiers à cime plate, j'ai su que je revenais là où était ma place. C'était au début du mois d'avril 1985.

Au moment de préparer mon vol pour le Botswana, je craignais que la sécheresse, qui avait duré six ans, n'ait remodelé le Kalahari au point de m'empêcher de retrouver notre ancien campement. Je devais y rencontrer Delia deux jours plus tôt, mais des problèmes de dernière minute avec l'avion à Johannesburg m'avaient retardé. Pendant son long trajet en 4 x 4 dans le Kalahari, et même après avoir atteint le camp, il n'y avait aucun moyen de la prévenir. Si je n'arrivais pas rapidement, elle penserait que j'avais été forcé de me poser quelque part.

Alors que je scrutais les instruments, mes yeux se sont fixés sur la jauge de mon réservoir droit. À mi-chemin de Deception, l'aiguille frôlait déjà le rouge. Je perdais du carburant à toute allure. Je me suis redressé sur mon siège, j'ai regardé le long de chaque aile à la recherche d'une fuite, puis j'ai vérifié à nouveau le mélange de mon carburateur. Rien d'anormal. Je me suis essuyé les yeux avec mon avant-bras et j'ai tâché de garder mon calme.

Mon réservoir droit était pratiquement à sec alors que celui de gauche était complètement plein, mais j'avais réglé le sélecteur de carburant pour qu'il puise équitablement dans les deux. La conduite reliant le réservoir gauche au moteur devait être obstruée. Si c'était bien le cas, je tomberais en panne sèche dans les prochaines minutes. Je devais atterrir immédiatement.

J'ai regardé par la verrière, mille trois cents mètres sous moi. Six années de sécheresse avaient dévasté le Kalahari, les vents secs et chauds brûlant tout signe de vie jusqu'à ce que le terrain ressemble au point zéro des zones d'essais nucléaires du Nevada : stérile, interdit, inconnu. J'ai dégluti, je me suis penché en avant sur mon siège et j'ai commencé à chercher d'urgence un endroit où effectuer un atterrissage de précaution. Si je continuais à voler, le moteur risquait de s'arrêter au-dessus de la savane ou de la forêt et là, un atterrissage forcé se solderait par un crash. Personne ne me retrouverait jamais.

Une saline parfaitement circulaire et d'une blancheur éclatante est apparue sur la gauche, à une quinzaine de kilomètres de là. J'ai incliné à gauche et je me suis dirigé droit dessus, en réduisant les gaz pour économiser l'avgas (essence d'aviation). La jauge du réservoir de droite était maintenant dans le rouge, et le moteur avait semblé plusieurs fois avoir des ratés. Lorsque j'ai enfin survolé la saline, j'ai repris mon souffle et commencé à préparer l'atterrissage.

Mais arrivé à cinquante mètres au-dessus du sol, j'ai remarqué de profondes traces d'animaux à la surface. Si je posais l'avion ici, ses roues s'enfonceraient dans le sel et la poudre. Même si je parvenais à résoudre le problème de carburant, je ne pourrais plus jamais décoller.

Il m'est alors venu à l'esprit que je ne pouvais pas être sûr que le réservoir gauche était bloqué tant que le réservoir droit n'était pas à sec. J'ai donc décidé de le vider délibérément de son carburant en décrivant des cercles au-dessus de la cuvette. Si le moteur s'arrêtait, je pouvais atterrir en toute sécurité, même si je n'étais pas en mesure de redécoller.

J'ai tourné en rond et attendu que le moteur s'arrête. Mais non. Le réservoir gauche a commencé à alimenter le moteur en carburant. Sa jauge baissait lentement. Plus tard, j'apprendrais que les mécaniciens avaient interverti les câbles reliant les réservoirs à la console de sélection du carburant. La commande de droite puisait dans le réservoir de gauche, tandis que celle de gauche puisait dans celui de droite. Pire encore, une pression d'air plus élevée due à un évent défectueux dans le réservoir droit forçait l'essence à pénétrer dans le réservoir gauche, qui débordait. L'excédent était pompé par un bouchon de carburant qui fuyait sur le dessus de l'aile gauche, là où je ne pouvais pas le voir. Il m'avait fallu quarante précieuses minutes de vol – et de carburant – pour comprendre tout cela. Désormais, même si je me dirigeais droit vers le camp, je risquais de ne pas y arriver.

Et mes problèmes ne faisaient que commencer. Cinq minutes après avoir quitté la cuvette, je me suis rendu compte que j'étais perdu. Rien en dessous de moi ne me semblait ne serait-ce que vaguement familier. La sécheresse n'avait sûrement pas effacé tous mes anciens repères. Où étaient les Khutse Pans, les cuvettes « mitochondriales », le tracé alambiqué de la rivière fossile qui m'indiquaient ma position dans le désert ? Ces signes étaient subtils, mais il y a quatre ans, je connaissais si bien le Kalahari vu du ciel qu'ils étaient pour moi comme des panneaux de signalisation. Même si la brume avait réduit ma visibilité à environ trois kilomètres, il semblait impossible que j'aie pu passer au-dessus de ces éléments sans en voir aucun. J'ai resserré ma prise sur les commandes et maintenu le cap de ma boussole. Quelque chose de familier devait bien finir par apparaître.

Quarante-cinq minutes après avoir quitté la cuvette, j'étais totalement désorienté et un fort vent de face avait réduit ma vitesse au sol de 240 km/h à 190 km/h. Il me faudrait encore plus de carburant pour atteindre le camp. Désireux de me raccrocher à quelque chose de familier, j'ai dépensé mon précieux carburant en grimpant jusqu'à deux mille neuf cents mètres, altitude à laquelle j'espérais voir plus loin dans le désert. Sans succès. Tout ce qui se trouvait en dessous de moi était noyé dans un voile de brume blanche. Je devais dériver à des kilomètres de ma trajectoire, mais je ne pouvais pas savoir dans quelle direction. Les mêmes mécaniciens qui avaient interverti les câbles de carburant avaient mis une vis en acier – et non en laiton amagnétique – dans le boîtier du compas. L'aiguille était décalée de trente degrés. Mais bien sûr, je ne le savais pas à ce moment-là.

J'ai lutté contre l'envie de quitter ma trajectoire de vol pour tenter de déceler des taches dans le paysage morne, dans l'espoir de trouver quelque repère. Je ne pouvais pas me permettre de gaspiller l'essence. J'ai donc poursuivi mon vol, n'osant plus regarder les jauges.

Une heure plus tard, je n'avais toujours aucune idée de l'endroit où je me trouvais et je savais avec certitude que je tomberais en panne sèche avant d'atteindre le camp. Je ne pouvais qu'espérer atterrir près d'un village bochiman où je pourrais trouver de l'eau, ou au moins quelques melons sauvages, pour me maintenir en vie. Mais je n'avais vu aucun des villages que je connaissais depuis des années. Je devais être à des kilomètres de ma route.

J'ai basculé la radio sur 125.5, la fréquence du trafic aérien civil du Botswana, et je me suis saisi du micro. « À tous les appareils, ici Foxtrot Zulu Sierra. Est-ce que quelqu'un me reçoit ? » Rien. J'ai répété mon appel à plusieurs reprises, mais seul le grésillement du récepteur me répondait.

Je suis passé sur 121.5, la fréquence d'urgence, et j'ai appelé à nouveau : « À tout avion, ici Foxtrot Zulu Sierra. Je suis perdu au-dessus du Kalahari, quelque part entre Gaborone et le secteur nord de la réserve centrale. Mon niveau de carburant est critique... Je répète, carburant critique. Atterrissage forcé imminent. Est-ce que quelqu'un me reçoit ? » Aucune réponse. J'ai soudain eu l'impression d'être le dernier survivant d'une apocalypse appelant dans l'espace avec une chance sur un milliard d'être entendu et secouru par une quelconque forme d'intelligence.

Mon heure d'arrivée prévue à Deception Valley était passée. Il n'y avait toujours qu'un vide anonyme au-dessous de moi. La jauge de carburant de gauche vacillait dans le rouge, le réservoir de droite était complètement vide. J'ai continué à voler, cherchant devant moi un endroit où je pourrais me poser en catastrophe avec le moins de dommages possible pour l'avion comme pour moi-même.

J'ai repéré un soupçon de blanc à droite de ma trajectoire, à environ trente degrés. Le lac Xau ! Mais à mesure que je me rapprochais, la dépression qui se dessinait dans la verrière devenait trop ronde, trop blanche, pour être le lac Xau dont je me souvenais. Certes, le Xau était à sec depuis quelques années, mais cette dépression paraissait trop petite, trop comparable à un marais salant permanent. Je ne pouvais pas voir le lit du lac ni la rivière Boteti qui s'y jette.

Si ce n'était pas le lac Xau, c'était peut-être Quelea Pan. Dans ce cas, je me trouvais quatre-vingts kilomètres trop à l'ouest, plus profond dans le désert. Ce devait être l'un ou l'autre. Si c'était Xau, je devais mettre le cap à l'ouest et parcourir une centaine de kilomètres pour atteindre Deception Valley ; si c'était Quelea, je devais mettre le cap à l'est pendant quatre-vingt-dix kilomètres.

J'ai jeté un coup d'œil à mes jauges de carburant. Elles étaient toutes deux dans le rouge. J'ai fait pivoter mes ailes de haut en bas et l'aiguille de gauche s'est mise à osciller, mais très légèrement.

Il y avait à peine assez d'essence dans le réservoir pour quelques kilomètres. Je devais trouver un terrain adéquat pour atterrir immédiatement. Je ne pouvais pas me permettre de gaspiller mon carburant en volant plus près de la cuvette pour l'identifier. Si je ne pouvais pas atteindre le camp, je voulais m'en approcher le plus possible.

Si je tournais vers l'ouest et que ce n'était pas le Xau, je m'éloignerais du camp pour atteindre une partie plus reculée du désert, où mes chances d'être retrouvé étaient nulles.

Il n'y avait plus de temps à perdre. J'ai viré de bord.

2
Le pays des dunes

Delia

> Quelle rêverie absurde ! Le bourdonnement de l'avion, le soleil immuable, l'horizon à perte de vue, tout cela s'était conjugué pour me faire oublier l'espace d'un instant que le temps passait plus vite que moi.
>
> Beryl MARKHAM

Scrutant l'horizon, je me demandais encore une fois pourquoi Mark n'était pas venu me chercher en avion. J'avais deux jours de retard ; s'il était arrivé sain et sauf au camp, il aurait déjà dû me contacter. J'ai cherché une fois de plus l'avion blanc se détachant sur le bleu, mais le ciel du désert du Kalahari, le plus grand ciel de la planète, était vide.

Des plaines infinies et stériles – les restes du lac Xau, aux confins du Kalahari – m'entouraient. Cela faisait six jours que j'avais quitté Johannesburg et que je conduisais le vieux Toyota Land Cruiser chargé de provisions à travers le désert, en direction de notre ancien camp de Deception Valley.

Mark et moi étions convenus de nous retrouver au camp le 4 avril, jour de mon anniversaire. S'il n'était pas là à mon arrivée, je devais contacter par radio le village de Maun pour organiser des recherches aériennes. En revanche, si je n'étais pas au camp, il devait voler le long de la piste à ma recherche. Mon voyage à travers le maquis fatigué avait duré beaucoup plus longtemps que prévu. Mark n'avait pas pris l'avion pour me rechercher, ce qui ne pouvait signifier qu'une chose : il n'était pas arrivé au camp.

La piste que je suivais serpentait à travers la pointe sud du lit du lac asséché. En faisant des allers-retours, penchée sur le volant, je cherchais des signes de l'ancienne piste qui, pendant de nombreuses années, nous avait conduits dans la réserve. Les plaines avaient changé d'aspect après des années de sécheresse ; de faibles traces se perdaient dans des directions bizarres, puis s'effaçaient dans la poussière et le sable dérivant.

J'ai grimpé sur le toit du 4 x 4 pour avoir une meilleure vue, plissant les yeux pour me protéger de l'éblouissement. Un vent chaud soufflait sans discontinuer sur le désert. Des tourbillons de poussière bondissaient et tournoyaient. Je ne trouvais aucune trace de l'ancienne piste ; soit elle s'était effacée, soit j'étais perdue.

Un autre chemin menait à la réserve : je pouvais rouler jusqu'au sommet de Kedia Hill et me diriger plein ouest, le long d'une ancienne ligne de démarcation. C'était une route plus longue mais plus sûre. J'ai tourné sur la piste menant à la colline et appuyé fermement sur l'accélérateur.

Alors que j'atteignais le bord de la plaine, j'ai regardé en arrière. C'était là, il y a seulement quatre ans, qu'un quart de million de gnous avaient trouvé la mort en cherchant de l'eau. En une journée, nous avions compté quinze mille bêtes mortes et vu des centaines d'autres agoniser. Les gnous avaient migré sur plusieurs centaines de kilomètres pour découvrir que leur chemin vers l'eau était bloqué par une grande clôture. Pendant des jours, ils avaient marché le long de la barrière jusqu'à la plaine du lac, déjà surpâturée par un trop grand nombre de bovins affamés. À présent, elle était nue, vide et dévastée. Pas un seul gnou, pas une seule vache n'était en vue.

Le conflit entre le bétail domestique et les animaux sauvages n'avait pas été résolu, mais nous avions soumis au gouvernement quelques idées qui, nous l'espérions, profiteraient à la fois à la population et à la faune. Cela m'a rappelé tout le travail qu'il restait à faire pour préserver le Kalahari central. J'ai quitté les plaines et je me suis dirigée vers la colline de Kedia.

Du sable ivoire, plus profond que je n'en avais jamais rencontré, s'était amoncelé le long de la piste et, par endroits, avait dérivé sur la route comme de la neige poudreuse. Le toit chargé de fournitures alourdissait le 4 x 4, qui se balançait dans le sable en titubant d'un côté à l'autre comme un ivrogne. Je l'ai poussé sur les pentes rocheuses et boisées de Kedia et j'ai facilement trouvé l'ancienne piste d'arpentage. Elle avait été tracée au début des années 1970 par notre regretté ami Bergie Berghoffer, qui nous avait autrefois sauvés du désert. J'avais l'impression qu'il était là maintenant, m'ouvrant le chemin avec sa bande défrichée qui pointait comme une flèche droit vers le Kalahari.

Plusieurs heures plus tard, je suis arrivée au panneau que nous avions construit en utilisant des cornes de gnou afin de marquer la limite de la réserve de chasse du Kalahari central. Je suis sortie du 4 x 4 un instant pour être plus proche des doigts de l'herbe et du visage du vent. Hormis le panneau, il n'y avait rien d'autre que du chiendent et des buissons épineux, mais c'est là que nous avions repéré la lionne Sassy, sous ces taillis.

Pendant que nous lui attachions le collier radio autour du cou, ses trois lionceaux l'observaient à quelques mètres de distance, les yeux écarquillés de curiosité. Nous avions connu Sassy elle-même lorsqu'elle était petite. Si elle avait survécu à la sécheresse, aux chasseurs, aux braconniers et aux éleveurs, elle aurait aujourd'hui douze ans, un âge vénérable pour une lionne du Kalahari. « Où es-tu, Sas' ? »

Je m'attendais à ce que Mark survole le 4 x 4 à tout moment. Il allait descendre très bas et passer, le ventre de l'avion juste au-dessus de ma tête – l'un de ses tours préférés. Mais il n'y avait aucun signe de l'appareil.

J'ai continué à rouler, les roues du 4 x 4 s'enfonçant régulièrement dans le sable profond. J'étais heureuse de constater que les rubans d'arpentage laissés par les prospecteurs miniers n'étaient plus accrochés aux arbres. Ils avaient été déchiquetés par le soleil et emportés par le vent. Le Kalahari avait gagné cette manche.

Voyant des empreintes fraîches de hyène brune dans le sable, j'ai bondi du 4 x 4 pour les examiner. Elles avaient été laissées la nuit dernière par un adulte se dirigeant vers l'est. J'étais partagée entre le désir de savourer chaque détail de mon retour au Kalahari et celui de me précipiter au camp pour voir ce qu'il était advenu de Mark.

Une heure plus tard, mon cœur a commencé à s'emballer lorsque j'ai atteint la crête de la dune de l'Est. J'ai grimpé sur le toit du 4 x 4 et j'ai plissé les yeux, la main en visière, pour essayer de voir si l'avion avait atterri au camp, à près de trois kilomètres de là, sur le lit de la rivière asséchée. Les vagues de chaleur étiraient et déformaient le désert en mirages, ce qui rendait les choses difficiles à distinguer. Malgré cela, les larges ailes blanches auraient été visibles sur le sable. L'avion n'était pas là.

Sautant au sol, j'ai ouvert la portière et j'ai roulé furieusement sur la crête de sable. « Mon Dieu, que dois-je faire ? » Il avait semblé si facile sur le papier de joindre Maun par radio si Mark n'était pas là, mais nous n'avions pas contacté le village par radio depuis quatre ans. Et si la radio ne fonctionnait pas ? Et si personne ne répondait ?

Le 4 x 4 avançait péniblement. Le moteur surchauffait beaucoup et émettait un grondement profond – et inquiétant. S'il tombait en rade, j'étais dans le pétrin. Le bruit s'est amplifié.

VRRROUUUUM ! Une rafale d'air et de tonnerre a déferlé derrière moi avant de passer au-dessus de ma tête. Instinctivement, je me suis baissée et j'ai regardé en l'air. Le ventre de l'avion a envahi tout le pare-brise alors que Mark passait à trois mètres au-dessus du 4 x 4. Il a piqué du nez sur la pente de la dune et s'est élancé vers le sud, en direction du camp. J'ai arrêté le moteur et j'ai appuyé ma tête contre le volant, soulagée. Puis je l'ai frappé de mes poings. « Bon sang ! Où était-il passé ? Il arrive toujours à la dernière seconde. » Mais j'ai souri. Il était en sécurité et nous retrouvions le Kalahari. Je pouvais maintenant savourer mon retour à la maison.

Je suis remontée sur le toit du 4 x 4. Je me tenais exactement à l'endroit d'où nous avions regardé pour la première fois Deception Valley, onze ans plus tôt. À l'époque, l'ancien lit de la rivière était couvert d'une herbe épaisse et verte et parcouru par de majestueux troupeaux d'oryx et de gemsboks. À présent, entre les dunes qui s'étendaient du nord au sud, le fond de la vallée semblait nu et gris, et seule une antilope esseulée bravait la chaleur. C'est alors que j'ai remarqué un léger soupçon de verdure ; seul quelqu'un ayant vécu pendant des années dans le désert aurait pu qualifier cela de verdure, mais c'était là. Il avait plu quelques millimètres très récemment et l'herbe se frayait un chemin dans le sable. Le Kalahari n'était ni mort ni fatigué, il attendait simplement le moment de refleurir.

Certaines personnes ont le sentiment de rentrer chez elles en retrouvant leur quartier, des rues bordées de maisons, des visages, des emplois et des bâtiments familiers. En contemplant Deception Valley, j'ai vu mon quartier, ma maison, mon travail, mon identité, ma raison de vivre. Au sommet de la dune de l'Est, je contemplais ma vie.

J'ai rapidement franchi la dune et traversé le lit de la rivière. Mark avait atterri sur notre ancienne piste et se précipitait pour m'accueillir alors que je contournais Acacia Point, à plusieurs centaines de mètres du camp. J'ai sauté du 4 x 4 et l'ai serré dans mes bras.

– Qu'est-ce qui s'est passé ? Pourquoi tu ne m'as pas appelée ? lui ai-je demandé.

– J'ai failli ne pas y arriver.

Mark avait l'air un peu sonné lorsqu'il m'a raconté son vol.

– Je me suis retrouvé dans une situation où je devais décider d'aller soit à l'est, soit à l'ouest. J'ai choisi l'ouest et, après quelques minutes, j'ai reconnu les Hartebeest Pans. Au moins, je savais où j'étais, mais à tout instant, le moteur risquait de s'arrêter et il fallait encore dix minutes pour gagner la vallée. Lorsque j'ai finalement atterri au camp, j'ai coupé le moteur, j'ai roulé hors du cockpit et je me suis effondré. Il m'a fallu un moment avant de pouvoir bouger.

Il avait ensuite vidé les réservoirs et évalué ce qui lui restait de carburant : moins de dix minutes de vol. Je l'ai serré à nouveau dans mes bras et nous nous sommes dirigés vers le fourré épineux qui avait été notre maison. Le camp, une vie entière en sept ans. Nous y sommes rentrés.

*

Lorsque nous avons décidé de nous installer sur cet îlot boisé, des milliers de branches vertes s'élançaient vers le ciel dans un enchevêtrement de broussailles. Aujourd'hui, la sécheresse avait ravagé ce luxuriant bosquet, et les arbres étaient gris et sans feuilles. Mais il y avait ici le buisson que les lions Muffin et Moffet marquaient toujours, et il y avait les traces du feu de camp qui avait réchauffé nos vies pendant plus de deux mille nuits. Les lions de la Meute bleue avaient saccagé le camp à plusieurs reprises, arrachant des sacs de farine, de semoule et d'oignons aux arbres entourant le *boma* de la cuisine – un enclos ouvert d'herbe et de poteaux.

Pendant notre absence, un autre couple avait utilisé le camp pour étudier les antilopes du désert, mais ils étaient partis il y a plus de six mois. Les mêmes tentes défraîchies étaient drapées sur leurs poteaux, leurs toiles déchirées et mises en lambeaux par les tempêtes insolentes du désert. L'un des côtés de la tente qui abritait notre laboratoire et notre bureau s'était effondré, et une petite mare d'eau de pluie provenant de la récente averse recouvrait la toile. Mark a replacé la tente sur ses piquets, tiré avec précaution les rabats, puis chassé un cobra cracheur caché à l'intérieur à l'aide d'un bâton. Dans la tente de repos, le lit en carton s'affaissait sous le poids d'un matelas détrempé et le sol était couvert de boue.

Le *boma* de la cuisine, avec son toit de chaume épais et hirsute, était toujours debout à l'autre bout du camp.

À l'intérieur se trouvaient la planche à découper que Dolene nous avait offerte, la grille de cuisson que Bergie avait fabriquée pour nous et la bouilloire noircie, scarifiée par les dents des hyènes qui l'avaient si souvent volée.

J'ai regardé autour de moi en espérant repérer les calaos à bec jaune, ces oiseaux aussi charismatiques que comiques avec lesquels nous avions partagé l'îlot à chaque saison sèche. Mais je n'en ai vu aucun. La récente pluie fine avait dû les attirer dans les bois où ils s'accoupleraient, comme à chaque saison des pluies.

– Regarde qui est là ! s'est exclamé Mark.

Je me suis retournée et j'ai vu un gobe-mouches du Marico en train de voler jusqu'à une branche non loin de la tête de Mark. Il s'est immédiatement mis à battre des ailes, suppliant qu'on lui donne quelque chose à manger. Je m'éclipsai vers la glacière du 4 x 4 et revins avec un morceau de fromage, l'une des friandises préférées du gobe-mouches. J'en ai jeté quelques morceaux à nos pieds. Sans hésiter, l'oiseau a piqué droit dessus, s'est rempli le bec de cheddar et s'est envolé vers l'autre côté du camp.

Après avoir déchargé les boîtes et les coffres remplis de fournitures du 4 x 4 et de l'avion, nous avons commencé l'énorme travail de nettoyage et de rangement. Mark a allumé un feu avec des bouts de bois pendant que je nettoyais la table du *boma* de la cuisine de la boue, des toiles d'araignée et d'un nid de souris. Nous avons préparé du thé et posé sur la table un déjeuner composé de pain, de fromage et de confiture.

– Nous devons commencer à chercher les lions tout de suite, a déclaré Mark aussitôt que nous nous sommes assis.

Le mois d'avril était censé marquer la fin de la saison des pluies, mais d'après le pluviomètre, il n'était tombé que cinquante millimètres de précipitations au lieu des trois cent cinquante habituels. Bien que cela soit suffisant pour remplir les trous d'eau, cette dernière s'évaporerait dans quelques jours. Les lions allaient bientôt suivre les antilopes de la vallée vers leurs aires de saison sèche ; nous devions les trouver et leur poser un collier radio avant leur départ, afin de pouvoir suivre leurs mouvements grâce aux récepteurs radio de l'avion et du 4 x 4.

Avant notre départ en 1980, les lions de la Meute bleue couvraient déjà une superficie de près de quatre mille kilomètres carrés et s'éloignaient jusqu'à cent cinquante kilomètres de leur aire d'hivernage, à la recherche de proies très dispersées. Quatre années de sécheresse plus tard, personne ne pouvait dire où ils se trouvaient ni s'ils étaient encore en vie. Ils nous avaient conduits à de nouvelles découvertes scientifiques passionnantes : ils peuvent survivre indéfiniment sans eau à boire – s'hydratant grâce aux fluides de leurs proies – et leur comportement social est différent de celui d'autres lions vivant dans des environnements moins rudes. Nous étions impatients de poursuivre nos recherches sur plusieurs années et de déterminer comment la disparition de dizaines de milliers d'antilopes avait affecté les lions. Leurs colliers avaient cessé d'émettre depuis longtemps et il nous serait difficile de les retrouver. Mais si nous pouvions en localiser ne serait-ce que quelques-uns, nous pourrions documenter non seulement leur longévité et leur capacité à survivre à la sécheresse, mais aussi l'étendue de leur territoire et les variations de la composition des troupeaux au cours de ces périodes.

Cet après-midi-là, portés par l'excitation, nous avons sorti tout ce qu'il y avait dans les tentes de couchage et de bureau-laboratoire et nous avons nettoyé les sols couverts de boue. Une musaraigne à trompe avec deux bébés accrochés à son dos a dû être délicatement expulsée de son nid situé dans le tiroir inférieur du bureau et nous avons trouvé un autre serpent caché derrière la bibliothèque. Pendant que je continuais le nettoyage, Mark préparait le fusil à fléchettes et les colliers radio pour les lions.

En fin d'après-midi, Mark a soigneusement dégagé notre « cave à vin », un trou creusé il y a longtemps sous les épais jujubiers. Nous avions enterré là quelques bouteilles en 1980, pour les ouvrir à notre retour. La bêche a cliqueté contre le verre et Mark a sorti un cabernet sauvignon Nederburg de 1978. Assis sur le lit de la rivière asséchée à l'entrée du camp, nous avons siroté le vin rouge au coin du feu en regardant l'énorme soleil poser son menton sur les dunes. Lentement, Deception Valley s'est estompée dans l'obscurité.

*

Réveillés par les cris lointains des chacals, nous avons pris un petit déjeuner rapide autour du feu. Puis, tirant la vieille remorque, nous nous sommes rendus à Mid Pan pour y puiser de l'eau. Nous nous sommes arrêtés au bord de ce qui se réduisait désormais à une flaque de boue surdimensionnée, à la surface de laquelle flottaient des excréments d'antilopes et des algues. Nous sommes restés un moment à regarder la boue en silence et nous avons sérieusement envisagé de sortir de la réserve pour aller chercher de l'eau. Mais cela aurait pris trop de temps – du temps consacré aux lions. Comme toujours, nous avons fait bouillir l'eau vingt minutes avant de la boire. Accroupis dans la boue glissante, nous avons rempli nos marmites, en évitant au mieux les excréments d'animaux, et, à l'aide d'entonnoirs, nous l'avons versée dans des jerrycans. Un bidon plein pesait environ vingt-cinq kilos, et Mark a hissé chaque bidon sur la remorque avant de le vider dans l'un des barils. Après avoir recueilli mille sept cents litres, nous avions mal au dos et aux jambes.

Ce soir-là, notre deuxième dans la vallée, j'ai préparé un dîner composé de pain de maïs et de ragoût de poulet en conserve, que nous avons mangé dans le confortable *boma* au toit de chaume, à la lueur de lanternes et de bougies. Puis, fatigués mais satisfaits du travail de la journée, nous nous sommes endormis profondément dans notre lit fait de caisses d'expédition. Peu de bruits auraient pu nous réveiller cette nuit-là, mais tout comme une mère ne reste jamais endormie quand son bébé pleure, le rugissement profond qui déferlait sur les dunes nous a réveillés tous les deux au même instant.

– Des lions !
– Au sud. Vite, faisons un relevé.

Les rugissements des lions peuvent porter à plus de huit kilomètres dans le désert ; ce n'était pas parce que nous les entendions qu'ils étaient proches. Le meilleur moyen de repérer les grands félins est de les voir depuis les airs. Nous avons donc décollé à l'aube. Volant bas au-dessus de la cime des arbres, nous nous sommes mis en quête des lions, ou de vautours qui pourraient nous mener aux carcasses de leurs proies. En cherchant dans tous les endroits préférés de la Meute bleue, nous avons vu de petits troupeaux de springboks, d'oryx, de bubales et de girafes. Mais aucun lion.

Le lendemain matin, nous avons de nouveau entendu leurs rugissements provenant du sud et Mark a suggéré :
– Écoute, nous avons entendu des lions au sud ces deux dernières nuits. Campons là-bas. Nous aurons plus de chances de les trouver.

Comme il n'y avait pas de piste dans cette direction, j'ai roulé à travers les dunes, en bifurquant juste avant Cheetah Tree et en restant à l'est d'une basse crête de sable. J'ai choisi un terrain près d'une cuvette argileuse où Mark pourrait atterrir. Quelques secondes plus tard, il est apparu, comme sorti de nulle part, a effectué un premier passage pour vérifier qu'il n'y avait pas de trous, puis s'est posé. Nous avons fait un feu sous un arbre isolé surplombant la dépression grise ; en mangeant notre ragoût, nous avions l'impression de camper au bord d'un cratère lunaire. Sachant que les lions pouvaient nous réveiller à tout moment de la nuit, nous nous sommes couchés tôt sur le sol, à côté de notre 4 x 4, la boussole près de nos têtes.

Rugissements de lion. Trois heures du matin. Nous nous sommes précipités hors de nos sacs de couchage et Mark a établi d'où venaient les rugissements. Quelques minutes plus tard, nous roulions vers eux. Après avoir parcouru un kilomètre dans la brousse, nous nous sommes arrêtés pour écouter à nouveau. Un autre mugissement a déferlé sur les sables, se brisant sur nous avec la résonance d'une vague s'engouffrant dans une grotte marine. Nous avons tourné le 4 x 4 vers le son et avons parcouru environ deux cents mètres. Mark a allumé le projecteur et un buisson d'acacias de taille moyenne a pris vie. Onze paires d'yeux s'y reflétaient : un mâle adulte, trois femelles adultes et sept petits. Ils se repaissaient d'un oryx fraîchement tué.

Mark a coupé le moteur, levé ses jumelles et cherché si les lions portaient des marques aux oreilles ou tout autre signe familier que nous connaissions. Mais nous n'avions jamais rencontré ces individus auparavant.

Sans la moindre hésitation, les sept lionceaux ont sautillé jusqu'à notre 4 x 4 pour l'examiner. Âgés de trois mois et demi à quatre mois seulement, ils n'avaient certainement jamais vu de véhicule auparavant. Ils ont marché jusqu'à la portière de Mark et l'ont regardé, sept petits visages alignés ; ils ont reniflé les pneus et les pare-chocs et ont rampé sous le 4 x 4. Leur curiosité satisfaite, ils se sont mis à faire des culbutes et à se bagarrer par jeu dans une petite clairière voisine, sous les yeux de leurs mères qui les regardaient d'un air impassible.

Nous nous sommes assis tout près – à moins de trente mètres – pour les habituer à notre présence afin de pouvoir tirer nos fléchettes le soir venu. Lorsque le soleil levant s'est mis à réchauffer le sable, ils se sont installés à l'ombre d'un grand buisson ; bientôt, tous étaient endormis, y compris les petits.

Nous nous sommes réfugiés à notre tour dans un endroit ombragé, avons déjeuné de cacahuètes et de fruits en conserve, puis avons vérifié à nouveau tout l'équipement de fléchettes. Juste avant le coucher du soleil, nous sommes retournés vers les lions et avons trouvé les adultes en train de se nourrir, tandis que les lionceaux leur gambadaient tout autour. C'était parfait. Leur attention se portait sur la carcasse, pas sur nous, et il était peu probable qu'ils associent le bruit du fusil ou la piqûre de la fléchette à notre présence.

Nous sommes restés assis dans le 4 x 4 sans faire le moindre bruit, attendant que l'une des lionnes se lève de façon à ce que nous puissions lui envoyer une fléchette sans risquer de toucher un lionceau. La dose destinée à un lion de cent quarante kilos peut tuer un jeune de dix kilos.

Quelques minutes plus tard, l'une des plus grandes femelles s'est levée et s'est tournée vers nous en nous présentant son flanc. Mark a chargé la fléchette, visé et pressé la détente. Rien.

– C'est quoi, ce bordel ?

Mark a ramené l'arme à lui et a enclenché la sécurité avec le pouce. C'est alors que le coup est parti et que la fléchette s'est envolée par la fenêtre, dans les buissons. Mark a de nouveau armé le fusil hypodermique, désormais déchargé, et il a appuyé sur la gâchette. Sans effet. Puis il a de nouveau enclenché la sécurité, et le mécanisme de tir s'est actionné. Quel que soit le problème, nous n'avions pas le temps de le résoudre. Plus les lions se gavaient, plus il fallait de tranquillisant pour les endormir. Mark allait donc utiliser le cran de sûreté pour tirer. Il a visé à nouveau lorsque l'une des femelles s'est redressée, mais un lionceau s'est alors glissé sous son cou.

Mark a attendu quelques secondes, la joue contre la crosse du fusil, le temps que le lionceau passe devant la lionne. Il a enclenché la sécurité avec son pouce et l'arme a fait feu avec un bruit sourd. Au moment où la fléchette a jailli du canon, un autre lionceau a émergé de sous le ventre de la femelle. Nous avons regardé, impuissants, la fléchette amorcer sa descente et frapper le lionceau au flanc. Le petit a poussé un cri, s'est retourné et a trébuché dans un buisson épais.

– Mon Dieu !

– D'où il sortait ? Le lionceau que je surveillais s'était écarté !

Nous avions tiré des fléchettes sur des lions et d'autres carnivores plus d'une centaine de fois, et rien de tel ne s'était jamais produit.

– Est-ce qu'on doit aller le chercher ? ai-je demandé.

– Il n'y a rien à faire. Ce lionceau n'a aucune chance. Concentrons-nous sur la pose de colliers sur les adultes, a répondu Mark. D'abord, il faut s'occuper de ce maudit fusil.

Même si nous étions attristés par le sort du lionceau, je savais que Mark avait raison. Nous avons parcouru environ quatre cents mètres et pendant que je tenais la lampe torche, Mark a réparé le fusil sur le capot du 4 x 4.

Après être retourné vers les lions, Mark a tiré sur la femelle qu'il avait manquée, puis le mâle, dont la crinière d'or tachée de noir était l'une des plus belles que nous ayons jamais vues. Les deux lions dardés se sont enfoncés dans la brousse où, dix-sept minutes plus tard, ils se sont affaissés sous l'effet du tranquillisant.

J'ai mis de la pommade dans les yeux du mâle, pendant que Mark lui injectait un antibiotique. Nous avons posé un collier et pris les mensurations du mâle et de la femelle, tout en ouvrant l'œil au cas où les deux lionnes qui n'avaient pas encore été capturées et qui avaient disparu dans la brousse reviendraient.

Après avoir vérifié la respiration et le pouls des lions, nous nous sommes éloignés d'une centaine de mètres et sommes restés assis pendant une heure, jusqu'à ce qu'ils bâillent et s'étirent, complètement rétablis. Alors que Mark reprenait le volant pour retourner à l'avion, j'ai vu un petit tas qui ressemblait à des chiffons sur le sable froid.

– Mark ! C'est le petit !

Nous avons sauté du 4 x 4 et marché jusqu'à lui.

J'ai guetté les adultes pendant que Mark s'accroupissait à côté du lionceau, glissant ses doigts entre la patte avant et la poitrine pour tâter le pouls. Le corps du petit était déjà froid. Plusieurs secondes se sont écoulées, puis Mark a senti une petite pression sous le bout de ses doigts. En enfonçant ses doigts plus profondément dans la fourrure, il a détecté un faible pouls.

Pendant que je me précipitais vers le 4 x 4 pour récupérer les boîtes de médicaments, Mark a massé le lionceau en essayant de faire travailler son cœur. Il lui a administré une injection intraveineuse de Doprim, un stimulant respiratoire, et une injection intramusculaire massive d'antibiotique. En quelques minutes, le pouls du lionceau s'est accéléré, mais il était toujours en hypothermie. Nous avons délicatement posé une bâche sur lui, couvrant tout sauf son visage, et avons entassé une pyramide de sable sur son corps afin de l'isoler davantage. J'ai caressé son museau une fois de plus, puis j'ai transporté les boîtes de médicaments jusqu'au Cruiser.

Mark comptait les pulsations du petit depuis quinze secondes lorsque nous avons entendu un grand craquement de broussailles et un grognement. Mark s'est retourné et a vu une lionne foncer dans sa direction à travers un buisson d'acacias à quarante mètres de là. Alors qu'il s'élançait vers le 4 x 4, j'ai saisi le projecteur et l'ai allumé pour essayer d'éblouir la lionne. Mais la lumière a brillé directement dans les yeux de Mark et l'a aveuglé. Un bras en travers de son visage, il a chancelé vers moi. J'ai baissé la lumière pour qu'il puisse voir. La lionne s'est arrêtée devant le petit, le reniflant brièvement. Puis elle l'a enjambé et a couru vers Mark, ses grandes pattes martelant le sable.

D'une main, j'ai balayé l'équipement de fléchettes du siège avant sur le plancher et je me suis glissée dans le siège du conducteur, prête à démarrer le moteur. Une fois de plus, j'ai braqué la lumière sur la lionne en train de charger.

De nouveau aveuglé, Mark a heurté l'aile avant du 4 x 4 et a trébuché à reculons. Il a cherché une prise, a essayé de sauter sur le capot du Toyota, mais a raté son coup et est tombé par terre.

Tout en balançant la lumière d'avant en arrière dans les yeux de la lionne, j'ai ouvert la portière et hurlé : « Grimpe ! Grimpe ! » Mark s'est levé d'un bond et a cherché frénétiquement la porte. Finalement, il l'a trouvée et a plongé à l'intérieur, rampant sur moi jusqu'à l'autre côté du siège avant.

La lionne a interrompu sa charge à seulement huit mètres de nous. La queue battante, elle est revenue vers son petit, a reniflé sa tête et le sable qui recouvrait son corps, puis est retournée vers la carcasse de l'oryx. Les autres lions étaient de nouveau en train de se nourrir et ne se préoccupaient guère de l'agitation. Nous nous sommes tous deux affalés contre le dossier du siège et avons respiré profondément. Nous appellerions cette lionne Stormy[1].

Nous avons conduit le 4 x 4 jusqu'à un *Lonchocarpus* rouge éloigné de plusieurs centaines de mètres des lions qui venaient de recevoir un collier. J'ai sorti des fèves à la sauce tomate et nous les avons mangées froides, à même la boîte de conserve. Il était plus de minuit ; nous avions travaillé presque sans interruption pendant vingt-deux heures. J'avais l'impression d'avoir du sable dans les yeux, et les tibias et les genoux de Mark l'élançaient depuis qu'il s'était cogné contre le 4 x 4.

Nous empestions les lions, comme un cow-boy empeste son cheval : une odeur musquée et terreuse,

---

1. En français : « Tempétueuse » (*N.d.T.*)

pas vraiment désagréable. Mais comme les carnivores sont parfois porteurs d'échinocoques, des parasites pouvant infecter le cerveau humain, nous avons versé de l'eau froide et du désinfectant dans une bassine et nous nous sommes lavés minutieusement. Trop fatigués pour conduire jusqu'à l'avion, nous avons posé nos matelas en mousse et nos sacs de couchage à l'arrière du Land Cruiser et nous nous sommes glissés à l'intérieur. Les boîtes à outils à nos pieds, les jerrycans à nos têtes et la porte arrière entrouverte, nous nous sommes endormis.

Nous avons ouvert les yeux sur l'aube fraîche du Kalahari. La lumière du soleil ruisselait sur les dunes. Après un petit déjeuner rapide, nous sommes retournés sur la crête pour voir si les lions étaient toujours là. Dès que Mark a coupé le moteur du 4 x 4, la femelle à collier a bâillé profondément et a commencé à se lécher la patte avant. Nous l'avons appelée Sage et le mâle Sunrise. Stormy nous a observés attentivement pendant quelques minutes. Puis elle s'est mise à hocher la tête et à ronfler sous le soleil du matin, apparemment en confiance. Saucy, qui, comme Stormy, avait évité de se faire poser un collier la nuit dernière, dormait la tête sur le flanc de Stormy. Au milieu de cet entassement de lions, nous étions heureux d'avoir une nouvelle meute, mais déçus de ne pas avoir retrouvé l'ancienne.

Nous nous sommes rendus à l'endroit où nous avions laissé le lionceau. La petite pyramide de sable était plate ; le petit et la bâche avaient disparu. J'espérais qu'il s'était rétabli, mais Mark m'a fait remarquer qu'il n'aurait pas pris la bâche. « Une hyène ou un chacal a pu l'emporter », m'a-t-il dit.

J'ai reconduit Mark à l'avion et il a décollé de la cuvette d'argile, l'avion rebondissant sur le sol accidenté.

Il a survolé les lieux, vérifié les colliers radio depuis le ciel, puis il est revenu au camp.

De retour auprès des lions, je les ai encerclés avec le 4 x 4, à la recherche du petit qui s'était enfui, mais je n'ai trouvé aucune trace de lui. Je me suis stationnée à l'ombre d'un arbre et j'ai commencé à recopier les notes que j'avais prises la nuit précédente. M'assoupissant dans le 4 x 4 surchauffé, je levais la tête régulièrement pour voir si les lions allaient bien. De temps en temps, ils changeaient de position pour se mettre à l'ombre, et je faisais de même.

Juste avant le coucher du soleil, l'un des lionceaux a surgi du fourré, poursuivi par un autre. Puis trois d'entre eux ont traversé la clairière à toute vitesse et se sont réfugiés derrière un buisson. Deux se sont élancés à découvert, se disputant la queue de l'oryx. S'agissait-il des deux premiers ou de deux nouveaux petits ? Quatre d'entre eux dégringolèrent dans l'herbe, jouant à simuler une chasse, et l'un d'eux s'éclipsa pendant que deux autres tiraient sur un morceau de toile. Ils jouaient avec la bâche ! Deux autres lionceaux sont entrés en scène à grands bonds. Sept lionceaux ! Il y avait sept lionceaux ! Celui que nous avions endormi par accident allait bien ; d'ailleurs, je ne voyais aucune différence entre son comportement et celui des autres. J'ai compté à nouveau, juste pour être certaine. Sept. J'ai souri.

Les adultes se sont également installés dans la clairière et ont profité des derniers rayons de soleil, tandis que les petits s'attaquaient à leurs oreilles, à leurs museaux et à leurs queues. Lorsque Stormy entreprit de marcher vers le sud, Sage s'est levée, s'est étirée et l'a suivie. Les lionceaux ont trotté pour les rattraper et, finalement, Saucy et Sunrise ont suivi les autres, formant une longue file sinueuse. Au coucher du soleil, j'ai regardé leurs corps dorés glisser dans l'herbe blonde jusqu'à ce qu'ils disparaissent. Puis je me suis dirigée vers le camp, impatiente d'annoncer la bonne nouvelle à Mark.

*

BOUM ! Un coffre en fer-blanc rempli de boîtes de conserve venait de s'écraser sur le sol du *boma* de la cuisine. J'ai regardé ma montre : il était 5 h 30. Nous avons sauté du lit et enfilé nos jeans. Cela faisait presque six semaines que nous étions dans le Kalahari. Nous avions endormi et marqué huit lions dans trois troupeaux. Mais nous n'avions toujours pas trouvé la Meute bleue.

En repoussant le rabat de notre tente, nous avons jeté un coup d'œil à l'extérieur et vu les lionnes fureter autour du feu de camp. Sage traînait le manche de la hache dans sa bouche, tandis que Stormy donnait des coups de patte à la tête de l'outil. Saucy se tenait à l'intérieur du *boma*, reniflant les pots posés sur la table. Nous avons emprunté sur la pointe des pieds le chemin qui traversait le camp afin de mieux les observer. Deux des cartons de vivres pas encore déballés étaient couchés sur le côté, des boîtes de flocons d'avoine et de lait en poudre étaient éparpillées autour du feu de camp. Saucy croquait une marmite à pleines dents. La tenant fermement au-dessus de son mufle, elle est sortie du *boma* d'un pas sautillant. Les autres l'ont poursuivie.

Leurs ventres étaient hauts et comme serrés contre leur colonne vertébrale, signe qu'ils n'avaient pas mangé depuis plusieurs jours. Nous les avions suivis pendant les cinq nuits précédentes et ils n'avaient pas tué. Leurs petits étaient introuvables. Sept petits, c'est trop pour des mères inexpérimentées en ces temps de sécheresse ; dans ces conditions, les lionceaux sont souvent abandonnés.

C'est alors que mes yeux ont rencontré ceux d'une quatrième lionne, qui se tenait juste derrière les arbres du camp. Nous nous sommes regardées pendant de longues secondes. Elle était vieille, son dos s'affaissait et son ventre pendait bas. Pour une raison ou une autre, elle ne participait pas au jeu. Était-elle trop vieille pour cela ? Ou s'en était-elle lassée ? Nous avons cherché des marques sur ses oreilles ou des cicatrices, mais il n'y en avait pas.

« Hé ! Allez, ça suffit ! » a grondé Mark alors que Stormy passait la tête dans la tente de ravitaillement. Il a frappé fort dans ses mains et la lionne a reculé, nous a regardés, puis est retournée à la cuisine, où elle a attrapé un torchon et a quitté le camp en détalant. Les deux autres lionnes l'ont imitée et se sont poursuivies autour de l'avion. Au bout d'un moment, les trois jeunes lionnes se sont calmées et, accompagnées de la plus âgée, ont pris la direction du nord, le long de la piste. Nous avons avalé du beurre de cacahuète et des crackers pour le petit déjeuner, sommes montés dans le 4 x 4 et les avons suivies. Elles ont fait une pause de l'autre côté d'Acacia Point, puis se sont mises au trot pour accueillir Sunrise, le mâle nouvellement porteur d'un collier, qui se balançait d'un pas fier depuis les buissons de la dune de l'Est vers le lit sec de la rivière. Après s'être frottée à sa crinière et à son corps, la meute a poursuivi sa route vers le nord, en direction du point d'eau de Mid Pan.

Au bord de l'eau, ils se sont allongés flanc contre flanc et ont bu pendant plusieurs minutes, leurs langues clapotantes se reflétant dans l'eau. Sunrise a levé la queue et marqué un fourré, celui-là même que les lions de la Meute bleue arrosaient systématiquement lorsqu'ils passaient devant le point d'eau. Tandis que la meute s'installait sous un arbre à l'ombre au pied de la dune de l'Est, nous sommes retournés au camp pour préparer l'équipement hypodermique. Ce soir, nous devions munir d'un collier Stormy, Saucy et la vieille lionne.

Lorsque nous sommes revenus en fin d'après-midi, Sunrise était en train de se nourrir d'un steenbok d'une douzaine de kilos dans les hautes herbes de la dune de l'Est. Il l'avait probablement enlevé aux lionnes quelques instants plus tôt. À cinquante mètres de là, Saucy et la vieille lionne se nourrissaient d'un gemsbok fraîchement tué. Mais Stormy, Sage et leurs petits – ceux qui avaient le plus besoin de viande – n'étaient pas en vue.

Mark a tiré une fléchette sur Saucy et sur la vieille lionne au dos affaissé, et elles se sont éloignées de la carcasse dans la brousse, où nous avons pu les traiter sans déranger Sunrise. Sans perdre de temps, nous avons d'abord posé un collier sur Saucy. Mark a ensuite poussé la vieille lionne du bout du pied pour s'assurer qu'elle était bien sous sédatif. Accroupi à côté d'elle, il a repoussé les poils de son oreille gauche, découvrant une épingle en plastique noir et un minuscule morceau de plastique jaune : les restes d'une ancienne étiquette.

J'ai parcouru rapidement les cartes d'identification de tous les lions que nous avions connus. Étiquette bleue dans l'oreille droite ; étiquette rouge dans l'oreille droite ; étiquette jaune dans l'oreille gauche...

– Mark, c'est Happy !

Nous nous sommes assis à côté de la vieille lionne et l'avons caressée. Jeune femelle de la Meute de la Springbok Pan, elle avait envahi le territoire de la Meute bleue, s'était fait accepter par ses femelles résidentes, avait fait des incursions dans notre camp avec elles, s'était assise avec nous au clair de lune, avait dormi près de nous et, enfin, nous avait séduits, comme elle avait séduit les mâles Muffin et Moffet. Nous avions passé des centaines d'heures avec elle pour essayer de comprendre le comportement des lions du désert. Elle avait souvent changé de meute et de mâle et s'était régulièrement éloignée de Deception Valley, mais elle était toujours revenue. Aujourd'hui, elle était devenue une vieille dame ayant survécu à l'une des pires sécheresses qu'ait connues la région.

Nous avons donné à Happy une nouvelle étiquette jaune et un collier radio, mesuré son corps et pris des photos de ses dents usées. Pendant tout ce temps, nous l'avons touchée plus que nécessaire. À la fin de l'opération, j'avais mémorisé son visage.

Happy a légèrement levé la tête et regardé autour d'elle. À contrecœur, nous avons reculé jusqu'à la sécurité du 4 x 4 pour la voir se rétablir. Une fois assurés que les deux lionnes endormies par nos fléchettes se remettaient bien, nous avons contourné les buissons pour nous rendre à la carcasse du gemsbok. Sunrise dormait un peu plus loin, le ventre rond et lourd de viande. Sage, Stormy et les sept petits se nourrissaient des restes.

Les lionceaux, dont le ventre était gonflé comme une pastèque, étaient déjà très rassasiés. Ils ont tiré sur des lambeaux de viande fraîche quelques minutes encore, puis trois d'entre eux se sont écroulés et se sont endormis. Les quatre autres gambadaient dans la clairière herbeuse, passant le plus clair de leur temps à rebondir sur l'énorme ventre de Sunrise. Nous étions presque trop excités pour partir, mais les profonds bâillements des lions étaient contagieux. Nous avons repris la route du camp.

Les herbes sèches des dunes luisaient à la lumière d'une pleine lune si brillante dans un ciel sans nuages que nous avons pu traverser le fond de la vallée sans allumer nos phares. Mais, une fois arrivés au campement, à peine descendus du 4 x 4, la lumière a commencé à diminuer, donnant au désert une teinte bleu-gris chatoyante. Nous avons levé les yeux pour constater que l'ombre de la terre poursuivait la lune ; une éclipse lunaire totale était en cours.

Nous avons sorti nos matelas en mousse et nos sacs de couchage de notre tente et les avons posés sur l'ancien lit de la rivière, au pied de plusieurs acacias faux-gommiers à l'orée du camp. Leurs branches tordues et épineuses avaient, d'une manière ou d'une autre, échappé à la sécheresse et produit des fleurs, puis des gousses en forme de tire-bouchon remplies de graines. Depuis notre emplacement, nous pouvions voir la vallée sur une dizaine de kilomètres et observer ce spectacle secret du désert avant de nous endormir. Lentement, la terre a dessiné son ombre sur la face de la lune et le Kalahari est devenu sombre et silencieux.

Quelques instants plus tard, le silence fut rompu par le claquement de lourds sabots. Trois girafes étaient apparues au-dessus de nos têtes, silhouettes majestueuses dans le ciel qui s'assombrissait. Apparemment, elles n'avaient pas remarqué les deux bosses sur le sol, et il était trop tard pour que nous puissions bouger sans les effrayer. Nous sommes restés immobiles, emmaillotés dans nos sacs de couchage, littéralement à leurs pieds. Elles ont tendu le cou pour brouter les gousses des acacias. Allongés presque sous le ventre des girafes, dans cette lumière soyeuse, nous avions l'impression d'être engloutis par le désert.

Le lendemain matin, le 13 mai, tout l'horizon oriental était tapissé de nuages morcelés, prenant d'abord la teinte d'un rose profond, puis se transformant en une courtepointe d'or lorsque le soleil a trouvé les dunes à l'est de Deception Valley. Alors que nous mangions des pancakes autour du feu de camp, j'ai regardé la vallée : tout semblait aller pour le mieux dans le Kalahari. Nous avions entendu des rapports – peut-être seulement des rumeurs – selon lesquels le gouvernement prévoyait de transformer les deux tiers inférieurs de la réserve en fermes d'élevage. Même si des milliers de gnous étaient déjà morts le long des clôtures, il était peut-être encore temps de résoudre le conflit entre le bétail et les animaux sauvages. Découvrir que Happy avait survécu à la sécheresse nous a redonné l'espoir que la réserve elle-même survivrait.

Mark s'est rendu à la tente-bureau, où se trouvait notre radio, afin d'appeler Sue Carver, notre contact à Maun, à plus de cent soixante kilomètres au nord. Pendant ce temps, j'ai débarrassé la vaisselle et nourri les gobe-mouches du Marico.

– Bonjour, Mark. J'ai un message important pour toi, ai-je entendu dire la voix grésillante de Sue.

– Bonjour, Sue. Je te reçois. Vas-y.

– Ça vient du ministère de l'Immigration. Ils disent que votre permis de recherche a été refusé et que vous devez vous présenter immédiatement au ministère de l'Immigration à Gaborone. Je répète, vous devez vous présenter immédiatement au ministère de l'Immigration.

3

Contre le vent

Mark

> Il y a des choses qui ne peuvent aller plus loin, des cercles qui ne se complètent pas. des moineaux qui tombent. Parfois le chagrin, malgré la résolution, survient.
>
> Paula Gunn Allen

— Sommes-nous en état d'arrestation ? ai-je demandé.

Le visage figé, l'officier de l'Immigration n'a pas répondu et a continué à passer mes doigts sur un tampon encreur, puis à les presser sur des cartes blanches, une pour l'armée, une pour la police et une pour les autorités de l'Immigration. La veille, nous avions pris l'avion pour Gaborone, la capitale du Botswana, et ce matin, nous étions retenus au siège de l'Immigration.

— S'il vous plaît, j'aimerais téléphoner à l'ambassade des États-Unis, ai-je dit.

— Non.

Il a fini de prendre mes empreintes digitales et je l'ai regardé faire de même avec Delia. Un autre homme m'a saisi par le coude et a commencé à m'emmener.

– Attendez, s'il vous plaît, ne nous séparez pas..., a supplié Delia d'une petite voix.

En dégageant mon bras, j'ai dit au deuxième homme :
– Attendez qu'il ait fini, d'accord ?

Le type a lâché mon bras. Après qu'ils ont pris les empreintes de Delia, un autre agent a poussé dans notre direction deux formulaires.
– Vous devez signer.

Le document était intitulé « Déclaration de statut d'immigrés interdits ». Ils allaient nous expulser du pays ! Avant que je n'aie pu lire la suite, il m'a arraché les formulaires.

J'ai dégluti et demandé poliment :
– Qu'est-ce que cela implique si nous signons ces documents ? J'aimerais d'abord consulter un avocat.

L'agent s'est levé brusquement et a traversé la pièce. Lorsqu'il est revenu, il était suivi d'un géant de un mètre quatre-vingt-dix pour environ deux cent cinquante kilos. Le colosse m'a jeté un regard noir.
– Où est le problème ? a-t-il grondé. Signez, et vous pourrez ensuite vaquer à vos occupations.
– Je suis désolé, mais nous ne pouvons pas signer ce document sans l'avoir lu au préalable. Lorsque nous avons été interceptés et amenés ici, nous étions sur le point d'aller voir le secrétaire permanent du président avec cette lettre pour faire appel du refus de nos permis de recherche, ai-je tenté d'expliquer en montrant l'enveloppe.
– Après avoir signé, vous pourrez vous rendre au bureau du président et où ça vous chante. Et vous pourrez faire appel de la décision des services de l'Immigration. Mais avant toute chose, il faut que vous signiez ces formulaires. Immédiatement !

Il a plaqué les feuilles sur le bureau, devant nous. J'ai commencé à protester, mais il s'est penché jusqu'à ce que son visage ne soit plus qu'à quelques centimètres du mien.

— Signez, ou la loi suivra son cours. Comprenez-vous ce que cela signifie ?

J'ai regardé Delia et j'ai apposé ma signature sur le document. Elle a fait de même. Au moment où j'ai retiré mon stylo du formulaire, il a pointé son doigt sur un paragraphe situé vers le bas de la page.

— Vous noterez dans ce paragraphe que lorsque la déclaration est faite par décret présidentiel, comme c'est le cas ici, il n'y a pas de droit d'appel.

— Mais vous venez de nous dire que...

— Si vous lisez le formulaire, vous verrez que ce que je dis est vrai et que je n'ai pas le choix, m'a-t-il coupé.

Pour la première fois, nous avons été autorisés à lire le document que nous avions signé. Il stipulait que le président lui-même avait ordonné notre expulsion, que nous ne pouvions pas faire appel de sa décision et qu'il n'y avait aucune obligation de la justifier.

Le géant nous a conduits dans une petite pièce où il s'est tenu face à nous, dos au mur, les bras croisés sur sa poitrine large comme un tonneau. Un policier en uniforme était assis derrière un bureau.

— À partir de cet instant, votre présence au Botswana est illégale, a déclaré le policier.

— Mais pourquoi ? a demandé Delia. Nous n'avons rien fait de mal. De quoi sommes-nous accusés ?

— Je ne suis qu'un simple rouage dans la machine. Et même si je le savais, je ne pourrais pas vous le dire. Vous devez avoir quitté le pays à 17 heures. Savez-vous ce que la loi attend de vous à présent ?

Il était déjà 14 h 30. Ils ne nous donnaient que deux heures et demie pour arriver à l'hôtel, faire nos bagages, aller à l'aéroport, planifier notre vol, passer la douane et l'immigration, préparer l'avion et décoller.

– Écoutez, s'il vous plaît, nous avons des équipements d'une valeur de plusieurs milliers de dollars dans notre camp, ai-je plaidé. Nous avons besoin de temps pour y retourner et les récupérer. Et qu'en est-il de la météo ? Nous volons à bord d'un petit avion. Les nuages s'accumulent. Il se peut que nous ne puissions pas décoller en toute sécurité.

Il s'est penché vers nous, l'air renfrogné.

– Je répète : si vous n'avez pas quitté ce pays à 17 heures, la loi suivra son cours ! Est-ce que vous me comprenez bien ?

Nous nous sommes précipités vers l'hôtel, avons jeté nos vêtements dans notre valise et nous sommes brièvement arrêtés à l'ambassade américaine pour signaler ce qui s'était passé. À 16 h 35, nous avons hélé un taxi pour nous rendre à l'aéroport. Quinze minutes après le décollage, le fleuve Limpopo défilait sous nos pieds. Le 15 mai 1985, en quittant l'espace aérien du Botswana, nous avons délaissé l'Afrique sauvage et innocente, avec ses vastes savanes giboyeuses et ses larges rivières de sable, pour entrer dans une nouvelle ère de confusion, de turbulence, d'incertitude et de danger. Au Limpopo, nous avons volé contre un fort vent de face.

4

Après Deception

Delia

Les bois où s'inclinent les ombres bizarres,
Le calme, le clair de lune, le mystère,
Je leur ai dit adieu, mais je ne peux pas.
[...]
Il y a des vallées vierges et tranquilles ;
Il y a une terre – oh, elle m'attire et m'attire,
Je veux y retourner et je le ferai.

Robert SERVICE

Au milieu d'un champ, à huit cents kilomètres au sud de Deception Valley, j'ai levé les yeux vers la lune. À ce moment-là, cette même pleine lune était suspendue au-dessus du désert, et j'aurais aimé voir son reflet sur les dunes et l'ancien lit de la rivière. Happy était-elle toujours avec Stormy et Sunrise ? Comment allaient les petits de Saucy et de Sage ? Comme les gnous, nous ne pouvions plus nous déplacer librement dans le désert ; nous étions une autre victime des clôtures.

Le Botswana n'a donné aucune raison officielle pour justifier notre expulsion. De manière informelle, l'ambassadeur à Washington nous a dit que le président,

Quett Masire, avait été irrité par nos rapports sur les clôtures empêchant les migrations au Kalahari et entraînant la mort de centaines de milliers d'antilopes du désert. Mais nos comptes rendus étaient exacts et nous estimions qu'il était de notre responsabilité de signaler les effets désastreux de ces clôtures sur la faune (voir l'annexe A). Plus tard, un autre fonctionnaire du Botswana nous a confié que nous avions en fait été expulsés parce que de puissants propriétaires de ranchs devenus politiciens souhaitaient établir leurs propres élevages de bétail dans la réserve naturelle du Kalahari central et qu'ils savaient que nous nous opposerions à leur projet. L'une des plus longues études scientifiques sur les lions et autres carnivores en liberté et l'un des plus grands sanctuaires de la vie sauvage au monde étaient tous deux méprisés pour le bénéfice financier de quelques personnes.

En écrivant des appels, des rapports, des lettres, nous avons désespérément essayé de retourner dans le désert. De nombreuses personnes, dont des membres du Congrès américain des deux partis, le maire d'Atlanta Andrew Young et le vice-président de l'époque George Bush, ont demandé aux autorités du Botswana de nous autoriser à rentrer. Mais celles-ci ont refusé de discuter de la question, et même de répondre au vice-président des États-Unis. Les mois ont passé.

Nous perdions du temps, du temps de lion, du temps de hyène, du temps de sauvegarde, une vie entière, semblait-il. Nous avons écrit d'autres lettres, passé d'autres coups de téléphone. Mais le Botswana ne répondait pas.

Après huit mois, Mark s'est fait à l'idée que nous étions bannis du Kalahari et a sagement décidé que nous devions chercher une nouvelle région sauvage à étudier. Mais l'espoir me taraudait toujours. Même après tout ce temps, je croyais qu'une lettre arriverait ou qu'un téléphone sonnerait pour nous dire que nous avions été mal compris, que le Botswana avait cédé et qu'il nous autoriserait à retourner à Deception Valley.

J'ai regardé le cottage où nous logions, à l'extérieur de Johannesburg. Perdue au milieu de vignes en fleur, c'était une autre maison qui nous avait ouvert les bras, une autre famille merveilleuse, un autre chien amical. Pendant des mois, nous avons vécu dans des valises, toujours dans la chambre ou la maison d'amis de quelqu'un d'autre, de la Californie à Johannesburg, et nous avons eu tellement d'adresses différentes que notre courrier nous a rarement retrouvés. Une traînée de lettres sans réponse et de chiens trop gâtés s'étendait derrière nous.

Un jour, j'ai remarqué un lambeau de papier épinglé sur le tableau d'affichage d'un ami. Au milieu des dessins de Gary Larson et des photos de vacances figurait une citation d'Alexander Graham Bell : « Parfois, nous regardons si longtemps la porte qui nous a été fermée que nous ne voyons pas les nombreuses portes qui nous sont ouvertes. » Je l'ai lue deux fois, puis une troisième fois encore, et je me suis approchée de l'endroit où Mark écrivait :

– Il est temps de trouver une nouvelle Deception Valley.

Nous allions partir à la recherche d'une nouvelle région sauvage, avec une nouvelle approche.

Pendant des années, nous avions cru que, au moins dans certains endroits, la faune et la flore pouvaient être plus bénéfiques à un pays et à ses habitants que des projets agricoles expérimentaux. Trop souvent, les agences d'aide et de développement négligent les précieuses ressources naturelles d'une région pour pouvoir se consacrer au « vrai » développement. Elles abattent des forêts luxuriantes et tuent la faune, pour ensuite planter des champs qui épuisent les nutriments du sol et donnent un faible rendement ; elles irriguent des terres arides jusqu'à ce qu'elles soient stérilisées par les sels minéraux ; elles surpâturent les prairies, les transformant en déserts.

C'était ce qui avait mal tourné au Botswana. Le Kalahari regorgeait d'animaux sauvages dont les migrations leur permettaient de s'adapter aux longues périodes de sécheresse et aux prairies clairsemées. Ces animaux pouvaient être utilisés pour le tourisme, l'élevage de gibier, les safaris et d'autres activités susceptibles d'apporter des revenus à un grand nombre de résidents locaux, y compris les Bochimans. Au lieu de quoi la Banque mondiale, les pays du marché commun européen et la Botswana Development Corporation avaient voulu remplacer la faune sauvage par du bétail. Les grands éleveurs commerciaux du Kalahari avaient déjà tué des centaines de milliers d'animaux sauvages, surpâturé le désert et épuisé l'eau des nappes aquifères fossiles. Ils avaient créé une terre stérile qui n'était bonne ni pour les animaux sauvages ni pour les animaux d'élevage.

Dans la plupart des endroits de la planète, la nature a compris depuis longtemps ce qui fonctionne le mieux et où. Souvent, la meilleure amélioration que l'homme puisse apporter est de tout laisser en l'état. D'autant plus dans les terres marginales. Le minimum que nous puissions faire – avant d'abattre des arbres ou de construire de longues clôtures – est d'observer la situation un certain temps, afin de voir si nous pouvons faire en sorte que les ressources naturelles travaillent pour nous d'une manière durable. Peut-être que si les populations locales qui vivent à proximité des parcs nationaux pouvaient en bénéficier directement, par exemple grâce au tourisme, elles reconnaîtraient la valeur économique des animaux sauvages et s'efforceraient de les conserver.

C'était une idée qui méritait d'être explorée. Mais il fallait d'abord trouver un endroit.

*

Sur une carte de l'Afrique, nous avons éliminé les pays les uns après les autres. Le continent semblait se désagréger : l'Angola et le Mozambique étaient déchirés par des guerres civiles, la Namibie était attaquée par la SWAPO (South West Africa People's Organization) et la surpopulation humaine avait presque entièrement anéanti la faune et la flore en Afrique de l'Ouest. Le Soudan était à exclure : la Société zoologique de Francfort, notre sponsor, avait récemment perdu un camp à cause de l'Armée de libération du Soudan, qui avait kidnappé les membres du personnel pour obtenir une rançon. Tandis que la main de Mark balayait la carte, l'Afrique sauvage semblait rétrécir sous nos yeux.

Les régions les plus susceptibles d'abriter de vastes étendues sauvages se trouvaient sous l'épaule du continent, au Zimbabwe, en Zambie, au Zaïre et en Tanzanie. Nous avons commencé à régler les centaines de détails d'une expédition de cinq mille kilomètres qui traverserait ces pays en partant du nord de l'Afrique du Sud. Mark piloterait l'avion de la Société zoologique de Francfort et je conduirais le 4 x 4 avec sa remorque ; nous nous rencontrerions en cours de route sur les sites potentiels. Nous avons contacté les ambassades américaines pour savoir où nous pourrions nous procurer du carburant aviation et diesel, et où nous pourrions atterrir en toute sécurité sans craindre les miliciens ou les bandits. Nous avons acheté, étiqueté et emballé du matériel de camping, des denrées alimentaires et des dizaines de pièces détachées d'avion et de 4 x 4 qui ne seraient pas disponibles sur notre route.

Enfin, un an après avoir été expulsés du Botswana, nous étions presque prêts à partir. Toutefois, plusieurs voyageurs avaient récemment été assassinés sur les routes principales du Zimbabwe et de Zambie, et les ambassades américaines dans ces pays avaient émis des avertissements à l'intention des citoyens américains. Pour que je n'aie pas à conduire seule, Mark s'est préparé à piloter notre avion jusqu'à Lusaka, en Zambie. Il le laisserait à l'aéroport, puis retournerait à Johannesburg par un vol commercial afin que nous puissions faire la route ensemble jusqu'en Zambie.

Le matin du 19 mai 1986, Mark s'est rendu à l'aéroport de Lanseria, au nord de Johannesburg, où notre Cessna était stationné, pour effectuer son vol vers Lusaka. Debout devant la porte ouverte de l'avion, il chargeait son sac de voyage et sa valise lorsqu'un homme s'est précipité derrière lui et lui a lancé :

– Excusez-moi, je crois que vous vous rendez à Lusaka ?

– C'est exact, a répondu Mark.

– Vous pouvez m'emmener ? a-t-il demandé, plein d'espoir.

– Pas de problème, lui a assuré Mark. Qu'est-ce qui presse ?

– Vous n'êtes pas au courant ? Les Sud-Africains ont bombardé Lusaka ce matin. Et ils ont frappé des repaires de l'ANC[1] au Botswana et au Zimbabwe !

– Lusaka ! Vous êtes sûr ?

1. African National Congress

– Oui. Je suis reporter pour l'UPI[2], il faut que j'y aille, et vite.

Mark l'a regardé un moment, puis a dit :
– Je ne sais pas pour toi, mon pote, mais moi, je ne vais pas à Lusaka aujourd'hui.

Notre Cessna 180K était le même modèle que celui utilisé par les forces de défense sud-africaines pour les vols de reconnaissance, et il portait encore son immatriculation sud-africaine. Après avoir annulé son vol, Mark est retourné au cottage où nous logions. Nous nous sommes assis à la table pour lire les derniers communiqués de presse : « Les forces de défense sud-africaines frappent trois capitales dans le cadre de la plus grande opération lancée à ce jour contre des cibles de l'ANC. »

Nous avions non seulement prévu que Mark se rende à Lusaka, qui venait d'être bombardée, mais aussi qu'il traverse le Zimbabwe, qui avait également été attaqué et dont on savait qu'il possédait des canons antiaériens et des missiles sol-air. Il aurait été téméraire de survoler ces territoires avec un avion immatriculé en Afrique du Sud. Mais comme nous avions acheté l'avion en Afrique du Sud, il devait, en vertu du droit international, conserver cette immatriculation jusqu'à ce que nous l'importions officiellement dans un autre pays et que nous le réenregistrions. Et nous ne pouvions pas le faire tant que nous ne nous étions pas installés dans un nouveau pays.

– On va se donner une semaine. Peut-être que les choses vont se calmer, a dit Mark en me regardant par-dessus son journal.

---

2. United Press International, agence de presse américaine (*N.d.T.*)

– Pourquoi ne pas survoler le Botswana au lieu du Zimbabwe ? Il y a moins de batteries antiaériennes et d'installations de missiles au Botswana, ai-je suggéré.

– Le vol sera beaucoup plus long et je n'aurai peut-être pas assez de carburant. Ne t'inquiète pas, Roy m'a expliqué comment éviter les missiles.

Roy Liebenberg, ancien pilote militaire, avait appris à Mark à voler. Ils sont toujours en contact aujourd'hui. Son dernier conseil en date : « Vole très bas pour qu'ils ne puissent pas verrouiller la cible. Si tu vois un tir, monte droit vers le soleil jusqu'à ce que le missile soit juste derrière toi. Ensuite, coupe les gaz, fais un grand écart à droite ou à gauche et plonge vers le sol. » Roy avait également mis en garde Mark contre les vols à destination de l'aéroport international de Lusaka. Depuis le raid sud-africain, les Zambiens avaient la gâchette facile et, apparemment, ils avaient accidentellement abattu deux de leurs propres avions militaires.

– Je n'arrive pas à croire que nous ayons cette conversation, ai-je dit.

Mark a ouvert son journal et s'est replongé dans sa lecture.

Quelques jours plus tard, les informations concernant les attaques se sont taries et il est devenu évident que les forces sud-africaines avaient effectué des frappes ciblées contre les bases de l'ANC plutôt que des attaques généralisées contre les gouvernements du Botswana, du Zimbabwe et de la Zambie. Mark a téléphoné à l'ambassade américaine à Lusaka et, bien que le fonctionnaire avec lequel il s'est entretenu n'ait pas voulu donner de garanties, il a déclaré que la vie à Lusaka se déroulait « à peu près normalement et qu'un vol ne devrait pas poser de problème ».

Le 26 mai, une semaine après les raids, Mark a déposé un plan de vol officiel informant la tour de contrôle de Lusaka qu'il arriverait sur son tarmac le soir même. Le plan avait été transmis par télex et aucune instruction ou avertissement spécifiques n'avait été émis, de sorte que Mark a décollé. Pendant cinq heures, il a volé de point de contrôle en point de contrôle au-dessus du Botswana et du Zimbabwe. La nuit était tombée lorsqu'il a survolé l'extrémité orientale du lac Kariba, dont les contours se distinguaient vaguement grâce aux feux des villages isolés. Lusaka était encore à cinquante minutes.

À l'approche de l'espace aérien de Lusaka, le contrôleur n'a pas répondu à ses appels radio. Mark a essayé encore et encore. Aucune réponse. Il ne pouvait pas s'en douter, mais des soldats armaient des canons antiaériens en bout de piste. Le contrôleur de la tour les avait alertés de l'approche d'un avion non autorisé immatriculé en Afrique du Sud. Ils ont manœuvré leurs canons et pointé le viseur sur le Cessna.

Même si Mark n'avait pas eu de réponse du contrôleur, il n'avait d'autre choix que d'atterrir, car il n'avait presque plus de carburant. S'approchant par l'est, il s'est aligné sur la piste principale et a foncé tout droit vers la batterie antiaérienne.

Lorsque l'avion a atteint le bout de la piste, les artilleurs s'apprêtaient à ouvrir le feu. Une Land Rover s'est alors arrêtée dans un crissement et un colonel de l'armée de l'air zambienne en est sorti et a couru vers la batterie d'artillerie en criant et en agitant les bras. Quelques secondes plus tard, Mark survolait l'extrémité de la piste et se posait.

À environ cent cinquante mètres de là, dans son bassin de lumière crue, l'aérogare semblait déserte. Mark est sorti de l'avion, s'est étiré, a déchargé ses bagages et a commencé à amarrer l'appareil pour la nuit. Soudain, six soldats ont déboulé du bâtiment, leurs kalachnikovs AK-47 braquées sur son estomac.

– Halte ! Pas un geste !

Deux des soldats ont attrapé Mark par les bras et l'ont conduit à l'intérieur du bâtiment, dans une pièce dont la porte au panneau bleu délavé indiquait POLICE. Les autres suivaient, leurs AK toujours braquées sur le prisonnier. Ils ont assis Mark sur un banc et sont restés en retrait, à attendre.

Bientôt, le colonel est entré à grandes enjambées dans la pièce, a tiré une chaise devant Mark et s'est assis en face de lui. Pendant sept heures, il l'a interrogé sur son identité et sur la raison de sa présence à Lusaka. Heureusement, Mark avait avec lui une mallette remplie de lettres de présentation de l'ambassade américaine, de permis de recherche, d'autorisations douanières et d'une copie de son plan de vol officiel. Finalement, à 3 h 30 du matin, le colonel a brandi son index sous le nez de Mark.

– J'ai été appelé à la batterie antiaérienne alors que vous approchiez du tarmac. Mes hommes voulaient ouvrir le feu et vous abattre. Si je n'avais pas été là, vous seriez mort à l'heure qu'il est.

Le lendemain, Mark est rentré à Johannesburg par un vol commercial, se demandant quelle pouvait bien être la place d'un biologiste sur ce continent déchiré.

*

Nos malles étaient bouclées et les préparatifs pour le voyage vers le nord étaient terminés. Nous étions en train de dîner dans le cottage de Johannesburg, la dernière nuit avant le départ, lorsque le téléphone a sonné.

Kevin Gill, ami de longue date, confident et conseiller juridique, était au bout du fil. Une partie de notre courrier était encore distribuée chez lui, où nous séjournions souvent, et il m'a annoncé que nous avions reçu une lettre officielle du gouvernement du Botswana. C'était leur première communication depuis qu'ils nous avaient expulsés un an plus tôt.

– Tu veux que je te la lise, Delia ?
– S'il te plaît, Kevin, ai-je répondu.

Il y a eu un bref silence et un bruit de papiers froissés.
– Oui, c'est bien ce que je pensais.

La lettre de M. Festes Mochae, secrétaire personnel du président, était brève et précise : « Le président a examiné attentivement tous ces appels et a décidé de lever votre statut d'immigrés interdits. »

J'ai murmuré un mot de remerciement à Kevin, j'ai raccroché et j'ai couru voir Mark. Pendant des mois, nous avons essayé d'obtenir l'annulation de l'expulsion. Nous avions finalement abandonné et nous nous étions fixé un nouvel objectif. Et maintenant, nous pouvions retourner au Kalahari. Nous nous sommes regardés l'un l'autre, en proie à des émotions confuses.

Nous avions été innocentés, mais une forte pression internationale – des États-Unis et de l'Europe – avait été exercée sur le Botswana qui nous avait expulsés simplement parce que nous avions signalé un problème environnemental. D'autres scientifiques s'étaient rendus dans le désert et avaient confirmé que nos rapports sur la mort des gnous étaient exacts. Les gens étaient indignés par les clôtures ; nous n'étions plus le problème. Néanmoins, en raison de toute cette controverse, nous savions que nous n'aurions pas été les bienvenus au Botswana à ce moment-là. Nous n'avions pas d'autre choix que de poursuivre notre projet de recherche d'un nouvel emplacement. Un jour, nous retournerions à Deception Valley pour chercher à nouveau une lionne nommée Happy. Mais ce serait beaucoup plus tard.

*

« Pièces détachées Toyota ». « Pièces détachées avion ». « Outils de base ». « Aliments de base ». « Réserve de conserves ». « Kit de cuisine ». « Literie et moustiquaires ». « Lanternes et accessoires ». « Livres de référence et cartes ». « Appareils photo ». « Premiers secours ». « Vêtements de Mark ». « Vêtements de Delia ». Des malles lourdes soigneusement étiquetées remplissaient le 4 x 4, ainsi qu'un matelas, des chaises et des tables pliantes, une cuisine portable et deux jerrycans d'eau.

Dans la remorque se trouvaient cinq fûts de kérosène, un fût de gazole, trois pneus de rechange, une pompe, une tente, des pelles, des haches, deux crics de levage, des cordes et des bâches. Au volant de notre vieux Land Cruiser fatigué et de notre remorque usée, dont les carrosseries de fabrication artisanale avaient été rafistolées avec de la ferraille, nous nous sommes frayés un chemin à travers l'Afrique. Aucun des coffres bleus rouillés ne laissait deviner les rêves et les espoirs qu'ils contenaient.

Pendant une partie de notre voyage au Zimbabwe, nous nous trouvions à une centaine de kilomètres directement à l'est du Kalahari. Des nuages bas et sombres s'étendaient à l'infini dans le ciel à l'ouest, et nous avons pensé que la pluie tombait peut-être sur le désert. Peut-être que la longue sécheresse avait pris fin ; peut-être que Happy, Sage et Stormy pourraient enfin profiter d'un peu d'eau. Le 2 juin 1986, nous avons traversé le fleuve Zambèze et nous nous sommes dirigés vers le nord, vers une autre saison.

– Nous pensons tenter le coup ensuite au parc national de la plaine de Liuwa, a dit Mark à Gilson Kaweche, responsable de la recherche pour les parcs nationaux de Zambie.

Nous venions de passer cinq semaines à explorer Kafue, dans le centre-est de la Zambie, campant souvent dans des endroits qui n'avaient pas vu un seul être humain depuis plus de vingt ans. Kafue était un grand et beau parc, de la taille du pays de Galles, mais des hordes de braconniers professionnels étaient en train d'y exterminer toute la faune. Le parc et ses problèmes étaient trop importants pour nos ressources.

Un peu gêné, Kaweche a remué sur sa chaise à la mention de la plaine de Liuwa.

– Ah, eh bien, je suis désolé de dire que la sécurité est un problème là-bas, à cause des rebelles de l'UNITA [Union nationale pour l'indépendance totale de l'Angola]. De toute façon, la plupart des animaux de ce parc ont été abattus il y a longtemps.

– Je suppose que dans ce cas, nous pourrions d'abord essayer le parc de West Lungu.

Sourcils froncés, Kaweche se concentrait sur le gribouillis qu'il était en train de dessiner.

– Oui, mais malheureusement, à Lungu, vous aurez le même problème de sécurité : des contrebandiers zaïrois ont posé des mines terrestres le long des routes. Il serait très risqué pour vous de vous y rendre. Je doute que mon gouvernement le permette.

– Et le parc Sioma, au sud-ouest ? Quelle est la situation là-bas ?

– Eh bien, là encore, la sécurité pose problème. Sioma est situé sur la bande de Caprivi, qui est un territoire sud-africain. Les rebelles en provenance de l'Angola traversent la bande de Caprivi pour entrer au Botswana et se rendre en Afrique du Sud. L'armée sud-africaine tente de les arrêter. Il serait dangereux pour vous de travailler là-bas.

– Et le Blue Lagoon, sur la rivière Kafue... ?

– Je crains que l'armée n'ait pris le contrôle de ce parc national.

– Comment l'armée peut-elle s'emparer d'un parc national ?

– L'armée peut faire tout ce qu'elle veut, a-t-il gloussé.

Nous avons posé des questions sur les dix-neuf parcs nationaux figurant sur les cartes de la Zambie. La plupart n'étaient des parcs que sur le papier.

– Nous devrons essayer la Tanzanie, a déclaré Mark.

Nos permis de recherche n'ayant pas encore été approuvés, nous devions entrer dans le pays en tant que touristes. Si nous trouvions un endroit approprié pour nos recherches, nous demanderions l'autorisation d'y rester.

J'ai de nouveau jeté un coup d'œil à la carte accrochée au mur, mes yeux parcourant l'itinéraire qui nous mènerait de la Zambie à la Tanzanie. À plus de six cents kilomètres de Lusaka, il y avait un autre parc national.

– Et le parc de North Luangwa ? ai-je demandé.

– Je suis au regret de vous dire que nous avons à peu près fait une croix sur le parc du Nord, a-t-il répondu. Il est tout simplement trop éloigné et inaccessible pour être protégé. Personne ne va à North Luangwa, nous n'avons donc aucune idée de ce qui s'y passe. Je ne l'ai jamais vu moi-même, mais j'ai entendu dire que c'était un endroit magnifique.

– Il n'y a rien de mal à ce que nous nous arrêtions là-bas pour jeter un coup d'œil, sur notre route vers la Tanzanie ?

– Non, a-t-il assuré, vous n'avez qu'à nous faire un rapport sur ce que vous aurez trouvé.

Gilson nous a ensuite prévenus qu'il ne s'agissait pas d'un « parc national » au sens américain du terme. Il n'y avait pas d'installations touristiques, pas de routes et personne ne vivait dans le parc, pas même les rangers. Il s'agissait d'une étendue de six mille kilomètres carrés de nature sauvage. Les crues saisonnières de ses nombreuses rivières le rendaient inaccessible pendant la saison des pluies. La carte en coupe que Gilson a étalée sur son bureau n'indiquait même pas la présence d'une piste menant à la vallée. Éloigné, accidenté et inaccessible, le North Luangwa semblait être notre genre d'endroit.

Après avoir remercié Gilson, nous avons rendu visite à Norman Carr, un ancien braconnier, ranger et tour-opérateur qui, en quatre-vingts ans de vie, avait appris à connaître la vallée mieux que n'importe quel autre Africain. Carr organisait des safaris à pied dans le parc national de South Luangwa. Son visage rude et sa connaissance infinie des arbres, des oiseaux et des mammifères témoignaient de son expertise.

– Oubliez cela. Le North Luangwa, c'est impossible. Vous auriez beaucoup de mal à vous déplacer pendant la saison sèche à cause des profonds ravins et du sable, nous a-t-il affirmé. Et on ne peut pas circuler en voiture pendant la saison des pluies à cause de la boue. Les crues soudaines emporteraient votre 4 x 4 et même votre campement.

Peut-être. Mais nous étions déterminés à voir par nous-mêmes. D'ailleurs, si le North Luangwa n'était pas la région sauvage à laquelle nous aspirions, où aurions-nous pu aller ?

Deuxième partie

LA SAISON DES CHANGEMENTS

Introduction

Mark

Le soleil se couche lentement derrière la chaîne de montagnes lorsque Une Seule Défense, la matriarche des éléphants, sort prudemment de la forêt, le long de la rivière Mwaleshi, en Zambie. Tenant sa trompe en l'air, elle hume le vent à la recherche d'un danger. Elle a soif, tout comme les quatre jeunes femelles de sa famille. L'une d'entre elles est accompagnée d'un éléphanteau qui appuie doucement sa tête sur le flanc de sa mère. Des semaines plus tôt, les pluies ont diminué et, désormais, la plupart des points d'eau situés à l'écart des rivières ne sont plus que de la boue liquide. Depuis hier, les éléphants ont parcouru un long chemin sans boire. Ils se précipitent, impatients de se rafraîchir dans la rivière après la chaleur de la journée. Mais la matriarche les retient, se souvenant peut-être d'une époque où les braconniers avaient choisi cet endroit pour leur embuscade. Elle attend, la bouche sèche de peur et de soif, tandis que le petit éléphanteau vient mordiller la poitrine desséchée de sa mère.

Au même moment, dans le village de Mwamfushi, loin en amont des éléphants, une autre mère tient un enfant en pleurs contre son sein flasque. Les pluies insuffisantes ont transformé le mil et le maïs en mauvaises herbes jaunes et ratatinées. Le village va souffrir de la famine cette année, à moins que les hommes n'aillent chasser dans le parc, à moins que Musakanya, son jeune mari, n'aille braconner.

Depuis deux semaines, la famille se contente de *n'shima*, une pâte de farine de maïs bouillie trempée dans une sauce à base de haricots. Ils ont faim de viande et Musakanya sait où en trouver. Il prend son fusil et s'engage sur un sentier poussiéreux qui, cent kilomètres plus loin, aboutit dans le parc national de North Luangwa. À l'orée de son village, sous l'arbre où ils se retrouvent toujours avant ces expéditions, il rejoint Bwalya Muchisa et Chanda Seven, deux amis qui braconnent pour plus que de la viande : ils veulent de l'ivoire.

5
Le Rift

Mark

> La vie sauvage n'est pas tributaire d'une vaste étendue de terre vierge. Il s'agit plutôt d'une qualité de conscience, d'une ouverture à la lumière, aux saisons et au renouvellement perpétuel de la nature.
>
> John ELDER

Quelques jours après notre rencontre avec Gilson Kaweche au siège des parcs nationaux, Delia et moi avons parcouru les six cents kilomètres qui séparent Lusaka de Mpika, elle en 4 x 4, moi en avion. Nous avons passé une nuit de juillet froide et venteuse sur la piste d'atterrissage. Le lendemain matin, au lever du soleil, nous décollons sous un vent violent. Zulu Sierra s'élève comme un cerf-volant au-dessus d'une colline boisée et, en moins de cinq minutes, la dernière hutte au toit de chaume a disparu de notre champ de vision. Peu après, le sol de la forêt commence à montrer ses premières ondulations et ses premiers ruisseaux – les effets des tensions titanesques le long de la vallée du Rift.

Deux immenses plaques tectoniques, situées de part et d'autre de cette gigantesque tranchée, s'écartent ici l'une de l'autre, déchirant l'Afrique en deux. Des montagnes plus hautes se profilent à l'horizon, telles des sentinelles gardant la vallée. Nous les franchissons et volons le long de grandes crêtes rocheuses, puis de profonds canyons, en partie cachés par des arbres tropicaux et de luxuriantes pousses de bambou, qui semblent plonger jusqu'au centre de la terre. Des rivières tumultueuses et des cascades se jettent sur des parois de granit à pic.

Soudain, une énorme mâchoire de roche traverse notre chemin du nord-est au sud-ouest, aussi loin que nous puissions voir : l'escarpement de Muchinga, le mur occidental du Grand Rift. Des montagnes massives et émoussées sont enracinées dans cette mâchoire comme des molaires de mammouth tordues, et des ruisseaux d'eau vive jaillissent entre elles, s'écoulant sans entrave le long du tablier de l'escarpement et dans la vallée. D'après nos cartes, ces rivières – Lufishi, Mwaleshi, Lufwashi, Mulandashi et Munyamadzi – descendent de l'escarpement pour rejoindre la Luangwa, plus grande et plus sauvage. Longeant la frontière orientale du parc, la Luangwa va et vient dans le fond de la vallée, répandant les riches alluvions que ses affluents ont érodées depuis le plateau situé à l'ouest, au-delà de Muchinga. Elle s'écoule de la Tanzanie vers la Zambie, puis se jette dans le Zambèze, et de là dans l'océan Indien, entre le Mozambique et le Malawi.

Alors que nous volons entre deux sommets arrondis de l'escarpement, la terre sous nos pieds disparaît, se volatilise, ne laissant qu'une brume blanche sous l'avion. Je remets les gaz et nous descendons à plus de mille mètres dans le brouillard, jusqu'au fond de la vallée. Penché vers l'avant, je guette les pics qui pourraient s'élever jusqu'à nous et éventrer notre avion, tandis que

Delia essaie de repérer un élément topographique qui nous indiquerait où nous sommes.

Quelques minutes plus tard, la trace serpentine d'une rivière sablonneuse émerge peu à peu de la brume, comme si nous reprenions conscience. En volant à basse altitude, nous suivons le parcours tortueux de la Lufwashi, qui se fraie un chemin hors des montagnes le long d'une crête parsemée de troupeaux d'antilopes noires, puis d'antilopes rouannes à cornes de sabre et de zèbres galopant sur les contreforts rocheux et ondulés du tablier de l'escarpement, avant d'atteindre un énorme monolithe au-dessus duquel planent des faucons et des aigles. De là, la Lufwashi se faufile le long de pentes plus douces jusqu'à son confluent avec la rivière Mwaleshi.

Les familles d'éléphants qui se tiennent dans les forêts-galeries lèvent leur trompe, reniflant l'air lorsque nous passons au-dessus d'eux, et des milliers de buffles se déversent des forêts pour se rafraîchir et s'abreuver dans la rivière peu profonde. Des antilopes puku couleur rouille, de la taille d'un cerf à queue blanche, sont éparpillées sur chaque banc de sable, ainsi que des impalas, des élands, des bubales, des phacochères et tous les oiseaux connus de l'Afrique, semble-t-il.

Lorsque nous atteignons la large rivière Luangwa, nous voyons des troupeaux d'hippopotames entassés d'une rive à l'autre, soufflant leur haleine en panaches, la mâchoire ouverte en direction de l'avion. De gros crocodiles, plus massifs qu'une table de cuisine, glissent des bancs de sable vers l'eau. Et pas le moindre signe d'êtres humains.

Le long de la Mwaleshi, nous retrouvons la piste des braconniers et la suivons à travers le tablier de l'escarpement jusqu'aux contreforts et aux montagnes. Delia note les heures, les indications de la boussole et les caractéristiques topographiques que nous utiliserons pour retourner dans la vallée.

Après notre atterrissage sur la piste de Mpika, Delia me sourit et lève les deux pouces. Nous n'avons jamais vu autant d'animaux sauvages au même endroit. Nous devons maintenant déterminer s'il est possible de vivre et de travailler dans cette région isolée. Nous roulons jusqu'au bord de la piste d'atterrissage et arrimons Foxtrot Zulu Sierra. Pour quelques kwachas zambiens, Arius, vieil homme édenté d'une tribu et gardien de l'aérodrome pour le gouvernement, accepte de surveiller notre avion pendant que nous roulons dans la vallée.

En suivant les notes de Delia, nous remontons la Great North Road jusqu'à ce que nous trouvions la piste en terre battue qui, nous l'espérons, nous mènera dans le parc. Elle suit la base nord du Kalenga Mashitu, une crête rocheuse d'une trentaine de kilomètres traversant une forêt fraîche et profonde de miombos (*Brachystegia*) et de *Julbernardia*. Avec leurs branches évasées et leurs couronnes luxuriantes, ces arbres dominent la forêt de miombos classique que l'on trouve à des altitudes plus élevées dans toute l'Afrique centrale. De temps en temps, nous apercevons des huttes au toit de chaume nichées dans les collines situées en contrebas de l'épine dorsale rocheuse de Mashitu. Un énorme palmier bananier vert et jaune se penche au-dessus de chaque hutte, offrant des fruits, de l'ombre et un abri contre les pluies torrentielles saisonnières à la famille qui habite sous lui. Depuis un campement d'une douzaine de huttes rondes, une vieille femme noueuse clopine jusqu'à la piste en brandissant un régime de bananes. Alors que je la paie, une trentaine de femmes et d'enfants se rassemblent derrière elle et commencent à chanter, leurs voix semblables à des carillons dans l'air frais et humide. Après avoir écouté trois ou quatre chansons, nous applaudissons la chorale et continuons à rouler – pendant qu'ils nous applaudissent.

Peu après, la piste bifurque et nous nous arrêtons pour étudier les notes de Delia. Alors que nous nous tenons devant le 4 x 4, un petit groupe d'hommes s'approche, les lames étroites de leurs hachettes accrochées à leurs épaules. Ils font une révérence, les mains jointes, les yeux baissés en signe traditionnel de respect, lorsque nous demandons quelle piste prendre pour nous rendre au village de Mukungule. Le porte-parole, avant de répondre, se redresse d'un centimètre ou deux, puis déclare :

– Cette piste, elle est bonne !

Il se précipite pour tapoter des deux mains le sol de la fourche de gauche.

– Si vous la prenez, vous toucherez Mukungule.

Il sourit énormément, dévoilant ses dents brunes et cassées. Toujours voûté, il se précipite sur l'autre fourche.

– Aaahh, mais celle-là, elle a expiré.

Son expression s'assombrit tandis qu'il piétine la piste hors d'usage, comme pour s'assurer qu'*elle* est bien morte.

– *Natotela sana* – merci beaucoup.

Nous offrons les seuls mots de bemba que nous avons appris, puis nous partons tandis que les hommes applaudissent et font des révérences en guise d'adieu.

Nous prenons la piste vivante et, quatre heures après avoir quitté Mpika, elle commence à serpenter à travers des champs de maïs et de millet. Nous nous faufilons sur un pont de branches et de troncs qui craquent et gémissent sous les deux tonnes du Cruiser, oscillant comme un ivrogne et menaçant de basculer dans l'eau en contrebas.

Quelques minutes plus tard, nous « touchons » Mukungule, avec ses huttes de chaume rongées par les éléments et ses murs en terre battue qui se dressent parmi des parcelles de maïs envahies par des herbes hautes et des graminées. La piste nous mène juste devant le feu du *boma* d'une famille, et même si nous laissons des traces de pneus dans leur « salon », ils reculent, rient, font des signes de la main et applaudissent. « *Mapalanye ! Mapalanye !* » Les salutations des femmes et les éclats de rire des enfants se mêlent aux ébrouements et aux cris des poulets qui s'enfuient pour créer un accueil bruyant, mais d'une certaine manière musical. Plusieurs femmes, enveloppées dans des *chitenges* (des bandes de tissu enroulées autour de la taille pour former une jupe) aux couleurs vives, cessent de piler leur farine de maïs et posent leurs longues perches au-dessus des souches d'arbre creuses qu'elles utilisent comme mortiers pour écraser les grains. Une femme âgée est assise sur une souche devant sa hutte, son pied actionnant la pédale d'une vieille machine à coudre Singer, tandis qu'elle confectionne un vêtement aux motifs chatoyants.

Une foule de jeunes gens s'agglutine autour de notre 4 x 4 lorsque nous nous arrêtons. Un garçon gratte doucement et timidement sa guitare, fabriquée à partir d'un bidon d'huile et dotée d'un manche en bois grossièrement taillé et de mécaniques en bois rudimentaires. Des clous plantés dans le manche et repliés sous les cordes en fil de fer forment les frettes. Avec un peu d'encouragement de notre part et de celle de ses amis, il entame un air dissonant. Nous écoutons attentivement pendant un moment, jusqu'à ce qu'on commence à songer que cette chanson n'a pas de fin ; nous nous éclipsons.

Alors que nous dépassons la dernière hutte de Munkungule, l'herbe de la piste se fait soudain plus haute que le 4 x 4. Je m'arrête et Delia monte sur le toit pour me guider. Une heure et demie plus tard, mais à peine dix kilomètres plus loin, la piste bifurque à nouveau. Devant nous, sur la gauche, les quatre maisons en torchis et en chaume du camp des gardes-chasse de Mano surgissent comme des champignons dans les hautes herbes et les parcelles de maïs.

Situé sur un terrain aride au-dessus de la rivière Mwaleshi, ce camp abrite quatre gardes-chasse et leurs familles. À quatre cents mètres du camp principal, au pied d'un petit *kopje*, se trouvent deux autres maisons et une réserve pour le « responsable du camp », son adjoint et leurs familles. En Zambie, les gardes-chasse, ou éclaireurs, sont des fonctionnaires qui reçoivent une formation de type militaire sur le maniement des armes à feu, la législation sur les espèces sauvages et quelques notions d'écologie, puis sont chargés de patrouiller dans les parcs nationaux et les autres zones de gestion des espèces sauvages du pays pour lutter contre les braconniers. Gilson Kaweche nous avait dit qu'il y avait quatre autres camps d'éclaireurs, espacés d'une douzaine de kilomètres le long de la limite ouest du parc, mais qu'ils ne comptaient en tout et pour tout que sept éclaireurs. Mano, avec ses six éclaireurs au centre de la chaîne de camps, est le seul à disposer d'assez d'hommes pour organiser des patrouilles. En fait, le camp de Lufishi a été fermé, son unique éclaireur ayant été suspendu pour avoir collaboré avec des braconniers commerciaux. Au total, treize éclaireurs sont chargés de protéger le North Park, une zone plus vaste que le Delaware.

Nous prenons l'embranchement de gauche et j'arrête le 4 x 4 près d'un cercle de douze à quinze hommes assis sur la terre rouge et nue du camp principal. Ils nous regardent avec des visages sombres, les yeux rougis et larmoyants. Au milieu d'eux, un grand pot en terre cuite déborde de la bière locale mousseuse ; plusieurs pailles en roseau sont plantées dans le moût. L'un des hommes porte un pantalon d'uniforme vert, ce qui laisse supposer qu'il est garde-chasse ; les autres sont vêtus de chemises et de pantalons en lambeaux, probablement offerts par des missionnaires locaux. Après les avoir salués, je demande le responsable du camp. Un Zambien trapu, aux oreilles décollées et aux cheveux noirs grisonnants sur les tempes, se lève lentement et marche d'un pas chancelant vers nous.

– Je suis Island Zulu, responsable du camp, annonce-t-il avec grandiloquence, la tête penchée sur le côté, tandis que je lui remets la lettre d'introduction du directeur des parcs nationaux.

Un homme avec un bandana rouge autour de la tête s'approche en sautillant.

– Je suis Nelson Mumba, responsable du camp de Mwansa Mabemba, dit-il avec un sourire de travers auquel il manque une dent de devant. Nous n'avons ni nourriture, ni munitions pour patrouiller, ni moyens de transport. Nous sommes censés recevoir de la farine tous les mois, mais elle n'arrive jamais, se plaint-il. Nos familles ont faim. Même maintenant, nos femmes travaillent dans les champs pour que nous puissions manger.

Avec son bandana, il a l'air d'un pirate lorsqu'il montre du doigt un groupe de femmes en train de biner dans un champ de maïs voisin.

– C'est terrible ! se désole Delia. Vous en avez parlé au directeur ?

– Ha ! Le directeur ! rétorque Zulu. Il ne se soucie pas de nous. Il n'est pas venu ici depuis plus de deux ans.

À ce stade, je ne sais pas trop ce que les gardes-chasse attendent de nous en ce qui concerne leurs problèmes. Je leur explique que nous sommes à la recherche d'un site pour un grand projet et que si North Luangwa s'avère être le bon endroit, nous les aiderons du mieux que nous pourrons. Mumba marmonne quelque chose, crache dans la poussière et tous retournent à leur bière. Alors que nous nous éloignons dans notre 4 x 4, ils s'assoient en cercle autour de la marmite remplie de bière et attrapent les pailles.

Après avoir traversé à gué les eaux claires et tumultueuses de la Mwaleshi, nous campons près d'une petite cascade cachée dans les profondes forêts de miombos. À partir d'ici, la Mwaleshi dévale les pentes escarpées de montagnes sur mille mètres, et nous serons obligés d'en faire autant. Les forêts épaisses nous empêchent de suivre la rivière, nous devrons donc la retrouver lorsque nous atteindrons le fond de la vallée.

Pour déterminer si nous pouvons travailler dans le North Luangwa, nous allons essayer de descendre l'escarpement, puis de longer la Mwaleshi jusqu'à la rivière Luangwa et de revenir. D'après notre vol de reconnaissance, les plaines inondables en bordure de ces deux rivières semblent être parmi les habitats les plus importants du parc. Si nous ne pouvons pas les atteindre, il n'y a vraisemblablement plus aucune raison de s'installer dans le North Luangwa. Ce trek ne sera pas facile, car la plupart du temps, il n'y a pas de piste.

Personne ne se soucie de nous, ne sait où nous allons ni pour combien de temps. Notre Land Cruiser est en bout de course ; nous n'avons ni radio, ni arme à feu, ni antivenin frais – rien de tout cela n'est disponible en Zambie, même si nous pouvions nous l'offrir. En cas d'urgence, il faudra au moins vingt heures de route pour atteindre l'hôpital le plus proche, à Lusaka, qui manque cruellement de tout, y compris de sang non contaminé par le sida. Malgré tout, nous décidons qu'après avoir fait tout ce chemin, cela vaut le coup d'aller de l'avant.

Tôt le lendemain matin, nous arrachons notre moustiquaire de la branche d'arbre qui surplombe notre lit, que nous avons posé sur le toit du 4 x 4, nous engloutissons des flocons d'avoine et nous nous mettons en route. La piste est d'abord agréable, se faufilant dans la luxuriante forêt de miombos, tandis que des oiseaux tropicaux volent au-dessus de nos têtes.

Mais en contournant un affleurement rocheux, la piste disparaît brusquement ; nous devrons rouler sur le flanc de la montagne sans piste. Une pente abrupte, constellée de rochers déchiquetés et d'ornières profondes, s'enfonce dans la forêt devant nous. Immédiatement, le 4 x 4 accélère, il va trop vite. Je passe la vitesse inférieure, mais la lourde remorque s'emballe, percutant le Land Cruiser à l'arrière. Ses roues arrière décollent du sol et se mettent en porte à faux. Les fûts remplis de carburant d'aviation glissent vers l'avant, heurtant la porte avant de la remorque. En braquant le volant, je donne un coup d'accélérateur afin que le 4 x 4 garde une longueur d'avance sur la remorque. Le Land Cruiser oscille lourdement, grondant de plus en plus vite sur les rochers tandis que je freine par à-coups. Encore trempés par la traversée de la rivière, les disques ne nous ralentissent pas.

Je crie à Delia : « Prépare-toi à sauter ! » Elle s'agrippe à la poignée de sa portière tandis que nous dévalons la pente abrupte en rebondissant.

J'appuie à fond sur la pédale jusqu'à ce que les freins commencent à agir. Luttant pour adhérer au sol, les pneus s'accrochent aux rochers acérés qui jonchent la pente. Des morceaux de bande de roulement de la taille d'un pouce sautent avec un bruit sec.

Nous poursuivons notre dégringolade sur plusieurs centaines de mètres en gardant le contrôle tant bien que mal. Nous allons beaucoup trop vite. Mais chaque fois que j'appuie sur la pédale de frein, la remorque tente de se mettre en porte à faux. Finalement, alors que je pile juste assez pour nous ralentir, mais pas trop brusquement, les roues arrière se stabilisent sur la pente et n'en bougent plus. Les mains de Delia se décrispent sur le tableau de bord et je desserre enfin ma prise sur le volant. Le North Luangwa m'a donné ma première leçon : il faut y aller doucement quand on descend l'escarpement de Muchinga.

Au cours de l'heure et demie qui suit, nous descendons encore trois pentes abruptes et de nombreuses autres plus petites. L'inclinaison devient si sévère que le 4 x 4 donne l'impression de se tenir sur le nez. Enfin, nous sortons de l'ombre des forêts de miombos pour déboucher sur une crête rocheuse offrant une vue panoramique de la vallée : des kilomètres de prairies dorées couvrent les collines ondulantes du tablier de l'escarpement et le fond de la vallée devant nous ; les montagnes de Muchinga s'incurvent à notre droite et disparaissent au loin. La Chinchendu Hill, un monolithe géant de trois kilomètres sur six, haut de deux cent cinquante mètres, se détache du fond de la vallée à environ huit kilomètres de là. Dans la langue de la tribu bisa, le terme « Chinchendu » désigne un homme de grande taille, solide et imposant. Sur notre gauche, à une dizaine de kilomètres, une colline conique ressemblant à une corne de rhinocéros est enveloppée d'une brume bleue provoquée par la chaleur et par la fumée des feux de forêt qui balaient la vallée. Cette colline, connue localement sous le nom de Mvumvwe Hill, et Chinchendu seront nos deux principaux points de repère lors de notre exploration de cette partie de la vallée.

Nous n'avons pas été dérangés par beaucoup de mouches tsé-tsé lors de notre descente. Mais à présent, nous sommes près de six cents mètres plus bas et la température a augmenté pour atteindre les trente degrés. Les mouches tsé-tsé envahissent l'intérieur du Land Cruiser, piquant chaque parcelle de peau exposée, et même à travers nos chemises, nos shorts et nos chaussettes. Delia compte bientôt vingt-et-une piqûres sur ses jambes. Il fait trop chaud pour remonter les vitres, alors nous chassons les mouches avec nos chapeaux, nous les écrasons contre le pare-brise et, finalement, nous allumons les cigarettes que Delia a apportées pour faire du troc avec les soldats aux barrages routiers le long de la route principale qui mène à Lusaka. Nous fumons comme des pompiers jusqu'à ce que le nuage bleu de nicotine force les mouches à se retirer.

Le 4 x 4 et la remorque cahotent et s'entrechoquent. Nous poursuivons notre route vers le confluent de la Mwaleshi et de la Lubonga, son plus petit affluent. Deux heures après avoir quitté l'escarpement, nous nous arrêtons pour étudier à nouveau les notes de Delia, mais nous n'arrivons pas à déterminer la direction à prendre.

Des murs de *Combretum obovatum*, une broussaille épineuse de trois mètres de haut, barrent notre chemin. En tournant et retournant à travers le fond poussiéreux de la vallée, nous essayons de naviguer dans le labyrinthe de ronces épaisses. À plusieurs reprises, nous nous frayons un chemin, mais nous finissons par tomber sur un ruisseau profond et déchiqueté qui nous bloque le passage. Debout sur les rives abruptes, regardant les arbres déracinés qui gisent sur ces abords secs, je me souviens des avertissements sur les crues soudaines que

Norman Carr nous avait donnés à Lusaka : « Ne vous laissez pas surprendre dans la vallée après les pluies de novembre. Sinon vous risquez de ne pas pouvoir en sortir, jusqu'à ce qu'elle s'assèche en mai ou en juin. »

Des empreintes de sabots, grandes et petites, couvrent le sol, mais nous voyons peu d'animaux. Toute la végétation, à l'exception des couronnes des arbres, est desséchée par le soleil et la chaleur. Comptez sur nous pour découvrir un autre désert !

Près de trois heures après avoir quitté l'escarpement, les bleus et les verts apaisants de deux rivières, une de chaque côté de nous, nous font de l'œil à travers l'enchevêtrement de broussailles sèches. Un peu plus tard, nous traversons un bosquet d'herbes hautes et, sur notre droite, nous apercevons la Mwaleshi, dont le fond blanc et sablonneux apparaît à travers une eau étincelante ; sur notre gauche, la Lubonga, son affluent, n'est guère plus qu'un filet d'eau à la saison sèche. Nous sommes arrivés au confluent précis des deux rivières.

Un petit troupeau de pukus – taches fauve et orangé dans les herbes d'un vert éclatant – se tient sur la berge à quarante mètres en aval, et des aigles pêcheurs sont perchés à la cime des arbres le long de la rivière large et peu profonde. Après la désolation du maquis de *Combretum obovatum*, nous nous abreuvons de cette scène, comme nous allons nous abreuver de cette eau. Bientôt les grimaces et les froncements de sourcils que nous arborions à cause de l'éblouissement quelques instants auparavant disparaissent de nos visages. Nous courons vers la Mwaleshi et y trempons les mains pour nous en asperger le visage et le cou. Mais cela ne suffit pas. Laissant la chaleur derrière nous, nous sautons de la rive et plongeons dans l'eau, entièrement vêtus. Au diable les crocos.

Le soleil se couche lorsque nous traversons la rivière. Sur la rive qui surplombe le confluent, nous déroulons notre matelas sur le toit du 4 x 4, nous installons notre table et nos deux chaises et nous allumons un feu de camp. La route a été rude, mais nous sommes arrivés à mi-chemin de notre objectif : la rivière Luangwa. Pour fêter l'événement, je verse un peu de rhum de « pirate », fabriqué en Zambie, dans le jus d'orange que contiennent nos chopes en plastique, et nous portons un toast à notre première nuit dans la vallée. En dessous de nous, des troupeaux de pukus et de zèbres s'abreuvent à la rivière, dont les eaux, dans la lueur du coucher du soleil, ont la couleur de l'acier en fusion. Un martin-pêcheur du voisinage plane à hauteur de nos yeux, puis replie ses ailes et plonge dans la mare à nos pieds. Plus tard, après un dîner composé de ragoût de poulet en conserve et d'une bouteille de vin Drankenstein, nous grimpons sur le Land Cruiser et nous installons dans nos sacs de couchage.

Chaque soir depuis des semaines, Delia et moi jouons à un jeu, et ce soir n'est pas différent. Je m'enfonce dans mon sac et je soupire :

– Chérie, ce soir, je vais te montrer une étoile filante, ou au moins un satellite. C'est parti, prépare-toi, je sais qu'on va voir au moins un des deux.

Nous regardons le ciel, à la recherche d'une soudaine traînée bleue ou d'un faible point lumineux jaune se déplaçant plus rapidement que les étoiles lointaines. Au bout de quelques minutes, nous nous endormons, quelque peu attristés de n'avoir vu ni l'un ni l'autre. Dans le Kalahari, où le ciel aride est beaucoup plus clair, les choses auraient été différentes.

Les deux jours suivants, nous parcourons les rives de la Mwaleshi à la recherche d'un campement temporaire et d'une piste d'atterrissage. Nous ne trouvons

92

qu'un seul endroit où les méandres de la rivière sont suffisamment éloignés les uns des autres pour permettre des décollages, en particulier ceux qui sont rallongés par la chaleur et la résistance du sol rugueux et de l'herbe. La bande de terre que nous avons choisie ferait frémir la compagnie d'assurances du Cessna. Il s'agit d'une surface relativement plane, mais coupée par la rivière à une extrémité et par une colline couverte d'arbres à l'autre. Pire encore, un gros arbre à saucisses de dix mètres de haut se dresse devant la colline.

Je mesure plusieurs fois la potentielle piste, mais ne parviens pas à trouver une droite qui fasse plus de trois cent dix mètres. Selon le manuel d'utilisation du Cessna 180K, un décollage sur une surface herbeuse par cette température devrait nécessiter une distance de trois cents mètres, à laquelle il faut ajouter une distance de deux cents mètres avant que l'avion ne puisse franchir un obstacle de quinze mètres de haut – un arbre, par exemple. S'il fait chaud et lourd, il se pourrait que nous devions contourner l'arbre après le décollage. Si ce n'est pas le cas, il nous reste à peine une dizaine de mètres de piste en rab et environ deux cents mètres de plus pour dépasser l'arbre.

À l'aide de haches, de pelles et de pioches, nous passons un après-midi torride à couper des arbustes coriaces et trapus et à niveler des termitières afin d'aménager notre piste d'atterrissage. Pour finir, nous délimitons les deux extrémités de la piste n°1 avec des tas d'excréments de buffle. Le lendemain matin, avant l'aube, nous détachons la remorque, la cachons dans les hautes herbes près de la piste d'atterrissage et nous dirigeons vers Mpika pour récupérer notre avion. Sans la remorque qui nous bloque à chaque passage sablonneux, la remontée de l'escarpement jusqu'au village ne prend que huit heures. Trente minutes après le décollage, j'atterris sur notre nouvelle piste. Comme Delia mettra beaucoup plus de temps à revenir en 4 x 4 que je ne l'ai fait en avion, elle devra camper en chemin et me retrouver ici demain.

Je traîne quelques épineux autour du ventre de Zulu Sierra, puis j'étale mon sac de couchage sur le sol, sous l'avion. Il y a quelques années, le meilleur ami de Norman Carr a été arraché de sa tente et dévoré par une lionne affamée dans la vallée de la Luangwa. Dormir à la belle étoile m'inspire donc une certaine méfiance. Dans le Kalahari, nous avons souvent dormi non seulement dans la savane, mais aussi *avec* des lions. Dans cet habitat inconnu, cependant, mes ancêtres primates, qui me parlent à travers d'innombrables générations d'évolution, m'avertissent d'être prudent.

En fin d'après-midi, je m'assois au bord de la rivière et j'observe un martin-pêcheur plonger à la recherche de son dîner. Deception Valley semble appartenir à un autre monde, à une autre époque. Cela fait mal de se rappeler tous ceux que nous avons laissés derrière nous, dans le Kalahari : Sunrise, Happy, Stormy, Sage et les autres lions, ainsi que Dusty, Pepper, Patches et Pippin, nos hyènes brunes. Qu'est-ce qui pourra jamais les remplacer, ou combler le besoin qu'ils ont créé en nous ?

Les ombres nocturnes commencent à rôder le long des berges. Un héron goliath dérive, ses ailes chuchotant dans l'air sombre et immobile. Dans le courant paisible, une grande vague en forme de V roule lentement vers l'amont, dans ma direction. Je me retire au pied de mon avion – ma boîte de conserve technologique – et je m'assois près de mon feu de camp, à l'écart de son aile. Un lion appelle depuis l'amont, un autre répond depuis l'aval. Puis, comme c'est trop calme, je m'allonge sous l'avion, mon *boma* d'épineux de un mètre de haut enroulé autour de moi comme un édredon. Bientôt, je m'endors. Et je rêve d'un autre pays, avec des lions plus grands, aux rugissements plus profonds ; je rêve que je passe mon bras sur l'épaule d'un grand mâle nommé Muffin. Avec Delia, je regarde l'horizon lointain, de l'autre côté des dunes.

*

Tiré de mon sommeil, je lève lentement la tête et regarde depuis le dessous de l'avion. Quatre cent cinquante buffles sont en train de faucher et de fertiliser le banc de sable le long de la rivière Mwaleshi, où j'ai atterri hier soir. Ils se dirigent droit sur moi ; certains d'entre eux ne sont qu'à une cinquantaine de mètres. Je rampe vers l'avant et me redresse, m'adossant à l'hélice et jetant un coup d'œil par-dessus mon *boma* de buissons épineux. Aucun des buffles ne me remarque. Leurs larges museaux pressés contre le sol, leurs queues battant l'air tandis que des pique-bœufs virevoltent autour de leurs dos, ces machines redoutables continuent de tondre. De temps en temps, l'une d'elles s'ébroue ou grogne bruyamment, secouant sa tête de bulldozer et ses larges cornes pour chasser les mouches, projetant sa salive sur l'herbe.

L'avion n'a aucune signification pour ces buffles, car ils n'en ont jamais vu auparavant, et comme je suis figé contre l'hélice, ils n'ont pas encore distingué ma silhouette d'homme. Les buffles ont du mal à voir ce qui ne bouge pas, même à courte distance, et comme je suis sous le vent, ils ne m'ont pas senti.

Ils continuent à brouter dans ma direction, en grognant et en meuglant. Les bêtes les plus proches ne sont plus qu'à une vingtaine de mètres, et je perçois déjà leur odeur musquée et humide. Les personnes qui surprennent les buffles de près risquent de se faire encorner, piétiner, renverser et même mordre. L'année dernière, deux chasseurs de Mano ont été tués par des buffles. À dix mètres, les buffles les plus proches sont vraiment trop près, mais ils ne m'ont toujours pas remarqué et ils continuent d'avancer. La seule chose à faire est de rester immobile et d'espérer qu'ils s'éloignent.

Mais les mouches tsé-tsé et les mouches à bouse grouillent sur mon visage, et l'envie de les écarter est insupportable. Avec prudence, je commence à lever ma main droite vers mon menton. La bufflonne de tête, qui n'est pas à plus de huit mètres, lève la tête, arrête de mâcher et me fixe un gros brin d'herbe dépassant du coin de sa bouche. Les rides de ses yeux se creusent, ses muscles se raidissent et un puissant souffle d'air s'échappe de ses naseaux noirs. Quelques grands buffles à la périphérie du troupeau lèvent immédiatement la tête. J'arrête ma main à mi-chemin de ma poitrine.

Cinquante buffles me regardent à présent. Les mouches à bouse grimpent sur mes joues et mon front, aspirant l'humidité de mes narines et des coins de mes yeux et de ma bouche. Les mouches tsé-tsé me piquent le cou et les bras. Je ne bouge pas.

La bufflonne en face de moi se détend et replonge la tête dans l'herbe, mais les buffles plus âgés et plus expérimentés derrière elle s'avancent, braquant sur moi leurs museaux noirs de la taille d'un canon. Près de la femelle, ils s'arrêtent, me fixant toujours du regard. Ma main se porte à mon menton, couvre mon nez et ma bouche et se fige. Les buffles s'ébrouent bruyamment, secouent la tête et tapent du pied.

Je laisse mes doigts se promener sur mon nez et ma joue, chassant les mouches exaspérantes. Les buffles s'ébrouent et trépignent à nouveau. La bufflonne lève la tête. Elle secoue ses cornes et mon estomac se serre.

Puis elle se détourne et s'éloigne en trottinant, s'arrêtant vingt pas plus loin pour me regarder à nouveau. Mais les mâles continuent d'avancer vers moi, reniflant et piétinant le sol de leurs lourds sabots. Je m'essuie le visage avec ma main, puis j'agite mes doigts. Ils s'arrêtent à nouveau, lèvent la tête, puis la baissent, sans jamais me quitter des yeux. La femelle se met à brouter. Deux des mâles tournent la tête pour la regarder, puis se mettent eux aussi à brouter.

Je me détends. Avec des gestes lents, je rallume le feu et, quelques minutes plus tard, je verse une casserole d'eau bouillante sur du marc de café. Je m'assois ensuite sous le nez de l'avion, savourant mon « café de camp », chaud et épais, tout en observant le troupeau qui passe devant moi. Certains sont si proches que je jurerais apercevoir le reflet de l'avion dans leurs yeux, distinguer des gerbes de poussière autour de leurs naseaux, entendre l'herbe drue se déchirer sous leurs dents.

Le soleil, bercé par les berges de la rivière, se lève lentement derrière le troupeau, enflammant la frange de poils autour de leurs oreilles et les moustaches sur leurs museaux. Mon café est particulièrement bon ce matin, à North Luangwa.

Fin d'après-midi. Je suis encore sous le choc de la rencontre du matin. Delia arrive de Mpika dans un nuage de poussière, et lorsque je lui raconte ma communion avec les buffles, elle roule des yeux et fait passer sa langue dans sa joue, sceptique. Heureusement, ils ont laissé derrière eux un grand nombre de bouses qui prouvent la véracité de mon histoire.

Levés aux premières lueurs de l'aube, nous déchargeons la remorque du matériel dont nous n'aurons pas besoin lors de notre reconnaissance vers le North Luangwa, et nous le cachons dans un fourré de *Combretum obovatum*. Nous enfermons à nouveau l'avion dans un *boma* d'épineux – pour empêcher les hyènes et les lions de ronger ses pneus et sa queue – et à 7 heures, nous nous mettons en route vers le sud-est, le long de la rivière. Nous avons parcouru moins de un kilomètre lorsqu'une méchante petite chaîne de collines éboulées nous barre le chemin. Elles sont couvertes de ronces et balafrées par des cours d'eau asséchés ; il n'y a pas moyen de les contourner. La Mwaleshi est trop large et truffée de sables mouvants pour que nous puissions la traverser à gué. Nous devrons passer par ces « collines du Chankly Bore[1] », comme nous les appelons.

Non loin de la rivière, un étroit ravin remonte une pente abrupte et traverse l'avant-corps des collines. Ici, nous abattons les termitières et nous taillons les ronces à la hache. Mais lorsque j'essaie de gravir la pente avec le Land Cruiser, je perds l'adhérence à mi-chemin. Je redescends donc et j'essaie encore et encore. Finalement, nous treuillons d'abord le 4 x 4, puis nous faisons demi-tour pour treuiller à son tour la remorque.

Quelques minutes seulement après avoir descendu les collines de Chankly Bore, une large rivière sablonneuse se trouve en travers de notre chemin. Quelle que soit la direction que nous prenons, une série de pentes abruptes et de ruisseaux et rivières nous barrent la route. En plaçant de courtes planches devant les roues pour les empêcher de s'enfoncer, nous parvenons finalement

---

1. En référence à un poème nonsensique de l'écrivain victorien Edward Lear (*N.d.T.*)

à traverser. Quinze minutes plus tard, au bord d'une lagune, nous sommes embourbés jusqu'aux essieux. Presque aussitôt après avoir réussi à nous tirer de là avec le treuil, une fragile souche de mopane crève l'un des pneus du Cruiser alors que nous essayons de franchir un mur coriace de ronces de *Combretum obovatum*. Nous changeons le pneu et nous nous frayons un chemin dans le fourré à l'aide de machettes, mais la roue avant droite tombe alors dans un trou profond caché dans les hautes herbes. À un moment donné, il nous faut quatre heures pour parcourir un kilomètre dans un bois de chicots morts.

Pendant tout ce temps, la Mwaleshi coule sereinement à nos côtés, scintillant dans la lumière du soleil. Comme si la rivière nous taquinait pendant notre épreuve. Nous apercevons de temps en temps un puku ou une antilope sing-sing, mais où sont passés les puissants troupeaux de buffles, comme celui qui entourait l'avion, et les zèbres, les élands et les impalas que nous avons vus du ciel ? Finalement, dix élands passent au trot, nous regardant comme s'ils étaient les spectateurs d'une course de stock-cars dont nous serions les seuls concurrents. Mais leur magnificence nous échappe : nous sommes à nouveau plongés dans le sable jusqu'à l'essieu, et nous pelletons furieusement sous une chaleur de quarante degrés. Chaque obstacle que nous franchissons devra être franchi à nouveau sur le chemin du retour. Aucun moyen de sortir de là rapidement.

Chaque soir, nous garons notre 4 x 4 sous un arbre dont une branche est à la bonne hauteur pour notre moustiquaire, nous grimpons sur le porte-bagages, descendons nos chaises et notre table pliante, écartons le cric de levage et la roue de secours, et étendons nos sacs de couchage sur des nattes sur le toit. J'ai déjà perdu une paire de bottes à cause des hyènes, c'est pourquoi nous gardons la plupart de nos affaires à l'intérieur du tout-terrain ou sur le toit pendant que nous dormons, entourés de nos bottes, vêtements de rechange, brosses à dents, serviettes, crics et pelles. Les jumelles, les livres et les appareils photo sont empilés sur le siège avant afin que la rosée ne les détrempe pas. Chaque matin, il faut tout ranger avant de pouvoir repartir. Cela fait quatre mois que nous vivons comme des bohémiens, que nous explorons les régions sauvages du Zimbabwe et de la Zambie, et nous avons hâte de nous installer quelque part.

Le quatrième matin, nous traversons une forêt dense. Lorsque nous émergeons de l'autre côté, un bois de mopanes morts et dépouillés sur un sol complètement dénudé s'étend devant nous. Dans cette « Zone Torrible », comme la surnomme Delia, les troncs et les branches de ces squelettes – écorchés, fendus et pourris – semblent tous avoir été tués en même temps, figés dans l'acte de vie par un quelconque cataclysme. Les racines noueuses s'agrippent à un sol cuit par le soleil et réduit à l'état de crêpe poussiéreuse. Aussi loin que nous puissions voir, pas un brin d'herbe, pas une feuille verte n'évoque le moindre signe de vie.

– Mark, regarde là-bas !

J'arrête le 4 x 4 et nous marchons jusqu'à un mince bosquet d'arbres près de la lisière de la forêt morte. Cinq crânes d'éléphant, d'une blancheur osseuse et de la moitié de la taille d'une baignoire, sont éparpillés dans le bosquet, ainsi que des pelvis, des os de pattes, des côtes, des omoplates et d'autres restes. Horrifiés, nous remarquons que des squelettes gisent un peu partout : un ici, cinq là, six là.

– Les salopards !

Je frappe du pied dans la poussière.

Nous nous précipitons d'un crâne à l'autre et examinons chacun d'eux. Tous comportent de petits trous, là où il ne devrait pas y avoir de petits trous dans les crânes d'éléphant. Tous ont eu le visage entaillé, les défenses arrachées.

Nous comprenons maintenant pourquoi nous n'avons pas vu un seul éléphant vivant ni la moindre trace de leur présence au cours des huit jours qui se sont écoulés depuis notre entrée dans le parc. Nous nous trouvons au milieu d'un champ de bataille, où des bandes de braconniers ont massacré toutes les grandes bêtes grises qu'ils voyaient. C'est un Auschwitz pour éléphants. En regardant le carnage, je ne peux m'empêcher de me demander si la mort de ces bêtes n'est pas liée à la mort de la forêt. L'ampleur du problème du braconnage au North Luangwa nous frappe comme un coup de poing dans l'estomac. Bien que nous n'ayons pas encore rencontré de braconniers, ce n'est qu'une question de temps. Il ne sera pas possible de les laisser dans leur coin, de les fuir, de faire comme s'ils n'existaient pas.

Dégrisés, nous continuons à suivre la Mwaleshi jusqu'à son confluent avec la Luangwa. Pendant des heures, la brousse est si épaisse que nous ne pouvons pas voir la rivière, et nous ne gardons le cap qu'en utilisant une boussole. Nous roulons à travers les hautes herbes et les fourrés de *Combretum obovatum* quand soudain l'avant du 4 x 4 se dérobe sous nous avec un craquement. Le Land Cruiser s'arrête net comme un cheval qui refuse l'obstacle et nous projette contre le pare-brise. Nous rebondissons sur nos sièges et nous frottons la tête, toussant dans le nuage de poussière qui s'élève du plancher. Après avoir vérifié que Delia n'est pas blessée, j'ouvre ma portière, qui est maintenant au niveau du sol, et je sors pour constater les dégâts. L'avant droit est enfoncé jusqu'au pare-chocs dans un ruisseau qui était caché sous les herbes. La suspension s'est brisée. Le châssis appuie désormais sur l'essieu. Si l'essieu s'était cassé, nous serions bloqués. Nous n'avons pas assez de lames de rechange pour réparer correctement la suspension ; je vais devoir bricoler quelque chose.

Avec le cric, nous soulevons le 4 x 4 et le bloquons sur des bouts de bois. À l'aide d'une petite perceuse à piles, je perfore trois démonte-pneus que je fixe à l'endroit où se trouvaient les lames de ressort endommagées.

Deux heures plus tard, le véhicule est à nouveau prêt à rouler.

– Je n'arrive pas à croire que nous n'ayons toujours pas atteint la Luangwa, soupire Delia en s'affalant dans l'herbe, les bras couverts d'éraflures causées par les épines de *Combretum obovatum*, les cheveux emmêlés retombant sur son front. Il est temps qu'on en discute. Cela nous a pris quatre jours jusqu'à présent. Nous n'avons pas de radio, personne ne sait où nous sommes. *Nous* ne savons pas où nous sommes. Si le 4 x 4 tombe en panne et que tu ne peux pas le réparer, ça va nous faire une belle trotte jusqu'à Mpika. Et nous nous enfonçons toujours plus profondément dans la forêt...

Je m'assieds à côté d'elle, arrache une tige d'herbe et commence à la mâcher. Enfin, je dis :

– C'est ce que nous faisons depuis des années.

– Oui, c'est vrai. J'ai simplement pensé que nous devrions nous arrêter et réfléchir un moment.

Une minute de silence plus tard, elle dit :

– Allons-y.

Au bout d'une heure, nous traversons enfin une haie de *Combretum obovatum* et entrons dans une allée d'arbres qui poussent sur un haut talus au-dessus d'une

Mwaleshi sablonneuse. Au sommet de la berge, nous sommes accueillis par une vue imprenable sur la vallée de la rivière. Le soleil se couche sur l'escarpement ; ses rayons décrivent une danse ardente sur les ondulations de l'eau et les bancs de sable qui affleurent. Les plaines inondables proches et lointaines sont parsemées d'animaux sauvages : six cents buffles broutent dans une étendue herbeuse ; cinquante zèbres se dirigent vers la rivière pour s'abreuver ; un troupeau d'antilopes singsing est couché sur un banc de sable en aval ; des impalas paissent à l'orée de la forêt de mopanes. Tout près, un troupeau de gnous de Cookson – que l'on ne trouve qu'au Luangwa – galope dans une danse du soleil.

« WOUUUU-HU-HUH-HUH ! MPOUCH ! » Le son, semblable à celui d'une baleine à bosse jouant du basson, résonne sur notre gauche. Des hippopotames ! J'attrape la main de Delia et nous descendons la rivière en courant vers les cris. À moins de cent mètres, nous contournons un dernier massif de buissons et nous apercevons la Luangwa, dans laquelle se jette la Mwaleshi. À la jonction des deux rivières s'ouvre un grand bassin peuplé d'une centaine d'hippopotames, dont les yeux porcins sont braqués sur nous et dont les narines soufflent des panaches d'eau dans le soleil couchant tandis qu'ils agitent leurs oreilles.

Après nos démêlés avec les ronces et les forêts saccagées, l'Afrique nous a reconquis.

Cette nuit-là, nous dormons avec les hippopotames, dont les grognements, les soupirs, les hululements et les mugissements constituent le refrain d'un étrange orchestre sur la rivière en contrebas. Et dans la forêt près de notre bivouac, la toux rauque d'un léopard déclenche chez une troupe de babouins des cris, des hurlements et des bavardages. Plus tard, juste après m'être rendormi, l'air frais qui s'écoule en aval des montagnes de l'escarpement charrie avec lui le barrissement d'un éléphant et, enfin, le rugissement lourd et insistant d'un lion.

La Luangwa, qui prend sa source en Tanzanie, se faufile entre des berges de cinq mètres et de larges bancs de sable sur une distance de sept cents kilomètres au sud-ouest de la Zambie. Tel un serpent, la rivière se tortille, sinue et s'enroule sur elle-même dans des virages en épingle à cheveux. Ses eaux franchissent parfois le goulot de certaines boucles ou s'ensablent à l'embouchure d'un coude serré pour pincer l'arc de cercle d'une lagune. Aucune route principale n'empiète sur ce tronçon. Seules quelques pistes le desservent. C'est l'une des rivières les plus sauvages d'Afrique.

Au cours des trois jours suivants, nous construisons notre deuxième piste d'atterrissage, que nous appelons Serendipity Strip, sur une longue plaine inondable près du confluent Mwaleshi-Luangwa. Une fois la piste terminée, je ramène l'avion depuis la piste 1, je construis un autre *boma* de brousse autour, puis, en 4 x 4 et en avion, Delia et moi commençons à explorer le nord, le long des hautes rives de la Luangwa.

Chaque jour, nous sommes de plus en plus convaincus que nous voulons vivre et travailler dans le North Luangwa. Personne n'a jamais fait de recherche sur le comportement animal ou la conservation ici, et cela semble être un bon endroit pour tester le concept selon lequel si les villageois les plus proches du parc perçoivent des bénéfices directs de sa faune, ils voudront aider à la conserver. Les membres des tribus bisa et bemba ne devraient pas faire exception. Mais chaque fois que j'envisage de transporter des tonnes d'essence et d'autres fournitures sur l'escarpement, en particulier à la saison des pluies, ou d'essayer de suivre des sujets de recherche à travers un labyrinthe de cours d'eau, ou encore de persuader une douzaine de gardes-chasse sous-équipés de protéger une zone aussi vaste contre des braconniers bien armés, je secoue la tête. Certes, nous avons atteint le North Luangwa, mais nous ne sommes pas encore convaincus de pouvoir opérer ici.

Nous avons emporté tellement de pièces détachées, d'outils et de jerrycans de carburant supplémentaires qu'il ne restait plus assez de place pour la nourriture. Nos réserves sont déjà épuisées et nous devons retourner à Mpika pour en acheter d'autres. Trois jours après notre départ vers le nord, le long de la rivière Luangwa, nous rebroussons chemin vers Serendipity Strip. Deux jours plus tard, en fin d'après-midi, nous sommes allongés dans l'eau chaude et peu profonde de la Mwaleshi, à notre premier camp de base, nos orteils et notre nez dépassant à peine de l'eau.

*

Le soleil est haut et chaud en ce début d'après-midi, alors que nous nous disons au revoir au bord de la rivière. Je consulte ma montre alors que Delia prend le volant pour rejoindre la piste d'atterrissage n°1. Elle parcourra la moitié du chemin cet après-midi, puis campera pour la nuit et me retrouvera là-bas quand j'atterrirai demain. Dormant à nouveau sous le ventre de l'avion, je suis à la fois réconforté et excité par la symphonie africaine de la nuit.

Mon seul visiteur est un ratel, qui renifle autour de mes pieds alors que je suis assis sur la roue principale de l'avion en train de prendre ma tasse de café du matin. Dans l'après-midi, je vole vers le nord-ouest le long de la Mwaleshi et repère notre 4 x 4 qui rampe en contrebas en direction des collines du Chankly Bore. Notre timing est presque parfait ; Delia devrait atteindre la piste d'atterrissage quelques minutes seulement après moi.

Seulement elle n'arrive pas. Debout sous l'aile, abritant mes yeux contre le soleil de fin d'après-midi, je peux voir notre 4 x 4, à un bon kilomètre de là, aborder la ravine escarpée qui traverse la dernière colline avant la piste d'atterrissage. Puis il disparaît. Une demi-heure plus tard, Delia n'est toujours pas là. Quelque chose cloche.

Je marche, puis cours vers les collines, en évitant les buissons et en trébuchant dans l'herbe qui monte à hauteur de ma poitrine. Une fois que Delia a commencé à descendre ce chemin, impossible qu'elle ait pu arrêter le poids de notre véhicule sur le gravier meuble de la pente ; d'une manière ou d'une autre, elle a dû arriver jusqu'en bas. Mais je ne peux pas voir le 4 x 4 ou la remorque à travers le sous-bois – jusqu'à ce que je contourne le dernier fourré. Le Land Cruiser est renversé sur le côté, coincé entre les parois hautes et étroites du ravin, son toit en contrebas. Derrière lui, la lourde remorque s'est mise en porte à faux dans le talus. Delia n'est nulle part en vue.

Je hurle en sprintant vers le 4 x 4 :

– Delia ! Tu vas bien ?

Le seul son qui me répond est le chuintement de l'acide de la batterie qui s'écoule sur le moteur chaud.

– Delia...

J'entends de l'agitation à l'intérieur du Cruiser.

– Oh non, Mark ! Regarde ce que j'ai fait ! Je n'ai pas pu m'arrêter, gémit-elle en sortant par la fenêtre du conducteur.

– Ne t'inquiète pas pour le 4 x 4. Il est plus facile de l'entretenir quand il est couché sur le côté.

Elle esquisse un faible sourire et je la serre dans mes bras.

Elle me dit qu'elle s'est arrêtée au sommet du ravin escarpé, qu'elle a passé la première vitesse et qu'elle a fait avancer le Land Cruiser. Mais j'avais oublié de l'avertir que j'avais débloqué le frein de la remorque pour faciliter les manœuvres en marche arrière. Alors qu'elle tirait la lourde remorque par-dessus le rebord de la pente, celle-ci a bondi vers l'avant, comprimant son attelage et heurtant de plein fouet l'arrière du 4 x 4. Secouée par l'impact, Delia a appuyé sur le frein et s'est débattue avec le volant, alors que le Toyota dévalait la tranchée de plus en plus vite. Les parois de la ravine étaient si proches qu'elle ne pouvait pas sauter sans se faire écraser. Piégée à l'intérieur, elle a juste essayé de tenir le coup jusqu'au bout.

À mi-chemin de la chute, alors que la vitesse augmentait encore, la roue avant droite a heurté un rocher encastré dans la paroi. Le volant a été arraché des mains de Delia et s'est mis à braquer vers la droite. Immédiatement, le 4 x 4 a tourné et a commencé à escalader la paroi abrupte du canyon. En même temps, le Toyota, dont le toit est très lourd, s'est mis à pencher dangereusement sur la gauche. Delia a saisi le volant et s'y est accrochée pour tenter de le redresser, mais elle n'était pas assez forte.

La remorque a poussé le 4 x 4 plus loin contre la paroi pendant que Delia tirait frénétiquement sur le volant. Le Cruiser a alors basculé sur le côté gauche. Poussé par la remorque remplie d'essence, il a continué à dévaler la pente, son toit ouvrant la voie. À l'intérieur, Delia a été éjectée de son siège, plaquée contre le toit, et ensevelie sous une avalanche de caisses à outils, de boîtes de conserve et de matériel de camping. Après que le véhicule s'est immobilisé, elle a réussi à s'extraire des décombres. Elle était sonnée, mais heureusement pas gravement blessée.

*

Profitant du peu de lumière du jour qui nous reste, nous préparons les crics et les treuils qui remettront le 4 x 4 sur ses roues, puis nous dormons sur la berge, non loin du véhicule renversé. Le lendemain matin, avant le lever du soleil, nous installons le cric sous le porte-bagages du toit. Je fais passer le câble du treuil dans une poulie que j'ai fixée autour d'un arbre au sommet de la colline. À l'aide de poteaux taillés dans les arbres voisins, nous fabriquons une élingue pour la capote du Toyota et nous y attachons un joug de chaînes. Nous accrochons ensuite le câble à l'étrier.

Avant d'essayer de hisser le 4 x 4, nous attachons la remorque à un autre arbre en amont afin qu'elle ne se fasse pas la malle lorsque le Land Cruiser sera de nouveau sur ses roues. Nous soulevons lentement le 4 x 4 en alternant les manœuvres de levage et de reprise au treuil. Vers midi, il se remet debout en titubant. Nous remplissons sa batterie avec de l'eau de la rivière, ajoutons un peu d'huile dans la transmission et démarrons. À part quelques dégâts mineurs à l'aile avant gauche et à l'auvent, tout va bien. Delia s'en sort encore mieux, avec seulement quelques contusions et égratignures au bras et à la jambe gauches.

Néanmoins, l'accident semble cristalliser tous les doutes sur le travail au North Luangwa qui mijotaient dans nos têtes depuis des jours. Certes, le parc est magnifique et la faune y est incroyablement variée, mais nous ne pouvons plus nous défaire de l'idée que, fidèle à sa réputation, le North Luangwa est trop accidenté, trop éloigné, trop inaccessible. Ce n'est pas parce que nous en avons marre, que nous avons vraiment besoin de trouver un endroit et qu'il reste peu de régions sauvages comparables en Afrique que les rivières seront plus faciles à traverser pour autant ni les pentes plus faciles à gravir. Pour parcourir ne serait-ce qu'une courte distance, nous devons batailler avec le territoire, monter une grande expédition. Et c'est la saison sèche. Tout le monde nous a dit que lorsque les pluies arriveraient, nous serions inondés. Il faut une grosse journée de voyage à Mpika pour se procurer des produits de base, et il faudra faire venir du carburant d'aviation de Lusaka, à seize heures de route. Les braconniers qui tirent sur les éléphants dans le parc ne verront peut-être pas nos projets d'un bon œil, et comme nos licences n'ont pas été approuvées, nous n'avons pas d'armes à feu. Avec notre budget limité, cette logistique cauchemardesque semble presque insurmontable.

Le 4 x 4 meurtri laissé de côté, nous partageons une boîte de haricots pour le déjeuner, assis dans l'eau chaude de la Mwaleshi. Notre conversation tourne sans cesse autour de l'espoir que nos permis pour la Tanzanie seront arrivés à Mpika.

– Si ce n'est pas le cas, je pense que nous devrions prendre nos affaires, partir et nous diriger vers la Tanzanie en tant que touristes, suggère Delia.

Après avoir chargé le 4 x 4, nous campons au pied des collines de Chankly Bore. Le lendemain matin, je me réveille au son d'éclaboussures dans la rivière. En me soulevant sur un coude, j'aperçois deux lions à la crinière imposante à trente mètres de là, s'ébattant dans la Mwaleshi, soulevant des gerbes d'eau en virevoltant et en se frappant l'un l'autre. Leurs corps puissants reflètent la jeune lumière du soleil matinal et nous font oublier, au moins l'espace d'un instant, les rigueurs des semaines précédentes.

À peine une heure plus tard, alors que nous nous dirigeons vers la piste d'atterrissage n°1, le long de l'une des plaines inondables de la Mwaleshi, Delia pose sa main sur mon bras et me montre un arbre fourchu qui se penche sur un talus de gravier escarpé. Quatre lionceaux s'amusent autour de la base du grand *Trichelia emetica*. Alors que notre 4 x 4 se rapproche, ils grimpent sur les deux troncs de l'arbre et, de leurs yeux ronds et brillants, nous observent avec curiosité. En dessous d'eux, les oreilles et les yeux de trois lionnes s'élèvent lentement au-dessus des hautes herbes.

Lorsque nous nous approchons, les lionceaux descendent de leur perchoir. L'une des femelles baisse les oreilles, se retourne et disparaît ; une autre couche légèrement les oreilles en arrière et regarde ailleurs, comme si elle était ennuyée et décidée à ne pas nous accorder son attention. Les oreilles de la troisième restent bien droites et elle lève la tête un peu plus haut. À vingt mètres de l'arbre, je coupe le moteur et nous nous asseyons tranquillement, laissant les lions s'habituer à nous.

Tout à coup, les lionceaux s'approchent de la lisière de l'herbe et regardent notre 4 x 4. L'un d'eux, puis tous les autres, s'avancent lentement vers nous sur leurs pattes trapues. Leurs yeux sont des flaques d'eau ambrée. Lorsque le premier lionceau est à trois mètres, il s'arrête et regarde à travers ma fenêtre, levant et baissant la tête comme s'il essayait de mieux me voir. Chaque lionceau sent le pneu avant droit et tourne autour du Land Cruiser, l'observant de haut en bas. Puis ils retournent en se dandinant s'asseoir entre les pattes avant des lionnes.

Un peu plus tard, l'une des lionnes quitte les autres, grimpe sur une petite termitière et reste assise à guetter une proie. Nous nous rapprochons et nous garons à douze mètres d'elle. Nous l'appelons Serendipity. Cela fait quatorze mois que nous n'avons pas approché de lions, et c'est comme si quelque sécheresse s'était dissipée.

Je regarde Delia et je souris.

– Combien d'endroits reste-t-il en Afrique où nous pouvons nous réveiller avec quatre cents buffles autour de notre lit, des lions dorés s'ébattant dans la rivière près de notre camp et une lionne assise à côté de notre 4 x 4 ?

Bien que nous en soyons à notre dernière boîte de haricots et que nous ayons à peine assez de diesel pour gravir l'escarpement, nous décidons de rester une nuit de plus au North Luangwa avant de continuer vers Mpika. Peut-être verrons-nous la meute de Serendipity chasser plus tard dans l'après-midi. Nous installons notre camp sur les rives qui surplombent le confluent des rivières Lubonga et Mwaleshi, à l'endroit même où nous avons dormi lors de notre première nuit au North Luangwa.

Lorsque la chaleur retombe en fin d'après-midi, nous montons dans le Land Cruiser pour chercher les lions.

– Des éléphants !

Delia pointe du doigt l'endroit où la rivière s'incurve vers l'est. Une petite famille de six éléphants sort de la forêt et se dirige vers la rivière à cinq cents mètres en aval de nous. La plus grande femelle n'a qu'une seule défense. Ils s'arrêtent, lèvent leurs trompes pour sonder l'air, puis font plusieurs pas avant de s'arrêter à nouveau, un pied levé, leurs trompes pivotant comme des périscopes. Ils s'approchent du bord de l'eau quand, soudain, Une Seule Défense tournoie dans notre direction. En battant des oreilles et en balançant son énorme masse, elle s'enfonce dans la forêt. Les autres suivent et, en quelques secondes, ils ont disparu.

La rivière a dû porter notre odeur jusqu'à eux. Nous sommes à peine plus grands que des points sur leur horizon, mais ils sont partis dès qu'ils nous ont sentis. Constamment harcelés par les braconniers, ils sont si effrayés par les humains qu'ils ne s'abreuvent pas, même à une telle distance.

C'est à ce moment, en août 1986, que nous nous faisons une promesse : quoi qu'il en coûte et peu importe combien de temps cela prendra, nous resterons au North Luangwa jusqu'à ce que les éléphants viennent s'abreuver en paix à la rivière.

Mais pour rester, nous devons d'abord trouver un moyen de survivre aux inondations.

6

Inondations

Delia

> Si ce n'est à l'aune de sa nature sauvage, nous ne connaîtrons jamais vraiment l'essence d'un lieu.
>
> Paul GRUCHOW

Des rayons de soleil percent les forêts de la chaîne de Muchinga tandis que je conduis prudemment le vieux Land Cruiser sur la piste pleine d'ornières qui mène à la vallée de la Luangwa. Je suis accompagnée de Chomba Simbeye, un membre de la tribu bemba âgé de vingt-et-un ans qui connaît bien cette partie de la vallée. Mark prendra l'avion pour nous rejoindre dans trois jours, à condition que Simbeye et moi puissions dégager la piste n°1 pour un atterrissage en toute sécurité.

Au lieu de trois ou quatre semaines d'absence comme Mark et moi l'avions imaginé, il nous a fallu plus d'un an pour obtenir tous les permis nécessaires afin d'opérer dans le North Luangwa. Nous sommes maintenant à la fin du mois d'octobre 1987, ce qui ne nous laisse qu'un mois avant l'arrivée des pluies et des inondations pour construire une piste d'atterrissage et un camp de base praticables par tous les temps. Si nous ne terminons pas la piste d'ici là, nous risquons d'être bloqués des mois encore.

On nous a dit que les braconniers opéraient à pied et qu'ils étaient particulièrement actifs pendant les pluies. C'est une autre raison pour laquelle nous sommes déterminés à nous installer dans le parc avant cette période. Nous ne savons pas exactement comment nous allons mettre fin au braconnage, mais nous devons trouver un moyen.

Au poste de garde de Mano Game, quelques gardes-chasse se prélassent, tandis que leurs femmes allaitent les nourrissons, lavent le linge dans des bassines peintes de couleurs vives ou pilent le maïs pour le repas du soir. À l'aide d'un bout de bois taillé, l'une des femmes remue son ragoût qui mijote dans une marmite en fer-blanc cabossée, l'aromatisant de temps à autre avec des fleurs provenant d'un grand panier de paille.

Comme je ne suis pas armée, Mark a insisté pour que je prenne un garde-chasse avec moi dans le parc. Tapa, un homme grand et mince aux yeux ronds et timides, se porte volontaire. Pendant qu'il prépare son *katundu* – ses affaires –, les autres gardes-chasse se plaignent qu'ils n'ont toujours pas reçu de munitions ni de nourriture de leur quartier général à Mpika. Quelques heures plus tôt, le directeur du parc, Mosi Salama, m'a pourtant dit que Mano avait reçu ses rations mensuelles. J'évite de mentionner qu'un garde forestier honoraire nous a appris que les gardes-chasse revendaient souvent la nourriture et les munitions qui leur étaient fournies par le gouvernement, ou qu'ils utilisaient les armes pour braconner. Si nous voulons mettre fin au braconnage dans le parc, nous devons gagner la coopération des gardes-chasse. Comme tout le monde, ils ont besoin d'encouragement, d'équipement et d'identité avant de pouvoir faire leur travail. Si le gouvernement n'a pas les moyens de leur donner de la nourriture, des médicaments et un logement décent, nous trouverons l'argent d'une manière ou d'une autre. Ils n'auront alors plus besoin de braconner et commenceront à patrouiller. Mes rêveries me rendent la descente de l'escarpement accidenté plus agréable.

Après trois heures de route sur les pentes rocailleuses et abruptes désormais familières, nous atteignons tous les trois le confluent de la Mwaleshi et de la Lubonga, ce lieu enchanteur où Mark et moi nous sommes jurés de rester dans le North Luangwa. Un troupeau de pukus est allongé sur la plage de sable et quelques antilopes sing-sing se tiennent dans le courant, l'eau à hauteur des chevilles. J'aimerais m'attarder un peu, mais nous sommes encore à trois kilomètres de la piste d'atterrissage n°1 et je dois y arriver avant le coucher du soleil. La saison sèche a réduit la Lubonga à un filet d'eau claire coulant sur des ondulations de sable. Le vieux 4 x 4 se fraie un chemin, mais la remorque s'enlise dans le sable humide à mi-parcours. Nous la détachons et l'abandonnons en attendant de la récupérer plus tard.

Alors que le soleil se fond dans les sommets violets des montagnes, nous contournons une petite forêt. Les eaux larges et peu profondes de la Mwaleshi s'écoulent au-delà des hautes berges de l'autre côté, et la plaine inondable de notre côté s'ouvre sur une prairie abritée, nichée entre de hauts talus. Plusieurs piles d'os blanchis gisent à moitié enterrées dans les hautes herbes – tout ce qu'il reste de la piste d'atterrissage n°1.

Nous n'avons pas assez de temps avant la tombée de la nuit pour établir un véritable campement ; nous nous contenterons de bivouaquer. Tapa et Simbeye ramassent du bois, allument un feu sous un grand figuier et installent les chaises et les tables. Je défais mon sac de couchage, je mets de l'eau à bouillir, puis je parcours les cinquante pas qui me séparent de la rivière pour me baigner. Une berge abrupte sépare le camp de la rivière, ce qui me permet d'avoir une certaine intimité. Je me déshabille, vérifie soigneusement qu'il n'y a pas de crocodiles et plonge dans l'eau claire et peu profonde. Tandis que je roule sur le fond sablonneux, la chaleur de la journée et les frustrations des mois précédents me quittent, dérivant de la Mwaleshi vers la Luangwa, le Zambèze et l'océan Indien. Je me sens libre, seule au monde, forte et heureuse. Je ris à gorge déployée en barbotant.

Le crépuscule est déjà bien avancé lorsque je remonte sur la berge, et Simbeye m'avertit qu'il est très dangereux de rester dans la rivière si tard. Je le remercie de sa sollicitude et lui promets d'être plus prudente à l'avenir. Tapa et lui ont fait un feu tellement énorme – pour effrayer les lions, expliquent-ils – qu'il éclaire toute la canopée du figuier et dégage une chaleur insupportable. Cette dernière nous pousse vers le bord du camp, beaucoup plus près des lions, s'il y en a, où mes compagnons m'apprennent des mots dans leur langue jusqu'à la tombée de la nuit.

Simbeye, un jeune homme joyeux et sûr de lui, vient du village de Shiwa N'gandu, ce qui signifie « lac des crocodiles royaux ». Autrefois, les chefs des Bembas se réunissaient chaque année au bord du lac pour une chasse rituelle au crocodile. Simbeye est accroupi près de notre feu. Il prépare du *n'shima*, l'aliment de base de son peuple, en faisant bouillir de la farine de maïs dans une marmite recouverte d'une croûte de suie. Nous mangeons avec les doigts, en trempant d'épaisses boules pâteuses de *n'shima* dans une sauce à base de haricots et d'oignons. Simbeye, d'une voix basse et rauque, me narre des contes du folklore bemba.

Il y a bien longtemps, raconte-t-il, une puissante tribu de guerriers vivait dans le pays qui est aujourd'hui le Zaïre. Un jour, une femme étrange, dont les oreilles étaient presque aussi grandes que celles d'un éléphant, entra dans le village du chef, Chiti-Mukulu. La plupart des gens la trouvèrent laide, mais sachant qu'elle ferait une bonne épouse, Chiti-Mukulu l'épousa. Elle lui donna trois fils, qui étaient certes très forts, mais qui ne cessaient de faire des bêtises et de causer beaucoup d'ennuis au chef. Lorsqu'ils devinrent de jeunes hommes, Chiti-Mukulu les bannit de ses terres et les obligea à partir loin vers le sud. D'autres guerriers les rejoignirent et ils fondèrent une nouvelle tribu, qu'ils appelèrent les Bembas. Après plusieurs mois de pillage des villages des autres tribus, ils tombèrent sur une belle vallée bordée de montagnes, où les animaux sauvages vivaient dans des forêts touffues. Ils chassèrent les habitants de la région et formèrent le Bembaland, qui est aujourd'hui la province septentrionale de la Zambie.

Aujourd'hui encore, le chef suprême des Bembas porte le nom de Chiti-Mukulu. Ce n'est jamais le fils du chef qui hérite du trône, mais son neveu. Lorsque je lui demande pourquoi, Simbeye m'explique qu'un homme ne peut jamais, au grand jamais, être certain que le fils de sa femme est son propre enfant. En revanche, il peut être certain que le fils de sa sœur est son véritable parent de sang. C'est l'un des cas les plus clairs de sélection de la parenté – transmission des gènes d'une personne à la génération suivante par l'intermédiaire de parents autres que la descendance – dont j'aie jamais entendu parler.

Peu après le repas, je conduis le 4 x 4 à une certaine distance de l'arbre ; je ne veux pas me priver de la contemplation du ciel nocturne à cause du brasier. Au lieu de faire mon lit sur le Cruiser, j'étends mon matelas safari et mon sac de couchage sur l'herbe. Ce soir, je veux dormir sur le sol, entre la terre et la lune. Le 4 x 4 sera suffisamment proche pour que je puisse m'y réfugier si des lions arrivent.

Alors que je m'allonge à terre, la lune m'enveloppe de sa couverture platine, qui n'apporte pas la chaleur, contrairement au soleil, mais plutôt une caresse d'espoir. La lumière soyeuse transforme chaque feuille et chaque brin d'herbe de la plaine en argent scintillant. Les pukus et les impalas qui se tiennent près de la rivière se fondent en empreintes subtiles sous le ciel pâle. Je m'endors avec le sourire. Moi aussi, je suis à ma place, car je suis une femme de la lune.

Réveillée à 5 h 25, j'admire les collines puis la rivière émerger de l'obscurité et s'étirer dans l'aube rose orangé. Juste après 6 heures, Simbeye murmure :

– Madame, des chiens sauvages, à la rivière.

Je regarde en aval et j'aperçois trois chiens sauvages, dont le pelage noir, blanc et marron se détache vivement dans le soleil levant. Ils galopent dans la rivière peu profonde, éclaboussant le soleil d'une gerbe d'eau.

À 6 h 30, nous avons remballé nos sacs de couchage, pris notre petit déjeuner et marché jusqu'à la piste d'atterrissage, située à une centaine de mètres à peine. Nous coupons l'herbe, comblons les trous, nivelons les fourmilières, défrichons les petits buissons et déblayons les troncs et les pierres. À 8 heures, la chaleur est déjà insupportable. Toutes les quinze minutes, je marche jusqu'à la rivière et mouille ma chemise et mon chapeau pour me rafraîchir. Je n'ai jamais aimé la piste d'atterrissage n°1 ; elle ne fait que la moitié de la longueur réglementaire. Mais je ne peux me résoudre à abattre l'énorme arbre à saucisses qui se trouve à l'extrémité sud ; Mark devra l'éviter, comme il l'a fait l'année dernière.

À midi, nous faisons une pause pour déjeuner. Dans les vagues de chaleur de la mi-journée, les rives du fleuve s'agitent et dansent. Pendant que Tapa et Simbeye se reposent et mangent au camp sous le figuier, j'emporte une boîte de cocktail de fruits, du fromage suintant, les jumelles et un livre à la rivière. L'eau peu profonde est chaude, mais dès que je suis mouillée, la brise donne la chair de poule à ma peau nue. Alors que je suis assise dans la rivière en train de lire mon livre et de déjeuner, un couple d'ouettes d'Égypte atterrit à proximité et barbote à côté d'un banc de sable.

L'après-midi se poursuit : nous nettoyons la piste, marquons les extrémités avec de nouveaux tas d'os blanchis et d'excréments de buffle, et coupons des branches d'épineux afin de fabriquer pour l'avion un *boma* à l'épreuve des hyènes. Au crépuscule, Simbeye et Tapa font un autre grand feu, mais je campe à nouveau loin, plus près de la lune et des étoiles.

Le matin, nous terminons le *boma* d'épineux, sauvons la remorque du sable, plantons la tente et la remplissons de nos coffres. Mark et moi devrons continuer à dormir sur le toit du 4 x 4 ou sur le sol, car nous n'avons pas d'autre tente. À l'aide des branches d'un arbre tombé au sol, nous construisons de petites tables pour les casseroles et les poêles, puis nous enterrons la glacière.

Le même couple d'ouettes me tient compagnie au déjeuner – une bonne chose, car la chaleur rend mon livre ennuyeux. Le travail est terminé, plus ou moins. S'il ne faisait pas si chaud, je pourrais en faire plus. Au lieu de quoi je lis jusqu'à 16 heures, puis je pars à pied explorer la rivière au sud. Simbeye et Tapa insistent pour

m'accompagner et nous partons ensemble à travers la plaine. Je m'arrête brusquement.
– Écoutez. *Moneni ndeke !*
– *Moneni ndeke.* L'avion arrive, me répondent-ils.

Nous courons jusqu'au camp et j'attrape un rouleau de papier toilette pour m'en servir comme manche à air. Mark tourne au-dessus de nous, agitant ses ailes en guise de salut, tandis que je me tiens sur le Land Cruiser, laissant le rouleau s'épanouir dans la légère brise. Mark survole la piste une fois pour vérifier notre travail, puis plane et effectue un atterrissage parfait.

Simbeye, Tapa et moi-même faisons visiter le petit camp à Mark avec plus d'enthousiasme qu'il ne le mérite. Tandis que les Bembas vont chercher du bois pour le feu, Mark et moi allons à la rivière pour nous baigner. Nous nous ébattons ensemble dans l'eau, en riant et en parlant sans cesse de nos voyages respectifs dans la vallée – l'un par avion, l'autre par la route. Demain, nous chercherons un campement permanent ; nous ne sommes pas sûrs de pouvoir accéder à celui-ci en voiture pendant les pluies. Le couple d'ouettes fouille dans son coin près du banc de sable, et j'imagine qu'elles se réjouissent que j'aie moi aussi un compagnon.

*

Essuyant la sueur de nos fronts, nous nous tenons sur une rive élevée de la Lubonga, étudiant une ancienne plaine inondable qui s'étend sur un kilomètre le long de la rivière. Quinze énormes marulas et arbres à saucisses ombragent le sol sablonneux. Un coude à sec, où la rivière coulait autrefois, entoure la plaine sur trois côtés, et sur la rive est, la Lubonga ruisselle doucement sur le sable. Mais c'est la saison sèche. Si le bras mort et la rivière sont inondés à la saison des pluies, la plaine risque de se retrouver coupée du reste du monde. Notre carte, vieille de vingt ans, montre clairement que cette partie de la plaine est une île complètement entourée d'eau.

Dix jours durant, nous avons effectué des recherches aériennes et des repérages sous une chaleur accablante afin de trouver un camp de base adapté. Le site doit être accessible toute l'année et disposer d'eau potable, d'ombre et d'une piste d'atterrissage praticable par tous les temps. Cette plaine inondable offre de l'eau et de l'ombre, mais la seule piste possible se trouve à cinq kilomètres de là. Et la question est de savoir si elle sera inondée pendant la saison des pluies.

– Nous cherchons un camp dans une vallée qui se trouve au fond de l'une des plus grandes vallées du monde, explique Mark en mâchant une tige d'herbe. C'est un bassin à l'intérieur d'un bassin ; quand il pleut, nous allons forcément être mouillés. Mais nous n'avons pas trouvé de meilleur endroit. Je suis prêt à tenter le coup. Et toi ?

Une ligne massive de cumulus le long de l'escarpement oriental nous rappelle que nous sommes dans une course avec la météo.

– Nous n'avons pas vraiment le choix. Comment allons-nous l'appeler ?

Les marulas agitent leurs branches massives dans la brise légère, comme s'ils nous invitaient à nous abriter ici. Non loin de là, un troupeau de pukus broute le long de la Lubonga.

– Pourquoi pas Marula-Puku ?

*

L'époque de la contemplation des levers de soleil, des déjeuners sur la rivière et de l'observation des ouettes est révolue. Chaque jour, un nombre croissant d'escadrons de nuages s'assemblent à l'ouest et au nord, se massant comme une puissante armée au-dessus des montagnes escarpées. Nous devons construire une structure sommaire à Marula-Puku et achever une piste d'atterrissage viable en toutes saisons sur la crête rocheuse en amont. Le Land Cruiser ne pourra jamais se frayer un chemin dans la fameuse boue de North Luangwa, c'est pourquoi la Société zoologique de Francfort nous a envoyé un nouvel Unimog, un véhicule tout-terrain de près de trois mètres de haut et de six tonnes, à mi-chemin entre un tracteur et un 4 x 4. Avec seize vitesses avant et arrière et un centre de gravité bas, il peut gravir des pentes abruptes sans se renverser. Nous devons aller chercher le « Mog » à Durban, en Afrique du Sud, et le ramener au camp sur une distance de deux mille quatre cents kilomètres. Tout cela avant les pluies.

Le lendemain matin, à l'aube, Simbeye et moi partons pour une longue excursion sur l'escarpement jusqu'à Shiwa N'gandu afin d'embaucher une équipe de travail puis jusqu'à Mpika afin d'acheter des fournitures. À Mano, les gardes-chasse me supplient de transporter leur maïs à Shiwa pour le faire moudre, d'emmener l'une des femmes à l'hôpital et quatre patrouilleurs à Mpika pour qu'ils puissent percevoir leur salaire. Dans le village de Mukungule, l'un des chefs a besoin d'être transporté à Chinsali pour assister à des funérailles. La femme du chef doit acheminer sa récolte de haricots au marché – certains disent qu'elle la fait passer en contrebande au Zaïre, où elle peut en obtenir un meilleur prix. Quant au directeur de l'école, il a besoin de paraffine pour son poêle.

Lorsque nous quittons Mukungule, il y a onze personnes à bord – dont je ne sais combien d'enfants – et le vieux 4 x 4 croule sous le poids du maïs, des haricots, de deux poulets vivants et du *katundu* de tout ce monde. Mon sac de voyage ne contient que quelques biscuits et sardines pour mon déjeuner, pas assez pour les partager avec mes passagers. Ne voulant pas manger devant eux, je m'accommode de la faim.

À 16 h 30, nous atteignons la Great North Road et nous nous arrêtons aux quelques huttes d'herbe du village de Kalalantekwe pour la nuit. Je promets de rassembler le lendemain ceux qui vont à Mpika, y compris la femme malade. Simbeye et moi passons devant les eaux bleues du lac de Shiwa N'gandu, sur une piste en terre bordée d'arbres gigantesques, à la recherche d'un endroit où camper. Je demande à Simbeye s'il peut engager cinq hommes des villages voisins pour travailler pour nous, et s'arranger pour que quelques femmes et enfants coupent de l'herbe à chaume que nous transporterons dans la vallée.

Simbeye m'assure qu'il le fera et que l'un des hommes qu'il engagera est un excellent cuisinier. Je n'ai pas envisagé d'engager un cuisinier à ce stade. Avec tant de travail à faire et si peu de nourriture à manger, cela semble plutôt extravagant, mais je demande le nom du cuisinier.

– Son nom, madame, est Sunday Justice.
– Justice du dimanche !
– Oui, madame.
– Eh bien, amenez-le, ainsi que quatre autres.

Après plusieurs kilomètres, Simbeye m'indique un endroit où camper, à proximité d'un ruisseau impétueux abrité par des palmiers massifs. Je le conduis au *boma* de son père, à un kilomètre de là, où il passera la nuit.

Le lendemain matin, à 5 h 30 précises, il revient et, alors que nous reprenons la route principale, il me dit qu'il a engagé cinq hommes, qui seront prêts à midi, et que ses sœurs sont en train de couper l'herbe à chaume pour nous. Notre premier arrêt consiste à livrer le maïs des gardes-chasse au meunier local, qui habite au fond d'une route tortueuse et sablonneuse. Après avoir longuement négocié les prix, Simbeye et moi déchargeons les sacs de vingt kilos sur le seuil de la minuscule maison attenante au moulin, qui ne comporte qu'une seule pièce. Nous nous arrêtons sur la Great North Road pour prendre nos passagers, puis nous parcourons les soixante kilomètres qui nous séparent de Mpika, où nous laissons chacun à ses occupations, et arrivons tout de même au marché en plein air avant 20 heures.

Des femmes et des jeunes filles, vêtues de chatoyants *chitenges*, sont accroupies derrière de petits tas d'oignons, de choux, de tomates, de riz et de poisson séché étalés sur le sol au centre du marché de Mpika. Elles sont entourées d'étals en ciment qui proposent du savon de bain, des allumettes, de la lessive et une maigre sélection d'aliments en conserve, dont les éternels corned-beef et haricots au lard. De jeunes hommes pleins d'entrain, prêts à fuir les autorités en un clin d'œil, affichent les prix des produits du marché noir tels que le sucre, la farine et l'huile de cuisine. Le marché oscille au rythme de la musique gumba diffusée par une petite échoppe. Il a l'air plutôt pittoresque, comme la plupart des marchés en plein air des pays du Sud, mais dans cette partie de l'Afrique, la carte postale des uns est souvent la misère des autres. Une vieille femme édentée tente de vendre deux oignons, une autre une poignée de pommes de terre et quelques chenilles séchées.

Nous partons chacun de notre côté pour acheter des sacs de choux, des oignons, des haricots, des noix moulues, du riz et du sel. Munie d'un grand seau, je m'approche d'un jeune homme qui vend du sucre à un kwacha la tasse. Plusieurs autres femmes, tenant divers récipients – le couvercle d'une bombe aérosol, un rouleau de papier journal, un gobelet en plastique – font la queue derrière moi. L'inquiétude se lit sur leurs visages lorsque leur regard passe de mon grand seau à la pile de sucre qui diminue. Je recule pour leur permettre d'acheter en premier, et elles s'inclinent et frappent des mains à la mode bemba en signe de salutation et de gratitude.

À Mpika Suppliers, un grand magasin aux étagères garnies de tissus colorés, de quincaillerie de base et de denrées alimentaires, nous achetons du ciment, de la chaux, des clous et de la farine de maïs. Il n'y a ni farine ni pain au stand de la boulangerie, et nous ne trouvons ni lait, ni miel, ni confiture, ni viande, ni œufs, ni fromage, ni poulets à vendre dans tout le village.

Je rends une visite de courtoisie au gouverneur du district, M. Siangina, dans son bureau situé au sommet d'une colline surplombant le village. Charmant et très enthousiaste à l'égard de notre projet, il déclare qu'il est favorable à tout programme visant à stimuler l'économie et à décourager le braconnage.

Je rends ensuite visite au garde-chasse, Mosi Salama, que nous avons rencontré à plusieurs reprises. Il est bâti comme une quille de bowling, avec un sourire de chat du Cheshire et des cils aussi longs que les antennes d'un papillon de nuit. Mosi m'accueille sous la véranda du bâtiment en béton vert tilleul qui abrite le Service des parcs nationaux et de la faune sauvage. Il m'assure à nouveau, avec un large sourire, qu'il a bien fourni les munitions et la nourriture aux éclaireurs de

Mano. Lorsque je veux en savoir plus sur la question, il m'annonce à ma grande surprise qu'un officier de la Division de l'aviation civile, M. Banda, et le pilote des parcs nationaux, le capitaine Sabi, ont fait la route depuis Lusaka et attendent de me voir dans son bureau. Dès que j'entre, M. Banda me dit sans même me serrer la main :

– Je crains qu'il n'y ait un très gros problème avec votre programme. Vous avez fait atterrir votre avion dans le parc national du North Luangwa sans l'autorisation de notre département.

Je me détends immédiatement :

– Oh, ne vous en faites pas. Vous voyez, j'ai les papiers avec moi.

Je fouille dans ma mallette et en sors un épais dossier de permis que je feuillette.

– Voici le permis de l'armée de l'air zambienne qui nous autorise à exploiter notre avion à North Luangwa. Et voici le permis du ministre du Tourisme qui nous autorise à réaliser notre projet et qui, comme vous pouvez le voir dans ce paragraphe, explique que nous allons faire voler un avion dans le parc. Voici une photocopie de la licence zambienne de Mark et une autorisation générale de trois mois pour opérer dans cette zone, délivrée par votre propre ministère.

Le capitaine Sabi et M. Banda se penchent l'un contre l'autre pour lire les documents. Au bout d'un moment, M. Banda secoue la tête.

– Il n'y a pas d'autorisation pour faire atterrir votre avion dans le parc national de North Luangwa.

Je souris et tente de plaisanter :

– L'exploitation comprend sûrement le décollage et l'atterrissage. Pensaient-ils que nous allions voler indéfiniment et ne pas atterrir ?

– Vous ne pouvez pas faire atterrir un avion en Zambie sur une piste d'atterrissage non enregistrée. Vous devrez opérer à partir de Mpika, m'informe le capitaine Sabi.

– La piste de Mpika se trouve à quatre-vingts kilomètres de notre zone d'étude. Comment pouvons-nous opérer à partir de là ? Nous prévoyons de construire une piste d'atterrissage digne de ce nom. En attendant, comme nous en avons informé le ministère, nous avons dégagé quelques pistes temporaires. Mark est pilote de brousse depuis des années ; je ne suis pas sûre qu'il puisse atterrir sur une vraie piste, dis-je pour tenter de détendre l'atmosphère.

Personne ne sourit.

– Vous ne pouvez plus faire atterrir votre avion tant que vous n'avez pas construit une piste approuvée par la DCA, insiste M. Banda. Il doit y avoir des bornes en béton, une manche à air, bref, tout ce qu'il faut.

Je m'affaisse dans mon siège. Nous avons passé plus d'un an à obtenir les permis. Cette nouvelle exigence va nous faire perdre des mois, car nous ne pourrons pas effectuer de relevés aériens ni de patrouilles anti-braconnage tant que nous n'aurons pas achevé la piste d'atterrissage. Je regarde Mosi pour lui demander de l'aide. Il a l'air complètement dégoûté, mais je ne sais pas si c'est contre moi ou contre ces hommes. En tout cas, il ne m'apporte aucun soutien.

– Très bien. Je vous remercie.

Je me lève et quitte la pièce en esquissant un léger sourire lorsque j'imagine ce que le capitaine Sabi et M. Banda penseraient de la piste d'atterrissage n°1, avec sa faible longueur et son imposant arbre à saucisses.

*

Il n'y a rien de tel que la sensation de retourner dans un camp de brousse. Je ne sais pas s'il est plus excitant d'être celui qui attend au camp, écoutant le bourdonnement lointain du moteur, ou d'être celui qui rentre à la maison. Dans le silence de la nature sauvage, celui qui est au camp peut entendre le 4 x 4 approcher de si loin qu'une sorte de rencontre des cœurs se produit bien avant que l'autre n'arrive. En passant devant le mopane, l'arbre où niche une famille de marabouts, je sais que Mark peut entendre le 4 x 4, et il sait que je le sais. Le reste du voyage est comme une longue étreinte, si bien qu'au moment où j'arrive au camp, nous sommes tous deux aussi réconfortés que souriants.

Autour du feu de camp, nous parlons de mon voyage, jusqu'à ce que je ne puisse plus éviter de lui annoncer la mauvaise nouvelle. Lorsque Mark apprend que nous ne pourrons pas utiliser l'avion dans le parc tant que nous n'aurons pas une piste d'atterrissage conforme, il est contrarié ; mais nous nous engageons à travailler encore plus dur pour que la piste soit terminée avant les pluies. En attendant, nous ne volerons pas.

Le lendemain matin, Mark conduit le Land Cruiser et la remorque, chargés de matériaux de construction, depuis notre petit camp jusqu'au site de Marula-Puku. Lui, Simbeye et les autres hommes commencent à construire la hutte en torchis qui nous servira d'abri en cas de pluie. Nos nouveaux ouvriers sont de jeunes membres de tribus âgés d'une vingtaine d'années, vêtus de vêtements occidentaux en lambeaux mais dépourvus de chaussures. Ils n'ont jamais eu d'autre emploi que d'aider leurs pères à entretenir les minuscules parcelles de maïs et d'arachide de leurs fermes. Les seuls outils qu'ils savent utiliser sont des haches, des houes et des pelles. Bien qu'ils n'aient pas été scolarisés plus de cinq ans, ils sont impatients d'apprendre. Parmi les cinq nouveaux venus, Sunday Justice, Chanda Mwamba et Mutale Kasokola, en particulier, rayonnent de bonne humeur et d'une volonté peu commune de travailler dur, tout comme Simbeye. Aujourd'hui, j'ai dit « Bonjour, les gars » et ils ont répété les mots « les gars » en riant. Le nom est resté et ils s'appellent encore aujourd'hui « les gars ».

Sunday Justice, petit, joufflu, l'œil vif, reste avec moi pour déballer les provisions. Nous rangeons les haricots dans une grande boîte de conserve, les mouchoirs et le savon dans une grande malle bleue, et nous trions les autres provisions. Tout en travaillant, je lui explique que nous espérons sauver le parc en en faisant profiter la population locale ; nous pourrions même embaucher certains braconniers pour travailler avec nous.

– C'est une très bonne idée, madame. Vous devriez aller au village de Mwamfushi, où il y a beaucoup de braconniers.

– Dis-moi, Sunday, pouvons-nous voler jusqu'à ce village ?

– Oh non, madame, ce village est très près du sol.

Sa réflexion m'arrache un sourire, ce que je me garde bien de lui montrer.

Toute la matinée, j'ai remarqué que Sunday jetait des coups d'œil à l'avion, garé dans son *boma* d'épines.

– Tu aimes l'avion, n'est-ce pas, Sunday ?

– Oui, madame. Moi-même, j'ai toujours voulu parler à quelqu'un qui a volé dans le ciel avec un avion.

– Eh bien, tu peux me parler, dis-je en versant du sel dans un pot.

– J'ai toujours voulu savoir, madame : si vous volez la nuit, est-ce que vous vous approchez des étoiles ?

Je lui explique que sur terre, nous sommes tellement éloignés des étoiles qu'être à quelques centaines de mètres d'altitude ne change rien à leur proximité. Mais je ne sais pas s'il a compris, alors je termine en disant :

– Quand on vole la nuit, on *se sent* plus proche des étoiles.

Lorsque nous avons fini de déballer et d'organiser le camp, je lui montre nos quelques ustensiles et j'essaie de découvrir ce qu'il sait réellement de la cuisine. Il sait faire du pain, mais seulement dans un four, me dit-il. Il semble que je doive apprendre à cet Africain à cuisiner dans une marmite en fonte traditionnelle. Dans notre bol en bois, je mélange les ingrédients du pain de maïs – en omettant les œufs et le beurre, bien sûr, parce qu'il n'y en a pas – et je lui montre comment je le fais cuire dans la marmite, en plaçant des charbons ardents dessus et dessous.

– Maintenant, voici quelque chose avec lequel il faut faire très attention, dis-je en montrant une poêle à frire à revêtement antiadhésif. Tu vois, ce n'est pas une poêle ordinaire. Les aliments ne collent pas au fond. C'est un peu magique.

– Oh, une poêle en Téflon, acquiesce-t-il.

Je le regarde fixement. Quelles sont les chances de croiser un homme qui connaît le Téflon mais qui se demande si l'on peut voler jusqu'aux étoiles ? Plus qu'on ne l'imagine, manifestement.

Toute la matinée, le soleil nous accable d'une lourde chaleur, mais à l'ouest, une couverture de nuages sombres s'étend sur les montagnes de l'escarpement. Notre camp de base temporaire se trouve de l'autre côté de la rivière par rapport à Marula-Puku, à environ cinquante minutes en aval. S'il pleut dans les montagnes, la rivière pourrait entrer en crue, ce qui rendrait la traversée impossible jusqu'à la saison sèche. Après avoir donné quelques tâches supplémentaires à Sunday, je descends au bord de la rivière pour voir si l'eau a monté ces derniers jours. C'est difficile à dire, alors je m'agenouille dans le sable et je pose une ligne de petites pierres au niveau de l'eau. Nous ne pouvons pas encore camper à Marula-Puku ; nous devons rester près de l'avion pour le protéger des hyènes et des braconniers.

– Qu'est-ce que vous faites, madame ? me demande Sunday, qui est arrivé discrètement derrière moi.

– Eh bien, Sunday, j'ai besoin de savoir si la rivière monte, car nous devrons quitter ce camp et passer de l'autre côté avant qu'elle ne devienne trop haute. Je peux mesurer le niveau de l'eau avec ces pierres.

– Ça ne se passera pas comme ça, madame.

Je me lève et dévisage Sunday.

– Qu'est-ce que tu veux dire ?

Sunday montre l'eau qui clapote à nos pieds.

– Aujourd'hui, cette rivière sera là. Et demain, quand il pleuvra, cette rivière sera là.

Il indique un point situé à une centaine de mètres sur la plaine inondable, bien au-delà du camp et de l'avion. Je regarde de droite à gauche, de la rivière à la plaine. Si la rivière monte aussi haut, le Cessna flottera comme un radeau.

– Sunday, tu veux dire que l'eau va monter aussi haut en un jour ?

– Peut être même en une heure. Si les pluies atteignent ces montagnes, l'eau, elle va redescendre tout en même temps.

Comme pour souligner ces propos, les nuages à l'ouest laissent échapper un tonnerre lent et distinct, qui roule lourdement sur les collines.

– Sunday, viens avec moi.

De retour au camp, je commence à ouvrir les boîtes et à trier le matériel.

– Prends tout ce que je te donne et mets-le en tas sous l'arbre.

Je sépare l'essentiel – nourriture, vêtements, matériel de cuisine – des objets de valeur – équipement photographique, pellicules, outils, pièces de rechange. En désignant cette pile, je dis :

– Nous devrons transporter ces affaires jusqu'à Marula-Puku.

Le lendemain matin, à l'aube, Mark et moi emportons tous les objets de valeur jusqu'au camp de Marula-Puku, qui se trouve sur un terrain plus élevé. Laissant les autres hommes travailler sur la maison bemba, nous descendons la Mwaleshi pour déterrer la cache que nous avions creusée l'année dernière. Je sors notre carte faite à la main qui indique comment la trouver : « Conduire vingt-cinq kilomètres le long de la rive nord jusqu'à notre campement de Palm Island ; aller deux kilomètres vers le nord à travers les arbres, en passant devant deux grandes termitières ; la cache est dissimulée sous le buisson d'obovatum. »

En dépit de la chaleur dense d'octobre et de notre course contre la pluie, le voyage le long de la Mwaleshi est toujours aussi merveilleux. Il n'y a toujours pas de piste, mais nous connaissons maintenant la route et nous évitons les pires rivières de sable, les ravins les plus profonds, les lagunes les plus boueuses. Pukus, antilopes sing-sing, zèbres et impalas broutent dans les vastes plaines pendant que nous roulons. Un troupeau de plus de mille buffles fait trembler la terre en galopant à travers la prairie. Les aigrettes blanches, attirées par la ruée, s'élèvent comme des anges au milieu des bêtes noires. De petits imbabalas nous observent depuis le sous-bois avec des yeux de Bambi.

Après seulement trente minutes de progression à travers le lit de ruisseaux à sec et de petites garrigues, nous approchons d'une plaine très familière. Nous tournons vers l'intérieur des terres en direction d'un bosquet de *Trichilia emetica* accrochés à une berge. Je touche le bras de Mark et il arrête le 4 x 4. Devant nous, sous les mêmes arbres où les lionceaux jouaient l'année dernière, se trouve la meute de Serendipity. Deux mâles adultes à la crinière flamboyante, trois femelles adultes et quatre lionceaux turbulents nous regardent depuis l'herbe. La jeune femelle, celle que nous avons appelée Serendipity, se lève et marche directement vers nous. Ses yeux ne nous quittent pas un instant. Les mâles, apparemment encore timides, s'éloignent dans les hautes herbes. Les quatre lionceaux trottinent derrière Serendipity en direction du Cruiser, et une fois de plus, dans ce vieux 4 x 4, nous nous retrouvons entourés de lions.

Serendipity scrute Mark à un mètre de distance, puis sent la roue avant pendant un long moment, comme les lions de la Meute bleue l'ont fait tant de fois. Les quatre lionceaux, qui ne tiennent pas en place, se lassent bientôt de cette drôle de bête aux étranges odeurs d'huile et de carburant et se mettent à se courir après.

Nous attendons avec impatience le jour où notre camp sera terminé, afin de pouvoir passer plus de temps avec les lions. Il sera fascinant de comparer le comportement social de ces lions avec ceux que nous avons rencontrés dans le désert. Oubliée la cache. Crue éclair ou pas, ce soir, nous restons ici pour observer les lions.

En fin d'après-midi, ils se réveillent, s'étirent et se dirigent vers la rivière. Serendipity quitte les autres et traverse une petite plaine jusqu'à une termitière haute de trois mètres qui domine l'herbe. D'un bond gracieux, elle s'élance au sommet et se tient en équilibre sur ses quatre pattes. Son pelage fauve se fond dans l'argile grise, tandis qu'elle fouille l'herbe à la recherche d'un repas.

Quelques instants plus tard, elle descend du monticule en un bond silencieux et marche dans l'herbe en direction de la berge. Les autres lionnes lèvent la tête, observant ses moindres mouvements. Les lionceaux cessent de jouer et regardent les femelles. La berge descend de quelques mètres et Serendipity saute hors de vue sur la plage de sable. À ce moment-là, un puku mâle émerge de l'herbe, ses yeux noirs aux aguets. Serendipity saute alors par-dessus la berge et se retrouve à moins de un mètre cinquante de lui. D'un seul mouvement, elle s'élance vers l'avant, tend une patte puissante et fait trébucher sa proie. Au même instant, les deux autres lionnes bondissent de leur position, juste à temps pour se jeter sur l'ongulé qui se débat.

En quelques secondes, les trois adultes et les quatre jeunes ont le museau enfoncé dans la chair. Les lionnes ne se nourrissent qu'une minute, puis s'éloignent en se léchant le visage les unes les autres. Un puku de soixante kilos ne fait pas le poids face à sept lions, qui laissent le reste aux lionceaux.

Serendipity et les deux autres lionnes traversent la plage blanche et s'allongent au bord de l'eau. Sur la rive opposée, un petit groupe de buffles lève le museau, s'ébroue, puis disparaît dans l'herbe dorée du coucher de soleil. Au-delà, un troupeau de zèbres broute sans se soucier de rien. Les lions devront chasser à nouveau ce soir, mais les proies sont nombreuses et l'eau clapote sous leurs orteils. On ne peut s'empêcher de penser aux lions du désert, qui ont vécu pendant deux ans en mangeant des proies aussi petites que des lapins et qui n'avaient pas d'eau à boire. Que se passerait-il si les lions du Kalahari et ceux du North Luangwa échangeaient leur place ? Ces lions pourraient-ils survivre dans les dunes sèches et interminables du désert ?

À la nuit tombée, les sept lions traversent la rivière en une longue file et nous campons près de leur *Trichilia*. Le matin, quand il n'y a aucun signe de la meute, nous continuons notre voyage vers le bas de la Mwaleshi pour chercher notre cache.

De hautes herbes ont poussé à la base du buisson, de sorte que la cache est encore mieux dissimulée que lorsque nous l'avons laissée. Nous coupons les branches épineuses et sortons des fûts de diesel, des pots de miel, de confiture et de beurre de cacahuète, et même de la margarine en conserve fabriquée au Zimbabwe. Nous passons le câble du treuil par-dessus une branche et chargeons les fûts dans la remorque. Après une baignade peu rafraîchissante dans la rivière chaude, nous entamons le long voyage de retour vers Marula-Puku.

*

Nous faisons des allers-retours incessants sur l'escarpement déchiqueté – pour ramasser des poteaux pour la hutte, pour transporter plus d'herbe à chaume, pour récupérer Mark après qu'il a déposé l'avion à Mpika – et nous nous démenons pour terminer le camp de Marula-Puku. La chaleur et les mouches semblent se nourrir l'une de l'autre ; elles sont toutes deux devenues grosses et insupportables. Lorsque finalement les murs en terre de la hutte sont montés à hauteur des yeux, il devient évident que les Bembas ne sont pas les bâtisseurs qu'ils prétendent être, même s'ils y mettent du cœur. Un coin de la hutte s'écroule avant même d'avoir séché et nous doutons que la maison résiste aux pluies. Mais il est trop tard pour tout recommencer, alors nous enduisons les fissures et les trous de boue gluante et attachons des fagots d'herbe au toit.

Redoutant de rester plus longtemps dans notre petit camp de l'autre côté de la rivière, nous déménageons à Marula-Puku un matin du début du mois de novembre. Je suis très soulagée d'avoir rassemblé tout le matériel sur un unique site de campement. Pendant que Mark rejoint l'équipe de construction de la cabane, Sunday et moi installons notre nouveau camp temporaire à proximité. J'en ai assez de faire des camps et j'espère que ce sera le dernier pour un moment. Une fois de plus, Sunday et moi rangeons les coffres bleus dans la tente, accrochons la farine de maïs dans l'arbre, installons les tables et les chaises. Pendant que nous travaillons, des mahalis tisserands à sourcils blancs – la même espèce qui a partagé notre camp du Kalahari pendant sept ans – nous chantent une sérénade depuis un acacia épineux d'hiver (*Acacia albeda*). Dans les branches inférieures de l'arbre, ils sont eux aussi occupés à construire leurs nids, mais contrairement à d'autres espèces de tisserands, ils ne semblent pas particulièrement méticuleux. Ils tordent des tiges d'herbe de tailles et de formes diverses en un paquet désordonné qui ressemble à quelque chose que l'on pourrait sortir d'une canalisation bouchée. Mais leur chant familier et leurs pépiements joyeux me réjouissent. S'ils peuvent chanter tout en construisant, alors je le peux aussi.

En milieu d'après-midi, tout le matériel est installé à Marula-Puku et je me rends de l'autre côté de l'île pour aider les hommes à construire la hutte. Alors que je m'agenouille dans le sable, étalant la boue avec mes doigts, je sens le vent se lever et agiter l'air moite autour de nous. Une masse nuageuse se profile au nord-ouest, mais cela fait des jours que de telles formations défilent, inoffensives, au-dessus de nos têtes. Soudain, un vent chaud s'engouffre dans la vallée, précédant un mur bas et tourbillonnant de nuages gris-noir. Nous nous levons d'un bond, saisissons le matériel et les provisions et les jetons dans la cabane inachevée. Mark et moi courons vers la tente, mais nous la perdons de vue dans la poussière et le sable. Nous finissons par trébucher sur ses pans qui gisent sur le sol. Des casseroles, des livres, des chaises, des assiettes, des tasses et des vêtements sont éparpillés à des mètres à la ronde. Le sable nous pique le visage et les yeux tandis que nous titubons dans la tempête en tâchant de récupérer des morceaux de campement que nous jetons dans le 4 x 4.

La tempête de sable dure trente-cinq minutes et retombe aussi vite qu'elle est arrivée. Aucune goutte de pluie n'est tombée, et la vallée est plongée dans une chaleur sèche et immobile. En silence, nous parcourons les vestiges de notre campement, redressant une table ici, une chaise là. Les mahalis tisserands gazouillent furieusement – leurs nids ont été détruits par le vent – mais le lendemain matin, lorsque nous nous levons, ils les reconstruisent avec le même enthousiasme effréné. Je les observe brièvement et fais de même.

La date inquiétante du 14 novembre – date à laquelle, selon les météorologues britanniques, les pluies commencent – est dans moins de deux semaines, lorsque Mark et moi nous rendons au sommet d'une colline boisée pour tracer la piste d'atterrissage. Nous avons choisi ce site parce qu'il se drainera pendant les pluies, ce qui le rendra utilisable toute l'année. Je pense que ce sera facile, mais les bois sont si épais qu'il est impossible de voir suffisamment loin pour tracer une ligne droite pour la piste d'atterrissage. Après avoir parcouru cinquante mètres, nous tombons sur une énorme termitière ; nous essayons donc un autre cap et nous débouchons sur un profond ravin. Décidés à faire un relevé en bonne et due forme, nous prenons la boussole et plantons une rangée de trois piquets dans le sol tous les cinquante mètres, un au milieu de la piste et un de chaque côté.

C'est à ce moment-là qu'un grand indicateur, petit oiseau gris à la gorge noire, nous remarque et lance son cri distinctif « chitik-chitik-chitik », nous invitant à le suivre jusqu'à une source de miel. Les grands indicateurs conduisent les humains jusqu'aux nids d'abeilles, et lorsque la ruche est ouverte pour récolter le miel, les oiseaux mangent les abeilles, les larves et la cire. Il n'est pas difficile de suivre un grand indicateur. Il attire votre attention en voltigeant dans un arbre près de vous et en lançant son cri rauque. Dès que vous vous approchez, il s'envole en direction du nid. Et pour s'assurer que vous êtes toujours là, il s'arrête souvent dans les arbres le long du chemin, appelant encore et encore.

Lorsque le grand indicateur de la piste d'atterrissage nous voit marcher directement vers lui, il s'envole en effectuant des pirouettes surexcitées. Dans cette région peu peuplée, il n'a pas souvent l'occasion de mener les gens au miel, et il est plus que prêt. Au moment où il s'apprête à voler vers l'arbre suivant, nous brandissons notre boussole, tournons brusquement de quatre-vingt-dix degrés et partons dans une autre direction. Il reste silencieux pendant un moment, puis s'envole vers un arbre sur notre chemin et appelle encore plus vigoureusement qu'auparavant. Une fois de plus, nous sommes presque sous son perchoir lorsque nous pivotons de quatre-vingt-dix degrés et partons à cinquante mètres dans une autre direction. La piste d'atterrissage doit faire plus de mille mètres de long, si bien que quarante fois nous traversons les bois dans une direction, pour ensuite changer de cap et repartir dans une autre. Le pauvre indicateur n'a manifestement jamais vu de gens aussi stupides. Il se met à voler au-dessus de nos têtes en battant des ailes. De temps en temps, il se pose sur une branche voisine et nous regarde avec des yeux de fouine.

La sueur recouvre nos vêtements et les brins d'herbe piquent nos jambes tandis que nous avançons à travers les arbres. Nous pensions que la tâche serait facile, mais nous n'avons pas emporté suffisamment d'eau potable et nos gorges sont en feu. Enfin, nous plantons le dernier pieu dans le sol et remontons dans le 4 x 4. Tandis que nous nous éloignons, notre guide ailé est toujours perché sur une branche, lançant de temps à autre un « chitik-chitik » d'une voix qui semble plus éraillée.

La hutte bemba, avec son toit en herbe et ses grandes fenêtres encadrées de tiges de palmier, ressemble plus à un visage de travers avec un chapeau de paille tordu qu'à une maison. Mais comme nous n'avons guère le choix, nous déclarons qu'elle est terminée. À 5 h 30 le lendemain matin, nous sommes tous sur le site de la piste d'atterrissage, armés de six haches, six houes, trois pelles, ainsi que du 4 x 4 et de chaînes. Nous avons environ trois mille petits arbres à couper et trois mille souches à déterrer. Le sol devra être nivelé à la main. Il est impossible de savoir par où commencer, alors nous nous mettons à trancher, à couper, à creuser et à pelleter. Deux heures plus tard, la température est déjà supérieure à trente-cinq degrés. Mark et moi mouillons nos vêtements au jerrycan rempli d'eau provenant de la rivière, qui sent très fort le poisson et les excréments de buffle.

Les Bembas, nés sous cette chaleur, en sourient. Ils n'ont pas encore chaud. « Attendez midi », disent-ils en riant.

Au bout d'un moment, la routine s'installe. Mwamba, Kasokola, Sunday et moi-même coupons les petits arbres et les tirons sur le côté ; Mark et Simbeye suivent et arrachent les souches avec la chaîne et le 4 x 4. Les autres coupent les souches trop grandes pour le 4 x 4 et comblent les trous. Sous le soleil de midi, la chaîne de trente kilos est si chaude que je ne peux pas la toucher, mais toute la journée, Simbeye court pieds nus d'une souche à l'autre, portant les maillons brûlants sur ses épaules nues, refusant toute aide ou même tout repos. Pendant que nous travaillons, les gars chantent doucement dans une langue que je ne comprends pas, mais avec un entrain que j'apprécie assurément.

Au sud, nous apercevons un nuage en forme de champignon qui s'élève de la terre aride : les braconniers allument des feux de forêt qui se déchaînent dans tout le parc. Il ne fait aucun doute qu'ils abattent également des éléphants pour l'ivoire et des buffles pour la viande, mais les gardes-chasse n'ont pas monté la moindre patrouille. Sans route ni avion, il n'y a rien que nous puissions faire pour arrêter les tueries et les incendies. J'arrache avec rage un petit buisson ; nous devons terminer cette piste d'atterrissage.

Où est la pluie ? Pendant des jours, nous avons craint qu'elle ne vienne ; maintenant, nous craignons qu'elle ne vienne pas. Bloqués ou non, inondés ou non, tout vaut mieux que cette chaleur.

Chaque jour, nous travaillons de 5 heures à 11 heures et de 14 h 30 à 18 heures. Certains après-midi, je reste seule au camp, je transporte l'eau de la rivière dans des seaux, je fais bouillir l'eau potable, je fais du pain, je ramasse du bois de chauffage et je lave les vêtements.

Il ne reste de la rivière Lubonga que quelques mares stagnantes et malodorantes que nous partageons volontiers avec les buffles, les pukus et les zèbres. Ils viennent boire en fin d'après-midi, et il m'arrive souvent d'aller chercher de l'eau alors que des buffles s'abreuvent à deux pas de moi. Ils semblent avoir perdu leurs inhibitions – et moi aussi, car c'était autrefois le seul animal qui me faisait vraiment peur. La diminution des ressources fait naître de féroces inimitiés comme d'étranges amitiés.

La nuit, Mark et moi dormons sur le toit du 4 x 4, où il fait plus frais qu'à l'intérieur de la hutte. Pourtant, la température dépasse souvent les trente-sept degrés à minuit, alors nous nous allongeons sous des serviettes mouillées pour essayer de rester au frais. Nous nous réveillons juste avant l'aube pour regarder les étoiles s'estomper dans les couleurs éclatantes du lever du soleil et pour voir les oiseaux aquatiques – cigognes jabirus, aigrettes à bec jaune, hérons goliath – s'envoler le long de la rivière pour partir au boulot. Comme des banlieusards pour leur trajet quotidien. Ils ne prennent pas de raccourcis pour franchir les méandres de la rivière, mais suivent son cours sinueux, peut-être pour la même raison que nous, c'est-à-dire pour avoir une meilleure vue.

Un matin, alors que je coupe un petit arbre à l'extrémité ouest de la piste d'atterrissage, j'ai la surprise de découvrir une file de gardes-chasse qui s'avance vers nous, certains portant des uniformes usés à la corde, d'autres des vêtements civils. Nelson Mumba a encore un bandana rouge autour de la tête, Island Zulu porte le cadre plié d'un lit de camp, Gaston Phiri tient un poulet vivant sous le bras. Mark et moi les saluons et leur expliquons que nous construisons une piste d'atterrissage.

– Nous utiliserons l'avion pour repérer les braconniers et compter les animaux depuis le ciel, explique Mark.

Comme ils acquiescent, il poursuit :

– D'ailleurs, on s'est dit que si vous nous aidiez à construire une piste d'atterrissage près de votre camp, nous pourrions utiliser l'avion pour vous emmener en patrouille dans le parc.

– Ah, mais nous ne pouvons pas construire de piste d'atterrissage, répond Mumba.

– Pourquoi pas ? On vous prêterait des outils, dis-je en brandissant ma hache.

– Nous sommes des officiers, nous ne faisons pas de travaux manuels, explique Mumba en regardant les autres, qui acquiescent.

– Même si cela vous facilite la vie ?

– Nous ne faisons pas de travail manuel, répète-t-il.

Mark, sentant ma colère monter, change de sujet. Le nouveau sujet ne risque guère de la faire retomber.

– Vous partez en patrouille ? demande-t-il.

Deux des gardes-chasse répondent « oui », trois « non ».

– Allez-vous tuer des animaux pour leur viande ? demandé-je.

– Nous en avons le droit, si nous le voulons, répond Mumba d'une voix hargneuse.

Mark leur explique, même si nous sommes sûrs qu'ils le savent déjà, que selon la réglementation gouvernementale, personne, y compris les gardes-chasse, ne peut tirer sur les animaux à l'intérieur du parc.

Ils parlent entre eux en chibemba en nous jetant des coups d'œil en coin. Mark ajoute que s'ils chassent dans le parc, nous serons obligés de les dénoncer au directeur. Ce n'est pas le tour que je souhaite donner à cette conversation ; nous voulons travailler avec les gardes, les encourager. J'essaie de trouver un moyen de sauver la situation.

– Nous savons qu'il est difficile de vivre dans votre camp isolé, dis-je. Lorsque nous aurons lancé notre projet, nous voulons travailler avec vous, vous aider. Nous vous achèterons de nouveaux uniformes, du matériel de camping, ce genre de choses. Mais en retour, vous devez faire votre travail. Vous êtes engagés par le gouvernement pour protéger ces animaux, pas pour les tuer !

Ils parlent encore un peu en chibemba, puis annoncent qu'ils doivent partir. Nous leur disons amicalement au revoir – « Bonne chance pour votre patrouille » – mais ces mots restent sans réponse et se flétrissent sous l'effet de la chaleur.

Mark et moi restons un moment à observer les éclaireurs qui franchissent la colline. Nous ne sommes pas d'accord sur la manière de lutter contre le braconnage. Il pense que nous devrions nous impliquer personnellement, en organisant des patrouilles aériennes, en envoyant des éclaireurs par avion, en participant à des patrouilles pédestres anti-braconnage avec les gardes. Je suis d'avis que nous devrions leur fournir un bon équipement et les encourager, mais que nous ne devrions pas nous lancer personnellement à la poursuite des braconniers, car ils s'en prendraient alors à nous. Sans armes, nous sommes une cible facile. Nous avons discuté de ces points à maintes reprises, sans jamais tomber d'accord.

– Nous ferions mieux de retourner à notre travail manuel, plaisante Mark.

– Désolée, je suis officier, dis-je alors que nous recommençons à pelleter tous les deux.

Cela fait plus d'une semaine que nous travaillons sur la piste, et bien que la moitié de celle-ci soit défrichée, elle ressemble plus à un endroit où des éléphants se sont ébattus dans les bois qu'à une piste d'atterrissage.

Deux crevaisons nous obligent à retourner au camp en début d'après-midi. Lorsque nous arrivons, Tapa, le garde-chasse engagé pour protéger notre camp, est introuvable. Mark et moi le dénichons caché dans les hautes herbes, en train de faire sécher de la viande sur une grille. Tous les jours, pendant que nous déblayions la piste d'atterrissage, Tapa a pêché, piégé et fait sécher de la viande. Stupéfaits, nous lui demandons ce qu'il fait et il nous répond calmement qu'il va vendre la viande au village.

– C'est interdit par la loi, tu sais, dis-je.

Il hausse les épaules et continue à regarder le corps calciné d'une loutre qui grésille sur les charbons ardents. Nous n'allons pas dénoncer Tapa, mais nous le renvoyons dans son camp sans la nourriture et plus jamais nous n'emploierons d'éclaireur pour surveiller notre camp. Nous commençons à comprendre que les gardes ne protègent pas le parc, mais que c'est le parc qui doit être protégé contre les gardes.

Pendant que les hommes sont occupés à réparer les pneus, je transporte de l'eau et je fais du pain. Ces derniers jours, il a plu plusieurs fois sur les montagnes et notre petite rivière coule doucement, profonde de quelques centimètres. Nous ne savons pas quand les véritables inondations se produiront, c'est pourquoi j'ai harcelé Mark pendant des jours pour qu'il déplace à nouveau nos objets de valeur, cette fois vers la piste d'atterrissage, qui se trouve sur un terrain encore plus élevé. La plupart de nos affaires sont stockées dans la hutte, mais je crains qu'à la première pluie, notre cahute ne retourne à la boue d'où elle vient.

Penchée au-dessus d'une bassine dans laquelle je lave des vêtements, j'entends un grondement lointain et je me lève pour écouter.

Simbeye et Mwamba crient :

– La rivière, regardez la rivière. Elle arrive !

Au lieu de fuir la berge, ce qui semblerait être la chose à faire, nous nous précipitons tous vers elle et regardons en amont. Un mur d'eau, haut de un mètre, contourne le virage au nord. Il se précipite vers nous, déchaîné et boueux, comme si une rivière s'écoulait par-dessus une autre. Nous regardons, incrédules, la Lubonga s'élargir à plus de cent mètres alors qu'elle n'en faisait que cinq et s'étaler jusqu'à la bande rocheuse de l'autre côté.

Notre rive se trouvait à bien quatre mètres au-dessus de la rivière ; maintenant, l'eau en furie n'est plus qu'à un mètre sous nos pieds, et elle continue à monter. D'énormes arbres et branches flottent dans les vagues.

Je crie par-dessus le rugissement :

– Mark, l'eau va passer par-dessus la berge ! Il faut tout déplacer !

– Attendons de voir, crie-t-il en retour.

Je me demande si nous allons rester ici jusqu'à avoir de l'eau jusqu'aux chevilles avant de faire quelque chose.

– Une autre rivière approche, prévient Simbeye en désignant un point derrière nous.

Aussitôt, nous courons jusqu'à l'angle nord-ouest de l'île. De l'eau brune et salée se déverse de ce qui était une gorge sèche. Elle remplit le coude au nord du camp d'une rivière mugissante de trente mètres de large. Des rapides en furie, gonflés d'écume et de débris, recouvrent notre piste. Nous sommes désormais isolés sur l'île, coupés du monde. Il n'y a plus aucune chance de se déplacer vers la piste d'atterrissage. Nous retournons en courant vers le bras principal, qui a encore monté. Pourquoi n'avons-nous pas écouté tous les avertissements concernant les inondations ?

– Ne devrions-nous pas au moins tout mettre sur le toit du 4 x 4 ? dis-je à Mark, le suppliant presque.

– Je ne pense pas que ça va monter plus haut.

– Qu'en sais-tu ?

– Ne t'inquiète pas. Tout va bien se passer.

Nous nous tenons tous les sept sur la berge, la tête baissée, observant la fureur déchaînée de notre petite rivière. Un gros morceau de la berge tombe dans le courant affamé. Mark nous fait signe de nous éloigner du bord. L'eau n'est plus qu'à quelques centimètres de la berge, mais sa montée semble avoir ralenti. Dix minutes plus tard, rien n'a changé.

– Tu vois, ça va aller, dit Mark.

– D'accord, nous n'allons pas être emportés par l'eau, admets-je. Mais maintenant, nous sommes coincés ici ; nous ne pourrons pas sortir en voiture avant des semaines.

– Oh non, madame, ça ne va pas se passer comme ça, affirme Sunday. Cette eau, elle sera partie demain.

– L'inondation ne durera qu'un jour ?

– Cette eau, explique-t-il, elle vient des montagnes et se jette dans la rivière Luangwa. Quand elle y sera, elle ne reviendra pas. D'autres eaux viendront un jour d'ici, mais cette eau-là, elle sera partie demain.

– Tu vois, pas de problème, dit Mark avec un sourire. Cette eau, elle sera partie demain.

*

L'inondation commence à se résorber après quelques heures, mais ce n'est que la première d'une longue série.

Avec chaque pluie, que ce soit ici ou dans les montagnes, les rivières monteront plus haut, le sol sera plus détrempé, la piste plus glissante. Le vieux Land Cruiser ne pourra plus nous sortir de la vallée. Nous devons terminer la piste d'atterrissage et récupérer l'Unimog, sinon nous ne pourrons pas opérer dans le North Luangwa cette saison.

Pour l'instant, nous sommes coincés au camp ; nous ne pouvons même pas nous rendre à la piste d'atterrissage tant que l'inondation ne s'est pas résorbée. Mark et moi installons nos chaises pliantes près de la rive et observons la Lubonga avec un nouveau respect. Elle est toujours en furie, et maintenant que nous connaissons ses humeurs, nous ne la prendrons jamais à la légère.

Au coucher du soleil, un petit groupe de femelles pukus se rassemble sur la rive opposée et regarde fixement la rivière ; l'un de leurs endroits préférés pour dormir se trouve à un mètre sous l'eau. Au bout d'un moment, elles s'installent en un nœud serré dans l'herbe.

L'obscurité apporte ses étoiles étincelantes et la première luciole de la saison. Dans quelques jours, des milliers d'entre elles saupoudreront la nuit de leur phosphorescence, comme des paillettes flottant dans l'air doux. Mais ce soir, celle-ci est toute seule, comme perdue tandis qu'elle fait clignoter au-dessus de l'herbe des messages d'amour qui resteront sans réponse. D'habitude, les insectes qui émettent une phosphorescence ne volent pas plus haut que la cime des arbres. Mais celui-ci s'élève de plus en plus haut vers le ciel étoilé, comme si, faute de partenaire, il était tombé amoureux d'une étoile.

*

Dans un dernier élan pour terminer la piste avant la saison des pluies, nous nous mettons au travail à 4 h 30 tous les matins. Comme dans la plupart de nos courses contre les éléments africains, nous perdons. Presque tous les petits arbres ont été dégagés de la piste d'atterrissage, mais il reste des centaines de souches à arracher, et trois termitières aussi dures que du béton et aussi grandes que le 4 x 4 doivent encore être nivelées.

Maintenant qu'une grande partie du sous-bois a été abattue, certains animaux ne peuvent résister aux herbes vertes et luxuriantes qui ont été mises à nu. Un puku mâle à une corne a déjà revendiqué une partie de la piste comme son territoire et s'est tellement habitué à notre présence qu'il broute à proximité pendant que nous taillons et coupons. Une famille de phacochères et un petit troupeau de zèbres paissent souvent à l'autre bout de la piste.

Par un chaud après-midi, alors que nous sommes assommés par la chaleur et le travail, Simbeye appelle doucement :

– *Nsofu*, là-bas.

De l'autre côté du ruisseau Khaya, dans une petite vallée, nous apercevons dix éléphants qui progressent dans les hautes herbes. Ce sont les premiers éléphants vivants que nous voyons depuis notre retour au North Luangwa. Nous les observons avec admiration et chuchotons doucement lorsque nous parlons, même s'il est impossible qu'ils nous entendent à cette distance. Les mâles adultes, dont trois sont dépourvus de défenses, se nourrissent des branches épineuses d'acacias. En tendant la trompe, l'un d'eux arrache une branche d'un arbre haut de cinq mètres. Il enlève l'écorce, les brindilles, les épines, les feuilles et tout le reste, et l'enfourne dans sa bouche.

Nous voyons ces éléphants à plusieurs reprises, toujours au loin, et bien que cela semble un peu exagéré, nous commençons à les appeler le Groupe du camp.

Le 14 novembre arrive, frémissant de promesses légendaires, mais toujours pas de pluie. Sunday avait raison, la rivière est redevenue un cours d'eau paisible et seul le bois flotté sur ses rives témoigne de l'inondation. Mais chaque après-midi, d'immenses formations nuageuses roulent dans le ciel. Simbeye nous répète qu'il faut partir maintenant, qu'une fois la pluie tombée, nous ne pourrons plus remonter la piste glissante de la montagne avec le vieux Land Cruiser.

– Encore une journée, répète sans cesse Mark, tandis que nous arrachons des souches et comblons des trous.

Finalement, la piste d'atterrissage ressemble à une piste, même si elle n'est pas encore prête à être approuvée par la Division de l'aviation civile. Il y a encore plusieurs gros obstacles, là où se trouvaient les termitières, et des dizaines de trous de souches. Mais le travail est suffisamment avancé pour que nous puissions l'achever rapidement avec l'Unimog à notre retour de Durban.

N'ayant aucune idée de la durée de notre absence, nous remballons tout le matériel et creusons une autre cache pour le carburant et l'essence près de la piste d'atterrissage. Avec tous les Bembas qui rebondissent en tous sens dans la remorque, nous grimpons l'escarpement. Nous les laissons à Shiwa N'gandu, avec la promesse de les engager à nouveau dès notre retour – dans quelques semaines, nous l'espérons.

Nous arrivons en vue de Mpika lorsque de grosses gouttes frappent le toit du 4 x 4 et que des trombes de pluie blanche balaient l'air. Nous regardons en arrière. La vallée, remplie de cumulonimbus, ressemble à un énorme bol de pop-corn. Nous sommes partis juste à temps.

7

Une vallée grouillante de vie

Delia

> Les plus attentifs de tous les observateurs, là où nous campions, étaient les animaux qui se tenaient au-delà de la lumière du feu, sombres, mais présents, et ne faisant aucun bruit. Ce sont les yeux dont nous nous sommes le plus souvenus cette nuit-là.
>
> William STAFFORD

Portant une bouilloire remplie d'eau chaude, une serviette et une lampe de poche, Mark suit le sentier à travers le camp sombre vers le *boma* de bain. Entouré d'herbes hautes, le *boma* est une structure à trois côtés, faite de branches et de roseaux, qui se dresse au bord du camp de Marula-Puku. À l'intérieur se trouvent une table de toilette également faite de branches, un jerrycan d'eau froide et une bassine dans laquelle nous mélangeons tous les soirs l'eau chaude et l'eau froide pour nos bains.

Un bruissement se fait entendre dans l'herbe. Mark s'arrête un instant, puis poursuit son chemin. Plus tôt, une antilope sing-sing mâle broutait près de l'arbre à saucisses juste après le *boma* ; elle est probablement encore dans les herbes hautes. Mark mélange l'eau de son bain, puis éteint la lampe de poche pour économiser les piles. Nu sous les étoiles, il commence à se laver les cheveux, les yeux clos pour les protéger de la mousse de savon. Il se fige en entendant à nouveau le bruissement à deux mètres derrière lui, juste à l'extérieur du *boma*. Il se passe rapidement de l'eau sur le visage pour rincer le savon, puis allume sa lampe de poche dans l'espoir de voir l'antilope de plus près. Il ne voit qu'un mur d'herbes hautes, mais il peut encore entendre de l'agitation. Il s'approche de l'herbe, l'écarte et éclaire l'épaisse couverture de verdure à ses pieds.

Une lionne, tapie contre le sol, le regarde fixement, la queue battante. Elle n'est qu'à un mètre cinquante et le regarde droit dans les yeux.

– Aaaahhh !

Instinctivement, Mark pousse un grognement et recule dans un sursaut. Au même moment, la lionne se lève d'un bond, siffle et crache, ses canines brillant d'un éclat blanc dans la lumière de la lampe. Mark se rue dans le *boma*. La lionne fait volte-face et s'enfuit dans l'herbe pour rejoindre cinq autres lions qui l'attendent à une dizaine de mètres. Ensemble, ils trottent jusqu'au coupe-feu un peu plus loin, où ils s'assoient tous sur leurs fesses en guettant Mark. De l'eau savonneuse dégoulinant encore le long de son cou, Mark les regarde en retour, se demandant s'ils deviendront des visiteurs réguliers de notre camp, comme les lions que nous avons connus dans le Kalahari.

*

C'est au début du mois de février 1988, bien plus tard que prévu, que nous retournons à Luangwa – Mark dans le nouvel Unimog tirant un conteneur de treize tonnes, moi au volant du vieux Land Cruiser. Les pluies ont transformé la province du nord en un luxuriant enchevêtrement de graminées, d'herbes et d'arbustes. Les petits villages sont recouverts de lianes ruisselantes de la pluie d'aujourd'hui et des fleurs humides d'hier. Pour rester au sec, les femmes doivent cuisiner dans leurs huttes d'herbe, d'où s'élève de la fumée à travers les toits de chaume. Lorsque nous atteignons le village de Shiwa N'gandu, Simbeye, Kasokola et Mwamba se précipitent hors de leurs huttes de boue et de chaume pour nous accueillir. Tout sourire comme d'habitude, ils sont prêts à retourner à Marula-Puku. Lorsque je demande des nouvelles de Sunday Justice, ils m'expliquent qu'il est parti chercher du travail à Lusaka. L'idée que ce gentil garçon à la voix douce et à l'imagination débordante puisse arpenter les rues impitoyables de Lusaka m'attriste. Mais, heureux d'avoir les autres hommes avec nous, nous recommençons à descendre l'escarpement.

Island Zulu, Gaston Phiri, Tapa et les autres gardes-chasse quittent leur bière pour nous serrer chaleureusement la main en signe de bienvenue. Les enfants nous entourent en appelant « sou-rié, sou-rié », ce que je prends d'abord pour une forme de salutation bemba. Puis je me rends compte que je leur ai toujours demandé de sourire pour les photos et qu'ils pensent que « sourire » signifie « bonjour ». Lorsque je les salue en chibemba, ils s'effondrent de rire et courent dans leurs huttes.

La Mwaleshi, en pleine crue, ne nous accueille pas aussi chaleureusement. La rivière démontée se déchaîne à travers la forêt, éclaboussant les rochers et les troncs d'arbres de gerbes d'eau et d'écume. Si nous ne parvenons pas à la traverser, tout espoir de travailler au North Luangwa pendant les pluies sera perdu dès aujourd'hui.

À l'aide de la benne du Mog, nous extrayons pendant trois jours des pierres d'un affleurement rocheux et les déversons dans la rivière pour construire un gué. Le matin du quatrième jour, Mark s'attache une corde autour de la taille et traverse à la nage, en tirant l'extrémité du câble du treuil. Une fois sur l'autre rive, il accroche le câble à la base d'un grand arbre et retraverse la rivière. Alors qu'il fait lentement glisser le Mog de trois mètres de haut dans la rivière, son capot disparaît sous le courant tumultueux. La cabine se balance dangereusement tandis que le camion affronte les rochers au fond de la rivière. L'eau s'infiltre autour des pieds de Mark, mais le Mog se fraie un chemin dans le courant et se hisse sur la rive boueuse du côté est de la Mwaleshi.

Après plusieurs voyages pour transporter le reste du matériel, nous remplissons l'arrière du Land Cruiser de grosses pierres pour le lester et le treuiller. L'eau s'écoule par toutes les portes et fissures de la vieille machine, qui doit avoir la nostalgie du désert d'antan. Le courant emporterait le conteneur d'expédition, c'est pourquoi nous le laissons à Mano.

En descendant l'escarpement, les véhicules s'enlisent si souvent dans la boue grasse que nous n'arrivons pas à Marula-Puku dans la soirée, comme nous l'espérions. Nous campons près du « terrain de jeu des éléphants », une bande d'herbes hautes où nous avons souvent vu des traces d'éléphants, des excréments et des arbres cassés, mais jamais les éléphants eux-mêmes. Le lendemain matin, l'herbe est si haute – trois mètres par endroits – qu'il est difficile de suivre la piste. Simbeye, Mwamba et Kasokola grimpent dans la benne du Mog que Mark élève au-dessus du camion de manière à ce qu'ils puissent nous guider.

La piste que nous avons eu tant de mal à dégager est recouverte d'une herbe de deux mètres de haut et de centaines de petits arbustes de mopane.

– Ce n'est pas aussi grave que ça en a l'air, essaie de me réconforter Mark.

Alors que nous continuons à descendre la piste, je redoute ce que nous trouverons au camp. Depuis la haute rive nord, tout ce que l'on peut voir de la hutte des Bembas est le toit de chaume détrempé et bancal qui semble flotter au sommet d'un lac d'herbe. Le bras mort autour de l'île est un marécage où flottent de grands roseaux dans une eau qui monte jusqu'aux genoux. Mais la rivière principale, la Lubonga, est bien confinée à l'intérieur de ses berges, et seul un ruisseau peu profond nous sépare du camp.

Les murs de pisé sont lézardés et s'effritent, le toit a été malmené par le vent et n'est certainement pas étanche, mais la hutte est toujours debout. Alors que je pénètre silencieusement à l'intérieur, Simbeye me dit :

– Ce n'est pas une très belle maison, madame, mais nous la rendrons à nouveau solide pour vous.

Je lui souris avec reconnaissance et regarde autour de moi. Un gros camion tout-terrain, un 4 x 4 et cinq personnes couvertes de boue – une équipe hétéroclite pour un projet d'une telle ampleur. Je lève les yeux vers Mark.

– Eh bien, nous ferions mieux de nous mettre au travail.

L'avantage, c'est que nous ne manquons pas de boue pour réparer les murs ni d'herbe pour réparer le toit. En deux jours, nous montons un camp sommaire. Une semaine plus tard, l'herbe a été dégagée de la piste d'atterrissage. La piste doit encore être nivelée, ce qui demandera encore trois mois de travail éreintant, mais après cela, nous pourrons faire voler l'avion jusqu'à la vallée.

Chaque soir, autour du feu de camp, Mark et moi discutons sans fin de la manière dont le North Luangwa peut être sauvé des braconniers. Nous devons commencer par travailler avec les gardes-chasse pour faire respecter les lois contre le braconnage, mais ce n'est qu'une première étape. Les habitants du parc doivent être convaincus que les animaux sauvages ont plus de valeur vivants que morts. À terme, nous espérons que des voyagistes soucieux de la protection de l'environnement organiseront des safaris à pied de qualité, à l'ancienne, qui rapporteront de l'argent à la population locale. Le gouvernement a accepté que cinquante pour cent des revenus du tourisme dans le North Luangwa – une fois qu'il aura démarré – soient reversés aux villageois.

Bien sûr, nous préférerions que le North Luangwa soit libre et sauvage, mais ce n'est plus une possibilité. Il a perdu sa liberté lorsque les braconniers ont tiré le premier coup de feu. Le défi consiste à le sauver sans lui faire perdre son caractère sauvage.

Il faudra un certain temps avant que les revenus du tourisme ne commencent à affluer dans les villages situés à proximité du parc. En attendant, nous pouvons aider les habitants à trouver d'autres moyens de gagner leur vie et ainsi leur permettre de renoncer au braconnage. Nous pensons aux industries artisanales, telles que la charpenterie, l'apiculture, les moulins à maïs et les presses à tournesol. Nous pouvons les aider à produire davantage de nourriture, en particulier des sources de protéines telles que la volaille, le poisson, les fèves et l'arachide. Les personnes affamées ne font pas de bons défenseurs de l'environnement.

Plus important encore, peut-être, nous commencerons à enseigner aux jeunes que la faune et la flore sont les ressources les plus précieuses de leur district. La plupart des enfants n'ont jamais vu d'éléphants vivants, et encore moins pensé à eux autrement que comme source de viande ou d'ivoire. Le reste du monde non plus. C'est un bon point de départ.

Ensuite, bien sûr, nous devons en apprendre davantage sur le North Luangwa, en particulier sur sa faune et son écosystème. Nous effectuerons des relevés aériens réguliers, recenserons chaque espèce sauvage et étudierons sa répartition, afin de déterminer si la population est stable ou en déclin. Nous explorerons également le parc depuis le sol, mais cela sera difficile au plus fort de la saison des pluies. Même le Mog s'embourbe entre le camp et la piste d'atterrissage.

C'est donc en marchant dans les montagnes brumeuses, en traversant des savanes détrempées et en survolant en avion le dos des buffles, des éléphants, des zèbres et des gnous, que nous commençons à découvrir ce pays de rivières et cette vallée vivante.

*

– Nous n'y arriverons pas ce soir. Campons ici.

Debout dans la bruine, Mark, Kasokola, Mwamba et moi-même regardons la falaise boisée qui nous sépare de notre destination. Quelques jours auparavant, dans l'avion, nous avions suivi la rivière Lubonga depuis sa source sur le plateau au-dessus de l'escarpement de Muchinga. Étroit filet d'eau au départ, elle se fraie un chemin à travers la végétation dense et les sommets arrondis des montagnes éboulées. De temps en temps, elle se jette sur des rochers, créant des cascades dissimulées derrière des arbres, des fougères et des lianes. Près du pied des montagnes, elle s'engouffre dans une petite plaine inondable ressemblant à un pâturage, en forme de goutte d'eau, nichée dans les plis des collines aux flancs abrupts. Nous l'avons appelée Hidden Valley (la « Vallée cachée »). À cet endroit du parcours de la rivière, une seule crête montagneuse la sépare des plaines situées au-delà. Mais des décennies auparavant, la Lubonga a trouvé une faiblesse dans les strates de la crête et s'y est enfoncée, créant une faille étroite, couverte de fougères, de lianes et de gerbes de bambous.

Déterminés à atteindre cette vallée, nous avons marché depuis le camp le long de la Lubonga pendant deux jours, dans la brume et sous des averses torrentielles. En recensant les espèces animales et végétales que nous observons dans chaque habitat, nous commençons à comprendre les flux et les reflux entre les populations animales et végétales de la vallée. Pensant que nous y arriverions facilement aujourd'hui, nous avons marché jusqu'à la fin de l'après-midi le long de la Lubonga. Mais depuis la base du dernier affleurement rocheux qui nous sépare de Hidden Valley, nous pouvons voir que la route est plus redoutable que nous ne l'imaginions du haut des airs. La nuit tombera avant que nous n'atteignions notre destination.

– D'accord, c'est un endroit idéal pour camper, reconnais-je en admirant la plaine foisonnante qui s'étend jusqu'à la petite montagne.

La Lubonga, en pleine crue, se déverse dans l'étroit canyon, puis serpente à travers la plaine détrempée. Je retire le lourd sac à dos de mes épaules et le pose au sol.

– Regardez, là, des… buffles ? fait Kasokola en pointant du doigt vers le nord-ouest, en direction d'un petit massif de *Combretum*.

En nous penchant, Mark et moi regardons sous les arbres éparpillés pour voir trois cents buffles s'affairer dans la brume, à moins de cent mètres de nous. Certains se couchent dans l'herbe tendre pour la nuit, d'autres continuent à brouter en avançant vers nous. Apparemment, ils ne nous ont ni vus ni sentis et, tandis que nous installons notre petit camp volant, quelques bêtes se rapprochent encore, grognant et meuglant jusqu'à ce qu'elles s'allongent enfin, juste à côté de notre campement.

En tirant sur la corde d'ancrage de la tente, Mark regarde par-dessus son épaule, puis pointe du doigt les buffles. Nous nous arrêtons tous. Quelques grandes femelles se sont levées et lancent leur cri d'alarme en nous regardant fixement. Soudain, tout le troupeau est debout. Bloqués par la crête, la rivière et les parois abruptes du canyon, ils n'ont nulle part où aller, sauf dans notre direction. Pataugeant dans le sol détrempé, les buffles passent en trombe devant notre campement, puis disparaissent dans la brume grise et tourbillonnante.

Réveillés avant le lever du soleil, nous démontons le camp et marchons jusqu'à la gorge. Notre plan est de suivre la rivière à travers le canyon jusqu'à Hidden Valley, de l'autre côté de la crête de plus de cent mètres. Mais la rivière est si haute qu'elle s'écrase contre les parois abruptes, ne laissant aucun espace pour la randonnée. Il va falloir escalader.

En suivant un sentier d'éléphants à flanc de colline, nous nous arrêtons ici et là pour prélever des échantillons pour nos herbiers sur les arbres imposants et les sous-bois. L'eau des feuilles dégouline dans mon cou et ma dernière paire de chaussettes sèches est trempée. Lorsque nous atteignons le sommet, Hidden Valley, nichée dans ses propres collines secrètes, s'étend tranquillement au-dessous de nous. Dans un voile de brume, des arbres géants et des bambous bordent la minuscule vallée herbeuse, large de quelques centaines de mètres seulement. La Lubonga serpente doucement à travers les terres marécageuses et de petits troupeaux de pukus, de buffles et d'antilopes sing-sing broutent le feuillage vert et dense des rives.

Au cours des deux jours suivants, nous marchons dans les hautes forêts et traversons les petits *dambos* – des clairières encaissées et herbeuses – en répertoriant la vie animale et végétale. Nous apercevons les traces de la rare antilope zibeline et tombons sur une famille de cochons sauvages en train de creuser à la recherche de racines. Les sentiers d'éléphants creusés à quelques centimètres de profondeur dans le gravier dur des crêtes suggèrent qu'ils ont été empruntés pendant des siècles par des générations de pachydermes serpentant sur les flancs des collines.

Un après-midi, laissant les Bembas dans notre petit camp volant, Mark et moi suivons les méandres de la Lubonga à travers Hidden Valley. Nous traversons la prairie et remontons la rivière jusqu'à l'endroit où elle prend sa source dans les collines. Ici, les hautes herbes à éléphants bruissent à notre passage et, au loin, les montagnes escarpées se dessinent. Nous pénétrons dans une petite clairière marécageuse et faisons une pause pour observer deux pukus mâles qui s'affrontent de l'autre côté de la rivière.

Soudain, les longues herbes qui nous séparent de la rivière s'agitent et nous avertissent de la présence de quelque chose de massif et d'assuré.

– Un buffle ! chuchote Mark en me tirant derrière lui et en levant son fusil.

Un énorme mâle sort en titubant d'un *dambo* envahi par les roseaux à seulement quinze mètres devant nous. Ses sabots s'enfoncent bruyamment dans la boue. Il s'arrête, lève la tête et regarde fixement dans notre direction, les naseaux dilatés, un paquet d'herbe dépassant de sa bouche.

– Ne bouge pas, me souffle Mark en ôtant la sécurité de son fusil, un calibre 375.

Le buffle baisse la tête et fonce sur nous comme un train de marchandises en balançant ses cornes. Il nous regarde directement, mais – incroyable – ne semble ni nous voir ni nous sentir. À seulement quelques mètres, il s'arrête à nouveau et lève sa tête massive pour nous scruter, soufflant par les narines alors qu'il essaie de capter notre odeur. Les buffles solitaires peuvent être extrêmement agressifs et attaquent souvent sans provocation apparente. Tournant la tête avec précaution, j'aperçois un grand acacia épineux à quarante mètres derrière moi.

– Mark, dis-je, les dents serrées. Je vais courir vers cet arbre.

– Non ! Ne bouge pas !

Le buffle lève et baisse la tête, comme s'il s'efforçait de distinguer les deux formes qui se tiennent devant lui. On dit que le buffle ne voit pas très bien, mais il ne peut pas nous manquer à cette distance. La tête haute, il repart vers nous. De si près, il va être bien mécontent en nous découvrant. Je fais un tout petit pas en arrière.

– NE BOUGE PAS ! siffle Mark.

Le taureau s'arrête en secouant la tête.

– JE VAIS COURIR VERS CET ARBRE !

Sans bouger les lèvres, Mark jure :
- Si tu bouges, je te tire une balle dans le dos !
Je m'arrête, passant en revue mes options.

À quelques pas de nous, le buffle lève et abaisse son mufle noir massif, et souffle à nouveau de l'air par ses larges narines. Il est trop tard pour courir. De toute façon, je ne risquais pas d'arriver à l'arbre, avec mes genoux qui tremblent. Éparpillant de la salive et des tiges d'herbe autour de lui, le buffle secoue la tête et grogne. Il piétine et racle le sol de son sabot droit. Une odeur humide et musquée imprègne l'air. Baissant le nez vers l'herbe, il sent la terre et recommence à avancer dans notre direction. Après quelques pas de plus, il me regarde directement, de la bave coulant de sa bouche. Une fois de plus, il secoue la tête.

Il tourne légèrement puis, d'un pas tranquille, passe devant nous jusqu'à ce qu'il disparaisse dans les grands roseaux de l'autre côté de la clairière.

Lorsqu'il est hors de vue, Mark se tourne vers moi et sourit.
- Tu vois, ça s'est bien passé.
Je m'affale sur une bûche et lui demande :
- Tu m'aurais vraiment tiré dans le dos ?
Mark sourit et s'assied à côté de moi.
- Tu ne le sauras jamais.

*

Lors de notre dernier jour à Hidden Valley, nous marchons avec Kasokola, Mwamba et Simbeye dans les montagnes. L'idée d'être les premiers à explorer ce petit coin de terre nous exalte et nous réchauffe le cœur malgré la bruine constante.

C'est alors que nous tombons sur un sentier manifestement fréquenté qui descend des montagnes vers la vallée.

– Des braconniers, déclare Mwamba.

En marchant silencieusement, nous suivons les lacets à travers les collines. Régulièrement, nous rencontrons des clairières et d'anciens feux de camp, ainsi que, parfois, de grands râteliers à viande et des tas d'os jetés. Ce chemin est emprunté depuis des années par des bandes de braconniers.

Nous nous répétons de ne pas nous décourager ; après tout, nous savons que les braconniers chassent dans le North Luangwa. Notre randonnée à Hidden Valley nous a appris que c'est un endroit très spécial, et encore plus digne d'être sauvé que nous ne le pensions auparavant.

*

L'alarme de décrochage retentit constamment alors que l'avion tremble et vibre de toute part, essayant de maintenir l'altitude. Nous effectuons notre premier recensement de la faune de North Luangwa, qui exige que nous maintenions une vitesse de quatre-vingts nœuds à soixante mètres d'altitude, le long de lignes de transect tracées approximativement d'est en ouest à travers le parc. En raison des vents de travers et des courants thermiques, il n'est pas facile de maintenir un cap, une vitesse et une hauteur précis au-dessus du sol, même sur le fond relativement plat de la vallée fluviale. Nous avons divisé le parc en soixante-cinq cases et, tandis que nous volons, nous utilisons des magnétophones et un chronomètre pour répertorier les espèces d'animaux sauvages, leur type d'habitat et l'heure exacte à laquelle nous les avons observées. Nous croiserons ensuite ces relevés avec notre vitesse pour obtenir une localisation approximative des animaux en question sur notre grille. À partir de ces données, nous calculerons la répartition et la densité de leurs populations.

Les montagnes de l'escarpement de Muchinga dessinent une ligne dentelée à travers le parc, surplombant de mille mètres le fond de la vallée en une série de collines toujours plus raides, de gorges toujours plus profondes et de falaises toujours plus élevées. Qu'importe le relief accidenté, afin que notre relevé soit fiable, nous devons maintenir une altitude constante. Lorsque nous atteignons les premiers contreforts, Mark tire le nez de l'avion et pousse les gaz afin de surmonter la première série de collines. Mais dès que nous les avons franchies, il relâche la puissance, baisse les volets, et nous sombrons dans la vallée étroite suivante. Nous nous sommes stabilisés et, avant que nos estomacs puissent descendre, un affleurement rocheux nous regarde bien en face et nous devons grimper à nouveau. Au sommet de la crête suivante, la terre s'ouvre sur un ravin apparemment sans fond avant de remonter à nouveau. Mark pousse le levier vers l'avant et l'avion plonge à travers la gorge vers ce qui ressemble au centre de la terre.

Dans ces conditions, nous ne pouvons pas maintenir une altitude constante, et parfois les ailes frôlent des arbres massifs et des rochers. J'essaie de me concentrer : « 5 buffles, 10 25, bosquet de miombos ; 3 porcs sauvages, 10 h 44, plateau montagneux, mopane. » Plus d'une fois, je ferme les yeux alors que l'avion tente péniblement de surmonter une falaise rocheuse. Les montagnes s'étendent sur plus de cinquante kilomètres à travers le parc et nous devons les survoler trente-deux fois. L'alarme de décrochage retentit continuellement et l'avion maintient à peine son altitude. Je regarde Mark.

Des perles de sueur scintillent sur son front, et ses mains étranglent le levier quand il combat les courants descendants et les courants tourbillonnants. Je pense que nous avons franchi le sommet ; mais, au moment où j'ose regarder en haut, une aiguille plus haute encore que les autres envahit le pare-brise.

Mark martyrise le gouvernail et détourne l'avion de la montagne. Regagnant une altitude confortable au-dessus des crêtes, il nous ramène au camp et atterrit sans heurt. Je sors de l'avion les genoux chancelants et dois me retenir d'embrasser le sol.

– Bon, c'est trop risqué, reconnaît Mark.

Au cours de toutes nos années passées ensemble, je ne l'ai jamais entendu prononcer ces mots. Je m'appuie contre le fuselage pendant qu'il déplie les cartes sur l'arrière de l'avion.

– Voilà ce que nous allons faire, dit-il. Au lieu de voler à l'est et à l'ouest au-dessus de l'escarpement, nous volerons vers le nord-est et le sud-ouest le long de l'escarpement, et nous ferons les relevés de cette zone indépendamment du reste. Les pics et les vallées ne seront pas aussi dangereux de cette manière. Tant que nous traçons les lignes de transect correctement, nous couvrons le même terrain et nous ne déformons pas les données.

Après avoir redessiné les lignes et calculé les nouvelles destinations, nous redécollons. Certes, les montées et les descentes au-dessus de la terre déchiquetée ne sont pas aussi spectaculaires le long de l'escarpement, mais l'avion a encore du mal à suivre le rythme et j'ai encore du mal à garder les yeux ouverts. Mais ce tour de « montagnes russes », comme nous en sommes venus à l'appeler, en vaut la peine. Les pics boisés entourent non seulement des canyons abrupts, mais aussi des clairières herbeuses et des ruisseaux de montagne. Nous repérons un troupeau de sabres galopant dans une prairie et une famille d'éléphants marchant sur un ancien chemin à travers les collines. Un léopard juché au sommet d'une termitière nous regarde passer. Avec chaque ligne de transect, chaque colline et chaque vallée, nous en apprenons un peu plus sur le North Luangwa.

*

Fin février, nous assistons à une pause inhabituelle de la pluviosité. Le sol s'assèche un peu, et nous sommes déterminés à tracer une piste à travers le parc jusqu'aux plaines qui longent la Luangwa sur des kilomètres. Depuis les airs, nous avons vu plus de faune pendant la saison des pluies dans ces savanes apparemment interminables que partout ailleurs en Afrique.

Nous volons depuis le camp sur la rivière Lubonga, en passant par la colline de Mvumvwe et jusqu'à la Luangwa, à la recherche de la route comportant les traversées de ruisseaux les plus faciles et les collines les plus basses. Une fois que nous avons décidé d'un itinéraire général, Kasokola, Mwamba, Simbeye et moi-même partons à bord du 4 x 4 et faisons de notre mieux pour traverser la brousse. Régulièrement, Mark survole le ciel et nous donne des instructions détaillées par radio.

– Delia, tu vas trop au nord, tu vas tomber sur un ravin. Remontez jusqu'au dernier lit de cours d'eau, puis suivez un cap de zéro cinq degrés sur environ sept kilomètres jusqu'à une falaise rocheuse. Je vais te dire où aller à partir de là.

– OK. Bien reçu.

Et ça continue ainsi pendant deux semaines, jusqu'à ce que les gars et moi atteignions enfin la rivière Fitwa. Elle est trop profonde pour que le Land Cruiser puisse la franchir, alors nous retournons au camp pour récupérer Mark et le Mog. Nous chargeons le camion avec les fusils à fléchettes, du matériel de camping, des presses à plantes et de la nourriture en prévision d'une longue expédition dans les plaines pour marquer des lions, réaliser des recensements de faune et échantillonner la végétation.

– Mark, penses-tu vraiment que le Mog peut s'en sortir ?

Sous nos yeux, la Fitwa en colère charrie des torrents de boue entre ses berges de cinq mètres de haut. Nous allons devoir faire descendre le Mog en douceur sur une pente dérapante de cinquante degrés, franchir le courant qui monte à hauteur d'épaule, puis grimper sur la rive opposée.

– Sans problème. Accrochez-vous, les gars, dit Mark à Simbeye, Kasokola et Mwamba, perchés sur le haut du tas d'équipement entassé à l'arrière.

Mark passe le troisième des seize rapports du camion et s'avance sur le bord. Au début, les pneus tout-terrain de un mètre vingt du Mog adhèrent à la pente boueuse et mordent le sol avec leurs rainures de tracteur. Puis, lorsque tout le poids du camion pèse vers l'avant, les bandes de roulement cèdent prise et nous amorçons un glissement terrifiant vers la rivière. Je m'accroche de toutes mes forces aux poignées de la cabine. Le camion heurte la rivière. L'avant est complètement submergé sous l'eau, les embruns et la boue. Mark fait passer le camion à une vitesse supérieure. L'engin mouline au milieu de la rivière, l'eau s'infiltre à travers le châssis et dans la cabine autour de nos pieds. Une fois près de la rive opposée, Mark lance le turbo-diesel et le Mog griffe la pente, si abrupte que nous sommes presque couchés sur le dos dans nos sièges. Les gros pneus tournent, glissent et projettent de la boue par la fenêtre jusque sur mes genoux.

Des cris nous parviennent de derrière. Je me retourne pour voir nos trois aides tomber de l'arrière du camion dans la rivière, suivis de nos matelas, de nos tentes et de nos sacs de couchage. Pataugeant confusément, ils attrapent des branches qui les surplombent et s'accrochent pour lutter contre le courant. D'une main ou d'un pied libres, ils attrapent les pièces de notre équipement qui flottent à proximité. Je saute de la cabine et glisse dans la boue pour les aider, pendant que Mark manœuvre le camion jusqu'au sommet de la rive. En extrayant Mwamba du courant, je m'exclame :

– Dieu merci, vous savez nager !

– Je ne sais pas, en fait, dit-il avec son éternel sourire. Mais ce serait une bonne idée d'apprendre à nager quand on traverse une rivière avec ce patron.

Si incroyable que cela puisse paraître, nous n'avons rien perdu. Nous réemballons l'équipement détrempé et continuons. Deux jours plus tard, nous atteignons les plaines.

En sortant des bois, les savanes s'étendent sur des kilomètres dans toutes les nuances de vert imaginables. Des dizaines d'espèces d'herbes ondulent de rouges, de verts et de jaunes irisés. Comme une énorme aquarelle abstraite, elles déploient un éventail de fleurs en spirale et dispersent des nuages de fins chatons. Chorégraphiées par la brise, elles s'inclinent, tourbillonnent et pirouettent. Le vent et l'herbe sont de parfaits partenaires de danse.

Et c'est ici que la plupart des animaux sauvages du North Luangwa passent la saison des pluies. De grands troupeaux de zèbres, de gnous, d'élands, d'impalas et de pukus broutent le riz sauvage (*Echinocloa*) et d'autres graminées (*Erograstis, Spirobolis*) et attirent les lions, les léopards, les hyènes tachetées et les chiens sauvages. En fin d'après-midi, ils font une pause pour s'abreuver dans des centaines de petits points d'eau remplis de canards à bosse, de vanneaux ramoneurs, de jicanas, d'oies de Gambie, d'ouettes et de hérons goliath. De majestueuses grues couronnées se tiennent à proximité. Certains des plus petits trous d'eau sont plus boueux que les autres, et dans chacun d'eux se vautre un vieux buffle tout couturé, recouvert de boue grise, des pique-bœufs juchés sur son large dos. Des troupeaux de plus d'un millier de jeunes buffles mâles et femelles, ainsi que leurs petits, paissent tout autour. Les phacochères s'accroupissent pour arracher les bulbes et autres mets souterrains. Les grands koudous se tiennent silencieusement dans l'ombre des crotons et des *Combretum*, et des familles d'éléphants arrachent des brassées de graminées tendres.

Étonnamment, certaines de ces « plaines » sont les mêmes terres boisées dévastées que nous avons vues pendant la saison sèche. Elles étaient alors l'image même d'un désastre écologique : le sol réduit à l'état de poudre grise sans la moindre plante vivante, les mopanes décharnés et morts, les buissons dépourvus de feuilles. Nous craignions que cet environnement en ruine ne puisse jamais se rétablir, mais les pluies l'ont transformé en une prairie exubérante qui, en cette saison, est l'habitat le plus peuplé du parc.

La majeure partie de cette zone était jadis une forêt de mopanes en bonne santé. Mais il y a une quinzaine d'années, lorsque les braconniers ont envahi la zone et ont commencé à tuer un nombre sans précédent d'éléphants, les survivants harcelés ont cherché refuge au cœur du parc. Acculés dans ces forêts en nombre anormalement élevé, ils ont arraché l'écorce des arbres, les rendant vulnérables à des maladies telles que la pourriture du cœur et aux feux de forêt provoqués par les braconniers à chaque saison sèche. Cette combinaison de pressions exercées par les éléphants, la maladie et le feu a ravagé des centaines de kilomètres carrés de forêts de mopanes, ouvrant la voie à l'établissement de ces prairies annuelles qui n'apparaissent que pendant les pluies. Tout en décimant les éléphants, les braconniers ont dévasté les forêts.

Maintenant que les graminées ont supplanté la forêt mourante, on pourrait croire que cela ne pose aucun problème. Mais bien que les prairies soient propices aux buffles et aux bêtes qui broutent, les bois sont importants pour les éléphants, les koudous et autres herbivores qui se nourrissent en hauteur. Les braconniers sont donc en train de reconfigurer les communautés végétales et animales du parc. Qui sait quels changements et quelles pertes seront à déplorer dans la composition des espèces si davantage de terres boisées sont endommagées par les feux de brousse qui balaient maintenant plus de quatre-vingts pour cent du parc chaque année.

*

Notre traçage radio des lions dans le Kalahari nous a enseigné non seulement leur histoire naturelle, mais aussi les habitudes des autres carnivores, ainsi que la répartition et les habitudes de leurs proies. Nous sommes impatients de mettre des émetteurs sur les lions du North Luangwa afin de pouvoir en apprendre davantage sur leurs concurrents et leurs proies et d'être en mesure de les comparer aux lions du Kalahari.

Au bord de l'une des plaines se trouve un bosquet de grands buissons de *Combretum obovatum* qui mesurent de quatre à six mètres. Les branches épineuses de chaque buisson retombent vers l'extérieur en un amas dense, créant un dôme en leur sein, une vraie caverne spacieuse – un endroit parfait pour se cacher. Nous avons installé notre tente à l'intérieur de l'un des *Combretum*, et les gars ont érigé la leur dans un autre. Dans une clairière entourée d'un épais hallier, nous faisons un feu de camp et installons la petite table et les chaises. Avec le Mog dissimulé dans les buissons derrière le camp, nous sommes totalement cachés de la faune sur les plaines.

Nous avons toujours endormi les carnivores depuis un 4 x 4, mais le Mog est si énorme que Mark craint que les lions n'osent s'approcher à portée du fusil à fléchettes. Cette fois nous installerons un affût et opérerons à partir de là. Nous suspendons une grande bâche en tissu entre deux buissons de *Combretum* non loin de notre petit camp et cachons nos chaises, nos tables et le fusil tranquillisant derrière. Comme il fait noir le temps que nous finissions, nous nous retirons pour la nuit dans notre campement à l'écart.

À l'aube, nous cuisinons tranquillement un petit déjeuner de gruau et de pain grillé sur le feu de camp. Notre projet est de mettre en place un énorme haut-parleur de chaque côté du paravent et de diffuser des enregistrements de lions qui se nourrissent, s'accouplent et rugissent pour marquer leur territoire, dans l'espoir que ces sons attireront un lion des environs à portée de fléchettes. Pendant que je fais du café, Mark fait retentir des rugissements au milieu de la petite cuisine de notre camp.

– Il faudra un certain temps avant que les lions n'arrivent, dit-il. Donc nous allons finir notre café, aller à l'affût et diffuser plus de rugissements là-bas.

Pendant ce temps, les haut-parleurs font vibrer de longs rugissements dans les plaines.

Après avoir rapidement fini leur petit déjeuner, Kasokola, Mwamba et Simbeye se réfugient dans le Mog, où ils attendent que nous les appelions. Mark et moi restons ensemble, sirotant notre café de camp fumant tout en observant les troupeaux de zèbres et de gnous sauvages dans la plaine.

– Hé ! Il y a un lion ! s'exclame Mark en désignant un point droit devant.

Un gros mâle à la crinière fournie se tient à moins de soixante mètres, le menton relevé, bougeant la tête d'un côté et de l'autre, cherchant apparemment l'intrus qui empiète sur son territoire.

– Vite, à l'affût ! souffle Mark en attrapant un haut-parleur et en se faufilant dans l'herbe.

Je soulève l'autre haut-parleur et je le suis. Privé des enregistrements de rugissements, le lion s'éloigne dans la mauvaise direction et disparaît.

Une fois arrivés au paravent, nous remontons rapidement la chaîne stéréo et commençons à diffuser des rugissements, à l'abri derrière le tissu. Presque immédiatement, le lion réapparaît, trottant droit sur nous. Tout en veillant à rester dissimulé, Mark charge le fusil avec une seringue de tranquillisant. À cinquante mètres, le lion ralentit, adoptant presque une allure de flânerie, les yeux grands ouverts, la queue battante. Je prends alors conscience que rien d'autre qu'un bout de tissu ne se dresse entre lui et nous. Le magnétophone continue de défier le lion, qui nous contourne à pas lents, les épaules basses, les pattes raides. Il repart au trot, sa crinière flottant librement autour de sa gueule.

Mark éteint les haut-parleurs et vise. Puisque le lion vient droit sur nous, la seule cible possible est son front. Mark attend. À quarante mètres, le lion vire à gauche et tourne autour du paravent, juste hors de portée, puis disparaît derrière notre fourré. Le buisson derrière nous est si épais que nous ne pouvons pas le voir. Mark fait retentir à nouveau les rugissements. Nous restons silencieux, nous regardons, nous écoutons.

– Il est juste là, murmure Mark.
– Où ça ?
– *Là !*

Mark se déplace très lentement et pointe l'extrémité du paravent, là où il est accroché au buisson. Le museau du lion touche presque le tissu tandis qu'il scrute les profondeurs du fourré – et de notre affût. Il est à moins de un mètre de ma jambe droite, bien trop près pour qu'on puisse lui tirer une fléchette. Il regarde de haut en bas ce matériel étrange, reniflant bruyamment ces odeurs inhabituelles.

Apparemment satisfait qu'aucun autre lion ne se cache dans les fourrés, il se détourne et se dirige vers la plaine. Lentement, Mark lève le fusil au-dessus du paravent et tire une fléchette dans le flanc de l'animal. Le lion fait volte-face et son regard se plante sur nous. Nous nous immobilisons. C'est le moment le plus dangereux : s'il nous associe à la piqûre dans sa croupe, il peut nous charger. Il crache et grogne une fois, mais il finit par se retourner et se met à trotter. Cinq minutes plus tard, il s'assied, se détendant au fur et à mesure que le tranquillisant fait effet. Au bout de cinq minutes, il s'affaisse au sol, immobile. Avec l'aide des gars, nous le pesons, le mesurons, l'étiquetons et lui posons un collier.

Au cours des trois jours suivants, nous installons les haut-parleurs à différents endroits de la plaine et essayons d'appeler d'autres lions. Mais partout où nous allons, c'est ce même mâle qui apparaît, essayant toujours de chasser les intrus imaginaires de sa zone. Nous le nommons Bouncer[1].

*

Nous venons de rentrer à Marula-Puku d'une expédition en fin d'après-midi, et nos hommes réparent un pneu crevé sur le Mog. Nous leur avons depuis longtemps donné la hutte pour y vivre ; Mark et moi dormons dans une tente près d'un coin ravitaillement à l'autre bout de l'île. Notre cuisine n'est qu'une clairière sous les marulas, avec des caisses et des boîtes en fer disposées en carré. Je mélange de la pâte à pain de maïs que je me prépare à cuire dans la marmite noire près du feu.

PAN ! PAN ! Des coups de feu de l'autre côté de la rivière.

– Des braconniers ! crie Simbeye, le doigt tendu vers le sud.

D'autres coups de feu. Trois, quatre, cinq, six, sept. Je sens leur brûlure dans ma poitrine. Huit. Neuf.

– Les salauds ! C'est des AK-47 ! jure Mark. À moins d'un kilomètre d'ici. Ils sont probablement en train de tirer sur des éléphants.

Tous mes doutes sur notre combat contre les braconniers s'envolent en un instant.

– Nous devons faire quelque chose !

Mais avec une seule arme et aucune autorité pour se lancer à la poursuite des braconniers par nous-mêmes,

---

1. Ce qui signifie « videur » en anglais (*N.d.T.*)

tout ce que nous pouvons faire, c'est aller à Mano chercher les gardes-chasse. Leur camp est à trente kilomètres au nord-ouest de Marula-Puku. Quelques minutes après le dernier coup de feu, Mark et moi sommes dans le Mog, gravissant l'escarpement. Lorsque nous arrivons, le camp de Mano est calme et immobile, bien que des feux de cuisine dispersés brillent ici et là devant chaque hutte. Mark saute au bas de notre véhicule et prévient rapidement Island Zulu. Quelques éclaireurs se tiennent autour de nous, appuyés contre le camion. Tapa, qui avait séché du poisson et de la viande dans notre camp, bâille. Nelson Mumba, qui porte toujours son bandana rouge, s'éloigne. En tant que gardes forestiers honoraires et directeurs de notre projet, Mark et moi avons le pouvoir de leur ordonner de patrouiller. Mais nous ne voulons pas leur donner des ordres ; nous voulons qu'ils viennent d'eux-mêmes.

– Nous n'avons pas de munitions, nous dit Zulu.

– Qu'est-ce qui leur est arrivé? demande Mark. Mosi Salama, le directeur de Mpika, nous a juré que chaque homme avait reçu son lot mensuel de cinq cartouches.

Les gardes-chasse se regardent en parlant en chibemba. Comme précédemment, tous s'accordent à dire qu'ils n'ont rien reçu.

– J'ai une cartouche, dit Gaston Phiri, un petit homme vif comme une mangouste. Mais nous n'avons que quatre fusils, et un n'a pas de culasse.

Mark sent une étincelle de volonté chez Phiri.

– Monsieur Phiri, je paierai à chaque homme qui viendra avec nous deux cents kwachas pour chaque braconnier attrapé.

– Mais nous n'avons pas de nourriture pour la patrouille, dit Phiri.

– Nous allons vous donner de la nourriture, interviens-je.

Finalement, six d'entre eux acceptent de venir, mais il leur faudra deux heures pour se préparer. Nous les exhortons à se dépêcher, afin que nous puissions attraper les braconniers avant le lever du jour, mais Phiri nous dit :

– Nous ne pouvons pas patrouiller la nuit. C'est à ce moment-là que les lions chassent. Ne vous inquiétez pas. Les braconniers ne bougeront pas non plus la nuit.

Il est minuit quand nous rentrons à Marula-Puku, et Mark et moi sommes de nouveau debout à 4 h 30, allumant un grand feu et faisant le plus de bruit possible pour réveiller les éclaireurs endormis. Ils nous rejoignent enfin autour du feu à 5 h 15. Ils déballent leurs sacs à dos usés, qu'ils viennent de remplir, et Phiri met une énorme casserole d'eau sur le feu pour faire bouillir leur *n'shima*. Les autres sont allongés autour du feu en fumant du tabac et en bavardant, attendant que l'eau bouille. J'alimente le feu en continu, pour faire chauffer l'eau plus vite.

– Regarde, ça bout, dis-je à Phiri.

– Oui, mais ça doit bouillir pendant plusieurs minutes pour devenir vraiment très chaud.

Je le dévisage, me demandant comment je peux expliquer que l'eau ne peut pas devenir plus chaude qu'elle ne l'est au point d'ébullition. Les braconniers sont probablement en train de lever le camp et de se mettre en route, et nous, nous attendons ici que l'eau fasse un miracle. Mais je me tais, espérant que les braconniers attendent aussi que leur eau dépasse le point d'ébullition.

Vingt minutes plus tard, l'eau est suffisamment chaude au goût des éclaireurs. Ils jettent des poignées de farine de maïs, en remuant vigoureusement, puis mangent la pâte avec le corned beef et le thé que nous avons fournis.

Ils déjeunent tranquillement, comme à leur habitude ; quand ils ont fini, ils se lavent soigneusement les mains dans une bassine d'eau. Ensuite, chaque homme roule une cigarette et la fume jusqu'aux doigts. Une heure et demie après s'être levés, ils sont presque prêts à partir.

Pour la patrouille, nous leur donnons suffisamment de farine de maïs, de sel, de poisson séché, de haricots, de thé et de sucre pour une semaine. Ils bouclent leurs bagages et, à 6 h 45, annoncent qu'ils sont prêts. Mark s'avance pour les accompagner, mais Phiri lève la main.

– Vous pouvez nous dire, s'il vous plaît, où vous avez entendu les coups de feu. Mais vous ne pouvez pas nous accompagner. Vous n'êtes pas un garde-chasse.

Mark est agacé mais se rend à leur point de vue. Il prend la boussole et leur montre exactement où nous avons entendu les coups de feu avant d'ajouter :

– N'oubliez pas : pour chaque braconnier que vous capturez, vous obtenez chacun deux cents kwachas.

Nous leur souhaitons bonne chance alors qu'ils sortent du camp en une file irrégulière. Quatre d'entre eux portent des uniformes, deux non. Leurs pantalons sont déchirés et rapiécés. Quatre portent des bottes, un autre une paire de sandales en caoutchouc et un dernier est pieds nus. Seuls deux d'entre eux possèdent des sacs à dos appropriés ; un autre porte un sac en plastique et Phiri a un vieux sac de jute jeté sur l'épaule. Island Zulu traîne toujours son ancien cadre de lit et a trois tasses en plastique, rouge, jaune et bleue, attachées à son sac. Ils ont trois fusils – un sans culasse, un autre sans viseur – et un fusil de chasse qui n'extrait pas les douilles. Et ils n'ont qu'une seule cartouche. Pas étonnant qu'ils hésitent à poursuivre des braconniers armés d'AK-47. Néanmoins, ils y vont.

– Bonne chance, dis-je, plus doucement.

Mark, Simbeye et Mwamba se rendent à la piste d'atterrissage pour la niveler avec la benne du Mog, tandis que Kasokola et moi restons à Marula-Puku. Kasokola, le plus jeune des Bembas, est timide et calme, mais sourit volontiers à la moindre incitation. À nous deux, nous désherbons le futur emplacement du bureau, de la chambre et des cabanes de cuisine, puis nous plantons des bâtons dans le sol pour marquer les coins de chacune des pièces. Après avoir vu ce qu'il advient d'une hutte de terre sous les pluies, nous prévoyons de construire des chaumières en pierre avec des toits de chaume.

À 8 h 30, je vois les premiers vautours décrire des cercles vers le sud, là où les coups de feu ont été tirés. Les carcasses sont plus proches que nous ne le pensions. Les gardes-chasse devraient les avoir trouvées facilement maintenant et être sur la piste des braconniers. Je suis écœurée que des éléphants aient été abattus si près du camp, car si nous ne pouvons pas protéger les animaux dans les zones juste autour de nous, quelle chance avons-nous d'arrêter le braconnage dans le reste du parc ?

– Ils reviennent, madame, dit calmement Kasokola.

Je me retourne.

– Qui ça ?

Il tend la main vers le sud.

– Les gardes-chasse.

Les éclaireurs marchent vers nous, alignés le long de la berge. Il est 11 heures. Ont-ils déjà capturé des braconniers ? Je me précipite vers eux alors qu'ils émergent des hautes herbes. Il n'y a que six hommes ; pas de braconniers.

– Bonjour, madame, dit Gaston Phiri haut et fort.

– Bonjour, Phiri. Que se passe-t-il ? Où sont les braconniers ?

Le garde-chasse se redresse de toute sa taille, soit à peu près la mienne, et annonce :

– Nous avons trouvé deux éléphants braconnés ! Ils sont sur la berge, à seulement un kilomètre d'ici.

– Bien, mais nous le savions déjà plus ou moins, dis-je en lui montrant les vautours dans le ciel. Et qu'en est-il des braconniers ?

Se tenant toujours très droit, Phiri répond :

– Nous pensions que vous voudriez nous prendre en photo avec les éléphants morts.

Je le regarde avec incrédulité.

– Phiri, nous avons bien assez de photos d'éléphants morts. En fait, depuis que nous sommes dans ce parc national, nous n'avons pris que des photos d'éléphants morts ! Depuis que nous sommes en Zambie, nous avons vu plus d'éléphants morts que d'éléphants vivants. Ce que je veux, c'est une photo de toi avec des braconniers. Tu es censé capturer les braconniers, pas faire une séance photo avec les éléphants morts.

Les gardes-chasse froncent les sourcils et détournent le regard, visiblement déçus de ne pas être photographiés.

– Nous avons trouvé les traces des braconniers, poursuit Phiri. Nous pouvons les chasser du parc.

– Phiri, ils sont à des kilomètres d'ici maintenant. Ils sont probablement partis au lever du soleil.

– Nous les poursuivrons, dit-il, mais nous devons d'abord déjeuner. Pouvez-vous nous donner plus de viande en conserve ?

– Nous vous avons donné il y a quelques heures une réserve de nourriture pour une semaine. Il ne nous reste que quatre boîtes. D'accord, en voici deux. Mais s'il vous plaît, essayez de capturer ces braconniers !

– Merci beaucoup ! Et de toute façon, nous avons pensé que vous aimeriez peut-être nous prendre en photo ici, avant que nous partions en patrouille.

– D'accord. Tu as tout à fait raison. Nous aurions dû le faire ce matin.

Je ne prends même pas la peine de me hâter pour ramener l'appareil photo de la tente.

– Rapprochez-vous par ici.

Ils se rassemblent, brandissant leurs fusils, prenant les expressions les plus féroces et poussant des grognements gutturaux. Dommage que les braconniers ne nous aient pas rejoints pour le déjeuner, ils auraient pu avoir la peur de leur vie. Les gardes-chasse ne mesurent même pas que c'est une image de désespoir que j'ai sous les yeux.

Ils ne reviendront pas à Marula-Puku. Plus tard, je demande à Simbeye s'il a entendu quelque chose, et il me dit que lorsque les gardes-chasse ont quitté notre camp, ils sont retournés directement à Mano pour partager la nourriture avec leurs familles. Mark et moi sommes déçus, mais comprenons que nous attendons peut-être trop de six hommes avec une malheureuse cartouche et des familles affamées. Nous devrons mieux les équiper, non seulement avec des fusils mais aussi avec des tentes et des uniformes, et assurer d'une manière ou d'une autre un approvisionnement plus fiable en nourriture à Mano. À la lueur d'une chandelle, nous établissons une liste des besoins les plus urgents des gardes-chasse et décidons d'en discuter avec le directeur lors de notre prochain voyage à Mpika.

Deux jours plus tard, nous voyons les éléphants du Groupe du camp se déplacer au loin, le long du ruisseau Khya. Ils étaient dix. Il n'y en a plus que huit.

8

Le cœur du village

Delia

Ils apprennent en souffrant ce qu'ils enseignent en chansons.

Percy Bysshe SHELLEY

Le bord tranchant du tabouret en bois sculpté à la main me coupe la cuisse tandis que mon regard va de Mark au porte-parole du village, qui nous sert de traducteur pour nous entretenir avec le chef Mukungule. Nous sommes tous assis sur des tabourets de tailles diverses dans le *n'saka* au toit de chaume, à l'exception du chef, qui trône sur un siège provenant d'un vieil avion de ligne DC-10. La femme du chef, pieds nus, est accroupie sur le sol en terre près d'un pot en argile de patates douces fumantes. Tout près de nous, la tête penchée dans notre direction pour capter les paroles du traducteur, s'entassent de vingt à trente villageois de Mukungule.

– Vous voyez, dit Mark, si nous pouvons sauver les animaux sauvages, les touristes viendront d'Amérique pour visiter le parc. Ils apporteront de l'argent qui profitera à votre village. Et si nous pouvons aider à ramener les animaux dans le parc, votre peuple pourra les chasser pour la viande – de manière contrôlée – afin qu'il y ait toujours de la nourriture.

Le traducteur considère Mark pendant un long moment avant de se tourner vers le chef Mukungule et de livrer sa traduction en chibemba. Mukungule est né en 1910 et est chef depuis 1928. Il prétend avoir cent quatre-vingts petits-enfants. Ses yeux bantous autrefois sombres se sont éclaircis en un bleu glacé perçant, mais sa personnalité est aussi chaleureuse et douce que la brise africaine. La plupart de ses dents manquent, sans doute à cause de son appétit insatiable pour le sucre. Il ne connaît pas l'anglais, mais il sourit facilement et communique bien avec ses yeux vénérables, qui ont vu beaucoup de choses, y compris les allées et venues des Britanniques.

Après un échange en chibemba, le traducteur se tourne vers Mark :

– Nous ne connaissons pas ce mot « tuuriist ».

Je décide de faire un essai.

– Beaucoup de gens dans le monde aiment voyager, et ils emportent de l'argent avec eux pour payer la nourriture et les endroits où dormir. Ainsi, les pays qu'ils visitent gagnent de l'argent. Il n'y a pas d'éléphants ou de buffles du Cap en Amérique ou en Europe. Les gens qui y vivent viendront ici pour voir ces animaux sauvages. Ils paieront beaucoup de dollars et de livres pour les voir. Votre village pourrait bénéficier de ces visiteurs.

Pendant que le porte-parole traduit, Mukungule nous regarde en hochant lentement la tête.

– Mais si les braconniers continuent de tirer sur les éléphants et les buffles, il n'y aura rien à voir pour les touristes. Ils ne viendront pas ici. Ils n'apporteront pas leur argent.

Je regarde les visages des villageois ; seul le chef hoche la tête. La plupart des habitants de Mukungule appartiennent à la tribu Bisa, qui s'est séparée de la tribu Bemba après le grand exode de Lubaland au Zaïre au XIXe siècle. Les villageois les plus âgés, y compris le chef lui-même, se souviennent bien de l'époque où ils vivaient dans la vallée au confluent de la Lubonga et de la Mwaleshi, l'endroit même à l'intérieur du parc national dont nous sommes tombés amoureux. Les ancêtres du chef, des générations de chefs, sont enterrés sous un arbre à quelques collines seulement de notre camp. Chaque mois d'octobre, les chefs descendent l'escarpement pour rendre hommage à ces esprits, en attachant des bouts de tissu blanc dans les branches de l'arbre. C'étaient leur terre, leur maison, leur terrain de chasse, leur lieu de sépulture. Pour autant que l'on sache, ils ont été les premiers humains à y vivre – et jusqu'à notre arrivée, les derniers. Lorsque la zone a été désignée réserve de chasse par le gouvernement colonial britannique dans les années 1950, les Bisas ont été invités à partir. Maintenant, nous vivons près de leurs ancêtres et leur demandons d'arrêter de tirer sur les animaux pour la viande et les éléphants pour l'ivoire. Et nous leur parlons de « tuuriists » venus de la lune avec une sorte d'argent qu'ils ne peuvent imaginer.

Ils ont quitté la vallée de leur plein gré, nous dit le chef, car les hippopotames de la Mwaleshi mangeaient leurs récoltes et rendaient l'agriculture impossible. À cette époque, il y avait beaucoup d'animaux sauvages sur l'escarpement, ici même à Mukungule. Tant que les Bisas chassaient avec des arcs et des flèches, ils ne pouvaient pas tuer trop d'animaux et il y en avait toujours assez pour nourrir la tribu. Une fois les armes à feu introduites, la chasse est devenue plus facile et personne ne contrôlait le nombre d'animaux abattus. Bientôt, tous les animaux à l'ouest du parc ont disparu.

Il n'y a pas de boucherie dans toute la région, poursuit le chef, pas même à Mpika. Si un homme de Mukungule veut mettre de la viande sur la table de ses enfants, il doit braconner dans le parc national de North Luangwa. Je me tortille, mal à l'aise. Malheureusement, il y a tellement de gens qui ont besoin de nourrir leur famille et il reste si peu d'animaux que permettre aux gens de tuer « pour la marmite » équivaudrait à éliminer rapidement toute la faune dans et autour du parc. Pour cette raison, le braconnage de subsistance – tuer pour mettre de la viande sur la table – doit être contrôlé ainsi que le braconnage à des fins commerciales. Les deux conduiront à la destruction à court terme d'une ressource précieuse qui peut être utilisée pour élever le niveau de vie de la population.

En parlant un peu plus vite maintenant, nous expliquons que nous comprenons leurs problèmes : il n'y a pas d'emplois à Mukungule, pas de viande, peu de protéines. Nous voulons leur donner un coup de main. S'ils arrêtent de braconner, nous les aiderons à trouver d'autres emplois et d'autres sources de protéines. Plus tard, si des touristes viennent au parc, il y aura beaucoup de travail pour les hommes, et les femmes pourront cultiver des haricots et de l'arachide, élever des poulets, construire des fermes piscicoles et vendre des produits aux voyagistes. Lors de l'obtention de nos permis d'exploitation dans le parc, nous avons persuadé le gouvernement zambien de reverser cinquante pour cent de ses revenus touristiques aux villages locaux. Mais si le braconnage continue, la plupart des animaux du North Luangwa auront disparu dans cinq ans. Que feront-ils alors ?

– Vous n'avez pas à attendre que les touristes arrivent, leur disons-nous. Quiconque renoncera au braconnage contre un travail peut nous parler dès maintenant.

Nous avons collecté des fonds à cette fin aux États-Unis par le biais de notre nouvelle fondation, la Fondation Owens pour la conservation de la faune.

Alors que nous nous levons pour partir, saluant et applaudissant le chef à la manière des Bisas et des Bembas, la plupart des villageois s'éloignent, apparemment indifférents à nos offres. Seul un petit groupe d'une dizaine de femmes, qui se tient à l'écart, sans un sourire, nous fait signe. Elles sont vêtues de chemisiers usés de style occidental et de *chitenges* délavés enroulés autour de la taille. Toutes sont pieds nus, même si l'une d'entre elles tient à la main une vieille paire de chaussures à talons hauts, apparemment pour montrer qu'elle en possède. Avec l'aide du traducteur, et après d'âpres discussions de leur part et de moments de confusion de la nôtre, nous acceptons de payer aux femmes cinq kwachas pour chaque botte de chaume qu'elles coupent et préparent. Nous aurons besoin d'environ deux mille bottes, ce qui leur rapporterait un total de dix mille kwachas, probablement plus d'argent que tout le village n'en a jamais vu. Après avoir bricolé un cercle de fil de fer pour leur montrer la taille requise des bottes, nous nous arrangeons pour revenir chercher l'herbe dans sept jours.

*

CLONG, CLONG. Les pierres claquent bruyamment les unes contre les autres alors que nous les laissons tomber sur le tas. Une par une, nous en récupérons des milliers – elles proviennent des affleurements rocheux et des collines – pour construire notre camp. Depuis plus d'un an, nous vivons dans notre petite tente, maintenant déchirée par le vent, et nous aspirons à déballer nos malles, à ranger nos livres sur une étagère et à ne pas avoir à ramper hors du lit chaque matin comme des chenilles. Nous fabriquons des briques à partir de sable et les faisons sécher au soleil sur la plage de notre petite rivière, et nous posons les fondations. Lentement, petit à petit, pierre par pierre, les cottages sortent de terre.

Nous nivelons la dernière des termitières de la piste d'atterrissage et un charmant représentant de la Division de l'aviation civile, Arthur Makawa, se déplace de Lusaka pour la certifier. Cela fait, il fabrique une hampe pour notre manche à vent et aide même à ramasser des pierres pour notre camp. Enfin, les murs en pierre sont terminés, prêts pour les toits de chaume.

Une semaine après notre voyage à Mukungule, Simbeye, Mark et moi remontons l'escarpement, tirant la remorque dans laquelle nous emporterons le chaume. Mukungule se compose de *bomas* familiaux largement dispersés, entourés de leurs champs. Un groupe de huttes en terre est perché au sommet d'une colline, un autre est niché dans une bananeraie près du ruisseau et, au loin, un troisième est situé dans un champ herbeux. Au centre se trouvent un palais de justice en brique crue d'une pièce et une école de trois pièces. Nous nous garons à côté d'un grand *boma* familial où cinq huttes en terre entourent un feu de cuisine. Plusieurs petits tas de bottes d'herbe sont empilés le long de la route. Nous saluons deux femmes, assises devant un feu, qui viennent à nous et parlent à Simbeye en chibemba.

– C'est tout ce qu'elles ont collecté, nous dit-il. Il y a eu beaucoup de problèmes. Certaines des femmes ont volé l'herbe coupée de leurs voisines et l'ont ajoutée à leurs propres tas. Ensuite, certains villageois ont volé l'herbe pour leurs propres maisons. Les femmes se sont découragées et ont arrêté de travailler.

Même les paquets empilés le long de la route font moins de la moitié de la taille convenue.

Je contemple les alentours. Les villageois se tiennent près de leurs huttes et nous regardent. Quelques femmes chuchotent entre elles en riant. Qu'est-ce que je fais ici, dans ce champ de mauvaises herbes, à parler de chaume ? Je suis censée étudier les lions, penser à la sélection de parentèle, calculer les degrés de variance. Comment pourrais-je jamais expliquer à nos collègues, qui attendent patiemment nos articles scientifiques sur le comportement social de la hyène brune, que je négocie – sans succès – la tonte de l'herbe ! Je serre mes bras contre ma poitrine et regarde vers le ciel.

– L'Afrique me manque tellement, et je me tiens en plein milieu de celle-ci.

– Partons d'ici, dit Mark. Nous allons essayer un autre village.

Niché parmi les plis verts des collines de l'escarpement, au fond des forêts de miombos, se trouve le petit village de Chishala. Il est plus proche des limites du parc national que tout autre village et connu pour son braconnage. On nous a dit que presque tous les hommes adultes de la région possédaient une arme à feu illégale et chassaient dans le North Luangwa. Le pont qui reliait autrefois Chishala au monde extérieur a été emporté par une tempête il y a quelques années, de sorte que la route n'est plus qu'un sentier qui serpente à travers la forêt.

Un mardi matin, nous avançons le Land Cruiser sur le chemin, traversons la rivière à gué et roulons jusqu'au centre du village. Dans un endroit ombragé près d'une hutte de boue en ruine, une quinzaine d'hommes sont assis par terre autour d'une marmite qui déborde de mousse de bière maison. Immédiatement, les hommes arrêtent de parler et nous dévisagent. Nous ne sommes jamais allés dans ce village auparavant, mais comme il n'y a pas d'autres Blancs dans la région, ils doivent savoir qui nous sommes. Il est évident d'après leurs regards froids et leur silence que nous ne sommes pas les bienvenus.

Je suis tentée de faire demi-tour et de partir, mais Mark sort du 4 x 4, alors je le suis. Deux des hommes se lèvent et s'éloignent rapidement vers la forêt. Les autres continuent de nous regarder durement. L'un d'entre eux dit quelque chose en chibemba et tous rient. Lorsque nous sommes à vingt mètres d'eux, Mark lance un salut amical. Personne ne répond. Soudain, une vieille femme se précipite vers nous en marmonnant avec enthousiasme et tend la main vers le bras de Mark. Dans l'atmosphère tendue, son mouvement me fait sursauter et je me détourne. Elle recule, s'incline et applaudit en signe de soumission. Son visage, son cou et ses seins affaissés sont striés de mille fines rides. Ses yeux enfoncés sont larmoyants et le labeur de la vie primitive a déformé la main noueuse qu'elle nous tend. En nous suppliant en chibemba, elle désigne un groupe de bananiers où une jeune femme est assise, tenant un petit enfant inerte.

Mark me fait signe de sortir la trousse de secours du 4 x 4, puis nous nous inclinons tous les deux devant la jeune femme et nous agenouillons à côté d'elle. La petite fille dans ses bras semble avoir deux ou trois ans et est affalée contre la poitrine de sa mère. De ses bras et de ses jambes maigres pendent des haillons souillés enroulés autour de son corps. Ses yeux sont fermés, mais sa langue remue constamment entre ses lèvres sèches et craquelées. Lorsque Mark lui soulève prudemment la tête, celle-ci tombe lourdement sur le côté.

– Diarrhée ? demande-t-il à la mère.

Elle hoche la tête et chuchote en anglais :

– Grande diarrhée, quatre jours.

Mark demande à la vieille femme de laver une tasse en émail, tandis que je me précipite vers le 4 x 4 pour aller chercher de l'eau potable. Mark dissout le contenu d'un sachet de mélange réhydratant dans l'eau propre et tend la tasse à la mère.

– Elle doit boire ça lentement.

Tenant la tête de l'enfant vers le haut, la mère porte la tasse à la bouche de sa fille et l'encourage à siroter le liquide. Les petites lèvres bougent et, après quelques gorgées, de grands yeux bruns s'écarquillent et regardent les nôtres. Saisissant la tasse à deux mains, l'enfant essaie de boire plus vite et Mark fait signe à la mère d'y aller doucement. Je jette un coup d'œil au groupe qui se tient autour de la marmite de bière. Les hommes nous surveillent de près.

La réhydratation, bien qu'elle ne guérisse pas la diarrhée, peut entraîner une guérison miraculeuse des symptômes. Au moment où elle a vidé la tasse, la petite fille tient la tête haute et regarde autour d'elle les étranges Blancs et leur gros 4 x 4.

– Ça va mieux ? demande Mark.

La petite enfouit un instant sa tête dans le cou de sa mère, puis se retourne pour nous regarder. Sa grand-mère sourit, applaudit et s'incline devant nous, et la mère sourit timidement. Les hommes se parlent à voix basse. L'un d'eux, le père, se lève, marche vers les bananiers et vient s'accroupir à côté de la mère et de l'enfant.

Parlant en phrases lentes et courtes, Mark explique aux parents que leur fille est toujours très malade et doit être emmenée à l'hôpital. Mais la mère dit qu'elle n'a aucun moyen de se rendre à la clinique la plus proche, qui se trouve à Mpika, à une centaine de kilomètres. Si nous ne traitons pas la fille nous-mêmes, elle pourrait mourir en quelques jours. Mark prend du Bactrim dans la trousse de premiers soins, coupe les comprimés en quatre et explique le dosage aux parents. Nous leur donnons également plus de mélange réhydratant. La mère baisse la tête et chuchote :

– *Natotela*, merci.

Le père, le regard rivé au sol, acquiesce en silence.

Nous rassemblons notre équipement et marchons sans nous démonter vers le cercle de buveurs de bière en saluant les hommes en chibemba. Cette fois, la plupart d'entre eux sourient et hochent la tête. Par l'intermédiaire d'un traducteur, Mark et moi leur parlons de notre projet et leur expliquons comment nous voulons les aider à trouver d'autres emplois afin qu'ils ne soient pas dépendants du braconnage. Les hommes éclatent de rire. Nous leur disons que nous ne sommes pas venus pour arrêter qui que ce soit. Peu importe leurs faits de braconnage passés, ils seront oubliés s'ils déposent leurs armes et prennent un nouveau travail.

– Dans combien de temps ? demande l'un d'eux.

– Tout de suite, si tu veux, dit Mark.

En trente minutes, tout est arrangé. Les femmes couperont le chaume et le porteront sur leurs têtes jusqu'à la station de nettoyage. Là, les jeunes hommes et les enfants nettoieront l'herbe avec de grands peignes, qu'ils confectionneront avec du bois et des clous que nous leur fournirons. Apparemment, les hommes adultes superviseront. Un vieil homme, qui se fait appeler Jealous Mvula, se porte volontaire pour le poste de veilleur de nuit. Nous nous mettons d'accord sur une taille de botte et un prix, et quand ils calculent combien d'argent ils peuvent gagner, une vague d'excitation se dessine sur leurs visages. Nous les quittons sur la promesse de revenir dans deux semaines et montons dans le 4 x 4. Je vois la petite fille, toujours dans les bras de sa mère, nous dire au revoir.

À notre retour deux semaines plus tard, nous découvrons une véritable fabrique de chaume. Se balançant de façon spectaculaire pour équilibrer les gros paquets sur leurs têtes, les femmes défilent à travers les champs vers la station de nettoyage. Dix grands peignes ont été construits ; les jeunes hommes et les enfants les plus âgés tirent l'herbe entre les dents pour séparer les feuilles des tiges. D'énormes tas d'herbe, de la taille de meules de foin, entourent les huttes en décomposition. Les jeunes gens chantent tandis qu'ils attachent et empilent les bottes. Les hommes, eux, sont toujours assis autour de la marmite de bière, à ceci près qu'ils donnent des ordres aux autres de temps en temps.

Alors que nous descendons du 4 x 4, l'enfant que nous avions soignée accourt vers nous en souriant. Sa mère, qui travaille sous un grand paquet d'herbe, nous fait signe de loin. En saluant tout le monde en chibemba, nous leur disons à quel point nous sommes satisfaits de leur travail. Jealous tient un registre détaillé du nombre de bottes que chaque villageois a collectées ou peignées, et nous calculons combien d'argent nous devons à chacun d'eux. Alors que nous distribuons les kwachas, les gens s'inclinent solennellement. Jealous nous dit que le village a gagné plus d'argent en deux semaines qu'en deux ans de braconnage.

Tandis que Mark et les hommes s'attèlent à la tâche pénible – et qui gratte – d'arrimer des centaines de bottes dans la remorque, je m'assieds sur la terre nue à l'ombre des bananiers et appelle les enfants à se rassembler autour de moi. Tenant les magazines *International Wildlife* et

Ranger Rick, je commence à expliquer les images. Mais je ne me rends pas compte que ces enfants n'ont jamais vu de photographie en couleur. Alors que je brandis une page centrale brillante montrant une famille d'éléphants broutant dans une savane, les enfants font des « oooh » et des « aaaah », joignant leurs petites mains sur leurs bouches ouvertes. Serrés étroitement en demi-cercle, ils se penchent en avant, prenant en compte chaque détail de la photo. Un jeune garçon tend un doigt pour toucher la page brillante, comme s'il s'attendait que les éléphants soient là. J'ai comme une boule dans la gorge et une larme dans l'œil.

Ils ne semblent pas savoir que de vrais éléphants parcourent silencieusement la forêt au-delà des montagnes, et que leurs propres pères les massacrent depuis des années. Quand je demande combien d'entre eux ont déjà vu un éléphant, ils secouent tous la tête. Ils sont à huit kilomètres du parc national du North Luangwa et n'ont jamais vu d'éléphant vivant !

Enfin, le 4 x 4 et la remorque sont chargés de chaume. Les phares ressemblent à des yeux qui dépassent à peine sous un chapeau de paille souple. Brossant les graines et les tiges d'herbe de sa chemise, Mark me rejoint, puis nous nous retirons doucement du cercle des enfants en promettant de revenir avec d'autres photos. Nous avons si peu de magazines que nous devrons les emporter avec nous au prochain village. Une petite fille m'aide à ramasser les magazines par terre, en les tenant à deux mains comme s'il s'agissait des choses les plus précieuses qu'elle ait jamais touchées.

Alors que nous nous retournons pour partir, les hommes du cercle de la bière appellent Mark pour qu'il les rejoigne ; il marche jusqu'au bord du rassemblement et les salue en chibemba. Certains sont perchés sur des tabourets fabriqués à partir de souches d'arbres, d'autres sont assis en tailleur autour de la grande marmite en argile remplie de bière maison. Une paille unique faite d'un roseau se dresse dans l'épais breuvage. Les hommes se penchent à tour de rôle sur la paille et boivent. D'un geste de la main, l'un d'eux invite Mark à partager la boisson. Les maladies – dysenterie, sida, choléra, tuberculose – sont courantes dans ces villages reculés, comme dans la plupart des régions de Zambie. Pourtant, Mark n'hésite que brièvement avant d'offrir ses remerciements et de s'agenouiller à côté de la marmite. Avec un sourire, il sort rapidement la paille et la retourne. Les villageois se taisent un instant, et je crains qu'il ne les ait insultés, mais ensuite ils applaudissent. Mark tire longuement sur la paille et s'exclame :

– *Cawama sana* – très bonne bière !

L'un des hommes les plus âgés se dirige vers la marmite et, dans un grand geste, en sort la paille, la retourne et boit à son tour. Les villageois se balancent d'avant en arrière en riant.

Alors que Mark les remercie et s'éloigne, les hommes quittent le cercle de la bière et se rassemblent autour de nous. Beaucoup sont jeunes – de vingt-cinq à trente-cinq ans –, forts, intelligents et s'expriment bien. Pour la première fois, ils admettent ouvertement qu'ils sont des braconniers mais expliquent qu'ils n'ont pas d'autre travail.

– Nous voulons conserver, dit un homme du nom d'Edmond Sichanga, qui porte des vêtements propres et occidentaux, mais il n'y a pas de travail dans la conservation.

Je suis surprise de l'entendre utiliser le mot «conserver», et encore plus surprise de l'entendre résumer en si peu de mots l'un des problèmes environnementaux les plus critiques.

– C'est souvent vrai à court terme, dis-je. Mais à long terme, il y aura plus d'emplois si nous pouvons conserver le North Luangwa.

– Nous pouvons embaucher quinze d'entre vous dès maintenant pour travailler sur la route entre ici et Mukungule, leur dit Mark. Vous aurez des emplois et une nouvelle route vers votre village. Il y aura encore plus d'emplois plus tard.

– Ce sera très bien. Nous avons aussi un autre problème, dit Sichanga, mais maintenant ses yeux pétillent de malice.

– Lequel ? demande Mark.

– Nous n'avons pas de ballon de football. Regardez là-bas : nous avons fait un terrain de football, mais nous n'avons pas de ballon.

– D'accord, dit Mark, tu arrêtes de braconner et nous t'apportons un ballon de foot. Marché conclu ?

Les hommes lèvent les bras en signe de salut. Ils nous serrent la main encore et encore, à la mode bemba. Sera-t-il vraiment aussi facile d'arrêter le braconnage au North Luangwa ? On donne quelques boulots et des ballons de foot et on sauve les éléphants ?

Tout le village se tient le long de la route, saluant et applaudissant alors que nous partons dans notre char à foin. Nous avançons prudemment et je me penche par la fenêtre pour m'assurer que la charge ne tangue pas trop.

Nous n'avons parcouru que quelques kilomètres lorsqu'un Africain vêtu d'un manteau en lambeaux s'avance devant le 4 x 4 et nous interpelle. C'est Jealous, le veilleur de nuit. Lors de notre première visite à Chishala, Mark lui a dit que nous paierions pour obtenir des informations sur les braconniers. Il arrête le 4 x 4. Jealous se précipite vers nous, son manteau flottant derrière lui, et saute sur le marchepied. Passant la tête par la fenêtre, il dit :

– Ces hommes de Chishala, ce ne sont pas les grands chasseurs. Ils tuent quelques éléphants, mais les hommes qui en tuent beaucoup, les grands braconniers, ils restent au village de Mwamfushi.

– Comment sais-tu cela? demande Mark.

– J'ai deux femmes. L'une vit à Chishala, l'autre à Mwamfushi.

– Qui sont les grands braconniers ? Tu connais leurs noms ?

Nous avons entendu parler du village de Mwamfushi ; les gardes-chasse en ont été expulsés par des hommes armés de semi-automatiques.

– Les grands chasseurs sont Simu Chimba, Chanda Seven, Bernard Mutondo et Mpundu Katongo. Mais Chikilinti est le pire, c'est le parrain à tous.

Jealous saute du marchepied et disparaît dans la forêt. J'écris rapidement les noms, en soulignant deux fois Chikilinti.

*

Traversant à gué des rivières transparentes et impétueuses, construisant des ponts branlants, dégageant des pistes envahies par la végétation et pataugeant dans la boue, nous visitons les villages isolés le long de la frontière ouest du parc du North Luangwa, chacun plus difficile à atteindre que le précédent. Dans chaque village, nous rencontrons d'abord les chefs et les anciens, et leur parlons des emplois et de la nourriture disponibles, des compétences des villageois, des matériaux dont ils ont besoin pour démarrer de petites industries. Nous nous engageons à aider chaque village à mettre en place au moins une industrie artisanale telle qu'une menuiserie, un atelier de couture, une ferme piscicole. Nous discutons avec le directeur de chaque école et organisons un programme de conservation qui comprend un club animalier pour les enfants. Transportant une génératrice pour fournir de l'électricité, nous installons notre projecteur et montrons des diapositives de la faune aux enfants et aux adultes. Chaque école est jumelée à une autre école aux États-Unis, qui enverra plus tard des fournitures et des lettres aux Zambiens. L'école primaire Smoke Rise d'Atlanta, par exemple, est jumelée aux écoles primaires de Mpika et de Nabwalya.

Pas toujours les bienvenus, nous sommes parfois avertis et menacés. À maintes reprises, nous entendons dire que le pire village pour le braconnage est Mwamfushi et qu'il n'est pas sûr pour nous d'y aller. Nous continuons à visiter de nouveaux hameaux et à retourner dans les précédents. Peu à peu, nous reconnaissons des visages et nous nous faisons des amis. M. Chisombe à Katibunga veut construire une ferme piscicole. Syriah de Chibansa, treize ans seulement, veut élever des lapins et des canards. Les habitants de Fulaza, qui depuis des années échangent de la viande braconnée au North Luangwa contre du maïs moulu, ont besoin d'un moulin à farine.

Déterminés à ne pas commettre l'erreur de créer des villages assistés (comme le font malheureusement les organisations humanitaires depuis des années), nous ne donnons rien. Toutes les personnes que nous acceptons d'aider doivent promettre d'arrêter le braconnage. Et une fois que leurs entreprises démarrent, elles doivent rembourser les prêts initiaux à notre projet. Avant de recevoir de l'argent, elles doivent contribuer autant qu'elles le peuvent à leur nouvelle entreprise. Si elles veulent un moulin, elles doivent construire le bâtiment lui-même avec de la boue et de l'herbe avant que nous achetions le broyeur. Alors nous savons qu'elles se sont investies.

Mukungule, où les femmes n'ont pas réussi à couper l'herbe, se trouve au centre de la région. Durant l'année 1988, alors que nous allons d'un village à l'autre, nous passons souvent près du *n'saka* des chefs avec son siège d'avion. Le bruit s'est répandu que Katibunga a construit une ferme piscicole et que Chishala a gagné quinze mille kwachas en coupant l'herbe. Un jour, je conduis seule depuis Katibunga pendant que Mark effectue des patrouilles anti-braconnage en avion dans la vallée. Mme Yambala, enseignante à Mukungule, se tient sur la route et me fait signe de m'arrêter. Elle m'invite à m'asseoir avec elle sous les arbres et me dit que les femmes de Mukungule veulent créer un atelier de couture. Elles pourraient vendre des chemisiers pour femmes, des vêtements pour bébés et des nappes aux épouses des gardes-chasse, qui ont de l'argent, explique-t-elle. Je lui dis que nous allons acheter les matériaux et qu'une fois qu'elles pourront vendre leurs produits, elles devront nous rembourser. Son mari, directeur de l'école, me demande de créer un club animalier pour les enfants, comme nous l'avons fait ailleurs. Je leur serre la main et leur dis que nous sommes heureux de travailler enfin avec les gens de Mukungule.

*

— Écoutez, tout le monde, crié-je, debout près des bananiers de Chishala, là où les villageois coupent notre herbe. Allons tous au terrain de foot. Nous avons une surprise pour vous.

Jealous et les instituteurs m'aident à faire passer le mot, envoyant des messagers vers les champs et les huttes lointaines. Je vois alors des villageois voûtés, des jeunes hommes dynamiques, des mères et des enfants vêtus de couleurs vives affluer des collines et traverser la prairie jusqu'à nous. Bientôt, une foule excitée se rassemble sur le terrain. Je me tiens à l'arrière du 4 x 4, tendant l'oreille.

– Le voilà ! Regardez, le *ndeke* arrive !

Je désigne le nord, où notre avion survole les collines boisées. Les villageois saluent de la main et crient. Mark fonce en rase-mottes, comme s'il allait atterrir, et à la dernière seconde lance un ballon de foot depuis la porte de l'avion. Celui-ci rebondit parmi les jeunes hommes et les enfants, et un jeu commence immédiatement. Tout le monde dans la foule, même un vieil homme avec une canne, donne un coup de pied dans le ballon à tour de rôle. Au bout d'un moment, Sichanga, l'un des hommes du cercle de la bière, le ramasse, s'approche et me remercie. Je peux voir que Mark a dessiné un éléphant sur le ballon et écrit : « Joue au foot, ne braconne pas les éléphants ! » Je le fais remarquer à Sichanga et à ses amis, qui sont maintenant employés par notre projet pour niveler à la main la route de Chishala à Mukungule.

– Souvenez-vous de notre accord, dis-je.

Et ils répondent, en souriant, qu'ils s'en souviennent.

*

Les bras grands ouverts des marulas nous accueillent à Marula-Puku après chaque voyage jusqu'à un village, alors que pendant des jours nous avons dormi sur le toit du 4 x 4, mangé des conserves et nous sommes baignés dans des ruisseaux froids. Un feu de camp ronflant, allumé par Simbeye, Mwamba et Kasokola dès que notre 4 x 4 s'est fait entendre, illumine le *boma* de la cuisine en roseaux lorsque nous arrivons au campement. De l'autre côté de la Lubonga, qui s'écoule lentement, nous apercevons des pukus et des buffles en train de brouter. Les gars viennent nous accueillir, quelle que soit l'heure du jour ou de la nuit, et nous aident à décharger le 4 x 4 boueux.

Les cottages de pierre et de chaume, pratiquement engloutis par les arbres géants, sont maintenant terminés. En demi-cercle le long de la rive, on trouve un bureau, une cuisine, une chambre et un *n'saka* ouvert, le lieu de rassemblement traditionnel des Bembas. Des panneaux solaires alimentent les quelques lampes et les deux ordinateurs. À l'arrière du camp se trouve un atelier équipé d'outils et de pièces détachées pour les véhicules. Le camp est propre et fonctionnel, et ses édifices en pierre locale et en herbe se fondent si bien dans la berge qu'ils sont à peine visibles depuis l'autre rive.

Un jour, alors que nous arrivons au camp, Simbeye se précipite vers nous.

– Patrons, venez, vous devez voir ! crie-t-il.

Alors que nous descendons du 4 x 4, il tire sur le bras de Mark et nous conduit vers la zone herbeuse située entre le bureau et notre cottage.

– Regardez les traces, il était juste là ! dit Simbeye en montrant les grandes empreintes d'un éléphant à seulement quinze mètres de notre chambre. Il est venu ici tous les soirs pour manger les fruits du marula. Il fait partie du Groupe du camp. Il y en a huit, mais un seul vient ici. Les autres se nourrissent sur la colline.

– C'est génial, Simbeye ! Tu l'as vu de tes propres yeux ? Il n'a pas peur de toi ? lui dis-je.

– Il ne vient que la nuit. Il se déplace comme une grande ombre et on ne l'entend pas. Mais j'attends dans l'herbe près de ma hutte et je le vois arriver. Il ne sait pas que je suis là.

– Tu es sûr que c'est le même éléphant tous les soirs ? demande Mark.

– Oui, monsieur, j'en suis sûr. C'est celui qui a des défenses aussi longues que votre bras, dit Simbeye en écartant les mains d'environ un mètre, et il a un petit trou dans l'oreille gauche.

Après un déjeuner matinal composé de pain de maïs et de haricots, Mark et moi nous installons près de la fenêtre de la chambre à coucher. En chuchotant dans l'obscurité, nous nous relayons pour scruter la nuit à la recherche de grandes ombres en mouvement. Mais l'éléphant ne vient pas. Finalement, nous nous endormons dans nos vêtements sur les couvertures du lit. Au matin, il n'y a pas de traces fraîches. L'éléphant devait savoir que nous étions à l'intérieur de la maison. Après tout, il est assez intelligent pour avoir survécu aux balles des braconniers pendant de nombreuses années.

Tôt ce matin-là, impatients de retourner au travail sur la faune, nous nous rendons à la piste d'atterrissage pour effectuer une patrouille anti-braconnage depuis les airs. Soudain, Mark arrête le 4 x 4. Huit éléphants mâles se tiennent en groupe serré à seulement trois cents mètres de là, sur la colline escarpée qui surplombe la rivière. Enroulant leur trompe autour de la base des hautes herbes, ils en arrachent de grosses touffes qu'ils enfournent. Aucun ne regarde dans notre direction. Je porte mes mains à mon visage et Mark me serre l'épaule. Cela arrive souvent dans d'autres régions d'Afrique – des gens observant un petit groupe d'éléphants en train de se nourrir – mais jamais auparavant nous n'avions pu nous approcher aussi près. Au lieu de s'enfuir à notre vue, les éléphants nous ignorent royalement.

À compter de ce jour, ils apparaissent régulièrement ici et là. Une fin d'après-midi, nous les apercevons depuis l'avion près du bassin des hippopotames, de l'autre côté de la rivière, en train de se nourrir de fruits de marula dans la vallée au-delà de la piste d'atterrissage. Ils gardent leurs distances, mais ne s'enfuient pas. Peut-être ont-ils appris qu'ils sont en sécurité près de notre camp.

Les autres éléphants du parc ne sont pas aussi en sécurité. Mark effectue des patrouilles quotidiennes, chaque fois qu'il n'est pas en déplacement dans un village avec moi. Chaque semaine, il découvre de quatre à six carcasses. À chaque découverte macabre, nous supplions les gardes-chasse de partir en patrouille, mais ils ont toujours une raison pour ne pas le faire. Ils n'ont pas organisé une seule patrouille de leur propre chef depuis notre arrivée l'année dernière. Les radios que nous avons commandées des mois auparavant n'ont toujours pas été agréées par le gouvernement. Chaque fois que nous voulons transmettre un message aux gardes-chasse, nous devons faire le long trajet en voiture jusqu'à Mano, ou bien Mark doit survoler leur camp et larguer un message dans une boîte de lait.

Une semaine après avoir vu les éléphants près du camp pour la première fois, Mark s'envole pour envoyer un message aux gardes-chasse, leur demandant de patrouiller dans les collines autour de notre camp pour aider à protéger le troupeau. À peine est-il en l'air qu'il se heurte à une volée de vautours. En frapper un peut être fatal, alors Mark incline rapidement l'avion à tribord pour se détourner des oiseaux. En regardant vers le bas, il voit les carcasses mutilées de trois éléphants mâles, étendues dans des mares de sang et souillées de crottes de vautour. Jurant et volant dangereusement près de la cime des arbres, Mark fait le tour de la zone à la recherche des braconniers. Ne voyant aucun signe d'eux, il atterrit et monte l'escarpement en toute hâte pour rejoindre les gardes-chasse. Quatre heures après avoir repéré les éléphants, nous nous tenons avec les gardes autour des carcasses – énormes monuments gris d'un continent mourant.

Mark fulmine en faisant les cent pas.

– Les salauds ! Ils se moquent de nous. Tu le sais, n'est-ce pas ? lance-t-il à Gaston Phiri. Ils se moquent aussi de vous ! Ils savent qu'ils peuvent braconner ici et s'en tirer.

– Nous savons qui a abattu ces éléphants, annonce fièrement Phiri. Nous le savons grâce aux traces de leurs bottes dans le sable. Ce sont Chikilinti, Chanda Seven, Mpundu Katongo, Bernard Mutondo et Simu Chimba du village de Mwamfushi.

– Bien, bien, dit Mark. Si nous savons exactement qui sont les braconniers, nous pourrons aller au village et les arrêter.

– Ah, mais nous ne pouvons pas arrêter ces hommes, nous dit Phiri. Ils ont du juju.

– Ils ont quoi ?

– Ces hommes sont de vrais hommes, mais ils ont une magie du Zaïre. Ils peuvent se rendre invisibles, et comme ça nous ne pouvons pas les voir. Ils peuvent se tenir ici, parmi nous, mais nous regarderons à travers eux. Nous ne pourrons jamais les capturer nous-mêmes.

– Allons, Phiri ! Tu n'y crois pas !

Mais Phiri insiste, l'air blessé.

– C'est un fait. C'est comme ça : ils se placent sous un arbre, mettent un chapeau spécial, se versent une potion magique sur la tête et tournent en rond. Puis ils disparaissent.

– Phiri, tu ne sais pas qu'il est impossible d'être invisible ?

Mark regarde anxieusement les autres éclaireurs, espérant un soutien.

– Peut-être pour vous, mais pas pour ces hommes. Vous savez peut-être ce qui est écrit dans vos livres. Mais ces hommes, eux, savent la magie du Zaïre !

Je laisse tomber mes mains sur le côté et tourne en rond. Mark reste silencieux, essayant de contrôler sa colère, ne sachant quoi faire.

– Les hommes de Mwamfushi sont les chasseurs, poursuit Phiri, mais ils utilisent les hommes de Chishala comme porteurs.

– De Chishala ! m'écrié-je. Ces hommes à qui nous avons donné du travail et le ballon de foot ?

Phiri se contente de me jeter un regard et je comprends le message. Comment avons-nous pu être aussi naïfs ? Avons-nous vraiment cru que nous pourrions les convaincre avec un ballon de football et quelques emplois ?

– Il y a autre chose, dit Phiri. Cet homme, celui qui se fait appeler Jealous, l'homme qui vous a donné des informations sur les braconniers. Il a été empoisonné. Son estomac est très malade et ses lèvres sont gravement brûlées. Il a été emmené à l'hôpital de Mpika.

Mark se prend la tête à deux mains, les yeux rivés au sol. Je m'éloigne et je regarde les collines dorées et rocailleuses. Quelque chose attire alors mon attention. Cinq éléphants – tout ce qui reste du Groupe du camp – s'éloignent silencieusement à travers les arbres. Je ne

montre pas que je les ai vus, mais je les observe. Alors qu'ils atteignent la crête de la colline, je repère le mâle aux petites défenses, celui qui a un trou dans l'oreille gauche. Il a survécu une fois de plus. Je murmure :
— Bonne chance, Survivor. Bonne chance.

9

Survivre, chaque saison

Delia

> Ici, vous devez regarder toute chose avec l'œil de l'éléphant : l'accueillir dès maintenant comme si c'était la première fois et lui dire, pour toujours, adieu.
>
> Annie DILLARD

Survivor, suivi par les quatre jeunes mâles de son groupe, gravit lentement la petite colline rocailleuse. C'est le mois de mai et les éléphants quittent les plaines pour rejoindre les grandes montagnes abruptes. Même s'il s'agit d'une courte migration d'une trentaine de kilomètres seulement, il leur faut plusieurs mois pour traverser la ceinture de collines au pied de l'escarpement. Les hautes herbes ondulantes et les petits arbres et arbustes (*Terminalia, Colophospermum mopane, Combretum*) constituent un bon fourrage à la fin des pluies, tandis que les rivières impétueuses et les lagunes cachées fournissent de l'eau. Mais l'une des principales attractions de la région, ce sont les grands marulas (*Sclerocarya caffra*) qui laissent tomber leurs fruits sucrés à cette époque de l'année.

Les éléphants savent où se trouvent les marulas. Des sentiers bien définis mènent de l'un à l'autre, et sous chacun d'eux, l'herbe est aplatie là où les grandes bêtes se sont nourries pendant des heures des fruits jaunes. Ils marchent jusqu'à l'un des bosquets de marulas près du ruisseau Khya. En se balançant doucement d'avant en arrière, ils tâtent et reniflent le sol avec leurs trompes et cueillent ensuite les fruits qu'ils portent à leurs bouches en faisant de grands bruits de succion.

Les cinq animaux ont une vingtaine d'années et forment un groupe soudé de mâles indépendants. Survivor est né dans une « unité familiale » de femelles étroitement liées, dont la plus âgée était la matriarche. Elle avait plus de cinquante ans et dirigeait le groupe vers les zones d'alimentation et les points d'eau traditionnels. Un éléphanteau femelle né dans une unité familiale y reste généralement toute sa vie, à moins que le groupe ne devienne trop important. Les mâles, en revanche, quittent le groupe lorsqu'ils ont entre dix et quinze ans. Parfois, ils errent seuls, parfois ils forment des groupes avec d'autres jeunes mâles[1].

Après avoir mangé tous les fruits qu'ils ont pu trouver dans ce bosquet, Survivor et son groupe gagnent une plaine inondable le long du ruisseau, où ils se nourrissent de hautes herbes à éléphants. Seul leurs dos gris émergent des plumets herbeux lorsqu'ils arrachent les grappes de tiges et mangent les pousses tendres. En fin d'après-midi, ils ont soif, mais ne vont pas à la rivière car les braconniers connaissent les points d'eau des éléphants et leur tendent souvent des embuscades lorsqu'ils descendent boire. Comme les braconniers ne tirent pas de nuit, les éléphants attendent la tombée du jour pour étancher leur soif.

---

1. Cynthia Moss, *Elephant Memories,* Random House, Fawcett Columbine, 1988.

Survivor se souvient peut-être de l'époque où sa famille se rendait tous les après-midi à la rivière pour boire et jouer. Lui et les autres jeunes gambadaient et s'éclaboussaient dans l'eau, tandis que les femelles adultes utilisaient leurs trompes pour asperger leurs larges dos. Mais il n'est plus prudent de s'y attarder. À la nuit tombée, le groupe de Survivor se rend au bord de l'eau et s'abreuve rapidement, aux aguets. Ils s'éloignent immédiatement et retournent dans la végétation épaisse où ils ne peuvent être vus.

Jour après jour, le groupe se nourrit de fruits, de petits arbres et d'herbe, marchant sur des chemins familiers et buvant sous le couvert de l'obscurité. Il reste beaucoup d'herbe et, bien qu'elle se dessèche avec la saison, elle est encore nourrissante.

À la mi-juin, la fumée des premiers incendies allumés par les braconniers assombrit le ciel. Comme seules les rivières sont là pour les arrêter, les flammes ravagent les plaines et les collines, engloutissant la végétation qui nourrirait toute la population d'éléphants pendant des mois.

Contraints par les feux, Survivor et son groupe se tournent vers l'ouest et marchent vers les montagnes. La plupart des cours d'eau sont maintenant asséchés et les éléphants se déplacent souvent sur les lits desséchés des rivières, encerclés par des berges abruptes. Leurs grands pieds laissent des traces facilement identifiables dans le sable.

Un après-midi, un bruissement se fait entendre près d'un arbre, juste au-dessus de Survivor. Il se retourne en signe d'alarme et lève sa trompe. L'un des autres éléphants le percute en reculant, tandis qu'ils s'agitent tous dans la confusion, brandissant leurs trompes pour percevoir l'odeur. Ils guettent les signes d'hommes armés. Puis ils se retournent et courent le long du lit du ruisseau, leurs pieds soulevant des gerbes de sable. Mais ils sont coincés par les berges et ne peuvent s'échapper. Ils finissent par trouver un ravin et se hissent au sommet, leurs flancs et leurs croupes se heurtant l'un l'autre. Survivor s'arrête brièvement et regarde en arrière pour voir une petite troupe de babouins grimpant dans les branches inférieures de l'arbre où il avait entendu le bruit. Il s'arrête. C'est bon. Cette fois-ci.

Lorsque les éléphants atteignent les contreforts rocheux, ils suivent souvent les sentiers battus que leurs congénères empruntent depuis des générations. En chemin, ils se nourrissent de mopanes broussailleux et de petits *Combretum*. Les pistes se poursuivent dans les montagnes, serpentant autour des pics les plus raides et s'enfonçant dans de profonds ravins.

Dans les montagnes, l'herbe n'est pas très abondante, pas plus que l'eau. Le groupe se nourrit des petits arbres des forêts de miombos, en tordant chaque plante à sa base. Ils s'abreuvent à des sources claires et à des ruisseaux cachés dans les replis de la chaîne.

De l'autre côté de la petite montagne, marchant également sur un sentier immémorial, se trouvent la matriarche Une Seule Défense et son unité familiale de femelles. Âgée de plus de trente ans, elle conduit trois jeunes femelles adultes, Misty, Mandy et Marula, ainsi qu'un éléphanteau de trois ans et un nourrisson. À mi-chemin de la montagne, ils atteignent la prairie connue sous le nom d'Elephant's Playground, où quelques palmiers surplombent un petit ruisseau. Les éléphants se dispersent et se nourrissent, restant à moins de vingt mètres les uns des autres. Misty, qui est peut-être la fille d'Une Seule Défense, se heurte accidentellement à la matriarche, mais aucune des deux ne bouge. Leurs énormes dos se touchant légèrement, elles continuent à arracher l'herbe et à la mettre dans leurs bouches. Souvent, les femelles tendent leurs trompes pour se renifler le visage ou s'appuyer contre leurs voisines. Le petit est couché à plat sur le sol, dormant près des pattes avant de sa mère. De temps en temps, celle-ci descend sa trompe et la déplace le long de la tête de son bébé.

Bientôt, le petit de trois ans s'approche du jeune éléphanteau et s'assoit sur sa croupe. Ce dernier lève la tête et bouge les fesses pour se dégager de son partenaire de jeu, qui s'effondre sur le sol. Le petit se relève en titubant et les deux jeunes entrelacent leurs trompes en se poussant doucement l'un contre l'autre. L'éléphanteau se détourne et court dans l'herbe, ses oreilles et sa trompe se balançant de haut en bas. En quelques secondes, le petit de trois ans le rattrape et pose sa trompe sur le dos de l'éléphanteau. Ils se font à nouveau face et pressent leurs têtes l'une contre l'autre, mimant un combat miniature.

Les éléphants cessent soudain de se nourrir et de jouer pour écouter. Un grondement traverse la clairière en provenance du nord et le groupe d'Une Seule Défense répond à l'appel. Les glandes temporales situées sur les côtés de leurs visages commencent à suinter ; le liquide qu'elles contiennent coule le long de leurs joues. Une Seule Défense émet un grondement fort et bref et ils se dirigent rapidement vers le nord. La mère pousse doucement son petit avec sa trompe, et celui-ci doit courir à moitié pour soutenir l'allure des adultes.

Dans les arbres au-delà de la prairie, Oreille Longue et sa petite famille sortent au trot de derrière un affleurement de rochers. Les oreilles dressées et grondant bruyamment, ils se précipitent vers Une Seule Défense et son groupe. Les éléphants qui se saluent se regroupent dans une confusion de roucoulements, de torsions de trompes et de cliquetis de défenses. Tous leurs visages sont striés par la sécrétion de la glande temporale. Une Seule Défense et Oreille Longue enroulent leurs trompes l'une contre l'autre et battent vigoureusement des oreilles ; les autres font de même, tout en grondant bruyamment.

Oreille Longue, dont l'oreille gauche a été arrachée à la base, ce qui donne à l'oreille droite un aspect allongé, est la « matriarche enfantine » de son groupe. Elle n'a qu'une vingtaine d'années, et n'est pas assez âgée ou expérimentée pour être matriarche (dans les populations d'éléphants stables, les matriarches peuvent avoir jusqu'à cinquante ou soixante ans). Mais les trois femelles les plus âgées du groupe d'Oreille Longue ont été abattues par des braconniers. Aujourd'hui, elle et les deux autres jeunes femelles – l'une est probablement sa sœur, l'autre sa fille – vagabondent ensemble. Elles n'ont pas de petits. L'année dernière, l'une d'entre elles a donné naissance à un bébé, mais celui-ci est mort le lendemain, n'ayant jamais trouvé la mamelle de sa mère inexpérimentée. Parfois, la famille d'Oreille Longue se joint à celle d'Une Seule Défense, et elles partent ensemble à la recherche de nourriture. Les deux unités forment un « groupe de liaison[2] » et sont probablement toutes étroitement liées.

Les groupes d'éléphants femelles ne sont pas des formations aléatoires qui se rencontrent par hasard dans la brousse. Il s'agit de familles très unies dont les liens de parenté remontent à plusieurs générations. Les éléphantes communiquent par une variété de vocalisations

---

2. Cynthia Moss, *Elephant Memories* (Random House, Fawcett Columbine, 1988).

– grondements, barrissements, cris – sauf qu'à North Luangwa, elles ne barrissent que rarement, craignant apparemment de se trahir aux yeux des braconniers. Les odeurs contenues dans les sécrétions de leurs glandes temporales contiennent des messages sociaux importants, mais c'est par le toucher qu'elles communiquent le plus. Elles restent généralement à moins de trente mètres les unes des autres et tendent souvent leur trompe pour caresser ou renifler leurs compagnes.

Une Seule Défense émet un grondement puissant et les deux groupes se déplacent sur une courte distance dans un bosquet de miombos, où ils se calment et font la sieste dans la chaleur de la mi-journée. Les éléphantes sont paisibles et immobiles. De temps en temps, une queue s'agite pour chasser une mouche ; de temps en temps, une trompe se lève et renifle doucement le visage d'une sœur.

Autrefois, les familles et les mâles indépendants traversaient les montagnes jusqu'au plateau, broutant l'herbe des vastes clairières et des *dambos*. Mais aujourd'hui, ces zones sont cultivées par l'homme et le braconnage est intense. Les éléphants doivent donc rester dans les montagnes et se nourrir de petits arbres pendant les mois de juin, juillet et août. Parfois, Survivor et son groupe tombent sur de petites familles de femelles. Ils s'en approchent parfois pour se nourrir à proximité ou pour vérifier si l'une d'entre elles est en œstrus, mais la plupart du temps, les mâles se débrouillent seuls.

En septembre, au cœur de la saison chaude et sèche, l'Afrique accomplit un miracle. Bien avant que la première goutte de pluie ne tombe, de nombreux arbres, grands et petits, se mettent à pousser, aussi verts et tendres qu'au printemps. Alors que l'herbe est encore brûlée par les feux ou séchée par le soleil, les feuilles de presque tous les arbres et arbustes choisissent ce moment pour se déployer. La vallée et les montagnes se couvrent de cette nouvelle vie si fraîche et si lumineuse qu'elle semble rayonner. Et à nouveau, les éléphants se mettent en mouvement.

Empruntant souvent les mêmes chemins de montagne, le groupe de Survivor et les unités familiales retraversent les contreforts en direction des vallées fluviales. Ils franchissent à nouveau la ceinture de marulas, mais il n'y a plus de fruits. Ils se nourrissent plutôt des nouvelles feuilles et des gousses de graines des mopanes, des *Combretum* et des *Terminalia*. Comme les pluies n'ont pas commencé, beaucoup de rivières et de points d'eau sont encore à sec. Les éléphants, qui doivent boire tous les jours, sont obligés de trouver de l'eau partout où ils le peuvent. Une Seule Défense et Oreille Longue se déplacent le long des plaines inondables de la Mwaleshi ; quelques éléphants cherchent de l'eau le long de la rivière Mulandashi ; Survivor et son groupe restent dans la région de la Lubonga.

À la fin du mois d'octobre et au début du mois de novembre, les légendaires tempêtes du North Luangwa érigent d'imposants murs de nuages. Les tempêtes de vent et de sable frappent et malmènent la vallée, désormais prise au piège d'une chaleur étouffante. Certains des éclairs les plus spectaculaires au monde illuminent les savanes silencieuses. Beaucoup de nouvelles feuilles ont commencé à se flétrir et à tomber, comme si leur premier élan d'énergie avait été trop optimiste. Toute la vie, tant végétale qu'animale, semble faire une pause, comme si elle était en attente. Puis, à la mi-novembre, la première pluie tombe. Presque immédiatement, les éléphants, où qu'ils se trouvent – le long de la Mwaleshi, près de la Lubonga, ou encore dans les contreforts – commencent à se déplacer lentement en direction des plaines.

Survivor, suivi de ses quatre compagnons, traverse la rivière Fitwa près de Mvumvwe Hill et marche vers l'est à travers les forêts de mopanes. Ils s'arrêtent parfois pour se nourrir, mais la plupart du temps, ils continuent d'avancer. Lorsqu'ils atteignent les plaines, des kilomètres de jeunes herbes vertes défilent à travers les savanes en d'interminables parades. Survivor voit d'énormes troupeaux de mille cinq cents buffles ou de plusieurs centaines de zèbres qui broutent la nouvelle herbe, qui contient plus de nutriments par volume que n'importe quelle plante de la vallée. Il observe d'autres éléphants qui marchent sur les plaines depuis l'ouest, le sud et le nord. Tous n'ont pas migré vers les montagnes ; certains se sont déplacés vers le sud et le nord le long de la rivière Luangwa. Mais aujourd'hui, la plupart d'entre eux – les petits groupes comme le sien, les mâles solitaires et les familles de femelles – convergent vers les vastes plaines.

À la mi-janvier, environ quatre-vingts pour cent de la population d'éléphants du North Luangwa s'est rassemblée dans les prairies. Même si les trois quarts d'entre eux ont été massacrés par les braconniers au cours des quinze dernières années, il est toujours incroyable de voir trois mille éléphants répartis en troupeaux sur cinquante kilomètres de plaine. Les femelles d'Une Seule Défense et d'Oreille Longue se joignent à d'autres groupes de liaison pour former de grands rassemblements. Peut-être l'herbe est-elle trop tentante ou peut-être se sentent-ils plus en sécurité en nombre, mais les éléphants quittent le sanctuaire des hautes herbes et se nourrissent à l'air libre. Comme autrefois, des troupeaux d'une centaine d'éléphants se promènent gracieusement dans l'herbe en longues lignes grises.

Un jour, alors qu'il se nourrit dans une plaine détrempée, Survivor aperçoit une femelle qui s'éloigne à toute vitesse de plusieurs mâles de l'autre côté de la savane. Immédiatement, lui et ses quatre compagnons courent vers l'agitation, leurs pieds glissant et aspirant la boue. Lorsqu'ils arrivent, huit jeunes mâles d'une vingtaine d'années poursuivent la femelle, qui se tortille et se retourne avec autant d'agilité qu'un éléphant peut le faire pour s'échapper. Un mâle finit par attraper la femelle épuisée et, en plaçant sa trompe sur son dos, tente de la monter. Un autre mâle lui assène un coup de tête sur le côté et la femelle s'enfuit à nouveau.

Cette scène chaotique n'est pas nécessairement la façon dont les éléphants s'accouplent. Avant que le braconnage ne devienne si intense, lorsqu'une femelle entrait en œstrus, elle s'efforçait d'éviter les jeunes mâles jusqu'à l'arrivée d'un mâle musth – un mâle pleinement mature et sexuellement actif de plus de trente ans. Ils formaient alors un couple pendant trois à quatre jours, durant lesquels l'éléphant protégeait sa compagne des autres mâles. Ils s'accouplaient occasionnellement et mangeaient ensemble dans un environnement relativement paisible.

Mais la plupart des mâles musth du North Luangwa ont été abattus depuis longtemps par les braconniers. Survivor n'en a pas vu depuis plusieurs années ; peut-être sont-ils tous morts. Sans mâle musth pour la protéger et s'unir à elle, la femelle n'a d'autre choix que de succomber à ces brutes inexpérimentées. Au cours des quatre jours suivants, elle est saillie par cinq mâles différents. Elle passe le plus clair de son temps à essayer de leur échapper et a rarement l'occasion de se nourrir.

Il n'est pas certain qu'elle conçoive dans ces conditions, et quand bien même, ce ne sera pas nécessairement avec le meilleur et le plus fort des mâles.

Même si les groupes d'éléphants qui arpentent les plaines ressemblent aux grands troupeaux d'antan, ce ne sont pas les mêmes. L'ivoire d'un éléphant croît tout au long de sa vie, tout comme sa sagesse. La plupart des mâles musth et des matriarches sont morts, et avec eux une grande partie du savoir, de l'expérience et des souvenirs de la société éléphante. La jeune génération perpétue la tradition du passé du mieux qu'elle peut, mais le système social semble en grande partie avoir disparu avec le nombre.

Si les pluies sont abondantes, les plaines sont gorgées d'eau dès le mois de février. Le groupe de Survivor se déplace vers l'ouest jusqu'à la limite des savanes. Ils font encore des incursions dans les plaines lorsque les pluies le permettent, se nourrissant toujours principalement de l'herbe et de ses graines au goût de noisette. Mais presque à la dernière goutte de pluie, les herbes se dessèchent et flétrissent. En avril, Survivor reprend sa route vers les montagnes. Il y a une compensation pour les herbes qui se dessèchent ; bientôt, les fruits du marula mûriront et tomberont sur le sol. Et Survivor sait où se trouvent les marulas.

10
L'œil du dragon

Mark

> Fin d'après-midi. Des cris lointains. De jeunes voix brutes, mâles, flottant dans la chaleur. Sont-ils en colère ? S'ennuient-ils ? Ou est-ce la chaleur qui crie à travers eux ?
> Parfois, on oublie où l'on est, on oublie d'où l'on est parti.
>
> Joyce Carol Oates

Nous sommes assis en haut de notre Unimog, au début de la saison sèche de 1988, et nous considérons un pont juste devant nous qui s'affaisse comme une toile d'araignée mouillée sur le cours d'eau profond qu'il est censé enjamber. À l'arrière du Mog sont entassés des vélos, des sacs de couchage, des moustiquaires, des matelas de camping, des bottes, du matériel de premiers soins, de la nourriture et divers articles destinés aux gardes-chasse de Nsansamina et de Lufishi.

Cet équipement n'arrive pas trop tôt. Les gardes-chasse doivent commencer à patrouiller. Après avoir éliminé la plupart des animaux en périphérie du parc, les braconniers frappent en son centre. Le cœur du North

Luangwa saigne. Chaque salve de coups de feu que nous entendons et chaque nuée de vautours que nous apercevons nous rappellent que les derniers éléphants sont en train de mourir.

En comparant nos recensements aériens de la faune avec celui effectué en 1973 par une équipe de l'Organisation des Nations unies pour l'alimentation et l'agriculture, nous estimons que les braconniers ont déjà tué plus de douze mille des dix-sept mille éléphants du parc, soit environ trois sur quatre, et qu'un millier d'autres meurent chaque année. Depuis 1973, entre soixante-quinze mille et cent mille éléphants ont été braconnés dans l'ensemble de la vallée de la Luangwa, *soit presque un pour chaque mot de ce livre*. Il reste peut-être de vingt mille à trente mille éléphants dans le Luangwa et pas plus de cinq mille dans le parc du nord. À ce rythme, ils auront tous péri d'ici quatre ou cinq ans.

Avant d'espérer que les gardes-chasse de Mano se lancent à la poursuite de braconniers munis d'armes militaires, il faut les équiper correctement. Nous espérons que la cargaison qu'apporte le Mog contribuera à les motiver.

Le Mog pèse plus de six tonnes à vide. Son chargement d'outils, de matériel de treuillage, de matériel de campement et de fournitures pour les rangers porte son poids total à près de huit tonnes. Les poteaux qui constituent le plancher du pont devant nous ne sont pas plus épais que mon mollet ; ils enjambent le cours d'eau sur dix mètres de large, d'une rive à l'autre. Quelques branches plus petites posées en croix sur le dessus aideront à répartir le poids du camion. Malgré cela, près de quatre tonnes vont s'abattre sur les poteaux situés sous les roues de chaque côté lorsque nous traverserons le pont. De mon siège, je peux voir à travers le pont le cours d'eau qui défile deux bons mètres plus bas.

– Si le Mog traverse cette pile de poteaux, nous aurons du mal à le sortir du cours d'eau, dis-je en appuyant mes coudes sur le volant. Et si l'un des côtés du pont se brise et pas l'autre, on va basculer et se retrouver sur le toit dans l'eau.

Delia et moi descendons de la cabine et cherchons sur plusieurs centaines de mètres en amont et en aval un autre moyen de traverser, en vain.

À l'aide d'un bâton ramassé dans les bois, je mesure la distance entre les deux roues avant du Mog et la compare à la largeur du pont. Le camion passe à peine, et les deux roues droites s'appuieront entièrement sur un seul poteau du côté amont du pont. Pendant ce temps, les roues gauches reposeront tour à tour sur le poteau extérieur et celui qui se trouve à côté, du côté aval.

Je descends à pied la rive abrupte et j'examine le dessous du pont, à la recherche de pourriture. L'écorce des poutres est depuis longtemps désintégrée et le bois est parsemé de trous causés par les coléoptères xylophages. Pour le reste, les poteaux semblent assez solides, même si aucun d'entre eux ne paraît assez résistant pour supporter le Mog. Néanmoins, nous devons faire un essai. Si nous n'arrivons pas à faire parvenir ces fournitures aux gardes-chasse, il n'y a aucun espoir de protéger les éléphants.

Delia me fait signe de m'aligner sur le pont étroit, puis s'enfonce dans le ruisseau pour surveiller les poteaux au fur et à mesure que le poids du Mog s'exerce sur eux. À la première indication que l'un d'entre eux cède, elle doit me faire signe de revenir, même s'il risque de ne pas y avoir beaucoup de marge de manœuvre avant que le 4 x 4 ne chute à travers le pont.

Je passe en position basse et avance à moins de 1 km/h, en regardant par la fenêtre pour aligner ma roue avant droite sur le bord extrême droit du pont. La lourde roue trouve le sommet du poteau extérieur et l'enfonce dans le sol tandis que le camion avance en rampant.

Paf ! Crac ! Clac ! Les poteaux protestent en ployant sous le poids. J'enfonce la pédale d'embrayage, j'actionne les freins à air et je regarde Delia. La mâchoire crispée, elle me fait signe d'avancer.

J'ouvre la porte et je saute au bas du Mog pour voir ce qu'il en est. Les roues avant du camion déforment déjà fortement les poteaux, mais ils ne semblent pas encore se fendre. Le turbo diesel tournant au ralenti, je relâche l'embrayage et le Mog avance prudemment.

Alors que j'atteins le milieu du pont, d'autres craquements s'élèvent du bois trop sollicité. Clac ! L'extrémité brisée d'un poteau vole en l'air et le Mog bascule sur la gauche, se balançant d'avant en arrière, de haut en bas, sur le pont – qui semble essayer de reprendre son souffle. Je mets la main sur la poignée de la portière droite, prêt à sauter si le camion chavire à gauche. S'il chavire à droite, du côté du conducteur, je devrai rester à l'intérieur.

– Stop ! STOP ! hurle Delia en agitant les bras.

Le Mog oscille comme sur un pont de corde. Sa roue avant gauche a cassé un poteau et est en train d'écarter deux poteaux adjacents. Je reste assis tranquillement pendant quelques secondes, le temps que le pont se stabilise. Puis, au signal de Delia, je passe la transmission intégrale sur le tableau de bord, je tourne le volant vers la gauche et je fais marche arrière. Grâce à la traction des trois autres roues, la roue avant gauche remonte lentement sur un poteau. Mais maintenant, le pneu avant droit est à moitié sorti du côté droit du pont.

Je ne vois pas l'intérêt de rester au centre de la travée en attendant que le pont s'effondre. Je fais avancer le Mog, son moteur grondant au milieu des bruits de canon du pont qui se brise. Alors que nous vacillons le long des poteaux extérieurs, j'ai l'impression que nous roulons sur un lit de pétards. Enfin, les roues avant du camion atteignent la terre ferme et, en poussant le moteur, je m'éloigne du pont en allumettes. Après avoir été malmenés par le Mog, les poteaux sont encore plus branlants. Nous devrons reconstruire des parties du pont pour retourner à Mano. Et un jour prochain, nous devrons bâtir ici un pont digne de ce nom.

Nous campons pour la nuit dans les bois de *Brachystegia*, frais et doux, le long du ruisseau. Sous la pleine lune, nous nageons dans l'eau claire, dérivant avec le courant parmi les rochers couverts de mousse. Il n'y a pas de crocodiles à craindre dans ce climat montagnard au-dessus de la vallée, ni d'hippopotames, car la plupart ont été chassés jusqu'à l'extinction. Nous accrochons une moustiquaire au hayon du Mog et dormons la tête dans notre sac à dos pour éviter que les hyènes tachetées ne nous mordent le visage.

Le lendemain matin, nous suivons en Mog une piste qui, selon Island Zulu, n'a pas été utilisée depuis deux décennies. Ce n'est pas vraiment une piste, en fait, juste un chemin de moindre résistance le long duquel il y a des arbres plus petits, une vieille souche occasionnelle et des herbes un peu plus hautes que dans la forêt environnante. À l'aide du Mog et de son pare-buffle, nous passons en force à travers des *Brachystegia* et des *Julbenardia* de quinze centimètres d'épaisseur, nous nous faufilons entre de lourdes branches, nous grimpons sur des troncs et nous traversons d'autres ponts de poteaux. Bien que notre progression soit difficile, la température est agréablement fraîche, le brouillard tourbillonne entre les arbres et le soleil apparaît de temps en temps comme un vague disque argenté au-dessus de nous.

Il est encore tôt lorsque nous entrons dans le camp de Nsansamina – qui n'est guère que trois petites maisons de boue et de chaume installées dans une clairière de terre nue dans la forêt. Le brouillard se dissipe ; le soleil, à travers les nuages blancs, éclaire la forêt verdoyante en contrebas d'une lumière riche et dorée. Trois gardes-chasse sont assis sur des tabourets trapus, taillés à la main, autour d'un petit feu de camp. La fumée s'élève vers le ciel bleu, telle une corde grise grimpant dans l'air immobile du matin. L'un d'entre eux surveille une marmite de patates douces fumantes, avec une feuille de bananier d'un vert éclatant en guise de couvercle. Les deux autres hommes jouent de la musique – l'un avec un piano à pouces, et l'autre avec une sorte de guitare à une corde avec une base en calebasse. Derrière eux se trouve le perchoir de leur volaille, une rondavelle miniature au toit de chaume montée sur pilotis, avec une échelle menant à la porte. Se frottant les yeux, le quatrième garde sort en titubant de l'une des huttes alors que je coupe le moteur.

– *Mashebukenye, Mukwai !*

Nous serrons la main de Patrick Mubuka, le responsable du camp, et de chacun de ses trois collègues. Au cours des minutes qui suivent, nous nous accroupissons autour de leur feu, nous enquérant de leur santé, de celle de leur famille et de leurs éventuels problèmes. Leur problème est la survie. Ils ont trop peu de nourriture, aucun médicament, aucun moyen de transport, aucun sac à dos ou matériel de camping, et très peu d'argent. Ils ont deux, voire trois cartouches pour deux fusils qui fonctionnent à moitié, si tant est qu'ils fonctionnent.

– *Sa kuno* – Venez par ici, s'il vous plaît. Nous avons des choses pour vous.

Les éclaireurs se rassemblent à côté du Mog pendant que je monte à bord et commencent à décharger des bottes, des sacs de couchage, des matelas de camping, des moustiquaires, des fournitures de premiers soins et même des bicyclettes, qui sont venus tout droit des États-Unis. Instantanément, ils deviennent les éclaireurs les mieux équipés de Zambie. Aucun des autres camps n'a même un kit de camping complet. Ils applaudissent pour nous remercier.

Je suis occupé à assembler une bicyclette lorsqu'un petit garçon au grand sourire passe en trombe devant le Mog. Il porte fièrement sur la poitrine un tee-shirt avec la tête menaçante d'un bouledogue et l'inscription « *Go, You Hairy Dogs !* » Un nouveau fan des Georgia Bulldogs ! Sur ses talons, un autre enfant se pavane avec une chemise à fleurs rouge vif et un pantalon jaune décoré de flamants roses. Des éclats de rire m'attirent vers le perchoir de la volaille, où Delia est entourée de femmes et d'enfants. Penchée sur une grande boîte en carton, elle distribue des vêtements, des fournitures médicales, des livres de coloriage et des crayons de couleur.

Le dernier objet sorti de la boîte est le « Lion du Luangwa », une marionnette qui dit aux enfants qu'elle a besoin de leur aide pour préserver les animaux de la vallée. Le lion explique que lui et les autres lions vivent ensemble dans des communautés, comme les villageois vivent au sein d'une chefferie. Ces communautés de lions et d'autres animaux deviennent de plus en plus rares, car beaucoup d'hommes les tuent. Il en reste si peu en Afrique que les gens du monde entier considèrent ceux du North Luangwa comme des trésors naturels inestimables.

Le lion leur dit :

– Vos pères ont une tâche très importante à accomplir : ils doivent protéger tous les animaux de la vallée contre les braconniers. N'oubliez pas que vous ne pouvez abattre un animal qu'une seule fois et qu'après ça il est mort pour toujours. Sa viande et sa peau ne peuvent être utilisées qu'une seule fois. Mais si vous nous gardez en vie, vous pourrez nous montrer aux touristes encore et encore et à chaque fois, ils paieront pour nous voir. Nous avons plus de valeur vivants que morts.

Alors que nous montons dans le Mog pour chercher un campement pour la nuit, la conjointe entre deux âges de l'un des gardes m'interpelle. Comme elle ne parle pas anglais, elle me prend par la main et me pousse vers l'une des petites huttes qui se trouvent à proximité. À l'entrée, je me glisse sous le toit de chaume et pénètre dans l'obscurité de l'intérieur. Avant même que mes yeux ne s'habituent à la pénombre, j'entends la mort dans le souffle de son enfant. J'appelle Delia pour qu'elle apporte une lampe de poche et je m'agenouille à côté de la jeune fille. Elle a peut-être douze ans. Lorsque je pose la main sur son front, elle recule, les yeux écarquillés de peur.

– Malaria, m'annonce sa mère, puis à la fillette : Owensee – médecin.

Et la jeune fille se rallonge sur sa natte.

Delia arrive avec une lampe de poche et notre trousse médicale. J'allume la lumière et je regarde les yeux jaunes et les lèvres desséchées et craquelées de la fillette qui halète sous l'effet de la fièvre. Je palpe son foie : c'est comme un morceau de liège sous sa peau brûlante. La jeune fille mourra dans les heures qui viennent si nous ne la soignons pas maintenant, bien qu'aucun de nous ne soit médecin.

– Delia, va voir Patrick Mubuka. C'est le seul qui parle anglais. Dis-lui de demander aux femmes d'apporter de l'eau fraîche et des linges. Il faut faire baisser sa fièvre tout de suite, sinon elle ne va pas s'en sortir.

En attendant l'eau, je sors une seringue, un flacon de chlorhydrate de chloroquine soluble et de l'aspirine pour faire baisser la fièvre. Lorsque Delia revient, nous mettons des linges humides sur le front de la jeune fille, nous la redressons pour qu'elle puisse boire et prendre l'aspirine, puis je lui fais une injection de chloroquine.

– Si c'est un paludisme résistant à la chloroquine, elle ne s'en remettra probablement pas. Si ce n'est pas le cas, elle a une chance, dis-je à personne en particulier.

Je tapote le bras de la jeune fille alors que nous nous apprêtons à partir, mais elle ne réagit pas. Je devrais lui donner des comprimés de chloroquine, mais nous n'en avons plus. Avant de partir, je promets à la mère, par l'intermédiaire de Mubuka, que j'apporterai bientôt d'autres médicaments.

Le lendemain matin, nous nous mettons en route vers Old Lufishi – et nous nous heurtons à un mur de broussailles épaisses à seulement quatre cents mètres de Nsansamina. Nous en avons assez de batailler à travers la brousse, alors nous retournons jusqu'à Mukungule et engageons quinze hommes équipés de haches pour défricher une piste d'une vingtaine de kilomètres entre les deux camps et pour construire un autre pont au-dessus du cours d'eau.

Pendant la construction de la piste, nous retournons à Marula-Puku avec des médicaments pour la jeune fille malade de Nsansamina. Neuf jours plus tard, elle est guérie, la nouvelle route est ouverte et nous poursuivons notre voyage. À Lufishi, nous distribuons d'autres sacs de couchage, des tee-shirts et des conseils de la marionnette lion, puis nous retournons à Marula-Puku pour nous reposer et nous réapprovisionner avant de visiter les camps de Mwansa Mabemba et de Chilanga Luswa.

*

Nous sommes partis pendant près de trois semaines, nous lavant à l'éponge dans des ruisseaux froids et dans la rivière Mwaleshi, tout en allant de camp en camp pour livrer du matériel aux éclaireurs et à leurs familles. Nous avons tous les deux hâte de prendre un bain chaud dès notre retour à la maison. Avec le matériel que nous avons transporté en Zambie, nous avons apporté une baignoire que j'ai récemment installée sur un lit de rochers dans le coin salle d'eau de notre cottage. Ce sera notre première occasion de l'utiliser. À l'atelier, je tire sur les freins à air du Mog et coupe le contact. Pendant que les gars déchargent notre matériel, Delia et moi prenons quatre bouilloires d'eau chaude sur le feu de la cuisine et nous dirigeons vers le sentier de la chambre à coucher.

Je mets mes bouilloires de côté, allume deux lampes à pétrole, en donne une à Delia et ouvre la porte pour qu'elle puisse entrer dans le chalet sombre et se baigner en premier. Elle contourne le mur de pierre jusqu'à la salle d'eau, en tâtonnant dans la faible lumière de la lanterne. Je viens à peine de fermer la porte extérieure que j'entends le cliquetis des bouilloires de Delia sur le sol, suivi d'un hurlement. Avant que je ne puisse réagir, elle sort de la salle de bains en sprintant, manquant me renverser.

— Mark ! Il y a un lézard dans la baignoire ! s'exclame-t-elle.

— C'est tout ? Je pensais que tu avais été mordue par un serpent. Qu'est-ce qu'il y a ? Tu aimes les lézards.

— Oui, dit-elle, mais celui-ci fait la longueur de la baignoire.

J'allume une lampe de poche qui se trouve sur notre coiffeuse et je contourne discrètement le mur pour entrer dans la salle de bains, en braquant le faisceau sur la baignoire. Deux yeux rouges et méchants brillent au-dessus d'un énorme museau reptilien émoussé. Une langue bleue et fourchue s'avance vers moi comme un éclair. La chose saisit le bord de la baignoire avec ses pattes écailleuses et s'élance vers moi, sifflant comme un tuyau de vapeur rompu, sa longue queue de dragon s'agitant dans tous les sens.

Je suis en train de reculer à toute vitesse lorsque je tombe sur Delia, qui observe la scène depuis l'embrasure de la porte. De retour dans la chambre, j'éclate de rire.

— Pauvre chérie, dis-je en essayant de me montrer compatissant. La plupart des femmes s'inquiètent de trouver des cafards dans leur baignoire. Mais tu as un varan du Nil d'un mètre cinquante qui fait son nid dans la tienne. La baignoire est pleine de paille ! Je pense que c'est Mona, celle qui traînait dans les parages pendant que nous construisions la maison.

— Je me fiche de savoir qui c'est. Comment est-elle entrée et comment allons-nous la faire sortir ?

Nous en arrivons finalement à la conclusion que la future maman a dû se glisser par la lucarne au-dessus de la baignoire. Je ferme la porte de la salle de bains, je sors et je fais passer une branche d'arbre par la fenêtre jusque dans la baignoire, pour qu'elle puisse sortir à nouveau. Mais elle ne le fait pas, du moins pas tout de suite. Les lézards sont des animaux à sang froid, ce qui signifie que la température de leur corps fluctue en fonction de celle de l'air. Nous sommes à la mi-juillet, c'est l'hiver en Afrique, et dehors il fait environ sept degrés, avec un vent sec. Elle n'a apparemment pas l'intention d'abandonner son confortable nid dans la baignoire.

Armé d'un manche à balai, je me dirige vers elle dans la petite salle de bains pour essayer de la convaincre de partir. Dès qu'elle me voit, elle recommence à siffler et à cracher en dardant sa langue. Je tends lentement le manche à balai, pour voir si elle bluffe. En un clin d'œil, elle attrape l'extrémité avec les dents d'un *Tyrannosaurus rex* miniature, la cassant presque en deux. Impressionné, je retourne dans la chambre.

– À moins que tu n'aies une meilleure idée, je préfère me laver dehors, dis-je à Delia.

Une demi-heure plus tard, nous, les animaux à sang chaud, grelottons et jurons dans le vent glacial en nous aspergeant d'eau dans une bassine en plastique ; Mona, le varan à sang froid, est bien au chaud dans notre baignoire. Le lendemain matin, elle est partie, apparemment pour trouver un repas avant de retourner dans son nid. J'enlève la branche d'arbre de la baignoire et je ferme la fenêtre, me sentant un peu coupable.

Quelques jours plus tard, lors d'une tournée de ravitaillement à Mpika, nous nous arrêtons au siège du parc pour nous entretenir avec le directeur Salama. Mais lorsque nous entrons dans son bureau, un homme de petite taille et de forte corpulence, avec des oreilles remarquablement petites et un grand écart entre les dents de devant, est assis derrière le bureau de Mosi. Avec un sourire timide, il se présente sous le nom de Bornface Mulenga.

– Je suis le nouveau directeur, dit-il. Je crains que M. Salama n'ait été transféré.

Nous lui demandons pourquoi et il nous explique que, s'agissant d'une affaire interne, il ne peut pas donner de détails. Il nous confie seulement que les gardes-chasse de Mfuwe, originaires des environs de Chipata, dans le sud-est de la Zambie, sont récemment venus à Mpika dans le cadre d'une opération d'infiltration. Ils ont surpris Mosi en train de jouer les intermédiaires et de faire passer en contrebande des tonnes de défenses du parc du nord à Lusaka. Delia et moi échangeons un regard, consternés non seulement que le directeur ait été accusé de braconnage, mais aussi qu'il n'ait pas été condamné à une amende ou à une peine de prison, mais simplement transféré à un autre poste. Avec un directeur corrompu à la barre, il n'est pas étonnant que les éclaireurs n'aient pas patrouillé et qu'ils aient même braconné eux-mêmes. Il ne semble plus si étrange que nous ayons rarement vu un animal sauvage dans un rayon de quinze kilomètres autour du camp de Mano : la plupart ont été abattus par les gardes-chasse ou par des braconniers coopérant avec ces derniers.

Mulenga semble enthousiaste, honnête et compétent. Il nous explique ensuite que le département, en réponse à notre soutien, a décidé de moderniser les cinq camps de gardes-chasse situés le long de la frontière occidentale du parc et de les fusionner en une seule entité chargée de l'application de la loi, l'unité Mano. Le chef de l'unité sera John Musangu, qui, selon Mulenga, avait la réputation de ne pas faire de cadeau aux braconniers à Mfuwe, son poste précédent. Davantage d'hommes seront recrutés, davantage de maisons seront construites pour les accueillir et des pistes seront ouvertes pour desservir les camps. Étant donné que la Zambie est paralysée par l'une des pires économies du monde, il s'agit là de gestes généreux. Nous promettons à Mulenga de l'aider de toutes les manières possibles.

Mais le nouveau directeur nous annonce une mauvaise nouvelle :

– J'ai dû transférer Gaston Phiri. Il causait des problèmes à Mano en flirtant avec les femmes des autres hommes.

Nous sommes surpris et déçus. Si Phiri ne patrouillait que rarement, voire jamais, dans le parc national, il lui arrivait au moins d'emmener ses hommes faire des rondes dans les villages à la recherche d'armes à feu illégales. Il était l'un des rares gardes-chasse à faire preuve d'un semblant de volonté ou d'initiative en matière d'application de la loi.

Nous disons à Mulenga que les gardes-chasse refusent de patrouiller s'ils ne disposent pas d'au moins six fusils par escouade ; nous avons donc rassemblé les quelques armes en état de marche dispersées dans les cinq camps d'éclaireurs et les avons concentrées à Mano. Il nous donne quatre autres armes à feu appartenant aux éclaireurs de Mpika qui, de toute façon, ne patrouillent jamais. Mano dispose désormais de treize fusils. En joignant leurs forces à celles des gardes-chasse de Nsansamina et de Lufishi, ils auront assez d'hommes et de fusils pour former deux patrouilles, avec un éclaireur armé pour garder le camp principal. Après avoir chargé les fusils dans le 4 x 4, nous retournons à Mano.

Alors que nous remettons leurs armes aux éclaireurs, nous annonçons de nouvelles récompenses pour chaque braconnier condamné et pour chaque arme à feu et munition saisie dans le parc national. Si une patrouille capture ne serait-ce que cinq braconniers, chaque garde-chasse gagnera un mois de salaire supplémentaire. L'argent offert par le nouveau directeur pour construire des maisons pour les éclaireurs a curieusement disparu. Nous engageons donc des braconniers de Chishala et de Mukungule pour faire le travail.

— C'est une très bonne chose que vous avez faite pour nous, monsieur Owens. Ah, maintenant vous allez nous voir attraper des braconniers ! s'exclame Island Zulu alors que nous serrons la main des éclaireurs.

Avant d'entamer les trois heures de route qui nous ramènent à Marula-Puku, Zulu me conduit à sa parcelle privée de canne à sucre, où il coupe une très grosse tige pour que nous puissions la mâcher pendant notre voyage. Lorsque nous nous éloignons enfin de Mano, tous les gardes-chasse et leurs enfants nous suivent jusqu'au passage de la rivière. Sur la rive opposée, ils nous saluent jusqu'à ce que nous disparaissions dans les collines et les forêts de l'escarpement. Enfin, maintenant que nous avons équipé les gardes-chasse, que avons amélioré leur camp et que nous leur avons donné des armes et des incitations financières, nous pensons avoir une chance de reprendre le parc aux braconniers.

*

Un anneau de feu semblable à l'œil d'un dragon jaillit de la forêt sombre sous le bout de l'aile bâbord. J'incline fortement l'avion et le pousse à piquer du nez. Alors que nous approchons du brasier, je peux distinguer une trentaine d'incendies individuels. On dirait qu'une petite armée a bivouaqué à l'orée de la forêt. Des braconniers avec un campement de cette taille doivent disposer de soixante ou soixante-dix porteurs non armés et de deux ou trois fusiliers, chacun maniant des armes d'assaut

– Kalachnikovs AK-47, LMG-56, G-3, et autres. Ils pourraient facilement abattre l'avion.

Je suis accompagné de Banda Chungwe, garde forestier principal à Mpika. Nous effectuons une reconnaissance aérienne du parc afin de planifier le tracé des routes et des coupe-feu. J'ai volontairement retardé notre retour à la piste d'atterrissage jusqu'aux dernières minutes du jour, pour que nous puissions repérer les feux de séchage de viande que les braconniers pourraient allumer le long de la rivière. Qui sait, voir les braconniers en action pourrait mettre le feu aux poudres chez Chungwe. Bien qu'il soit responsable de l'ensemble des opérations sur le terrain, cet homme doux et modeste n'a jamais ordonné aux gardes-chasse d'effectuer une patrouille ni fait quoi que ce soit pour les motiver ou les discipliner. Selon eux, jusqu'à aujourd'hui, il n'a même jamais visité leurs camps ou le parc national. Ils ont grand besoin de son leadership.

Je réduis les gaz et j'abaisse les volets de l'avion tout en vérifiant mon altimètre et en relevant la position des incendies. Puis je fais descendre Zulu Sierra au-dessus d'une vallée herbeuse, sous le niveau de la canopée de la forêt. Volant en rase-mottes, je suis la traînée de fumée grise qui s'échappe de l'œil du dragon. Juste avant le camp des braconniers, je tire sur le manche, grimpe au-dessus des arbres et coupe les gaz. Le camp et ses feux rougeoyants s'étalent devant nous et un peu à droite. J'abaisse l'aile tribord et mets un peu de barre à gauche, faisant glisser le Cessna sur le côté pour avoir une meilleure vue du camp en contrebas – et pour que d'éventuels coups de feu passent, je l'espère, à côté de leur cible.

Je vois plusieurs douzaines d'hommes accroupis autour des feux, et trois grands râteliers à viande construits à partir de poteaux, l'un d'entre eux mesurant au moins trois mètres de haut. Sur ces grilles géantes, d'énormes quartiers de viande sèchent sur des lits de charbons ardents. À proximité gît la carcasse dépecée d'un éléphant. Ses pieds, sa trompe et sa queue ont été débités.

– Les salauds !

Le garde forestier, lui, ne dit rien.

Moins de deux secondes plus tard, le camp est derrière nous. Dans l'ombre de l'escarpement, l'obscurité tombe rapidement après le bref crépuscule, et notre piste d'atterrissage en herbe n'est pas équipée de feux. Je tourne le bouton au-dessus de ma tête et une faible lueur rouge illumine mes instruments de vol. Je commence à ressentir des démangeaisons sous les pieds, comme chaque fois que je pousse les choses un peu trop loin avec l'avion. Je donne de la puissance et remonte la Mwaleshi jusqu'à son confluent avec la Lubonga, puis la suis jusqu'aux lumières de Marula-Puku. Si je ne regarde pas directement la piste d'atterrissage, je peux à peine la distinguer à l'arrière d'une crête à un kilomètre au nord-ouest du camp. Il nous reste environ deux minutes de crépuscule, juste assez de temps pour atterrir directement. Je commence à me détendre un peu.

La bande de gris qui s'estompe s'agrandit dans le pare-brise de l'avion. À cent mètres, j'allume à nouveau le phare d'atterrissage. Au début, il m'aveugle, mais finalement, une faible verdure commence à s'inscrire dans son faisceau. Les couronnes des arbres en bout de piste ressemblent à des têtes de brocolis qui grossissent à vue d'œil.

Soixante mètres, quarante, trente, quinze. Alors que nous survolons l'extrémité de la piste, je coupe la puissance et relève le nez de l'avion pour amorcer l'arrondi en vue de l'atterrissage. D'un seul coup, de grands yeux verts se reflètent dans le phare d'atterrissage. Juste devant, un troupeau de zèbres broute au milieu de la piste. Un puku se faufile sous l'avion, à quelques centimètres des roues.

Je remets les gaz et tire sur le manche. L'avertisseur de décrochage se met à hurler et Zulu Sierra oscille dans les airs, frôlant le dos des zèbres au galop. Me mordant la lèvre, je force l'avion à s'éloigner du sol et entreprend de décrire une boucle pour une nouvelle tentative d'atterrissage. Mais dans la minute qu'il m'a fallu pour effectuer cette manœuvre, la nuit a englouti la piste.

Nous sommes en vent arrière vers une piste d'atterrissage invisible. Je maintiens notre cap pendant encore deux minutes, ce qui, à 130 km/h, devrait nous placer à quatre kilomètres de la piste, puis j'effectue un virage en descente pour l'approche finale.

Je vérifie ma montre : le même intervalle de temps et la même vitesse devraient nous ramener au terrain. Je tâche de détendre mes mains sur les commandes et je continue ma descente à trois cents mètres du sol.

Volant à l'aveugle, je descends lentement et prudemment, penché en avant, m'efforçant de voir le sol avec mon phare d'atterrissage. Mes pieds s'agitent sur les pédales du gouvernail. Cent cinquante mètres par minute, je descends. Je descends.

Je distingue les « brocolis » au-dessous de moi, mais toujours pas l'aérodrome. J'actionne les palonniers d'avant en arrière, balançant l'avion et son phare d'atterrissage d'un côté à l'autre, essayant de repérer la piste.

Deux lignes parallèles serpentent sous nos pieds. Notre piste, celle qui mène de l'aérodrome au campement ! En abaissant le nez de l'avion, je maintiens la piste dans mon phare jusqu'à ce que la surface herbeuse de « Lubonga International » apparaisse dans l'obscurité. Je remets les gaz et tire sur le levier des volets. Quel doux bruit que le grondement du sol sous mes roues !

Après avoir stationné l'avion, nous grimpons dans le Mog et dévalons les pentes abruptes jusqu'au campement. Delia prépare du café noir et des sandwichs au beurre de cacahuète, et quinze minutes plus tard, Chungwe et moi sommes dans le Mog et remontons la piste en direction de Mano. Je vais avoir besoin de chaque goutte de café, car je conduis et vole depuis l'aube, amenant le garde forestier en chef à notre camp pour notre vol d'étude de deux heures. Mais je suis impatient. Avec leur nouvel équipement et le garde forestier en chef – le second du directeur – assis à côté de moi, les gardes-chasse n'auront aucune excuse pour ne pas participer à cette opération. C'est l'une des meilleures occasions que nous ayons eues d'envoyer un message fort à la communauté des braconniers.

À 22 h 30, nous entrons dans Mano et nous nous arrêtons devant la petite maison de briques brûlées et de tôles du nouveau chef d'unité. Dès que John Musangu émerge de l'intérieur sombre de son *n'saka*, je lui raconte ce que nous avons vu et lui demande de préparer ses hommes à nous accompagner. Il s'arrête un instant, tire fort sur une cigarette, puis se retourne et appelle les gardes-chasse en chibemba. J'attends que Chungwe ajoute quelque chose, mais il s'appuie contre le Mog en silence. Les gardes-chasse dans le *n'saka* tournent en rond, tandis que d'autres arrivent de parties éloignées du camp et commencent à crier leur colère à Musangu. Finalement, il nous dit, au garde principal et à moi, qu'ils refusent de venir à moins que notre projet ne leur verse un supplément pour chaque nuit de patrouille. Je demande au garde forestier principal de leur expliquer que les patrouilles font partie de leur travail, qu'il ne s'agit pas d'une tâche supplémentaire et qu'ils sont déjà payés pour cela. Au lieu de quoi il fait demi-tour et contourne le camion.

Les hommes me défient du regard, refusant de bouger. Nelson Mumba grommelle qu'il est trop tard pour poursuivre les braconniers et retourne vers sa hutte. Ni le chef d'unité ni le garde forestier principal ne lui ordonnent de revenir. Bien qu'en tant que directeur de projet et garde forestier honoraire, j'aie toute autorité sur les éclaireurs, j'hésite à m'imposer par rapport à Chungwe.

Je ne comprends pas le comportement des éclaireurs. Peut-être ont-ils peur.

– Écoutez, messieurs, dis-je, cela fait longtemps que je traque les braconniers depuis les airs. À l'heure qu'il est, les deux ou trois tireurs se sont séparés, chacun emmenant peut-être quinze ou vingt porteurs avec lui pour abattre d'autres éléphants. La plupart des hommes que vous trouverez près des carcasses ne seront pas armés ; seuls un ou deux d'entre eux auront de quoi se défendre. Je peux vous faire atterrir à moins d'un kilomètre d'eux. Et que dire de la récompense ? Un mois de salaire supplémentaire pour cinq braconniers attrapés.

Enfin, une heure et demie après notre arrivée, et avec un retard délibéré, Island Zulu, Tapa et quelques autres récupèrent leurs nouveaux sacs et montent à l'arrière du Mog. Peu après minuit, avec les gardes-chasse et leur chef dans le camion, nous entamons le difficile chemin du retour vers notre campement. À 2 h 30 du matin, nous nous arrêtons sur la piste d'atterrissage. Les gardes-chasse sortent de l'arrière du Mog et entrent dans une grande tente que nous avons installée pour eux. Je demande à Musangu de faire en sorte que les hommes soient prêts à partir à 4 h 30. Il acquiesce, puis disparaît sous le rabat de la tente. En route vers le camp, je me glisse dans le lit à côté de Delia pour essayer de dormir quelques heures.

Mais je ne peux que m'allonger sur le dos et regarder dans le noir. À l'aube, j'essaierai de transporter par avion quatorze hommes en cinq allers-retours entre le camp et Serendipity Strip, près des braconniers. Au cours des deux ans et demi qui se sont écoulés depuis mon dernier atterrissage là-bas, les eaux de crue ont recouvert la piste d'atterrissage de crêtes de limon, de bois mort, d'arbres et de rochers.

Delia et moi nous sommes disputés à propos de ce voyage quelques heures plus tôt, alors qu'elle se tenait à la vieille table en bois du *boma* de la cuisine, coupant du pain pour mes sandwichs. Lorsque je lui ai dit que j'avais l'intention de transporter les gardes-chasse par avion jusqu'à Serendipity Strip, elle a planté son couteau à découper dans le plateau de la table avec un bruit sourd.

– Bon sang, Mark ! Si tu t'opposes à ces braconniers, ce n'est qu'une question de temps avant qu'ils ne commencent à te tirer dessus ! À *nous* tirer dessus ! Ils pourraient saboter l'avion, nous tendre une embuscade au camp ou n'importe où le long de la piste. Nous ne pouvons pas nous battre seuls contre des assassins comme Chikilinti !

– Je ne vais pas rester les bras croisés pendant que ces salauds exterminent tous les éléphants de la vallée ! ai-je répliqué en enfonçant rageusement une branche d'arbre dans le feu de camp.

– Et puis, débarquer à l'aube sur un banc de gravier que tu n'as pas vu depuis deux ans ? Tu vas te tuer, et les gardes-chasse ne poursuivront pas les braconniers de toute façon. Ce n'est pas très malin.

– Je ne vais pas en faire une habitude, ai-je dit. Mais si nous ne faisons rien lorsque des éléphants sont tués, nous pourrions tout aussi bien ne pas être ici. Et l'avion est notre seul outil de réponse rapide.

La tranche de pain suivante que Delia a coupée était à peu près aussi épaisse que mon cou, et c'est ainsi que s'est terminée la discussion.

Je me suis à peine endormi que le réveil sonne. Je me retourne, coupe la chique à l'horloge et la regarde fixement. 4 heures du matin. Je m'habille en titubant et je sors. En passant devant le bureau, j'attrape mon « sac de survie » rouge rempli d'encas et de matériel de base, puis je me hâte le long du sentier sombre en direction de la cuisine. Delia se tient là, baignée dans un halo de lumière jaune-orange, préparant une bouillie de céréales complètes, s'assurant que si je meurs ce matin, ce sera le ventre plein. Quelques cuillerées rapides, une gorgée de café bien serré, un baiser pressé et me voilà en route pour la piste d'atterrissage.

À bord du Mog, je grimpe le flanc escarpé de la crête qui se trouve en dessous de l'aérodrome. Par ma fenêtre, à l'est, le ciel dort à la lumière des étoiles, mais ne tardera pas à être réveillé par l'aube. Il en va de même pour les gardes-chasse lorsque j'arrive sur la piste d'atterrissage.

Je me rends à la tente et je crie :

Bonjour, messieurs ! Allons-y ! Les braconniers sont déjà en mouvement.

Les éclaireurs se lèvent péniblement, se frottent les yeux, s'étirent et bâillent.

Je tourne autour de Zulu Sierra, lampe de poche à la main, le détachant, le désarrimant et vérifiant qu'il est en état de voler. En tirant sur les gonds, j'enlève la porte du côté droit et tous les sièges sauf le mien, afin de pouvoir caser autant de gardes-chasse que possible.

– Je prendrai les trois plus petits gardes-chasse, leurs fusils et leur équipement pour le premier voyage, crié-je à Musangu. Quatre autres doivent être prêts à partir quand je reviendrai, environ vingt minutes après le décollage.

Je garderai l'avion aussi léger que possible pour le premier atterrissage, jusqu'à ce que j'aie inspecté Serendipity Strip. Se frottant encore les yeux, trois éclaireurs traînent les pieds jusqu'à l'avion, les pans de leurs chemises sortis, leurs bottes dénouées, l'air hébété. Je me retourne vers l'appareil pour effectuer mes dernières vérifications.

Je tire sur les culasses de chacun de leurs fusils pour vérifier qu'ils sont déchargés, puis je fais embarquer les trois gardes-chasse, en les asseyant chacun sur son sac et en les attachant au sol avec leur ceinture de sécurité.

Je monte dans l'avion, démarre et commence à faire chauffer le moteur de Zulu Sierra. En attendant les premières lueurs de l'aube, je donne aux gardes-chasse leurs dernières instructions.

– Nous allons voler à basse altitude le long de la rivière, de façon à ne pas être repérés. Quand tout votre groupe sera là, je passerai au-dessus de vos têtes pour vous montrer le chemin vers les braconniers. Suivez l'avion. Allez-y vite, car ils se dirigeront vers l'escarpement aux premières lueurs de l'aube. Pendant que vous monterez, j'essaierai de les localiser en survolant leur campement.

Dès que les étoiles du ciel oriental commencent à pâlir avec l'aube, je décolle et je prends un cap de un cinq zéro.

Sept minutes après le décollage, nous fendons des bouffées de brume au-dessus des eaux larges et peu profondes de la rivière Mwaleshi. Le croissant de gravier de Serendipity Strip se trouve juste devant nous. Je réduis la puissance et abaisse les volets de trois crans, descendant bas et lentement. Les brins d'herbe frôlent les roues. J'ouvre l'œil pour repérer tout ce qui pourrait se dresser sur notre chemin et nous faire obstacle. Les commandes de l'avion me semblent molles à une vitesse aussi basse et j'ai besoin de beaucoup de gaz pour ne pas décrocher et atterrir prématurément.

Saisissant fermement le manche de la main gauche, je remets lentement les gaz. Zulu Sierra commence à piquer du nez. Le sol herbeux et inégal, jonché de branches, de pierres et d'excréments de buffles, défile sous les roues. L'alerte de décrochage retentit. La fin de la courte bande de gravier se profile à l'horizon. Je ne trouve pas d'endroit propice à l'atterrissage, alors je mets les gaz à fond et je ramène l'avion dans les airs.

Lors de mon troisième survol de la zone, j'aperçois enfin un passage dégagé à travers les décombres au sol. Cette fois, je fais rebondir mes roues et l'avion tremble. Mais les roues se dégagent sans qu'il y ait d'accrochage révélateur d'une surface molle. Une fois, en Namibie, j'ai essayé un truc similaire, et lorsque les roues se sont coincées dans une poche de sable mou, l'avion s'est renversé sur le nez, enterrant l'hélice et la déformant au point de la faire ressembler à un bretzel.

À la tentative suivante, je pose l'avion sur l'herbe. Dès que les roues touchent le sol, Zulu Sierra se cabre comme une mule, son train d'atterrissage en forme de bréchet fléchit. J'appuie sur les freins et nous glissons jusqu'à l'arrêt, à moins de cent mètres de la rive. Les trois gardes-chasse rient nerveusement et s'extirpent immédiatement par la porte ouverte de l'avion. J'attrape le premier par l'épaule.

– N'avance pas par là ou l'hélice te coupera en morceaux.

Il hoche la tête et les voilà partis.

Quatre voyages plus tard, tous les gardes-chasse sont à Serendipity. Debout sous un arbre près de la rivière, ils me saluent joyeusement lorsque je les survole. Cette fois, je me dirige vers la spirale de vautours et le nuage de fumée qui marquent le camp des braconniers à un kilomètre de là. J'arrive à basse altitude, j'évite les grands oiseaux et j'amorce un virage à grande inclinaison pour ne pas me faire tirer dessus. Je ne vois pas encore le camp, mais l'odeur nauséabonde de la viande en décomposition – le miel de la mort – se répand dans le cockpit. Soudain, les voilà. Le râtelier – non, six râteliers, couverts d'épaisses tranches de viande brune –, les feux, et les hommes, au moins quinze, torse nu, couverts de sang.

En survolant le camp, je décris un cercle avec Zulu Sierra et je me laisse tomber sur les prairies, en direction d'un groupe de huit à dix braconniers qui s'enfuient. J'abaisse mon aile gauche, la dirige vers eux et effectue un virage serré juste au-dessus de leurs têtes. Ils s'aplatissent au sol et ne bougent plus. Tout en continuant à décrire des cercles, je m'élève hors de portée des fusils et j'allume les lumières stroboscopiques des extrémités de l'aile, signalant aux éclaireurs que je suis au-dessus des braconniers. Loin en dessous, une spirale de vautours fond sur la réserve de viande pour la dévorer avec frénésie.

Toute l'heure suivante, j'orbite haut et bas au-dessus des braconniers, attendant l'arrivée des gardes-chasse. Je finis par devoir m'arrêter et retourner au camp pour reprendre du carburant. Après avoir fait le plein, j'écris des messages décrivant le nombre et l'emplacement des braconniers et les fourre dans des bidons de lait en poudre vides du garde-manger. J'ajoute des cailloux à chaque bidon pour les lester et leur attache une longue banderole de chiffon de coton. Puis je redécolle et survole les camps de Lufishi, Nsansamina et Fulaza, en larguant les messages en conserve aux gardes-chasse. Les braconniers devront passer par ces campements ou à proximité de ces campements pour sortir du parc. Il devrait être facile pour les gardes-chasse de leur barrer le chemin.

Au moment où j'atterris à Marula-Puku, j'ai volé pendant près de six heures. Engourdi par l'épuisement, je grimace en calculant que je viens de brûler deux cents dollars de carburant. Mais cela en vaudra la peine si les éclaireurs parviennent à capturer vingt ou trente braconniers. D'autres réfléchiront à deux fois avant de tirer sur des éléphants dans le North Luangwa, et peut-être que certains accepteront les alternatives d'emploi et de protéines que notre projet leur offre. Pour la première fois, je suis convaincu que nous sommes sur le point de porter un coup sérieux au braconnage.

Nous n'avons aucun contact radio avec les éclaireurs et n'avons donc aucune idée du déroulement de l'opération. Quatre jours plus tard, Mwamba et moi réparons un 4 x 4 à l'atelier.

– Des gardes-chasse, dit-il en désignant une longue file d'hommes qui se dirigent vers nous le long de la rivière au sud du camp.

Je serre la main de chacun des éclaireurs à leur arrivée. Ils sont accompagnés de deux vieillards et d'un garçon de douze ans vêtus de haillons, la tête pendante, les menottes aux poignets.

John Musangu s'avance.

– Nous avons capturé ces trois hommes.
– C'est tout ? Ce ne sont que des porteurs. Et les tireurs ?

J'ai déjà entendu par radio du bureau du directeur que les gardes-chasse des autres camps n'ont réussi à attraper qu'un seul porteur.

– Ils se sont échappés, déclare Musangu.

Il poursuit en expliquant qu'il y avait quinze hommes et un tireur dans ce groupe particulier. Mais à part ces trois-là, ils se sont tous enfuis. L'opération a été un échec, à part que l'avion et les vautours ont privé les braconniers de leur viande et de leur ivoire.

Island Zulu, le vieux garde-chasse hâbleur, écarte les bras et se met à planer en ronronnant comme un avion et en mimant le pont aérien ; puis, penché en avant, il s'avance dans l'herbe imaginaire, l'écarte, pointe son fusil et tire un coup de feu. Tournant en rond, il feint de plaquer au sol l'un des trois braconniers, maintenant assis par terre, renfrognés et roulant les yeux de dégoût. Enfin, avec un clin d'œil, il prédit :

– Avec *ndeke*, braconnage terminé dans un an !

Je conduis les officiers qui les arrêtent et leurs captifs au tribunal d'instance de Mpika. Le garçon n'est pas inculpé. Quelques jours plus tard, les deux hommes capturés lors de l'opération sont chacun condamnés à une amende équivalente à treize dollars et sont libérés.

11

La seconde Côte d'Ivoire

Mark

Et pourtant, bien que l'espoir, le frisson, l'entrain soient partis,
Quelque chose fait que je continue à me battre !

Berton BRALEY

— Celui qu'ils appellent Chikilinti a parlé de venir dans ce camp pour vous tuer, vous et madame, et pour détruire le *ndeke*, chuchote Mwamba alors que nous nous tenons sous les marulas.

— Pendant notre permission, nous étions dans un bar près du village de Mwamfushi, non loin de Mpika, dit Simbeye. Comme nous sommes de Shiwa N'gandu, les gens là-bas ne nous connaissaient pas et ne savent pas que nous travaillons pour vous. Nous étions là depuis quelques heures, debout près du comptoir, quand nous avons surpris la conversation de quatre hommes. L'un d'eux, âgé d'environ quarante-cinq ans et de corpulence moyenne, portait une tenue de safari marron, les cheveux lissés, graissés et tirés en arrière, avec une démarche de fanfaron. C'était Chikilinti.

— Qui étaient les autres hommes ? demandé-je.

– Simu Chimba, Mpundu Katongo et Bernard Mutondo, poursuit Simbeye, transperçant une feuille avec une brindille. Ce Chikilinti – les gens disent que l'année dernière il est allé braconner des rhinocéros dans la vallée du Zambèze avec son frère et quelques autres. Ils ont tendu une embuscade à des gardes-chasse du Zimbabwe. Chikilinti en a tué deux, mais les gardes-chasse ont attrapé son frère et l'ont attaché et traîné derrière un Land Rover à travers les montagnes jusqu'à ce qu'il meure. Chikilinti s'est échappé en traversant à la nage le fleuve Zambèze pour retourner en Zambie. Il reste maintenant à Mwamfushi.

En leur serrant la main, je remercie Simbeye et Mwamba. Ils ne peuvent pas savoir à quel point leur loyauté compte pour moi. Alors qu'ils se tournent pour partir, Mwamba hésite.

– Et Monsieur, juste avant Noël, Bernard Mutondo a tué un garde-chasse et en a blessé trois autres à Nakanduku.

– Merci, je ferai attention.

Ce sont les seuls mots qui me viennent à l'esprit.

*

À la fin de l'année 1988, rien ne fonctionne, du moins pas assez vite. Au cours du seul mois passé, j'ai aperçu du ciel vingt éléphants braconnés ; et il y en a sans doute beaucoup que je n'ai pas repérés. Nous perdons la bataille pour le North Luangwa. Depuis plus de deux ans, nous avons fait tout ce qui était imaginable pour les gardes-chasse de Mano, et nos récompenses ne les ont pas changés. Ils ne consentent à entrer dans le parc que lorsque nous trouvons nous-mêmes des braconniers et que nous les déposons par avion juste à côté d'eux.

Et même dans ces cas-là, ils arrêtent rarement qui que ce soit. L'idée d'une longue patrouille est à peu près aussi attrayante pour eux qu'attraper la malaria. Nous ne pouvons que supposer qu'il est plus avantageux pour eux de coopérer avec les braconniers qu'avec nous. Notre travail avec les villageois ne semble pas avoir beaucoup d'effet non plus ; beaucoup de ceux que nous avons le plus aidés continuent de braconner. Des gardes-chasse loyaux et dévoués sont notre seule véritable arme contre les braconniers. Mais ceux de Mano sont sans espoir. Il est temps d'essayer d'autres gardes-chasse et d'autres tactiques.

Peut-être que les éclaireurs de Kanona, un poste situé à environ deux cent cinquante kilomètres au sud de Mpika, seraient une meilleure solution. Certains ont suivi une formation militaire, sont armés d'AK-47, et puisqu'ils sont si loin de Mpika, ils sont peut-être moins corrompus. Mais pour les utiliser efficacement, nous devons savoir exactement quand et où les braconniers entrent dans le parc. Seuls des agents infiltrés peuvent nous fournir ces informations.

*

Bwalya Muchisa est le fils de Kanga Muchisa, l'un des braconniers les plus notoires d'Afrique. À l'aide d'un AK-47 – des milliers d'armes de guerre circulent en Zambie après la guerre d'indépendance du Zimbabwe – Kanga a abattu plus d'un millier d'éléphants dans la vallée de la Luangwa, ainsi qu'un nombre incalculable de rhinocéros. Il y a un an, il a été capturé dans le parc de South Luangwa, où les éclaireurs de Mfuwe sont très bons, et purge dix-huit mois de prison. Bwalya, déterminé à améliorer le record de son père, a déjà tué soixante éléphants à l'âge de vingt-six ans. Récemment, cependant, les éclaireurs de Mfuwe l'ont averti que s'il continuait à braconner, ils l'enfermeraient dans une cellule à côté de celle de son père. Nous avons entendu dire que Bwalya est maintenant à Lusaka à la recherche d'un emploi légitime, et grâce à un ami, nous nous sommes arrangés pour le rencontrer là-bas.

Nous nous dirigeons vers le marché de Kabalonga, une rangée de magasins faits de blocs de béton et de toits en tôle. À l'entrée, un cordonnier est assis sous un arbre et travaille sur un tas de vieilles chaussures. Dès que nous débarquons dans notre 4 x 4, nous sommes harcelés par de jeunes hommes élégants qui fondent sur nous comme une meute de chacals, colportant des colliers et des bracelets en ivoire, des grenouilles et des cendriers en malachite, des bagues brillantes et des perles. Un jeune homme petit et bien habillé, au visage grêlé et aux yeux nerveux, s'approche du 4 x 4 au moment où je sors. Il se présente comme Bwalya Muchisa. Il est accompagné de Musakanya Mumba, un beau braconnier de vingt-deux ans, aux traits fins, à la voix douce et vêtu d'un tee-shirt et d'un pantalon de ville. Musakanya a déjà chassé avec Bwalya, en utilisant l'un de ses fusils, mais il est prêt à nous rejoindre et on peut lui faire confiance – à ce qu'il prétend – si nous lui donnons un travail. Je suis un peu nerveux à l'idée d'embaucher des braconniers et réticent à en embaucher deux à la fois. Mais Bwalya dit qu'il ne peut pas faire seul le travail dangereux d'informateur. Alors ils sautent dans le 4 x 4 et nous roulons sur une courte distance jusqu'à la maison d'un ami, où nous pourrons parler sans être vus par les braconniers du marché.

Assis dans une alcôve de buissons dans la cour de devant, je demande :

— Pourquoi abandonneriez-vous le braconnage pour travailler pour nous ?

— Ah mais monsieur, vous savez que les animaux sont en train de disparaître. Il n'y a plus d'avenir dans le braconnage.

— D'accord, mais les informations que vous me donnerez me diront si je peux vous faire confiance.

— Monsieur, vous n'avez rien à craindre de nous. Nous sommes prêts à vous aider à sauver les animaux, promet Musakanya. Et je suis du village de Mwamfushi, tout près de Mpika. Beaucoup de mes amis sont des braconniers. Si vous pouvez leur offrir un emploi, comme à moi, ils seront nombreux à déposer leurs armes et à se joindre à nous. J'en suis sûr. Le braconnage est un travail difficile et dangereux.

J'explique que dès que Bwalya et Musakanya offriront aux braconniers des emplois dans le cadre du projet en échange de leurs armes, toute la communauté saura immédiatement qu'ils travaillent pour nous. Alors je leur dis de recruter d'autres informateurs fiables qui resteront sous couverture.

Je dis aussi que je serais très surpris si beaucoup de leurs amis rendaient leurs armes pour un travail car, contrairement à Bwalya et Musakanya, ils n'ont pas encore été menacés d'arrestation. Mais je leur donne trois semaines pour convaincre leurs copains de faire exactement cela et j'offre mille kwachas à chacun qui franchira le pas. Dans trois semaines à partir d'aujourd'hui, nous nous retrouverons à la case où nous logeons à Mpika, et de là nous irons voir ces braconniers qui sont prêts à nous rejoindre. Je serre la main de Bwalya et Musakanya. Nous nous sommes mis d'accord sur leur salaire de base, plus une belle somme pour chaque élément d'information qui me mène à l'un des braconniers sévissant dans le parc.

— Une dernière chose, les préviens-je avant de nous séparer. Soyez prudents. Comme ils savent que vous travaillez pour moi, vos amis peuvent jouer le jeu mais ensuite vous trahir et vous faire abattre par l'un des gros trafiquants.

Ma mise en garde les fait pouffer de rire.

— Ah non, cela ne peut pas arriver, répond Bwalya. Nous connaissons trop bien ces gens et nos villages. Nous pouvons dire s'ils sont sérieux.

À Marula-Puku, trois semaines après notre rencontre à Lusaka, nous recevons un message radio de l'opérateur des parcs nationaux de Mpika :

— Bwalya aimerait acheter votre vieil appareil photo.

D'après le code dont nous sommes convenus à Lusaka, Bwalya et Musakanya nous demandent de les rencontrer à Mpika cette nuit-là.

Delia et moi jetons un sac de voyage dans l'avion et nous nous envolons vers Mpika, où nous récupérons l'un de nos véhicules. Vers 19 h 30, on frappe à la porte de notre hutte. Je l'ouvre pour trouver deux hommes débraillés, Bwalya et Musakanya. En les ramenant rapidement à l'intérieur, nous les saluons avec des tapes dans le dos. Leurs yeux éteints et leurs épaules tombantes nous indiquent immédiatement qu'ils ont travaillé dur pour leur mission. Nous nous asseyons autour de la table pendant que Delia leur tend à chacun une tasse de thé fort et sucré et je leur demande ce qu'ils ont appris.

Bwalya nous dit que quatre braconniers sont prêts à travailler pour nous.

— Mais ils ne viendront pas ici, ajoute-t-il. Ils craignent d'être arrêtés. Ils attendent maintenant dans la brousse près du village de Mwamfushi. Vous devez venir seul avec nous pour les rencontrer. Nous devons nous dépêcher, sinon ils prendront peur et s'enfuiront.

J'accepte, mais alors que nous partons, Delia attrape mon bras.

– Mark, il faut qu'on en discute. S'il te plaît.

Je demande à Bwalya et Musakanya d'attendre dehors un moment. Dès que la porte se referme derrière eux, Delia siffle :

– C'est de la folie de partir avec eux. Tu n'as même pas d'arme.

– Ils ont fait ce que nous leur avons demandé de faire, maintenant je dois tenir parole. Et de toute façon, ai-je vraiment le choix ? Si ces hommes rendent vraiment leurs armes et se joignent à nous, peut-être que d'autres suivront. Nous devons être réglos avec eux. Si je ne reviens pas dans deux heures, préviens la police.

Quelques minutes plus tard, Bwalya, Musakanya et moi roulons au sud de Mpika le long de la Great North Road. Nous avons parcouru environ trois kilomètres quand Bwalya me demande de ralentir. Il regarde par la fenêtre les hautes herbes le long du fossé.

– Arrêtez ! Vous venez de le dépasser.

Je recule, faisant briller les phares du 4 x 4 au-dessus de la berme de la route jusqu'à ce que je puisse voir un sentier menant dans la brousse. Éteignant mes phares, je fais sortir le Land Cruiser de la route, à peine capable de suivre le chemin à la faible lumière de la nouvelle lune. L'herbe aussi haute que le capot du 4 x 4 bruisse contre ses ailes.

Nous roulons peut-être un kilomètre en silence. Un arbre surgit de l'obscurité en bordure de piste.

– Arrêtez, dit Bwalya. Attendez ici.

Il ouvre brusquement la portière et les deux hommes disparaissent derrière l'arbre. Deux ou trois minutes passent. Dans le silence de mort, les battements de mon cœur résonnent à mes oreilles.

Je déverrouille ma portière, me laisse tomber par terre à côté du 4 x 4 et rampe dans l'herbe jusqu'à des buissons à une vingtaine de mètres. De là, je peux m'échapper sur la route principale s'ils m'ont tendu une embuscade.

Quelques minutes plus tard, j'entends des pas sur ma droite qui se dirigent vers le 4 x 4. Quelqu'un siffle et, au clair de lune, je parviens à distinguer six hommes qui tournent autour du Land Cruiser.

– Bwalya, Musakanya ! C'est vous ? dis-je en gardant la tête baissée.

– Hé, Mukwai.

– D'accord, allumez les feux de stationnement – le petit bouton sur le levier près du volant – et demandez aux hommes de se tenir devant, les mains sur la tête, pour que je puisse les voir.

– Ah mais Monsieur, tout va...

– *Fais-le*, Bwalya !

Une minute plus tard, les lumières s'allument et je les vois tous, y compris Bwalya et Musakanya, les mains sur la tête. Je me lève et me dirige vers le Land Cruiser.

Musakanya me présente les quatre nouveaux venus, dont deux fils de Chende Ende, le chef de Mwamfushi. Les deux autres ont travaillé comme porteurs pour Chikilinti et d'autres braconniers du village. Ils n'ont pas plus de dix-huit ans.

Bwalya me demande si je peux emmener les quatre adolescents dans notre camp.

– Les gens de Mwamfushi ont battu très violemment certains de ceux qui travaillent avec nous, explique-t-il. Maintenant, ces garçons ont très peur de retourner là-bas. Musakanya et moi-même, nous n'avons pas peur, nous allons rester au village et continuer à vous transmettre des messages.

J'accepte d'emmener les jeunes avec nous et leur dis d'être à notre hutte à 10 heures le lendemain matin.

Nous sommes tous assis à l'arrière du 4 x 4 pendant que Bwalya, Musakanya et les autres décrivent les modalités du braconnage au North Luangwa. Pratiquement tout le monde dans le district de Mpika mange de la viande braconnée ou « de brousse », qui est vendue illégalement sur tous les marchés et par des dizaines de marchands le long de la route principale. Un trafiquant, et plus généralement un groupe de trafiquants, paie d'avance un chasseur pour le nombre et le type d'animaux qu'il veut faire abattre. Ils conviennent d'un rendez-vous secret à proximité ou à l'intérieur du parc, puis chaque trafiquant, ou parfois le chasseur lui-même, engage entre quinze et trente porteurs pour stocker de la farine de maïs.

Les chasseurs, les porteurs et souvent les trafiquants se rencontrent au point de rendez-vous, rejoignant occasionnellement d'autres groupes de chasse là-bas, formant une force combinée pouvant monter jusqu'à cent quarante hommes. Une bande de cette taille peut comprendre jusqu'à quinze tireurs, munis de toutes sortes d'armes, depuis les fusils militaires aux fusils artisanaux chargés par la bouche et fabriqués à partir de barres de direction de Land Rover. Ces derniers utilisent une poudre faite d'engrais mélangée à du carburant diesel, des amorces fabriquées à partir de pointes d'allumettes, de la fibre d'écorce en guise de bourre et des billes d'acier martelées en une forme arrondie similaire à celle d'une balle. La poudre, les billes et la bourre sont transportées dans une pochette en peau de bête suspendue à l'épaule par une bandoulière. Les braconniers décident qui chasse où, puis chacun emmène son groupe dans cette zone, généralement à la recherche d'éléphants et de buffles, des animaux de grande taille qui représentent une grosse quantité de viande. Cette information confirme mes observations aériennes : ces groupes éparpillés, composés pour la plupart d'hommes non armés, pourraient facilement être capturés même par des gardes-chasse mal armés, si seulement ceux-ci voulaient bien patrouiller.

Dès qu'un chasseur tue un animal, il l'abandonne avant que les vautours ou la fumée des feux de séchage de la viande n'attirent mon avion. Souvent, il ne va même pas vers l'animal qu'il a abattu, de peur d'être pris sur le fait. Certains des porteurs restent pour découper les défenses, dépecer la carcasse, sécher la viande et la ramener à leur village ou à un camion qui attend sur une piste de brousse éloignée à l'extérieur du parc. Pendant ce temps, le chasseur rejoint un autre groupe de porteurs campant à proximité, pour abattre un nouvel animal. Lorsqu'il a rempli ses contrats, il quitte le parc par un itinéraire différent de celui emprunté par les porteurs.

Au cours d'une expédition de braconnage moyenne de trois semaines, selon l'un des frères Chende Ende, chaque chasseur tue de trois à quinze éléphants et un nombre plus grand encore de buffles et d'animaux plus petits, tels que des impalas, des pukus ou des phacochères. Un braconnier actif effectue de neuf à douze voyages de ce type par an. Dans le seul village de Mwamfushi, il y a au moins une douzaine de braconniers. Ce n'est plus un mystère de savoir pourquoi le parc perd un millier d'éléphants chaque année, pourquoi il a déjà perdu plus de soixante-dix pour cent de sa population d'éléphants.

Je demande s'ils chassent parfois les rhinocéros.

– Les rhinocéros ont été exterminés il y a des années, déclare Bwalya sans manifester la moindre émotion. Ils ont été les premiers à disparaître, car leurs cornes sont très précieuses. Je n'en ai pas vu un seul depuis 1982.

Les autres acquiescent. Les rapports du début des années 1970 avaient estimé la population de rhinocéros entre mille sept cents et deux mille individus. Maintenant, il n'y en a plus au maximum que trente ou cinquante dans toute la vallée, et peut-être aucun.

– Penses-tu que les gardes-chasse voudront et pourront un jour arrêter ça ?

– Monsieur, grogne Bwalya, ce ne sont pas des gens sérieux dans leur travail. Beaucoup d'entre eux sont amis avec les pires braconniers. Ils boivent régulièrement de la bière avec eux, ils leur vendent des munitions, ils leur disent où trouver des éléphants et des buffles. En retour, les braconniers leur donnent de la viande et de l'argent.

Assis sur le marchepied du 4 x 4, Musakanya demande :

– Vous connaissez Patrick Mubuka, le responsable du camp à Nsansamina ? Il a tué deux éléphants juste au nord de Marula-Puku l'année dernière. Un autre éclaireur l'a signalé au directeur Salama, mais il est toujours directeur du camp.

– Ah, mais vous savez, monsieur, il n'y a pas que les gardes-chasse. Cela va beaucoup plus haut qu'eux, dit Bwalya en secouant la tête.

Je me penche en avant.

– C'est-à-dire ?

– Lorsque vous êtes arrivés en 1986, poursuit-il, deux camions de viande séchée étaient transportés chaque semaine du parc à Lusaka, au siège des parcs nationaux et à d'autres responsables. Et de l'ivoire ! s'exclame-t-il. Ils appellent Mpika la « Seconde Côte d'Ivoire ». J'ai entendu parler d'un camion chargé de 547 défenses, toutes prises en quelques mois dans le parc du nord.

– Et le magistrat de Mpika ? Est-il honnête ?

Bwalya sourit et secoue la tête.

– Droit comme la bite d'un taureau, monsieur. J'ai un ami, Patrick Chende Ende, qui est un cousin du chef de Mwamfushi. Il a été accusé de braconnage. La nuit avant que Patrick ne se rende au tribunal, le magistrat a bu de la bière avec la famille Chende Ende. Ils lui ont donné mille kwachas [treize dollars]. Le lendemain, il a infligé à Patrick une amende de deux mille kwachas au lieu de le mettre en prison pendant un an, comme le magistrat de Chipata le fait dans ces cas-là.

Il poursuit en me disant que Bernard Mutondo, le braconnier qui a tué et blessé des gardes-chasse juste au sud du parc, n'a même jamais été arrêté. Plus tard, accusé d'une autre infraction de braconnage, il n'a été condamné qu'à quatre mois de prison. Mutondo a utilisé une arme à feu appartenant à un ami proche du magistrat ; elle ne lui a jamais été confisquée, contrairement à ce que prescrit la loi. Au milieu du massacre des éléphants, au lieu d'emprisonner les braconniers, le magistrat leur inflige une amende moyenne de treize dollars ! Et il ne confisque que les fusils les plus délabrés, ceux que l'on charge par la bouche, et rend les meilleures armes aux braconniers pour qu'ils les réutilisent encore et encore. À deux reprises, des gardes-chasse de Mfuwe ont même attrapé des braconniers qui utilisaient l'arme même du magistrat.

– Il y a plus, ajoute Musakanya. Une chose très étrange. Souvent, ces derniers temps, nous avons vu le nouveau directeur, Bornface Mulenga, boire au *Mpondo's Roadside Bar*, sur la route près de la piste d'atterrissage, le même bar où Chikilinti, Simu Chimba et les autres traînent habituellement.

– D'accord, les gars, ne laissez pas votre imagination s'emballer. M. Mulenga est probablement en train de mener ses propres enquêtes. Je pense qu'il est honnête. Il doit être honnête.

– Monsieur, vous ne pouvez pas imaginer l'ampleur du problème, me contredit Bwalya. Les polices de Mpika, Isoka, Chinsali et les officiers de l'armurerie de Tazara, ils donnent tous des armes aux braconniers. Et l'armée... Je connais un soldat qui apporte des AK-47 et des munitions de la caserne de Kabwe pour les braconniers. Il vient à Mpika une fois par mois dans un camion de l'IFA [l'armée zambienne] et repart avec de la viande et des défenses. Et beaucoup de munitions proviennent de l'usine de munitions près de Kanona. Vous ne vous rendez pas compte.

Malheureusement, je m'en rends de plus en plus compte.

Des officiers de la Commission anticorruption de Zambie m'ont dit qu'ils estimaient que cent cinquante à deux cents armes militaires étaient utilisées pour le braconnage dans la région de Mpika, dont beaucoup issues d'armureries officielles. Pourtant, depuis que nous sommes au North Luangwa, à notre connaissance, aucune de ces armes n'a jamais été confisquée à un braconnier par les autorités locales.

Puis Musakanya me dit que Mpundu Katongo est parti il y a quatre jours pour chasser sur la rivière Mulandashi. Et à l'heure actuelle, Bernard Mutondo est quelque part le long de la Mwaleshi en train de tirer des éléphants et des buffles.

– Si vous empruntez la route de Shatangala à travers les montagnes jusqu'à la vallée, vous verrez leurs porteurs ramener de la viande et de l'ivoire à Mwamfushi, m'explique-t-il.

Dans le faisceau de ma lampe de poche, Musakanya et Bwalya dessinent une carte montrant six principaux sentiers menant des villages à l'ouest de l'escarpement à travers les montagnes du Muchinga et dans le parc.

Je pousse un soupir accablé.

– Comment allons-nous arrêter cela?

– Monsieur, dit Bwalya, c'est trop gros. Vous ne l'arrêterez pas.

– Nous le ferons. Avec votre aide, nous pouvons le faire et nous le ferons. Pour ces braconniers, le monde va bientôt changer.

12

Un zèbre sans rayures

Delia

Mais pour de telles pensées errantes sur un zèbre tout aussi errant ...
J'aurais pu le voir un peu plus tôt

Beryl MARKHAM

Simbeye, Mwamba et Kasokola – les Bembas qui travaillent pour nous depuis des années – sourient chaque matin, peu importe ce que la nuit a laissé dans son sillage. Si nous avons besoin d'une sentinelle, ils épaulent un fusil ; si nous avons besoin d'un charpentier, ils empoignent une scie ; si nous avons besoin de pain, ils font du feu. Ils sont aussi stables et solides que l'escarpement de Muchinga qui garde la vallée.

Ensemble, nous avons arraché trois mille souches pour construire la piste d'atterrissage, nous avons ramassé des milliers de roches pour les chalets, nous avons parcouru des vallées non cartographiées. Mais maintenant que le camp est depuis longtemps établi, je ne peux pas sortir de la chaumière sans que l'un d'eux se précipite pour me prendre des bras tout ce que je porte. Je leur dis que je grossis avec toute cette aide, sans parler du pain frais qu'ils cuisent dans la marmite en fonte.

Pas une seule fois ils n'ont refusé une demande, même si cela signifiait grimper jusqu'au sommet d'un marula pour y abattre une branche dangereuse, ou marcher pendant des jours pour livrer de la nourriture aux gardes-chasse ingrats. Sans arme, Simbeye a couru après un braconnier armé d'un fusil et l'a plaqué au sol. Sans qu'on le lui demande, Mwamba m'a apporté des fleurs. Et Kasokola a porté mon lourd sac à dos pour le dernier kilomètre de nombreuses randonnées.

Ils savent que nous aimons entendre parler de la faune, alors chaque fois que nous revenons au camp après un voyage, ils décrivent en détail les merveilles que nous avons manquées. Très tôt, nous nous sommes rendu compte que plus on s'absentait longtemps, plus les histoires étaient fantastiques. Nous aimerions ajouter certaines de leurs observations à nos dossiers, mais nous ne pouvons pas être tout à fait sûrs de leur véracité.

Mwamba nous a un jour raconté avec force détails qu'un léopard avait tué un puku sur la plage et qu'un crocodile avait volé hors de l'eau pour arracher le puku de la gueule du léopard. Cet épisode aurait bien pu arriver, et j'ai commencé à le noter dans notre dossier « Observations Léopard ». Mais en même temps, Evans Mukuka, notre responsable pédagogique, écrivait dans un long rapport qu'il avait observé des rhinocéros paître près de la piste d'atterrissage. Quand je l'ai interrogé à ce sujet, il m'a dit bien sûr qu'il n'y avait pas de rhinocéros ; tout le monde sait qu'ils ont tous été abattus par les braconniers. Mais sachant que nous aimerions en savoir plus sur les rhinocéros près de la piste d'atterrissage, il les a ajoutés à son rapport. Je n'ai donc pas consigné l'incident du léopard et du crocodile. Malgré tout, nous apprécions ces histoires et avons hâte de les entendre à notre retour au camp.

Kasokola, ayant décidé que j'avais besoin d'un cuisinier, a ramené son frère aîné, Mumanga, au camp. Mumanga, un homme mince et joyeux d'une quarantaine d'années, égaie chaque jour notre *boma* avec une tarte ou un gâteau fraîchement cuits. Avec une telle production de pâtisseries, Mumanga a à son tour décidé qu'il avait besoin d'un assistant. Par conséquent, j'ai engagé Davies Chanda de Mukungule pour aider à la cuisine et aux autres tâches du camp. Chanda, vingt ans, préférerait être dans l'armée plutôt que dans une cuisine et il marche autour du camp d'un pas militaire, les jambes raides, me saluant chaque fois que je passe devant lui.

Très tôt ce matin, Chanda et moi quittons Marula-Puku pour le long trajet jusqu'à Mukungule afin d'assister à l'inauguration du Wildlife Shop. Bien que Mukungule soit un village assez grand, il ne comptait aucun magasin. Quiconque voulait acheter un pain de savon, un peu de sel ou des allumettes devait marcher deux jours jusqu'à Mpika. Lorsque le Wildlife Club que nous parrainons a eu l'idée d'ouvrir une boutique, nous sommes convenus d'acheter le premier stock de marchandises, d'aider au transport et de leur prêter un capital suffisant pour démarrer. Des mois plus tard, après des retards interminables dans l'obtention de leur licence commerciale, la boutique – une petite hutte de boue soignée avec un toit de chaume coupé net – est prête pour son ouverture officielle.

La boutique est l'une des nombreuses améliorations que nous avons contribué à apporter à Mukungule. Le Moulin de North Luangwa broie désormais le maïs pour les villageois pour une somme modique et un marché fermier hebdomadaire offre un endroit où les gens peuvent vendre leurs produits. Le Women's Club coud des vêtements pour enfants qui seront vendus dans le Wildlife Shop. Nous visitons l'école tous les mois pour enseigner aux enfants et aux adultes la valeur de la faune.

Chanda et moi atteignons les contreforts de l'escarpement juste au moment où le soleil salue les herbes dorées, qui s'étendent sur des kilomètres au-dessus des buttes rocheuses. Devant nous se dresse l'épaule solide de l'escarpement de Muchinga nous mettant au défi de quitter la vallée. Un petit troupeau de zèbres émerge des broussailles de mopanes et galope lentement le long de la piste. Alors que j'arrête le 4 x 4 pour les admirer, ils ralentissent à leur tour pour nous observer. Des rayures noires et blanches audacieuses sur un fond doré – puis les bêtes se fondent dans les arbres grêles et disparaissent.

Nous continuons à rouler sur de petits rochers et à travers des lits de cours d'eau asséchés. Quelques kilomètres plus loin, Chanda me dit :

– Madame, vous avez vu le zèbre sans rayures ?

– De quoi parles-tu, Chanda ?

– Dans le troupeau que nous avons vu, madame, il y avait un zèbre sans rayures.

Je hausse les sourcils, sceptique. J'ai vu les zèbres et ils m'ont tous semblé normaux. Sa remarque me tire un sourire.

– Eh bien, dis-moi, Chanda, ce zèbre sans rayures, est-il noir ou est-il blanc ?

– Je ne connais pas tous les zèbres sans rayures, mais celui-ci, c'est une femelle et elle est noire.

– Oh, je vois. Peut-être qu'elle se tenait dans l'ombre et qu'elle avait seulement l'air noire.

– Non, madame, je l'ai déjà vue auparavant. Elle n'a pas de rayures.

— D'accord, Chanda, c'est très intéressant. Peut-être qu'un jour je la verrai. Maintenant, s'il te plaît, peux-tu m'aider à décider quoi dire aux habitants de Mukungule dans mon discours pour l'inauguration. Même avec toute notre aide, ils continuent à braconner.

Ensemble, nous écrivons mon discours en cahotant sur l'escarpement.

Lorsque nous nous lassons de parler et d'écrire des discours, mon esprit reprend là où ma bouche s'est arrêtée et je réfléchis. Ce zèbre imaginaire sans rayures m'a fait penser aux éléphants de la vallée qui n'ont pas de défenses. Nous en voyons de plus en plus. Les éléphants sans défenses sont présents dans toute l'Afrique. Mais Mark et moi nous demandons s'il n'y en a pas un plus grand pourcentage dans cette population en raison de la forte pression du braconnage. Étant donné que ceux qui n'ont pas de défenses sont moins susceptibles d'être abattus, ils ont de meilleures chances de survivre pour se reproduire et de transmettre les gènes de l'absence de défenses à leur progéniture. Il faudrait en faire un comptage aérien.

Je demande à Chanda ce qu'il pense des éléphants sans défenses.

— Madame, comme vous l'avez vous-même vu, nous, les tribus Bemba et Bisa, portons toujours des haches. En tant que petit garçon, nous portons une petite hache ; en tant que grand homme, nous portons une grande hache. On connaît la valeur d'un Bemba à la taille de sa hache. Un homme ne doit jamais entrer dans la forêt sans sa hache, car si le chemin devient trop épais, il ne peut pas passer ou il doit compter sur ses amis pour se frayer un chemin. Un Bemba sans sa hache n'est pas un grand homme. Ce doit être ce que les autres éléphants pensent d'un éléphant sans défenses.

*

Le Mukungule Wildlife Shop est drapé d'un large ruban jaune et des seaux de fleurs sauvages ont été placés près de la porte. Des dizaines de villageois, adultes et enfants, se sont rassemblés dans la cour fraîchement balayée. Le gouverneur du district, venu de Mpika pour la cérémonie, prononce un discours en l'honneur des gardes-chasse. Le chef Mukungule aux yeux voilés demande à ses sujets d'arrêter le braconnage et un écolier de treize ans prononce le discours le plus émouvant de la journée, déclarant que la faune est la plus grande chance d'avenir radieux pour les villageois. Le ruban est coupé et les gens achètent du savon et des allumettes. La vie est devenue un peu plus facile à Mukungule grâce au Wildlife Club. Sommes-nous sur le point de rallier les habitants ou vont-ils continuer à braconner ? Chanda et moi, épuisés par toute cette gaieté, redescendons l'escarpement.

Les forêts de miombos de l'escarpement de Muchinga sont si épaisses que nous pouvons rarement voir la vallée en contrebas. Mais à un moment donné, les arbres s'écartent, offrant un panorama spectaculaire sur la vaste vallée de Luangwa, jusqu'aux collines de Machinje au loin. Lorsque nous atteignons ce point de vue, je m'extasie, comme je le fais toujours, devant sa beauté.

– Oui, dit Chanda, à cet endroit, vous pouvez voir aussi loin que vous le pouvez. Lorsque vos yeux touchent l'autre côté, ils ne sont plus en Zambie.

Au moment où nous atteignons les contreforts, le soleil est aussi bas à l'ouest qu'il l'était à l'est lors de notre ascension. Je peux presque imaginer qu'au moment où le soleil s'est couché, quelqu'un a tourné la vallée dans la direction opposée. L'herbe est tout aussi dorée, le ciel tout aussi doux ; nous avons échappé aux couleurs dures et blanchies de midi.

– Chanda, si jamais tu aperçois ce zèbre sans rayures, dis-le-moi.

Je sais que les chances de voir le même troupeau de zèbres huit heures plus tard, rayures ou non, sont extrêmement faibles. Mais Chanda ne remarque pas la taquinerie dans ma voix et tend le cou de-ci de-là, à la recherche du zèbre noir.

Quelques secondes plus tard :
– La voilà, madame.
– Où ça ?

J'appuie sur les freins, le 4 x 4 dérape sur le côté et j'observe l'endroit que Chanda désigne. Bien en vue, au bord des mopanes, à seulement vingt mètres de nous, se trouve une grande femelle zèbre. Son visage, son cou et son corps sont de la couleur du charbon de bois foncé avec seulement une légère ombre de rayures. À côté d'elle se trouve un petit poulain avec un motif noir et blanc parfait.

Chanda sourit d'une oreille à l'autre.

– Vous ne m'avez pas cru, n'est-ce pas, madame ? Mais voici un zèbre sans rayures.

– Tu as raison, Chanda ! Tu as raison ! Elle n'a pas de rayures. Ou très peu.

La femelle se retourne et nous fait face. Dans cette position, ses rayures disparaissent complètement.

– Madame, est-ce qu'un zèbre est toujours un zèbre, s'il n'a pas de rayures ?

– Oui, Chanda, elle et tous les zèbres ont les gènes pour de nombreuses combinaisons, mais dans la nature, les rayures prévalent généralement, parce qu'elles présentent des avantages pour la survie. Le camouflage, par exemple.

– Eh bien, madame, c'est peut-être vrai. Mais pour ma part, je ne sais pas ce que devient le monde pour qu'il nous fasse des éléphants sans défenses et des zèbres sans rayures.

13

Le juju de Chikilinti

Mark

Dans mes naïves années de Rudyard Kipling
J'ai lu des livres contant comment
Les éléphants vont mourir au milieu de la jungle.
Les vieux mâles savent et plutôt que de mourir en troupeaux
Attendent la mort seuls et s'ajoutent au fabuleux ivoire.

John HOLMES

Kasakola et moi mélangeons une pâte de carburant diesel et de sable dans un seau, puis la versons dans des boîtes de lait en poudre Nespray. Chacune est équipée d'un chiffon imbibé de diesel, qui servira de mèche à notre rampe d'éclairage faite maison.

Après la tombée de la nuit, nous retirons les couvercles et déposons les boîtes de lait à des intervalles de cent mètres le long des deux côtés de la piste d'atterrissage. Je gare le Land Cruiser de manière à ce que ses phares éclairent le bout de la bande. Avant de monter dans l'avion, je branche un projecteur sur la prise allume-cigare. La lumière nous servira de balise pour nous aider à trouver la piste d'atterrissage dans l'obscurité. Musakanya nous a dit par radio que Chikilinti, armé de quatre AK flambant neufs, se trouve quelque part dans le parc avec une armée d'autres chasseurs et porteurs. Depuis plusieurs nuits, nous volons à la recherche de ses feux.

Nous sommes au début de 1989, et depuis un certain temps, je poste en permanence deux hommes armés près de Foxtrot Zulu Sierra. Les braconniers aimeraient avoir l'occasion de le mitrailler, de le brûler ou même de le couper en morceaux avec leurs *pangas* ou leurs machettes. Pour me prémunir de cela, j'ai bâti la légende de mon propre juju. Il y a quelque temps, j'ai installé des lampes à énergie solaire sur des poteaux placés dans des coins opposés du *boma* de l'avion, chacune munie d'un faisceau infrarouge pointé sur l'avion. Chaque fois que quelqu'un s'approche, brisant l'un des faisceaux, les lumières s'allument automatiquement et l'avion est soudain brillamment éclairé, émergeant de l'obscurité comme par magie. Un jour, j'ai convaincu les gardes-chasse que Zulu Sierra ne pouvait pas être touché par des balles – en dégainant mon pistolet et en tirant dessus à blanc. Pas de trous. Ça doit être juju. Un autre jour, j'ai emmené l'un des gardes-chasse voler et je me suis dirigé droit vers l'une de nos lionnes à collier radio à travers des kilomètres de nature sauvage ; je lui ai même parlé sur la radio de l'avion – du moins c'est ce qu'il semblait. L'éclaireur ne connaissait pas l'existence des émetteurs et je ne lui ai rien dit. La nouvelle de mon juju s'est rapidement répandue. Cela peut fonctionner pendant un certain temps.

Aujourd'hui, alors que je détache et vérifie l'avion, je dis aux gardes de s'assurer que les braseros restent allumés. En tirant sur ses gonds, j'enlève la porte du côté droit du Cessna pour que Kasokola puisse avoir une meilleure vue sur le paysage ; puis nous roulons jusqu'au bout de la piste et entamons notre décollage. Il y a quelque chose de surnaturel, de surréaliste et de viscéral à accélérer pour prendre son envol en pleine nuit avec une porte en moins : le vent impétueux s'engouffre dans le cockpit, le moteur rugit, la carlingue vibre et les lignes de flammes jaunes vacillantes passent à toute vitesse.

Je tire sur le manche et pointe le nez de Zulu Sierra vers la lune décroissante et nous montons vers un ciel étoilé. Les roues perdent le contact avec la terre et leur grondement et leurs vibrations cessent. Nous semblons glisser à travers une combinaison fluide de nuit et de lumière lunaire ; à travers une autre dimension spatio-temporelle où ni la nuit ni le jour ne règnent ; où leurs éléments sont également mélangés, comme deux pigments sur la palette d'un artiste, pour donner une teinte incroyablement belle. Cette teinte, associée à l'air frais et humide de la nuit, crée un milieu languissant, moite et dense, comme l'eau d'une piscine bleu-noir. Nous ne volons pas tant que nous naviguons dans cette piscine céleste, et je peux presque imaginer que les étoiles sont des nénuphars blancs, ou des taches de phosphore qui dérivent.

Un quart d'heure plus tard, notre vol de rêve nous a conduits de la Lubonga jusqu'à la Mwaleshi, puis à la Lufwashi. Aussi loin que je puisse voir, l'Afrique dort. Même les collines et les montagnes de l'escarpement sont couchées dans l'obscurité. J'incline l'avion sur la face ombragée de Chinchendu Hill, puis je retourne vers la rivière Mwaleshi. Comme un serpent argenté, les eaux éclairées par la lune disparaissent progressivement dans la nuit. Quelques minutes plus tard, dans mes écouteurs, la faible voix de Kasokola se fraie un chemin à travers le rugissement du vent et du moteur.

— Des feux ! Là-bas !

Il pointe du doigt. À trois cents mètres au-dessus du sol, nous approchons d'une brèche dans la crête par laquelle coule la rivière Loukokwa pour aller rejoindre la Luangwa. Alors que nous passons au-dessus, je regarde l'amphithéâtre rugueux que la rivière a creusé dans la crête. Comme un foyer géant, les parois d'une quinzaine de mètres reflètent les lueurs orange de dizaines de feux de camp. Un nouvel œil de dragon.

Je tire la manette des gaz et enclenche deux crans de volets pour entamer un virage descendant qui nous ramènera devant le campement à une altitude plus basse. Cette fois, je vois clairement plusieurs tentes dressées parmi les arbres le long de la rivière. Seuls Chikilinti et ses amis sont assez riches et assez audacieux pour s'abriter bien en vue dans des tentes aussi chères.

— Tu peux voir des séchoirs à viande ?
— Non.
— Alors nous les avons repérés à temps. Nous devrons faire venir les gardes-chasse ici au plus vite.

Demain, les chasseurs se sépareront, établiront plusieurs camps dans la région et commenceront à abattre les éléphants. J'incline l'avion vers notre propre camp et la perspective d'une courte nuit de sommeil agité.

Le lendemain matin, avant l'aube, j'envoie comme prévu un 4 x 4 à Kanona à destination des éclaireurs paramilitaires. Sur leur chemin, à Mpika, ils prendront Bwalya et Musakanya, qui guideront la patrouille et me diront comment ces éclaireurs-là se conduisent. Cette unité d'élite sera armée d'AK-47, donc poursuivre l'une de ces bandes de braconniers ne devrait pas être un problème ; ils réserveront un accueil digne de ce nom à la bande de Chikilinti.

Puis, sachant que c'est probablement inutile mais déterminé à faire tout ce que je peux, je m'envole vers tous les camps autour du parc, larguant des boîtes de lait en poudre contenant des messages demandant aux gardes-chasse d'intercepter les braconniers fuyant notre opération sur la rivière Loukokwa. Tous ces allers-retours dans la campagne en laissant tomber des boîtes de conserve sont encore nécessaires parce que les parcs nationaux n'ont pas, en plus de dix-huit mois, obtenu les licences pour les radios que nous avons achetées pour les camps. Et il en va de même pour les soixante-et-un fusils qui étaient prêts à être expédiés des États-Unis il y a deux ans.

Un jour plus tard, en fin d'après-midi, bas sur ses essieux, notre 4 x 4 revient de Kanona chargé de patrouilleurs. Le lendemain matin, je les transporte par avion vers une piste d'atterrissage d'urgence à une heure de marche du camp des braconniers. Quand ils sont rassemblés et prêts à partir, je leur dis à quel point nous sommes heureux d'avoir leur soutien, et je leur assure qu'il devrait être facile de trouver au moins l'une des bandes de braconniers qui se sont séparées du grand groupe que j'ai repéré il y a deux nuits. En leur serrant la main, je donne au groupe une petite radio et les envoie patrouiller. Bwalya et Musakanya, piaffant comme deux jeunes chiens de chasse, sont en tête.

Alors que les éclaireurs commencent à se diriger vers le camp des braconniers, je décolle, volant dans la même direction pour leur montrer le chemin. Ils n'ont qu'à suivre l'avion. J'espère que nous arriverons à temps pour arrêter les braconniers avant qu'ils ne tuent des éléphants. Mais je n'ai parcouru que cinq kilomètres quand je me heurte à trois épaisses colonnes de vautours, et en regardant vers le bas, je peux voir la carcasse d'un éléphant fraîchement tué à la base de chacune. Nichés sous les arbres près des carcasses se trouvent des séries de séchoirs recouverts de quartiers de viande fumante. La cabine de l'avion est immédiatement saturée de la douce odeur familière qui imprègne le fond de ma gorge.

En évitant les vautours, je fais descendre l'avion et découvre deux autres éléphants abattus gisant à quelques mètres l'un de l'autre. Trois tentes et quatre doubles toits sont installés sous un arbre entouré d'un fourré et, dispersés tout autour du camp, j'aperçois des jerrycans, des casseroles, des marmites, des haches, des cordes et d'autres équipements. De dix à quinze hommes se cachent dans le fourré, non loin d'une montagne de viande rouge d'au moins un mètre cinquante de haut et deux de diamètre.

– Chikilinti, Simu Chimba, Bernard Mutondo, Mpundu Katongo.

Je broie entre mes dents les noms des pires braconniers de la région. Cette fois, les éclaireurs, des vrais, sont là !

Certains des braconniers commencent à s'enfuir quand ils voient l'avion. Je tourne au-dessus d'eux, très bas, les clouant au sol. Après quelques passages, je m'interromps et reviens à l'endroit où nous venons de laisser les patrouilleurs, à moins d'une minute et demie de là. J'appelle sans cesse à la radio. Pas de réponse. Je griffonne un mot sur un bloc-notes : « J'ai trouvé des braconniers avec cinq éléphants fraîchement tués à environ six kilomètres au sud-ouest de vous. Je vais les immobiliser avec l'avion et continuer à tourner au-dessus d'eux avec l'aile vers le bas jusqu'à ce que vous arriviez pour vous montrer leur position. Venez aussi vite que vous le pouvez. » J'arrache la feuille, l'enferme dans une boîte lestée entourée d'une banderole de chiffon blanche et je laisse tomber le tout sur le groupe de patrouilleurs. Quand ils la ramassent et me font signe, je retourne au camp des braconniers.

Une fois de plus, je descends lentement, essayant de voir les détails de l'équipement du campement ou tout ce qui pourrait nous conduire à ces braconniers s'ils s'échappent et rejoignent Mpika. Le campement est bien caché, dans une petite forêt de mopanes rabougris. Sans la fumée et les vautours, je ne l'aurais peut-être jamais trouvé.

Je passe au-dessus du dernier éléphant quand un homme en chemise rouge sort de derrière un arbre et épaule un AK-47. J'appuie de toutes mes forces sur la pédale du gouvernail gauche et l'avion dérive latéralement dans les airs. En regardant par ma fenêtre, je vois son épaule tressaillir sous l'effet du recul et une bouffée de fumée grise jaillir du canon. Soudain, je suis très conscient qu'il tire des balles chemisées d'acier sur ma boîte à biscuits volante avec son fin revêtement d'aluminium.

Je m'éloigne avant qu'il ne puisse tirer plus de deux coups. Pendant une minute ou plus, je décris un cercle loin des braconniers, étourdi par le sang qui bat dans mes oreilles. Les éclaireurs devraient être là dans environ une heure, mais si les braconniers commencent à se retirer maintenant, les patrouilleurs auront du mal à les suivre dans les broussailles épaisses. Je dois les clouer au sol. Les mains moites sur le manche, je me dirige à nouveau vers le camp, effleurant la cime des arbres pour que Chemise Rouge n'ait pas plus d'une seconde pour me voir et tirer. Je maintiens une vitesse faible, de sorte que si je heurte l'un des vautours tournant au-dessus des carcasses, l'avion ne soit pas trop endommagé pour tenter un atterrissage forcé. Une fois, j'ai vu les restes d'un Aerocommander bimoteur qui s'était heurté à un vautour. Le gros oiseau avait traversé le pare-brise comme un boulet de plumes, tuant instantanément le pilote et le copilote, puis avait continué à travers la cabine, détruisant son intérieur. Les restes du vautour, une boule de viande rouge de la taille d'une balle de baseball, ont ensuite été retrouvés dans la queue de ce qui avait été autrefois un avion.

Je frappe les pédales du gouvernail de gauche à droite, zigzaguant alors que je me dirige vers les vautours et la fumée. Un oiseau vient droit sur moi, tendant la tête et battant furieusement des ailes pour s'écarter. Je réduis les gaz et je vire à droite. Alors que le rugissement du moteur diminue, j'entends le pop-pop-pop des coups de feu à travers ma fenêtre latérale ouverte.

Je fais demi-tour et cette fois-ci je tombe au beau milieu de la formation des vautours, décrivant des spirales avec eux, tentant un virage à gauche raide à trente mètres au-dessus du camp principal. Mais voilà que Chemise Rouge surgit à nouveau derrière un arbre, pointant son fusil dans ma direction. Pour mettre un peu de distance entre nous, je monte en spirale avec les vautours. À cinq cents mètres d'altitude, avec mes lumières stroboscopiques de bout d'aile qui clignotent, je tourne en rond, attendant les éclaireurs. Cela fait plus d'une heure que je leur ai laissé tomber mon mot. Ils peuvent sûrement voir l'avion et ils doivent entendre les tirs.

Une autre heure passe, puis deux, puis deux et demie. Toujours aucun signe des patrouilleurs. Je reviens dans leur direction mais je ne peux pas les repérer. Esquivant les vautours, endolori de fatigue, je continue à tourner autour des braconniers jusqu'à ce que mes jauges de carburant se vident. Et puis je retourne à Marula-Puku, certain que les éclaireurs arriveront bientôt.

Ils n'arriveront jamais, bien sûr. Ils n'arrivent jamais. Quelques jours plus tard, ils se présentent à Marula-Puku, demandant à être ramenés à Kanona. Ils n'ont trouvé qu'un seul éléphant mort, disent-ils. Ils n'ont pas vu l'avion, n'ont entendu aucun coup de feu et n'ont trouvé ni braconnier ni le moindre signe d'eux.

Le lendemain matin, après le retour des éclaireurs à Kanona, Bwalya et Musakanya me racontent une autre histoire. Les éclaireurs ont rejoint les braconniers, qu'ils connaissent bien, et ont passé une agréable soirée à dévorer de la viande d'éléphant autour du feu.

J'écris un nouveau rapport à l'intention du département des parcs nationaux et de la faune sauvage, mais je ne reçois pas de réponse, et encore une fois rien n'est fait.

14
L'aigle

Mark

Je suis l'aigle.
J'habite les hauts lieux
Les cathédrales rocheuses
Très haut dans le ciel.

Je suis le faucon.
Il y a du sang sur mes plumes
Mais le temps tourne encore
Elles seront bientôt sèches.

John DENVER

Village de Mwamfushi, 23 h 30, une semaine après l'échec de l'opération avec les éclaireurs de Kanona. Musakanya et sa femme dorment sur le sol de leur maison en terre et en chaume depuis environ 21 heures. Des coups de feu percent l'obscurité à l'extérieur. Des éclats de boue et de bois leur pleuvent dessus. Jetant son corps sur sa femme pour la protéger, Musakanya la retient alors qu'elle crie. D'autres coups de feu. Les balles traversent les murs, projetant des nuages de poussière et des mottes de terre sèche. Musakanya rampe jusqu'à la porte à temps pour entendre des cris de colère et des pas qui s'éloignent.

Ni Musakanya ni sa femme ne sont tués, heureusement, mais tôt ou tard quelqu'un y passera. Les braconniers ont également détruit la maison du chef de Mwamfushi, qui encourage ses villageois à arrêter le braconnage ; et ils ont empoisonné Jealous Mvula et deux de nos hommes, sans conséquences mortelles. De toute évidence, ils font monter les enchères. S'ils peuvent le faire, moi aussi. Mais je devrai le faire seul. J'ai eu mon compte des gardes-chasse.

À l'aube, je décolle du camp et vole le long de la rivière Mulandashi en suivant l'un des sentiers de braconniers que Musakanya et Bwalya m'ont montrés. Les braconniers ont durement frappé cette zone, car elle se trouve à des kilomètres de notre camp. Dans ce stand de tir à ciel ouvert, presque tous les éléphants et buffles ont été exterminés au cours des quatre ou cinq dernières années.

Plusieurs fois ces derniers temps, lorsque j'ai découvert des braconniers depuis les airs, je les ai poursuivis avec l'avion jusqu'à ce qu'ils s'enfuient, abandonnant leur viande et leur ivoire aux vautours et aux hyènes. Il est coûteux pour un chasseur de monter une expédition de trois semaines dans le parc, et si venir dans le North Luangwa n'est plus rentable, les braconniers y renonceront. Si je ne peux pas les faire enfermer, peut-être que je peux au moins les mettre en faillite.

En volant bas pour que les braconniers de la vallée n'entendent pas l'avion, je suis le large sentier. Tournant à gauche et à droite – à l'affût des vautours, de la fumée et des séchoirs à viande – je remonte le chemin à travers les collines jusqu'au grand baobab au confluent de la Kabale et de la Mulandashi.

Au moment où je commence à m'éloigner de l'arbre, quelque chose sur un large banc de sable le long de la Mulandashi attire mon attention. En faisant descendre l'avion, je vois deux hommes traverser la rive en courant, des défenses d'éléphant sur l'épaule. D'autres hommes courent à côté d'eux, traînant des paniers de viande.

Je pointe le nez du Cessna vers les deux hommes aux défenses alors qu'ils traversent le lit asséché de la rivière, essayant d'atteindre les épais buissons qui poussent le long du rivage. Ils laissent tomber les défenses, se retournent et courent vers les herbes hautes. J'amène l'avion au ras du sol au point que mes roues frôlent le sable.

Les braconniers regardent par-dessus leurs épaules l'appareil qui fonce sur eux. Leurs jambes tricotent à toute vitesse, projetant du sable à chaque pas. Lorsque ma roue principale gauche est juste derrière l'un d'eux, il me regarde droit dans les yeux et je le vois se demander désespérément, et beaucoup trop lentement, dans quelle direction plonger. Au dernier instant, je tire sur le manche et la roue manque sa tête de quelques centimètres. Je me retourne pour le voir se jeter dans un buisson d'épines du diable au bord de la rivière.

Les autres hommes se sont dispersés dans les hautes herbes du banc de sable. Je pense qu'il faut les tondre. Au cours de ce passage, mon hélice Hartzell de Piqua, dans l'Ohio, coupe les hautes tiges en confettis. Elle les fait exploser sur les braconniers, qui sont allongés face contre terre, les mains sur la tête. Alors que je redresse le manche et que je m'éloigne, j'éteins et rallume rapidement le contact de l'avion. Un énorme retour de flamme explose du tuyau d'échappement. Je positionne Zulu Sierra pour une autre passe, et une de plus pour faire bonne mesure, en lui faisant roter des flammes encore et encore.

Pendant une demi-heure, je fais des passages répétés sur les braconniers, renforçant leur terreur, leur faisant payer leurs méfaits. Puis je fais semblant d'atterrir en faisant rouler les roues de l'avion le long du banc de sable, pour leur faire croire que je vais me poser et essayer de les arrêter. Mais si je perds trop de vitesse dans ce sable meuble, j'atterrirai certes, mais sans espoir de redécoller. Je serai coincé sur ce banc de sable, sans armes au milieu d'une bande de braconniers qui me détestent encore plus qu'avant. Alors j'abandonne ma prétention à l'application de la loi et je retourne au camp.

Même sans aucune arrestation, mes patrouilles aériennes commencent à avoir un impact. Pendant plusieurs semaines, je vole presque tous les jours, plongeant sur des braconniers le long des rivières Mulandashi, Luangwa, Mwaleshi et bien d'autres. Musakanya me dit que beaucoup d'hommes de Mwamfushi refusent désormais de travailler comme porteurs, alors les chasseurs sont obligés d'embaucher dans des villages plus éloignés de leur base autour de Mpika. Plus souvent maintenant, ils doivent attendre la fin de l'après-midi pour tirer, et ils sèchent leur viande la nuit pour éviter d'être découverts depuis les airs. Et chaque fois qu'ils entendent le bruit de l'avion, ils couvrent rapidement leurs feux ou les éteignent avec des seaux d'eau de rivière. D'autres braconniers installent leurs râteliers à viande sous le couvert de collines où je n'ai pas volé. Ces patrouilles aériennes sont la seule chose qui protège le parc, donc souvent je vole jusqu'à minuit puis je me lève à 3 heures pour reprendre les airs.

Delia est plus favorable à ces vols anti-braconnage qu'à mes « courses suicides » pour repérer les braconniers pour des éclaireurs qui n'interviennent jamais.

– Enfin, quelque chose fonctionne, dit-elle. Au moins un tant soit peu.

Pourtant, le parc perd des éléphants au rythme de cinq cents par an – beaucoup trop et beaucoup trop vite. Il ne nous reste pas beaucoup de temps pour sauver ceux qui subsistent. Et Zulu Sierra et moi n'allons pas pouvoir faire usage de notre juju sur les braconniers indéfiniment. Bientôt, ils se rendront compte que l'avion ne peut pas vraiment leur faire de mal. Nous avons besoin d'aide. Et enfin nous allons l'obtenir.

En octobre 1989, dans une pièce bien chauffée d'un pays enneigé loin des savanes scintillantes d'Afrique, soixante-seize pays de la CITES (la Convention des Nations unies sur le commerce international des espèces menacées d'extinction) votent pour inscrire l'éléphant d'Afrique comme espèce en voie de disparition (voir Annexe B). Ce faisant, ils interdisent le commerce de l'ivoire et de tout ce qui provient des éléphants dans le monde entier et offrent le dernier espoir au plus grand mammifère terrestre de la planète.

15

L'ombre de la lune

Delia

> Le seul paradis dont nous ayons besoin. Si seulement nous voulions bien ouvrir les yeux.
>
> Edward ABBEY, à propos de la Terre

Je suis seule au camp. Mark effectue une patrouille anti-braconnage et tous les Bembas travaillent sur le chemin qui relie le camp et la piste d'atterrissage. Dans notre cottage de bureau en pierre et en chaume, j'analyse de nouvelles données, calculant combien de buffles, d'impalas et de koudous survivent encore dans le North Luangwa. J'entends les inséparables de Lilian siffler alors qu'ils volent d'arbre en arbre, se régalant des fruits mûrs du marula.

Lassée des chiffres, je marche jusqu'au bord de la rivière et je m'assieds un moment en tailleur, avec pour compagne la Nature. De l'autre côté de l'eau, au loin, au prochain méandre, je vois un grand buisson gris qui bouge. Puis un éléphant, également grand et gris, s'avance derrière lui. C'est le premier éléphant que je vois à Marula-Puku. En quatre secondes exactement, il disparaît dans les hautes herbes. Nous avons travaillé trois ans et demi pour ces quatre secondes. Cela en valait la peine.

Lorsque Mark revient, nous marchons jusqu'à la berge et je signale où l'éléphant est passé. À notre grand étonnement, deux autres apparaissent à ce moment, au même endroit, et errent le long de la rivière. Tout à coup, il semble qu'il y ait des éléphants partout. Le lendemain matin, Mwamba court jusqu'au cottage du bureau pour nous montrer cinq éléphants se nourrissant sur la haute berge derrière l'atelier. Ce sont les membres survivants du Groupe du camp – et enfin ils nous ont suffisamment acceptés pour se nourrir dans les parages. Lorsque les Bembas se dirigent vers la piste d'atterrissage, ils voient trois autres éléphants se nourrir des hautes herbes des collines lointaines. Ils sont enfin rentrés à la maison, au bord de la Lubonga.

Quelques jours plus tard, je suis de nouveau seule au bureau, dans le cottage, toujours en train de travailler sur les chiffres du recensement du gibier. Au début, je ne suis que faiblement consciente du bruit. Puis je lève la tête et écoute. C'est un bruit étrange – whaap, whaap, whaap – comme si quelqu'un battait une couverture. J'essaie de me reconcentrer. Whaap, whaap ! Je regarde par la fenêtre mais ne vois rien d'inhabituel. Trop curieuse pour continuer à travailler, je sors du cottage et scrute les environs. Le bruit vient de l'autre côté de la rivière. Je regarde du côté des hautes herbes, à une quarantaine de mètres du camp, et je sursaute.

Là, bien en vue, se trouve Survivor, l'éléphant avec le trou dans l'oreille gauche. Apparemment détendu et sans peur, il enroule sa trompe autour de la base d'une épaisse touffe d'herbe, la tire par les racines, la balance haut sur son dos et la frappe sur le sol. Whaap, whaap,

whaap ! La terre tombe des racines ; il fourre l'herbe nettoyée dans sa bouche et mâche.

Je ne bouge pas, certaine que s'il me voit il s'enfuira. Je le regarde se nourrir depuis vingt minutes quand j'entends le 4 x 4 arriver. Si Mark se précipite dans le camp comme il le fait habituellement, cela effraiera Survivor. Je longe le mur du cottage et me faufile vers la route en observant attentivement l'éléphant. Il peut sûrement me voir, mais il ne montre aucun signe de panique. Une fois que je suis au coin de l'allée et hors de sa vue, je cours à travers l'herbe en direction du 4 x 4 qui approche.

Quand Mark me voit courir vers lui en agitant les bras, il arrête le 4 x 4 et bondit en criant :

– Qu'est-ce qui ne va pas ?
– Tu ne vas pas le croire ! Suis-moi.

Nous avançons à pas feutrés derrière le cottage, au coin de l'allée et jusqu'à l'embrasure de la porte. Là, rencognés à l'intérieur du chalet, nous regardons Survivor se nourrir. Ce n'est pas un grand éléphant, mais en ce moment il semble énorme – il représente l'espoir, le succès et un aperçu du North Luangwa tel qu'il devrait être.

Finalement, convaincus que l'éléphant ne se sent pas menacé, nous marchons lentement vers la berge et nous nous plaçons près d'un marula. Après un certain temps, Survivor remue sa trompe et marche directement vers nous, sur la rive opposée. Il s'arrête au bord de la rivière, à une vingtaine de mètres seulement, et lève sa trompe, sentant notre odeur. C'est une poignée de main d'éléphant – un accueil, par-dessus une limite invisible, dans le monde naturel. Je ressens tout l'honneur de ce moment au plus profond de mon cœur.

*

Nous aspirons à suivre les lions à travers les savanes éclairées par la lune, à nous lever à l'aube pour voir où les zèbres se nourrissent, à compter les bébés éléphants qui se réfugient sous le ventre de leurs mères. Mais la bataille anti-braconnage a dévoré notre temps, notre énergie, nos ressources, peut-être même notre esprit, depuis notre arrivée au North Luangwa. Nous savons que même les observations scientifiques importantes sont un luxe en ce lieu et en ce moment. Comment observer le comportement social des lions alors que les éléphants meurent littéralement à nos pieds ?

Pourtant, ces jours-ci, il y a un répit : le braconnage des éléphants a diminué. Nous sommes maintenant en avril 1990 et, au cours des sept derniers mois, Mark n'a vu que cinq carcasses depuis les airs. Nous sommes convaincus que ses vols anti-braconnage et l'interdiction par la CITES du commerce de l'ivoire ont payé. Le prix de l'ivoire a chuté de cent cinquante à cinq dollars la livre, et quatre-vingt-dix pour cent des marchés mondiaux légaux de l'ivoire (plus quelques marchés illégaux) se sont effondrés.

Cependant, six pays africains – le Botswana, le Zimbabwe, le Mozambique, l'Afrique du Sud, le Malawi et la Zambie – ont déposé des des motions contre l'embargo, ce qui leur permet d'exporter légalement de l'ivoire ou de le vendre à l'intérieur de leurs frontières. Il est épouvantable pour nous que la Zambie, où en seulement quinze ans les braconniers ont tué 115 000 des 160 000 éléphants vivant sur ce territoire, ait refusé de se joindre à l'embargo. Puisqu'il n'y a pas de chasse ou d'abattage légaux d'éléphants en Zambie, tout l'ivoire de ce pays provient d'éléphants braconnés. Les pays d'Afrique australe ont formé leur propre cartel pour le commerce de l'ivoire, et nous craignons que bientôt de nouveaux marchés locaux ne remplacent les marchés internationaux qui ont disparu avec l'embargo. Mais au moins, pour le moment, il règne une étrange paix sur le terrain.

Nous sentons donc que nous pouvons prendre quelques jours pour aller observer les lions. Survolant la vallée, nous recherchons les grands félins.

*

Le lion défie du regard son improbable adversaire, un crocodile du Nil, dont les pupilles sont aussi fines et froides qu'un pic à glace. Les mâchoires géantes et les dents abîmées des deux animaux sont plantées dans les extrémités de la chair luisante d'un cobe. La queue massive du crocodile, cuirassée d'une armure de dragon, est enroulée, prête à propulser le reptile vers l'avant en un éclair. Les muscles des pattes et des épaules du lion tressaillent. Chacun d'eux a la force et la puissance d'un petit 4 x 4. Aucun des deux ne bouge. Le reste de la meute de Serendipity – trois femelles, quatre grands lionceaux et un autre mâle – se tient à proximité et contemple la scène, leurs oreilles retournées en signe d'agacement face à cette intrusion reptilienne.

Mark tire sur le manche de l'avion une fois de plus et effectue un virage serré alors que nous observons l'impasse dans laquelle sont les deux animaux sur la plage en contrebas. Nous n'avons jamais vu un lion et un crocodile se défier de cette manière. Nous retournons à la piste d'atterrissage, attrapons notre équipement de camping et sautons dans le 4 x 4 pour aller voir de plus près comment évolue la situation.

La Luangwa et ses affluents abritent l'une des populations de crocodiles les plus denses d'Afrique. Pendant la saison des pluies, de nombreux crocodiles migrent vers les affluents, ne retournant à la Luangwa que pendant la saison sèche, lorsque les cours d'eau se tarissent. Quelques crocodiles, comme celui-ci sur le banc de sable de la Mwaleshi, restent dans les affluents peu profonds toute l'année.

Après le long trajet depuis le camp en suivant les méandres de la Mwaleshi, nous garons le 4 x 4 sous des arbres qui forment un bon emplacement pour notre campement et nous nous dépêchons de rejoindre la berge à pied.

– C'est là qu'ils étaient, j'en suis sûre.

Je désigne un grand banc de sable de l'autre côté de la Mwaleshi. De ce côté de la rivière, aucune trace d'une lutte entre le lion et le crocodile, mais on reconnaît le banc de sable à sa proximité avec le coude de la rivière.

Nous pataugeons dans l'eau claire et peu profonde en direction d'un banc de sable plus petit, recouvert d'herbe, qui s'avance dans le chenal principal. Alors que nous progressons dans l'eau, nous tournons tous les deux la tête d'un côté et de l'autre, cherchant sur le fond sablonneux des signes du crocodile.

Alors que je monte sur la berge, légèrement devant Mark, je scrute l'eau plus profonde de l'autre côté du banc de sable. La rivière est plus rapide et plus trouble ici, il est donc difficile de voir le fond. Mais alors que j'étudie le courant, un curieux motif d'écailles reptiliennes prend forme, à seulement un mètre de mes pieds. Immobile.

– Mark ! Il est juste là !

Je me penche pour mieux observer la forme enroulée.

Mark attrape mon épaule et me ramène dans le courant peu profond.

– Delia, tu ne peux pas rester là à regarder un crocodile ! Il peut te sauter dessus en un éclair.

Nous reculons, marchons en aval sur cinquante mètres et traversons jusqu'au grand banc de sable de l'autre rive où le squelette du cobe repose tout tordu sur la plage. À genoux, nous étudions les traces de lions, imprimées profondément dans le sable humide. Elles nous racontent que les lionnes ont attrapé le cobe alors qu'il sortait des hautes herbes de la plaine inondable et l'ont traîné sur le banc de sable. Apparemment, tous les lions se sont nourris pendant un certain temps ; nous avons vu du haut des airs que les femelles étaient bien rassasiées et les traces racontent la même histoire. Puis les lionnes ont abandonné la carcasse, probablement chassées par les mâles. Peu de temps après, le crocodile s'est précipité hors de la rivière et a arraché un morceau de l'animal mis à mort. Il a pu récupérer une partie du butin, mais il est évident qu'il n'a pas chassé les lions ; s'il l'avait fait, il aurait traîné la carcasse dans la rivière ou dans sa tanière.

Il reste encore quelques mystères à élucider. Pourquoi les autres membres de la meute, les trois lionnes et le mâle, se sont-ils couchés au soleil pendant qu'un mâle défiait seul le crocodile ? Habituellement, lorsque d'autres charognards, tels que les hyènes tachetées, les vautours ou les chacals, s'approchent d'une proie fraîchement tuée par un lion, la meute les chasse. Si les hyènes sont largement plus nombreuses que les lions, les félins peuvent battre en retraite, mais il n'y avait là qu'un seul crocodile. Son armure robuste, sa vitesse fulgurante et ses mâchoires redoutables lui donnent vraisemblablement assez de confiance pour se nourrir de proies de lions.

En observant Serendipity et ses compagnons de meute lors de précédentes rencontres, nous avons déjà appris que les lions de la Mwaleshi chassent souvent le long des berges escarpées où leurs proies viennent pour s'abreuver. Par conséquent, le fruit de leurs chasses est accessible aux crocodiles. De plus, la Mwaleshi est si peu profonde qu'il n'y a pas beaucoup de poissons à manger pour les crocodiles. Pour survivre ici, ils doivent faire preuve d'ingéniosité, au point de voler la viande des lions. La récupération des proies tuées par les lions pourrait-elle être une source majeure de nourriture pour ces crocodiles ? Nous devrons observer d'autres interactions entre lions et crocodiles pour voir à quel point ces incidents sont courants et qui l'emporte le plus souvent.

Le sable chaud et les os froids ne nous donnent pas plus d'indices, alors nous traversons la rivière à gué, retraçant notre large demi-cercle autour du crocodile. Après avoir installé notre campement sur les rives de la Mwaleshi, nous nous baignons dans une zone très peu profonde, en nous assurant avec plus de soin que d'habitude de l'absence de prédateurs.

Juste après l'aube, lorsque la rivière ressemble à un ruban couleur lever de soleil, les lions rugissent. Nous nous extirpons de nos sacs de couchage, attrapons une boussole pour déterminer leur position et partons à pied dans cette direction. Il est beaucoup plus difficile de suivre les lions au North Luangwa qu'au Kalahari. Dans le désert, une fois que nous avions une bonne boussole pointant sur les lions, rien ne se dressait sur notre chemin, excepté les dunes ondulantes ; mais ici, la terre est sillonnée de ravines abruptes, de lits de cours d'eau asséchés, de lits de cours d'eau humides, de rivières, de lagunes et de cratères érodés. Parfois, nous repérons un lion à seulement trois cents mètres et sommes incapables de le rejoindre en voiture.

En marchant le long de la Mwaleshi, nous rencontrons un troupeau de buffles qui serpente vers la rivière. Rampant derrière les buissons et à travers les hautes herbes, nous les observons à une trentaine de mètres. Nous surprenons ensuite un hippopotame qui se vautre dans un étroit lagon. Il se retourne et défie Mark, sa bouche béante révélant ses dents carrées, tandis que je me précipite sur une haute berge pour me mettre en sécurité. Nous entendons un éléphant barrir et repérons les traces d'une mère et son petit disparaître dans les bois. Nous n'entendons ni ne voyons quelque manifestation humaine que ce soit ; c'est un safari dans la vieille Afrique.

Comme les lions ne rugissent plus, nous continuons donc à avancer en suivant le même cap. Lorsque le soleil de midi devient d'un blanc flamboyant, nous remarquons des vautours qui tournent au bord de la rivière et les trouvons en train de se nourrir d'un imbabala. Nous nous rapprochons, notre attention concentrée sur les vautours qui se bousculent.

Un grondement sourd s'élève alors des buissons. Nous nous retournons et deux grands lions mâles surgissent du sous-bois, du côté de la rivière. À une quinzaine de mètres, ils nous font face. Ce sont les deux mâles de la meute de Serendipity. Nous avons commis l'erreur que vous ne pouvez pas commettre avec les lions : nous avons empiété sur leur espace.

Nous nous arrêtons net. Ils sont dans une posture agressive, leurs têtes et leurs épaules massives dressées fièrement. L'un d'entre eux grogne à nouveau à travers ses dents serrées et tous deux nous transpercent du regard. Nous ne pouvons rien faire d'autre que rester ici ; si nous courons, ils chargeront presque à coup sûr. Le mâle de droite retrousse ses babines, exposant ses canines dans un grondement, puis ils trottent tous les deux en grognant bruyamment. Le face-à-face n'a duré en tout et pour tout que dix secondes, mais il m'a épuisée. Mark et moi nous appuyons l'un contre l'autre pendant un moment, et lorsque nous retrouvons nos jambes, nous descendons vers la plage pour inspecter le cadavre de l'imbabala. Bien qu'il n'y ait aucun signe de crocodile, c'est un autre exemple de carnivores du Mwaleshi qui tuent près de la rivière, là où ils pourraient facilement être confrontés à des crocodiles.

Après plusieurs autres longues marches à la recherche de lions, nous décidons de poser un collier radio à au moins l'un des membres de la meute de Serendipity, afin de pouvoir les retrouver plus facilement. Après la tombée de la nuit, nous diffusons des enregistrements de cris de lions et d'hyènes sur des haut-parleurs, non loin d'une plaine inondable ouverte. En moins de trente secondes, dix hyènes tachetées galopent vers les haut-parleurs, et dix minutes plus tard, la meute arrive. Nous voulons lancer une fléchette sur Serendipity elle-même, mais alors que les lions passent devant le 4 x 4 en file indienne, Mark a un meilleur angle de tir sur l'une des plus petites femelles. Il tire. Lorsque la seringue lui pique le flanc, elle se retourne et trotte vers la rivière. Si elle traverse la Mwaleshi avant que la drogue ne fasse effet, nous ne pourrons pas la suivre et lui placer son collier. Juste au bord de l'eau, elle vacille et trébuche, et finit par s'étendre.

Alors que j'éclaire les autres lions avec le projecteur, Mark s'approche d'elle et la pousse doucement avec son pied pour s'assurer qu'elle est bien sous sédation, puis je rapproche le 4 x 4. Alors que nous commençons à lui mettre un collier, les autres lions nous observent en un demi-cercle approximatif à quarante mètres. Braquant le projecteur sur les environs toutes les quelques minutes, je garde un œil sur eux, mais l'ampoule grille. Par un coup de malchance incroyable, l'ampoule du projecteur de secours grille également. Nous devons surveiller les lions curieux qui n'ont pas reçu de fléchettes avec le faible faisceau de notre lampe de poche pendant que nous étiquetons et pesons la lionne.

Enfin, nous terminons et décidons de la nommer Kora, d'après la réserve au Kenya qu'aimait tant George Adamson, qui a été assassiné par des braconniers d'ivoire somaliens. Ces braconniers pénètrent au Kenya, abattent des éléphants et emportent les défenses en contrebande en Somalie, qui est fortement impliquée dans l'exportation illégale d'ivoire. Adamson avait tenté pendant des années de défendre la réserve de Kora contre ces pirates, mais ils l'ont finalement abattu et il est devenu une victime de plus du commerce de l'ivoire.

Le lendemain matin, en écoutant le signal de Kora, nous constatons que la meute a traversé la rivière. Munis de l'antenne, du récepteur radio et du fusil, nous pataugeons à travers la Mwaleshi, suivant le bip-bip-bip de son collier. De l'autre côté, l'herbe est si haute que même lorsque nous l'écartons avec nos bras, nous ne pouvons toujours voir qu'à un mètre devant nous. L'aiguille de l'ampèremètre passe dans le rouge, indiquant que nous sommes très proches des lions, mais tout ce que nous pouvons voir, ce sont des tiges d'herbe et un ciel bleu. Nous restons à l'affût du moindre bruit des lions qui marcheraient dans l'herbe. Rien. Mark me fait signe d'avancer, mais je pointe derrière nous, suggérant que nous reculions. Mark secoue la tête, et nous poursuivons lentement, écartant l'herbe, les sens aux aguets.

Le signal reste fort et constant à mesure que nous avançons. Les lions doivent être juste devant nous, se déplaçant dans la même direction et à la même vitesse. Nous avons beau nous efforcer d'être silencieux, nous savons qu'ils peuvent nous entendre arriver. Encore une fois, je suggère une retraite. En chuchotant, je dis que, de toute façon, nous ne pouvons pas les voir dans ces hautes herbes et que nous risquons de tomber sur eux à l'improviste et de les effrayer. Je ne mentionne pas que je suis déjà morte de peur et que ce plan est tout bonnement insensé.

– Juste quelques minutes de plus, murmure Mark.

Nous marchons à travers l'herbe pendant encore dix minutes avant d'abandonner et de retourner à notre petit camp sur la Mwaleshi.

Le lendemain, nous explorons la plage en suivant les traces de lions et en recherchant les vautours, mais nous ne parvenons pas à trouver la meute ni à capter le signal radio. Demain, nous devons retourner à Marula-Puku pour continuer les missions anti-braconnage et le programme d'aide aux villages. Mais dès que le temps le permettra, nous reviendrons avec l'avion. Nous retrouverons la lionne à collier radio et observerons la meute plus en détail.

Alors que nous levons le camp à l'aube, nous apercevons une volée de vautours de l'autre côté de la rivière, sur le même banc de sable où nous avons vu pour la première fois la meute de Serendipity et le crocodile. Tirant et déchirant une carcasse de puku, les vautours nous regardent avec des yeux perçants alors que nous pataugeons dans la rivière. Lorsque nous montons sur le banc de sable, ils décollent dans des battements d'ailes forcenés.

Les vautours ne sont pas là depuis longtemps, et l'histoire de la mise à mort est encore gravée dans le sable : les lions ont tué leur proie sur le banc de sable, et une fois de plus le crocodile s'est précipité hors de la rivière pour s'emparer d'une part.

– Ce croco a de la suite dans les idées, dit Mark alors qu'il inspecte les restes du puku.

– D'ailleurs, le voilà.

Je désigne le bord de la rivière, où le crocodile est allongé dans une eau peu profonde, son dos massif s'élevant au-dessus de la surface, sa tête plate levée, la bouche ouverte, exposant une rangée de dents émoussées et inégales. On dirait qu'il affiche un sourire incongru. Mark s'avance lentement vers lui, et je suis quelques pas derrière. Le crocodile ne bouge pas à notre approche ; il est évidemment propriétaire de cette plage. Lorsque Mark se retrouve à dix mètres de lui, le crocodile siffle et claque des mâchoires, l'avertissant de ne pas venir plus près. Et je rappelle à Mark ses mots :

– Tu ne peux pas rester là à regarder un crocodile.

Alors que nous nous retournons pour partir, nous voyons une colonne de fumée noire s'élever dans le sud. Les braconniers sont de retour dans le parc. Nos trop courtes journées d'observation des lions sont terminées.

*

Les eaux larges et inconnues de la rivière Mutinondo s'étalent devant moi. La seule autre fois où j'ai vu cette rivière, c'était un torrent déchaîné inondant tout sur son passage, du bois flotté en guise de proue. Maintenant, ses eaux claires clapotent doucement sur les rivages herbeux et son courant murmure doucement sur les pierres lisses.

– Ça a l'air de passer. Qu'en penses-tu, Marie ?

Marie Hill, une Texane, et son mari, Harvey, vivent à Mpika, où il est le représentant du Canadian Wheat Project[1]. Marie s'est portée volontaire pour coordonner notre programme d'éducation à la conservation, qui est devenu trop important pour que Mark et moi puissions le gérer depuis notre camp.

— Ouais, ça a l'air de passer, dit Marie d'une voix traînante.

— Alors, allons-y.

Je fais plonger les roues avant dans la rivière et commence à traverser. Nous sommes en route pour Nabwalya, l'un des villages les plus pittoresques de la vallée de la Luangwa, où commenceront nos programmes de développement des villages et d'aide aux écoles. De nombreuses expéditions de braconnage partent de Nabwalya : il est essentiel de gagner les gens là-bas à notre cause.

Pour aller aussi loin, j'ai dû remonter l'escarpement jusqu'à Mpika, où j'ai récupéré Marie, et redescendre ledit escarpement sur une autre piste au sud du parc. Nabwalya est complètement isolé pendant la saison des pluies et peu de véhicules se rendent au village, quelle que soit la période de l'année. Mon Toyota déborde de médicaments pour la clinique, de matériel pour l'école, de rations protéinées d'urgence pour les affamés, de notre équipement – sacs de couchage, étuis pour appareil photo, boîtes de nourriture – et d'une pastèque en cadeau pour le chef. En plus de cette charge, nous embarquons notre assistant pédagogique, le médecin du village, un instituteur et le facteur, qui doit généralement marcher pendant quatre jours pour atteindre Nabwalya depuis Mpika.

1. Programme canadien pour le blé (*N.d.T.*)

La rivière est peu profonde et facile à traverser à gué et, bien que le reste de la piste soit parfois exténuant, nous arrivons au village vers 16 heures. La première chose que nous devons faire est de rendre hommage au chef, alors nous envoyons un messager pour annoncer notre arrivée. Après avoir traversé un champ abandonné, nous le retrouvons avec ses conseillers dans son *n'saka*. Nabwalya est jeune pour un chef, alerte, cultivé et progressiste. Il nous accueille chaleureusement dans un anglais parfait, et nous distribuons nos cadeaux : des magazines internationaux sur la faune et la pastèque. Après quelques instants de salutations polies, nous demandons la permission de commencer nos programmes dans son village. Il répond qu'il nous attendait.

– Bien sûr, vous résiderez dans le « palais des invités », déclare le chef. Nous avons construit un très beau palais pour les touristes quand ils viendront. Mon responsable vous montrera le chemin.

La nouvelle zone réservée aux invités est en effet un palais : deux grands bungalows, un *n'saka* et des latrines, le tout fait d'herbe tressée et de roseaux. Les toits, les portes et les fenêtres de chaque structure ont été garnis de spirales décoratives d'herbe. Cette charmante habitation est perchée sur la haute rive de la large rivière Munyamadzi, juste à l'extérieur du village. Un groupe d'hippopotames a déjà entamé son chant nocturne alors que nous commençons à déballer. Je suis enchantée par le palais des invités, mais un peu inquiète de la rapidité avec laquelle le chef Nabwalya s'attend à ce que les touristes commencent à arriver.

Le premier campeur à se lever est généralement récompensé, et le lendemain matin ne fait pas exception. Alors qu'à 4 h 45 du matin j'attise les braises de la nuit précédente, j'entends le bruissement de pieds d'hippopotame dans l'eau peu profonde. Au-dessous de moi, juste au moment où la rivière devient orange vif quand l'aube l'effleure, un hippopotame passe, se détachant sur l'eau scintillante. Dans la faible lumière, je distingue les contours des huttes au toit de chaume et la fumée de quelques feux de cuisine. C'est un moment rare où les gens et la faune vivent ensemble en harmonie.

C'est aussi le dernier moment de paix que nous avons les quatre jours suivants. Marie, Mukuka (notre assistante) et moi présentons notre diaporama sur la conservation à cent cinquante villageois entassés dans l'école en briques de terre crue. À notre demande, le chef Nabwalya explique à son peuple que nombre de leurs problèmes seront résolus si le village peut gagner de l'argent grâce au tourisme, mais cela n'arrivera que si les braconniers arrêtent de décimer la faune du North Luangwa.

Accompagnés de nombreux villageois curieux entassés dans notre remorque, nous livrons des médicaments à la clinique et discutons avec le médecin de ses problèmes. La première chose que nous remarquons, c'est que tous les patients sont allongés sur des nattes de roseaux à même le sol, tandis que des lits d'hôpital rouillés sont empilés dans un coin, drapés de toiles d'araignées. Le médecin nous dit que des braconniers ont volé les boulons des lits pour en faire des balles. Ne manquant jamais une occasion de délivrer notre message, nous signalons aux patients que les braconniers sont leurs ennemis et que nous obtiendrons plus de boulons pour les lits.

Ensuite, nous inspectons la piste d'atterrissage, que des ouvriers que nous avions embauchés plus tôt sont en train de construire. Lorsqu'elle sera terminée, le Flying

Doctor pourra atterrir et le village ne sera plus aussi isolé pendant les pluies.

La lumière du soleil traverse des trous dans les murs de la salle de classe. Debout devant eux, Marie et moi encourageons les enfants à dessiner des affiches demandant aux braconniers de ne pas tuer les animaux près de leur village. Nous attendons que les enfants colorient sur la feuille de papier blanc que nous leur avons donnée, mais contrairement aux élèves des autres villages, les enfants de Nabwalya restent à contempler la page.

— Pourquoi ne dessinent-ils pas ? chuchoté-je au professeur.

— Ils n'ont jamais eu leur propre feuille de papier blanc, chuchote-t-il en retour. Ils ont peur de la gâcher.

Après avoir promis aux enfants que nous leur apporterons plus de papier, ils commencent lentement à dessiner. Une petite fille dessine un hippopotame avec dix bébés sous la légende S'IL VOUS PLAÎT, M. BRACONNIER, NE TIREZ PAS SUR L'HIPPOPOTAME, ELLE A BEAUCOUP D'ENFANTS. Plus tard, marchant le long des sentiers les plus marqués, les enfants et nous affichons les dessins dans tout le village, sur des arbres et des souches.

En visitant les gardes-chasse de Nabwalya, nous découvrons qu'ils n'ont jamais monté de patrouille dans le North Luangwa car ils auraient dû traverser plusieurs rivières avec de nombreux crocodiles. Quand je fais remarquer que les braconniers traversent bien ces rivières, ils me disent que les crocodiles n'attaquent pas les criminels. Ils acceptent de patrouiller dans le parc si nous leur achetons un petit bateau gonflable. Avant de quitter leur campement, nous distribuons des tee-shirts à tous les enfants des gardes-chasse.

Le café fumant du feu de camp et les hippopotames se découpant sur l'aube marquent le début de la journée du lendemain. Le soleil est particulièrement le bienvenu, car les tambours du village ont célébré un mariage toute la nuit et ce n'est que maintenant qu'ils mettent un terme à leur rythme tapageur. Épuisées, Marie, Mukuka et moi cuisinons des toasts et des flocons d'avoine sur le feu. Il nous reste encore à lever le camp avant d'affronter la remontée de l'escarpement. Alors que je me dirige péniblement vers le 4 x 4 avec une boîte de nourriture encombrante, j'entends un son familier au loin. Notre avion. Aucune des autres ne l'a entendu.

Je me précipite vers la berge et j'attends. Je connais Mark ; il planera le long de la rivière, en suivant son cours juste au-dessus de l'eau et sous le niveau de la cime des arbres, jusqu'à ce qu'il me trouve. Il me connaît aussi et a deviné que je campe quelque part le long de la rivière.

En quelques secondes, l'avion apparaît juste au-dessus de l'eau, presque à hauteur de notre palais d'herbe. Marie et moi le saluons frénétiquement. Mark tient une note par la fenêtre, signalant qu'il la laissera tomber au prochain passage. Je cours vers une clairière derrière le camp et le regarde faire demi-tour vers nous, pensant que c'est une liste de courses pour Mpika ou une autre tâche qu'il veut que j'entreprenne avant de retourner au camp. Alors que l'avion passe, Mark jette la note, attachée à une ficelle et à un caillou, par la fenêtre. Je l'attrape et je lis : « Salutations, mon amour. Reviens à la maison. Tu as été absente trop longtemps. J'ai une surprise spéciale pour toi. Je t'aime, M. » Certes, il y a une courte liste de courses griffonnée en dessous, mais la partie amour vient en premier. Je tiens le papier haut dans les airs, signalant à Mark que j'ai reçu son message. Il agite ses ailes et vole vers le sud en direction du camp.

– C'est une lettre d'amour, dis-je à Marie. Il a fait tout ce chemin pour m'apporter une lettre d'amour. Je dois retourner au camp !

Deux jours de dur voyage dans les montagnes éreintent les muscles de mes épaules. Mais j'arrive au camp tard dans l'après-midi du deuxième jour. Mark m'accueille avec un câlin d'ours.

– Où est ma surprise ?

Mark peut à peine se contenir. Il m'entraîne sous le porche de notre cottage, me dit de m'asseoir et me tend un verre de vin frais.

– D'accord, nous allons attendre ici. La surprise arrive.

Pendant que nous discutons tranquillement, Mark ne cesse de jeter un coup d'œil à sa montre, puis aux hautes herbes qui bordent le camp.

Quelques minutes plus tard, il touche mon bras et me fait signe d'arrêter de parler. Il désigne le bord du camp derrière moi.

– Voilà ta surprise.

Je me retourne et vois un éléphant – Survivor – à seulement quarante mètres. Il soulève sa trompe et la tient haut, absorbant l'amalgame des odeurs du camp. Je serre la main de Mark, mais sinon nous sommes immobiles.

– Attends un instant, chuchote Mark, attends juste un instant.

Survivor fait un pas en avant, puis s'arrête et soulève à nouveau sa trompe. Il lève son pied avant droit comme pour marcher, puis s'arrête et le balance d'avant en arrière. Pendant de longues minutes, il agite le pied et soulève sa trompe, puis tout d'un coup s'avance vers nous sans plus hésiter. Il entre directement dans le camp et commence à se nourrir des fruits d'un marula planté derrière le cottage-bureau. À vingt-cinq mètres de nous, il tâte le sol avec sa trompe adroite, trouve un fruit, le met dans sa bouche et le mâche avec de grands bruits de succion. De temps en temps, il balance doucement toute sa tête dans notre direction, mais sinon il nous fait l'honneur de nous ignorer complètement. Il se nourrit pendant trente minutes ; juste avant la tombée de la nuit, il s'éloigne tranquillement en suivant le même chemin que celui qui l'avait mené jusqu'au camp.

Mark me dit avec enthousiasme que Survivor vient au camp tous les soirs depuis que je suis partie. Que ce genre d'acceptation puisse se produire si tôt, au milieu d'un tel massacre de son espèce par notre espèce, est toute la preuve dont nous avions besoin pour nous persuader que notre projet peut fonctionner. C'est un stimulant suffisant pour nous donner la force de persévérer.

Survivor continue de venir au camp tous les jours, pas seulement le soir mais à tout moment. Le matin, il se rend au *boma* de la cuisine et se nourrit à dix mètres du feu de camp. Il fourrage entre le bureau et les habitations, et une fois, il s'est approché à moins de quatre mètres de nous, alors que nous nous tenions tranquillement sous le porche de notre cottage – si près qu'il pourrait nous toucher avec sa trompe. Nous n'avons plus à nous figer en sa présence. Il règne une trêve tacite : tant que nous nous déplaçons calmement et lentement autour du camp, il ne nous prête aucune attention. Simbeye, Mwamba et Kasokola sont aussi épris de Survivor que nous et je les vois souvent tranquillement devant l'atelier, occupés à l'observer en train de se nourrir.

La trêve n'est rompue qu'une seule fois. Un matin, Mark se précipite sur le chemin vers le bureau, tête baissée. Alors qu'il fait le tour du cottage, il lève les yeux pour voir le genou de Survivor à seulement six mètres de lui. L'éléphant, pris par surprise, dresse sa trompe et bat des oreilles en expulsant de grands souffles. Faisant demi-tour, il court vingt mètres avant de se retourner pour faire à nouveau face à Mark. Ce dernier résiste à l'envie de fuir dans la direction opposée et reste tranquillement à la même place. Après quelques minutes de battements d'oreilles, Survivor se calme et se nourrit à nouveau.

*

L'heure de l'inspection annuelle de l'avion est arrivée. Mark doit se rendre à Johannesburg pour l'entretien. Malheureusement, il sera absent plus de trois semaines. Je reste à Marula-Puku pour continuer notre travail et observer Survivor. Parfois, les gars et moi le voyons, lui et ses quatre compagnons, parcourir les collines entre la piste d'atterrissage et le camp. Tous se sont habitués à nous et ne s'enfuient plus, mais seul Survivor vient au camp.

Les éléphants peuvent se déplacer dans la brousse aussi silencieusement que des chatons, mais lorsqu'ils se nourrissent, ils produisent un vacarme époustouflant en arrachant les feuilles d'une branche ou en renversant de petits arbres. Que je travaille sur l'ordinateur à énergie solaire, que j'allume un feu ou que je lise, je sais où se trouve Survivor grâce à ses bruits de mastication. La nuit, il se balade à travers le camp endormi telle une grande ombre lunaire. Allongée dans mon lit, je suis bercée par le vent agité, ses pas doux et le bruissement des feuilles – la chanson de Survivor.

Une nuit, alors qu'il fourrage devant le chalet, je ne peux pas dormir, ou peut-être que je ne le veux pas. Je me lève et j'ouvre la porte. La demi-lune apparaît et disparaît à travers les feuilles de marula alors que Survivor se nourrit sous l'arbre à dix mètres de l'endroit où je me tiens. Avançant petit à petit, observant chacun de ses mouvements, je monte sur le porche en pierre et m'assieds avec lenteur sur le pas de la porte. Gracieusement, il se tourne vers moi, soulevant sa trompe pour sentir mon odeur. Il se détend immédiatement, baisse sa trompe et renifle bruyamment un autre fruit.

À dix mètres d'un éléphant. S'asseoir et regarder un éléphant. Il couvre le monde. Même dans cette douce lumière, je peux voir les rides profondes et les plis de sa peau. Ils ressemblent aux cratères et aux vallées de la lune.

Se balançant lentement d'avant en arrière, il ramasse les fruits, tendant parfois sa trompe dans ma direction. Peu à peu, il contourne le coin du chalet, jusqu'à ce que je me retrouve assise au clair de lune à contempler son énorme derrière et sa queue. Même cela suffit. Quand enfin il disparaît dans l'ombre, je retourne me coucher et je m'endors.

Ce sont, bien sûr, les fruits du marula qui le font venir. Début mai, des milliers d'entre eux tapissent le sol du camp, exhalant un parfum suave dans l'air doux. Mais fin juin, la plupart d'entre eux ont été mangés par Survivor et les inséparables de Lillian. Une fois qu'il n'y aura plus de fruits, Survivor migrera vers les montagnes. Je me demande si, fidèle à son nom, il survivra une autre saison. Chaque matin, je fouille sous les buissons, sous les panneaux solaires, dans tous les endroits difficiles d'accès, déposant les fruits à l'air libre où il peut les trouver.

Survivor vient déjà moins souvent au camp, peut-être tous les deux jours au lieu de tous les jours. Je ne le vois que rarement, lui et les quatre autres, se nourrir des hautes herbes et des petits buissons des coteaux.

Désormais, les fruits de marula ont presque disparu du camp. La nuit, je m'assieds à la fenêtre en regardant la lune projeter des formes étranges sur l'herbe. Mais la grande ombre lunaire et la douce chanson que j'attends ne viennent plus.

16

Une Seule Défense

Mark

> Je suis le vent.
> Je suis une légende.
> Je suis l'histoire.
> Je vais et viens. Mes traces,
> à certains endroits, sont effacées.
> Je suis celle qui erre, celle
> qui parle, celle qui observe...
> celle qui enseigne, celle qui avance...
> celle qui pleure, celle qui sait...
> celle qui connaît les étendues sauvages.
>
> Paula Gunn ALLEN

Là où la Lubonga rencontre l'escarpement, Une Seule Défense se fraie un chemin au bas d'un ravin abrupt, marchant avec précaution sur le gravier tranchant, son corps massif se balançant en rythme, presque comme si elle était sur la pointe des pieds. Sa défense unique, longue de plus de un mètre, semble toucher le côté de la gorge alors qu'elle regarde sa famille. Parmi eux, Misty, sa fille de dix-huit ans, et Mandy et Marula, deux jeunes femelles adultes. Un bébé et un éléphanteau de trois ans suivent de près, surveillant leurs pas tandis qu'ils descendent la pente.

La matriarche est passée plusieurs fois par ici, comme ses ancêtres. Chaque fois, elle s'arrête, comme elle l'a fait plus tôt aujourd'hui, pour sentir et caresser avec sa trompe les os des morts récents. Mais maintenant, au lieu de milliers d'éléphants, seuls de petits groupes isolés se déplacent silencieusement, nerveusement, à travers les forêts mourantes pour rejoindre la rivière Lubonga.

Le soleil d'hiver, terne et gonflé par la fumée des feux de forêt de la saison sèche, s'affaisse dans les collines lointaines. Une Seule Défense n'emmènera sa petite famille boire à la rivière qu'à la tombée du jour, lorsque les braconniers auront installé leur campement pour la nuit.

Des rafales de coups de feu tonnent alors à travers le canyon. Plusieurs balles frappent Une Seule Défense en succession rapide. Elle recule en titubant, lève sa trompe et crie un avertissement, les yeux blancs de peur, du sang coulant de petits trous dans son cou et son épaule. Elle crie à nouveau, une mousse rose écumant de sa bouche. Trois autres explosions lui brisent le crâne. Tombant à genoux, comme en prière, elle glisse dans cette position jusqu'au bas de la berge. Les éléphanteaux courent vers leur matriarche déchue, gémissant de confusion. Leurs mères se retournent pour faire face aux hommes armés.

L'un des tireurs s'avance hardiment vers le haut de la berge à la vue des éléphants terrifiés. Hurlant, les oreilles en arrière, leurs trompes levées, Misty, Mandy et Marula dégringolent la pente et chargent vers lui. D'autres coups de feu retentissent. Deux nuages de poussière explosent de la poitrine de Mandy. Elle crie, s'assied sur ses hanches, puis dégringole la colline dans un enchevêtrement de pattes, de trompe et de queue.

Misty et Marula interrompent leur charge et se précipitent hors du ravin, les éléphanteaux blottis contre leurs flancs. Ils courent sur plus de un kilomètre jusqu'à une prairie sous l'escarpement où il y a des fourrés denses et un ruisseau pour boire. Sans Une Seule Défense pour leur montrer la voie, ils errent dans une confusion totale.

Les éléphants assiégés se regroupent, tournent en rond, trompes relevées, humant l'air. Encore et encore, ils entrelacent leurs trompes et les tendent pour toucher leurs visages, se rassurant apparemment que les autres sont toujours là et vont bien. Les mères pressent l'éléphanteau et le petit contre leurs flancs, caressant leurs visages, leurs cous et leurs épaules.

Après s'être calmés, Misty, Marula et leurs petits marchent plus à l'est, loin du lieu de l'attaque. Puis ils font demi-tour et passent la nuit blottis les uns contre les autres à quelques centaines de mètres de l'endroit où Une Seule Défense et Mandy ont été abattues.

Le lendemain matin, grondant bruyamment et tenant leurs trompes haut, leurs glandes temporales suintant, ils marchent vers l'endroit où Une Seule Défense et Mandy gisent au milieu d'une grande tache brun rougeâtre de fluides corporels. Les visages, les pieds, les queues et les trompes des éléphantes, couvertes d'une nuée de vautours sifflants, qui ont souillé les corps gris et gonflés d'excréments, ont été déchiquetés. Des essaims d'asticots ont déjà commencé à pondre leurs œufs dans la chair en décomposition.

Menant les autres, hésitant après chaque pas, la trompe relevée, battant des oreilles, Misty s'approche prudemment du cadavre mutilé qui était il y a quelques heures à peine Une Seule Défense. Elle et les autres se rassemblent autour du corps, leurs trompes tendues, sentant chaque centimètre. Puis Misty pousse le cadavre avec son pied et ses défenses. Les autres se joignent à elle, comme s'ils voulaient que leur matriarche se lève et vive à nouveau. Au bout d'un long moment, Misty se dirige vers la trompe arrachée, la ramasse avec la sienne, la tient un moment, puis la repose, les joues mouillées par ses glandes temporales en pleurs.

Après avoir senti et caressé leurs morts pendant près de deux heures, Misty et Marula commencent à arracher des touffes d'herbe, à casser des brindilles d'arbres et à gratter des tas de gravier avec leurs pieds. Les plus jeunes éléphants se joignent à elles alors qu'elles recouvrent les cadavres de ces débris. L'enterrement prend le reste de la matinée, et lorsqu'il s'achève, les éléphants se tiennent là en silence, la trompe pendante, durant plusieurs minutes. Puis Marula les emmène. Misty revient vers sa mère tuée, pose sa trompe sur son dos et reste là pendant près de deux minutes. Enfin, elle se retourne pour suivre les autres.

Elle rattrape le petit groupe et en prend la tête. Marchant avec détermination, ils se dirigent vers le nord-ouest en direction du haut sommet de Molombwe, qui se dresse derrière la chaîne de collines qui forme le bord de l'escarpement. En dessous se trouve Elephant's Playground, où ils ont vu pour la dernière fois Oreille Longue et son unité familiale. Grondant constamment, les glandes temporales ruisselant, ils suivent les sentiers empruntés par leurs semblables lorsqu'ils traversent les collines et les vallées au pied du Muchinga. Souvent, ils s'arrêtent pour écouter et sentir, faisant tournoyer bien haut leurs trompes, humant la brise. Les éléphants se sont à peine nourris depuis deux jours et les deux jeunes sont particulièrement affamés et fatigués.

Le matin du troisième jour, Misty, Marula et les autres approchent d'Elephant's Playground lorsqu'ils entendent un grondement devant eux. Dévalant la pente au bord du ravin, ils voient le groupe d'Oreille Longue les observer, trompes levées. Misty court plus vite, alors qu'Oreille Longue et ses deux filles se précipitent à leur rencontre. Le barrissement, le grondement et le claquement de leurs défenses résonnent dans les collines alors que les deux groupes se saluent. Se poussant les uns contre les autres, s'amoncelant en un ensemble compact de corps gris, encore et encore ils se touchent le visage avec leurs trompes. Oreille Longue continue de regarder vers l'est, comme si elle s'attendait à ce qu'Une Seule Défense et Mandy apparaissent. Misty se place à côté d'Oreille Longue et se tient là, son visage enfoui dans la peau lâche et ridée.

Les éléphants finissent par se calmer, mais ils continuent à gronder doucement et à se toucher. Les deux groupes ont perdu leur matriarche et, avec elle, l'accès à l'immense sagesse acquise auprès de ses ancêtres et au cours de décennies passées à parcourir la vallée. Jeunes, inexpérimentées, traquées sans relâche, ces orphelines de la guerre du braconnage resteront ensemble, élevant leurs petits du mieux qu'elles peuvent. Elles s'éloignent et s'enfoncent dans les collines sans cesser de se toucher.

*

Harceler les braconniers avec l'avion ne fonctionne plus. J'ai survolé Une Seule Défense et sa famille une heure avant qu'elle et Mandy ne soient tuées. Les braconniers ont certainement vu l'avion, mais cela ne les effraie plus. Ils ont compris que je ne peux atterrir que sur une piste d'atterrissage ou un banc de sable. Le lendemain matin, attiré par la fumée d'un feu que les tueurs ont allumé en quittant le parc, je vole à nouveau et trouve les cadavres d'Une Seule Défense et de Mandy, entourés de leur famille qui s'affaire autour d'eux.

Quatre jours plus tard, lors d'une patrouille au-dessus de la Mwaleshi, j'aperçois deux éléphants qui broutent près de la rivière. En rentrant au camp une heure et demie plus tard, je découvre leurs carcasses dépourvues de défenses. Atterrissant le long de la rive, je marche jusqu'à l'endroit de l'abattage où je note leur âge et leur sexe et cherche tout indice – une chemise, une trace de botte, des cartouches de fusil, du matériel de camping – qui pourrait nous mener aux braconniers. Puis, craignant qu'ils ne soient encore dans les environs et n'attaquent l'avion, je reviens en courant et décolle vers le camp.

J'ai deux heures de retard lorsque j'atterris à Marula-Puku. Delia me rejoint à l'atelier, le visage pâle d'inquiétude.

– Mark, où étais-tu ? J'étais sur le point de lancer une recherche.

– J'ai compté les éléphants morts, que voulais-tu que je fasse d'autre ?

Je claque la porte du 4 x 4 et je me dirige vers la cuisine pour y prendre une tasse de café noir. Depuis quelque temps, je ne tiens que grâce à ma tasse de café. Je me fais un breuvage si fort qu'il ressemble à un fin sirop.

La caféine me donne la force et le courage nécessaires pour faire ce que j'ai à faire, mais de plus en plus souvent, c'est elle qui parle. Je démarre au quart de tour.

Les braconniers ont envahi de vastes zones du parc, y compris le sanctuaire autour de notre camp, que j'ai pu défendre jusqu'à présent avec l'avion. La région est devenue une zone de guerre. Un matin, depuis l'avion, je découvre six éléphants morts, le visage arraché, les défenses retirées, sur la Lubonga, près de son confluent avec la Mwaleshi. Deux jours plus tard, un feu de brousse fraîchement allumé me conduit à deux autres carcasses sur la Lufwashi, près de Chinchendu Hill. Le lendemain, trois autres carcasses sont découvertes le long de la rivière Mwaleshi, au nord de Chinchendu. Puis trois autres au nord de Marula-Puku, tués par Patrick Mubuka, l'officier responsable du camp de gardes-chasse de Nsansamina.

Je vole nuit et jour, repérant les braconniers, plongeant sur eux avec l'avion et transportant les éclaireurs quand ils daignent venir. Mais les massacres sont totalement incontrôlables et s'intensifient. Delia et moi ne pouvons plus continuer ainsi très longtemps, et les éléphants non plus. Nous avons au moins résolu un mystère : nous avons trouvé le légendaire cimetière des éléphants. Il s'agit de la Zambie.

Lors des longs vols de nuit, dans l'obscurité, à la recherche des feux des braconniers, je me retrouve à contempler le pare-brise noir de l'avion, à la faible lueur rouge des instruments se reflétant sur moi, en essayant de comprendre pourquoi le braconnage s'est soudainement accru. Même s'il n'est pas aussi terrible qu'avant l'embargo sur l'ivoire, il a explosé récemment et je ne comprends pas pourquoi.

Un matin, quelques semaines après l'assassinat d'Une Seule Défense et de Mandy, je me tiens à côté de notre Mog sur la place du marché de Mpika. Les habitants vont et viennent entre les échoppes et les étals qui vendent des pommes de terre, de la farine de maïs, des choux, du poisson séché et, au marché noir, de l'huile de cuisson, du sucre et du tabac. Kasokola fait les achats à l'intérieur tandis que je garde le camion. Je me sens un peu mal à l'aise, comme si tous les braconniers du district m'observaient. Au bout d'une vingtaine de minutes, un Zambien vêtu d'un pantalon gris clair, d'un gilet jacquard, de chaussures en cuir et de lunettes de soleil traverse le sol sec et poussiéreux pour venir vers moi.

Je le salue en chibemba :

– *Mapalanye.*

– Bonjour. Comment allez-vous ?

Il a un peu de mal à se tenir droit et sent fortement la bière. Il étudie le logo de la Société zoologique de Francfort et le lettrage du North Luangwa Conservation Project sur le côté du Mog. À voix haute, il le lit mal :

– « North Luangwa Construction Project ». Vous travaillez dans le bâtiment ? Où ça ?

– Dans la vallée, dis-je en agitant la main en direction de l'est, vers Luangwa. Je suis dans la construction de routes.

– Je vois... Vous voulez acheter quelque chose, peut-être ?

– Ça dépend de ce que vous vendez.

– N'importe quoi ! Tout ce que vous voulez ! clame-t-il en tendant les bras. Vous voulez de l'ivoire, j'ai de l'ivoire. Vous voulez des peaux de lion, j'ai des peaux de lion. Des pieds et des queues d'éléphant. Des zèbres, des léopards, n'importe quoi.

Il se penche près de moi, baissant la voix alors que des femmes passent devant nous pour aller vendre un panier rempli de poissons séchés.

– J'ai même des cornes de rhinocéros, confie-t-il. Ça vous intéresse ?

– Je ne sais pas. Il faudrait d'abord que je voie la marchandise. Où trouvez-vous tout ça ?

– Je connais des gens qui travaillent pour une compagnie de safari. Ma marchandise provient principalement du village de Fulaza, près du North Luangwa. Ils organisent les chasseurs de ce côté, certains venant de

Mpika, d'autres de Fulaza, puis ils transportent l'ivoire et les peaux jusqu'à Mpika.

Nous nous écartons pendant que Kasokola et un autre homme tirent un sac de haricots jusqu'à l'arrière du camion et le jettent à l'intérieur.

— Combien faut-il payer un chasseur pour abattre un éléphant ?

— Pour l'instant, pas trop. Seulement un millier de kwachas.

Soit un peu plus de dix dollars par éléphant.

Il me dit qu'un bon chasseur peut gagner jusqu'à cinquante mille kwachas en trois semaines dans la brousse, et jusqu'à un demi-million en un an. L'ivoire illégal est transporté jusqu'à Lusaka dans des camions de l'armée ou dans des véhicules civils, caché dans des pneus de rechange, des sacs de farine de blé, des barils ou enseveli sous de lourdes charges. À Lusaka, l'ivoire emprunte divers itinéraires pour quitter le pays. Certaines défenses sont découpées dans des douzaines d'ateliers clandestins et passées en contrebande par petits morceaux vers le Swaziland à bord de Swazi Airlines. Ou bien un contact du gouvernement est payé pour les blanchir avec des documents officiels et elles sont expédiées avec de l'ivoire légal à travers le Botswana et le Zimbabwe jusqu'en Afrique du Sud. De là, une partie de l'ivoire est sculptée et vendue comme objet d'artisanat ; le reste est vendu à des marchands en Chine, en Corée du Nord et dans d'autres pays non africains qui refusent de respecter l'embargo sur le commerce de l'ivoire.

— Cette interdiction est gênante, se plaint le trafiquant. À cause d'elle, l'ivoire est beaucoup trop bon marché. Nous survivons en vendant à des négociants dans des pays qui continuent à en faire le commerce.

Il fait bien sûr référence à l'Afrique du Sud, au Zimbabwe, au Botswana, au Mozambique, au Malawi, à l'Angola et à la Zambie, qui refusent de respecter le moratoire.

– Mais nous espérons que cela ne durera pas. Les pays voteront à nouveau bientôt. Alors nous abattons des éléphants et enterrons de l'ivoire, en attendant que l'Amérique, l'Europe et le Japon rejettent cette interdiction insensée.

Il s'appuie sur le Mog, les mains dans les poches.

– Et si tous les pays du monde arrêtaient le commerce de l'ivoire ?

– Ah ! Alors il n'y aurait plus de marché du tout et ma petite entreprise fermerait ses portes. Je devrais me lancer dans l'agriculture. Viens, Big Man. Faisons des affaires. Qu'est-ce que tu veux et combien ?

– D'accord. Voyons voir quelques-unes de vos marchandises.

Gary Simutendu m'épelle son nom et m'indique comment me rendre chez lui. Je lui promets de passer le voir dans un jour ou deux. Au lieu de quoi je me rends aussitôt chez Bornface Mulenga, le directeur. Il me dit que Simutendu ne fait plus de trafic et que je devrais oublier ce qu'il m'a raconté. Je ne l'écoute pas et je m'envole sans attendre pour Lusaka afin de m'entretenir avec Paul Russell et Norbert Mumba de la Commission anticorruption. Quelques mois plus tard, ils démantèleront plusieurs dizaines d'usines illégales de traitement de l'ivoire à Lusaka et inculperont un diplomate chinois et trois hauts fonctionnaires du département des parcs nationaux pour contrebande d'ivoire vers le Swaziland et la Chine.

Simutendu, tout ivre qu'il était, m'a dit tout ce que je devais savoir sur la façon de sauver les éléphants du Luangwa : ce sera impossible sans une interdiction totale, à long terme et mondiale du commerce de l'ivoire et de tout ce qui provient des éléphants. Nous ferons tout ce qui est en notre pouvoir pour convaincre la Zambie et d'autres pays d'adhérer à cet embargo, mais en attendant, c'est à nous de nous débarrasser des braconniers tels que Chikilinti.

L'un de nos nouveaux agents est un ancien braconnier qui a chassé avec Chikilinti à de nombreuses reprises. Plusieurs jours après ma rencontre avec Gary Simutendu, nous avons infiltré cet informateur avec de l'argent pour les tournées de bière, quatre cartouches de fusil de chasse et une histoire selon laquelle il a été attaqué par des gardes-chasse alors qu'il se rendait dans le parc pour braconner. Nous l'envoyons à Mpika. Trouvant Chikilinti dans un bar de Tazara, il lui paie bière sur bière jusqu'à ce qu'il soit ivre. Il s'éclipse alors vers le bureau du directeur, lui demandant d'envoyer des gardes-chasse pour arrêter le braconnier. Deux gardes-chasse se précipitent à Tazara et avertissent Chikilinti qu'il est sur le point d'être appréhendé. Immédiatement, ce dernier se fond dans la rue bondée et nous avons perdu notre meilleure chance de coincer le parrain de tous les braconniers.

*

Perchés dans nos chaises en toile qui dominent le murmure de la Lubonga, nous observons les orages qui s'abattent et grondent dans le ciel meurtri au-dessus du lit pierreux de la rivière. La lumière du soleil couchant, de la couleur du beurre, va et vient entre les nuages, faisant ressortir le vert brillant des jeunes herbes qui poussent sur les bancs de sable le long de la plaine inondable. Les pukus sont parsemés comme des flocons de cannelle rouge à travers la verdure, et, de temps en temps, une bande d'aigrettes blanches comme la neige ou un tantale ibis passent, suivant le cours de la rivière.

La couleur s'estompe dans le ciel et le crépuscule s'installe sur la communauté du lit de la rivière. Un troupeau de pintades râle plaintivement à notre droite ; un poisson saute dans le bassin sous nos pieds ; et le puku et l'antilope sing-sing avancent à pas hésitants vers le courant pour s'y abreuver. Les engoulevents porte-étendards, fantômes vaporeux du crépuscule, trillent en volant autour de nous, si près que leurs ailes touchent presque nos visages. L'obscurité s'épaissit et les silhouettes gracieuses des antilopes se dissolvent lentement dans les pierres grises de l'autre côté de l'eau.

La vie d'un éléphant vaut environ dix dollars.

Nous ne pouvons parler de rien d'autre. Alors, la plupart du temps, nous ne parlons pas. Il y a un moment où il faut abandonner et ce moment est arrivé. Nous devons abandonner ; abandonner, c'est survivre. Delia penche la tête en arrière, les yeux perdus dans le ciel, et lorsqu'elle parle, sa voix est lointaine et très fatiguée.

– Je ne me souviens pas de la dernière fois que nous avons observé des étoiles filantes. Rentrons à la maison pour nous reposer, supplie-t-elle.

Et je suis d'accord, il est temps de prendre du recul.

Quelques jours plus tard, laissant les gars en charge de Marula-Puku, nous nous rendons à Lusaka. Deux heures avant notre vol pour les États-Unis, nous recevons un message radio : des coups de feu ont été entendus tout autour du camp. Des braconniers tuent des éléphants à quelques centaines de mètres du camp. Le directeur des parcs nationaux accepte d'envoyer des éclaireurs paramilitaires pour protéger le site en notre absence.

À Atlanta, deux semaines seulement après notre arrivée, je reçois un appel urgent de Marie Hill depuis Mpika. Tard dans la nuit, me dit-elle, la maison d'un autre de nos informateurs a été attaquée à l'AK-47 ; quelques nuits auparavant, plusieurs autres agents ont été passés à tabac ; et Mathews Phiri, un éclaireur de confiance que nous avons fait venir de Livingstone, dans le sud de la Zambie, pour travailler sous couverture à Mpika, est hospitalisé à la suite d'un empoisonnement. Nous disons à Marie de demander à Musakanya de rappeler tous les agents infiltrés jusqu'à notre retour.

Nous avions besoin de partir, mais il semble que treize mille kilomètres ne suffisent pas.

Quelques jours plus tard, Delia et moi sommes dans un salon de l'aéroport Hartfield d'Atlanta, où nous attendons un vol pour Charlottesville, en Virginie. En revenant à notre table avec sa boisson, Delia titube et se serre la poitrine. Avant que je ne puisse me lever pour l'aider, elle s'effondre sur sa chaise, renversant son verre sur la table, le visage tordu par la douleur, la respiration faible et irrégulière. Je cours jusqu'à la porte d'embarquement toute proche et les agents appellent l'équipe médicale de l'aéroport. En moins de deux minutes, ils installent un électrocardiographe portable dans le salon et stabilisent Delia pour que nous puissions l'emmener chez un spécialiste.

Dans le cabinet du cardiologue, le médecin la met en garde :

– Votre corps essaie de vous dire quelque chose. Je peux vous prescrire des médicaments – des bêtabloquants – mais il faut surtout que vous changiez votre mode de vie afin de minimiser le stress.

Delia regarde par la fenêtre et rit.

17

Dans l'œil du cyclone

Mark

> Les nuages d'orage s'amoncellent et la nuit s'abat sur nous, soufflant un vent empoisonné... Nous avons tous perdu.
>
> John BARNES

– Nous avons rencontré un groupe d'une centaine de braconniers descendant le long de la Mwaleshi. Ils avaient douze armes, dont des fusils d'assaut automatiques. Ils ont encerclé nos porteurs, mais les ont relâchés plus tard. Nous avons demandé de l'aide aux *Chanjuzi* [gardes-chasse], mais ils étaient incapables de trouver plus d'une arme avec quatre cartouches et n'avaient pas de farine. Merci de nous aider à lutter contre le braconnage. La rivière Mulandashi n'étant plus praticable, je dois prendre l'avion avec vous pour trouver d'autres zones afin de ne pas avoir à annuler le reste de la saison des safaris...

La radio crépite de ce message télex urgent de Iain MacDonald. Quelques mois plus tôt, il a installé un camp de roseaux et de chaume sur une lagune près du confluent entre la Mulandashi et la Luangwa et a entrepris d'organiser des safaris photographiques à pied, la première activité touristique à plein temps dans le North Luangwa. Nous souhaitons de tout cœur qu'il réussisse.

Après trois semaines aux États-Unis, nous sommes de retour à Marula-Puku. Bien que nous ayons évoqué la possibilité de renoncer, nous n'avons jamais sérieusement envisagé de le faire. Nous ne pouvons pas abandonner le parc et ses éléphants. Le problème cardiaque de Delia, que le stress empire, est une valve défectueuse ; mais tant que les braconniers attaqueront le parc et que les gardes-chasse refuseront de faire leur boulot, notre vie ne sera jamais paisible. Nous sommes donc revenus armés de bêta-bloquants et d'une nouvelle détermination.

Sur la piste d'atterrissage, la nuit du message de Iain, Kasokola, deux gardes et moi-même installons notre rampe d'éclairage artisanale. Nous venons d'allumer le dernier brasero lorsqu'un gros orage commence à gronder au sud-ouest de la piste, entre nous et Chinchendu Hill. Kasokola et moi attendons quarante-cinq minutes dans l'avion, espérant que l'orage va se déplacer, mais il ne bouge pas. Au bout d'un quart d'heure, le tonnerre et les éclairs commencent à s'atténuer et je décide de décoller.

Je roule jusqu'à l'extrémité ouest de la piste, vérifie l'alimentation électrique, jette un dernier coup d'œil au ciel et décide d'attendre à nouveau. Je peux voir la masse noire cancroïde d'un système orageux plus large qui se déplace avec la tête d'orage. Bien que le ciel au nord soit globalement dégagé, je ne veux pas décoller et ne pas pouvoir voir l'horizon correctement, surtout si l'orage se déplace à nouveau vers le nord. La pompe à vide de mon avion étant en panne, l'horizon artificiel et le compas gyroscopique sont inutilisables. Mon altimètre radar, qui me donnerait la hauteur exacte au-dessus du sol, ne fonctionne pas non plus et, avec les changements de pression barométrique liés à la tempête, mon altimètre ne sera pas du tout fiable. Il y a quelques jours, j'ai enfin réussi à réparer mon anémomètre : Cédric, une souris rusée qui vivait dans l'avion, avait rongé la ligne reliant le tube de Pitot à la boîte à pression située sous le tableau de bord.

Il fait encore presque nuit noire, mais je crois voir l'aube poindre sous la paupière endormie du ciel de l'est.

– Tu la vois, Kasokola ?

Il pense que oui. J'y vais. Si nous attendons plus longtemps, nous aurons du mal à repérer les feux de Chikilinti après le lever du jour. Car c'est bien Chikilinti ; je sais maintenant qu'un groupe de braconniers aussi important ne peut avoir été organisé que par lui.

À peine les roues de Zulu Sierra ont-elles quitté le sol que je suis sûr de m'être trompé. Il n'y a aucun signe d'aube et je peux à peine distinguer l'horizon à l'est. Tous les autres coins du ciel sont noirs. Si la tempête nous englobe, je serai obligé de voler aux instruments, et ceux dont j'ai le plus besoin ne fonctionnent pas. Je sors du domaine du risque raisonnable pour entrer dans celui de la stupidité. Au moment de passer au-dessus du camp, je fais demi-tour avec l'intention de revenir au sol le plus vite possible. La nouvelle balise éclaire l'extrémité est de la piste, mais l'extrémité ouest a déjà été engloutie par des nuages noirs et une pluie torrentielle. L'averse a noyé six des neuf fusées éclairantes, laissant le côté sud de la piste dans l'obscurité totale et seulement trois fusées éclairantes et la balise du côté nord.

– Mark, tu es là ? appelle Delia par radio. Le vent souffle très fort ici. Tu me reçois ?

– Bien reçu, chérie, ça a l'air un peu méchant au sud, alors je descends tout de suite. Terminé.

Mais pour une raison inconnue, Delia n'entend pas ma transmission.

– Mark ! Tu me reçois ? *Tu me reçois, Mark ?*

– Je te reçois. Je descends tout de suite.

– Mark, je répète, il y a une vilaine tempête qui arrive. Tu me reçois ?

– Pas le temps de parler maintenant, mon amour. Je te verrai quand je descendrai.

– Mark, je ne t'entends pas. Est-ce que ça va ? Réponds-moi, s'il te plaît... Oh, mon Dieu...

Un énorme poing de vent s'abat sur l'avion, le faisant basculer sur le côté droit. En tirant les commandes vers la gauche, j'essaie de le stabiliser. Je devrais peut-être appeler le camp, pour faire savoir à Delia que je ne me suis pas écrasé. Pas le temps. Deux, peut-être trois minutes, c'est tout ce qu'il me reste pour revenir au sol avant que toute la piste ne soit ensevelie sous les nuages et la pluie. Je pousse le manche vers l'avant pour plonger vers la piste d'atterrissage. En même temps, je passe la main derrière ma tête pour allumer le voyant rouge du tableau de bord afin de voir l'altimètre défiler. Quoi qu'il arrive, je ne dois pas descendre en dessous de sept cents mètres. Sinon nous sommes morts, car j'ai déjà calculé l'altitude de la piste : six cent quatre-vingt-dix-neuf mètres. C'est là que le ciel doux se transforme en sol dur.

En descendant à neuf cents mètres, j'allume mon phare d'atterrissage. Mais la pluie renvoie le faisceau vers mon visage, un drap blanc qui m'aveugle totalement. J'éteins rapidement le phare et j'accentue mon piqué en direction de la balise amicale et hypnotique qui clignote comme une luciole à l'extrémité de la piste.

Puis les braseros et la balise disparaissent. L'orage charge vers moi en remontant la piste d'atterrissage. En relevant un peu le nez de l'avion, je ralentis notre vitesse de descente tout en essayant de retrouver la balise ou notre rampe d'éclairage. Je jette à nouveau un coup d'œil à mon altimètre. L'aiguille blanche frôle les sept cents mètres ! Mon Dieu, nous sommes presque au sol ! Mais où est-il ? Je ne vois rien.

La pluie et la grêle frappent le fuselage comme de la chevrotine et mon pare-brise est opaque. Je cherche à tâtons l'interrupteur du phare d'atterrissage. Soudain, la balise réapparaît au milieu d'un amas de nuages, rayonnant joyeusement au sommet de son mât de trois mètres... à hauteur de mon aile droite. Je bascule le manche, soulevant l'aile, et je le ramène en arrière pour nous sortir du piqué. Avec mon doigt, j'appuie sur l'interrupteur. Le puissant faisceau de lumière traverse l'obscurité.

Un arbre se dresse droit devant nous... à moins de cinquante mètres. Nous sommes sous sa cime, à moins de trois mètres du sol. Sans notre rampe d'approche, j'ai mal évalué non seulement notre altitude, mais aussi notre alignement par rapport à la piste. Nous atterrissons en crabe à un angle d'environ trente degrés par rapport à la piste. À une vitesse de 130 km/h, nous allons toucher l'arbre dans exactement 1,27 seconde.

Je ramène les commandes vers l'arrière et je pousse les gaz à fond. Le moteur rugit et l'avion s'emballe, comme si quelqu'un lui avait donné un coup de pied dans le derrière en lui disant :

– Allez, ma belle, c'est le moment de nous montrer ce que tu as dans le ventre.

Il pointe courageusement son nez vers l'orage et, alors qu'il se fraie un chemin vers le haut, son phare d'atterrissage se lève. L'arbre disparaît de mon champ de vision.

Je serre les dents, écoutant le bruit de lacération d'une partie de l'appareil qui passe à travers l'arbre. Mais nous continuons à voler. Plus tard, je découvrirai des branchages coincés dans la roue principale gauche et des taches vertes sur le train d'atterrissage.

Mais pour l'instant, je ne vois rien, et Zulu Sierra oscille et virevolte par à-coups. En luttant avec le manche, je surveille l'indicateur de virage et d'inclinaison latérale, essayant de maintenir ses ailes miniatures à l'horizontale pour que nous ne partions pas en vrille et que nous ne nous écrasions pas. Cet instrument n'a jamais été conçu pour voler à l'aveugle, mais c'est tout ce que j'ai. « Continue à monter ! Et ne surcorrige pas ! Éloigne-toi du sol », me crie mon esprit.

Le bruit de la pluie qui tambourine sur la carlingue devient un grondement sourd. Par les hublots, je ne vois que le noir le plus noir que j'aie jamais vu : pas de rampe, pas de balises, pas de lune, pas d'étoiles. Pourtant, quelques minutes plus tôt, le ciel au nord était dégagé. Soucieux de ne pas surcorriger et de ne pas partir en vrille, je pousse le gouvernail vers la droite, j'incline légèrement l'avion et j'entame un virage très progressif vers le nord à partir de mon cap sud-ouest.

Pendant plusieurs minutes, je vole comme dans de l'encre grumeleuse, cherchant à sortir à tâtons du ventre noir de la tempête. Enfin, j'aperçois une faible lueur ambrée dans le pare-brise – la balise de la piste d'atterrissage. Et zut ! Je plonge à nouveau vers le sol ! Non... Je choisis de croire mon altimètre. Il indique mille deux cents mètres et continue de monter. Quoi qu'il en soit, en volant vers le nord, la lumière devrait être derrière nous. En regardant autour de moi, je vois la balise à travers la vitre arrière droite. Elle se reflète dans le pare-brise. Nous sommes sortis de la tempête. Un chapelet de fusées éclairantes jaunes pousse de chaque côté de la piste d'atterrissage. Les gars, que Dieu les bénisse, font tout ce qu'ils peuvent pour nous ramener à la maison.

Je tourne en rond dans l'air clair pendant plusieurs minutes, tandis que l'orage arrose la piste et s'éloigne. Puis je fais demi-tour et j'atterris sur la piste détrempée, les roues principales de l'avion aspergeant le dessous des ailes de boue et d'eau. Je conduis Zulu Sierra jusqu'à son *boma*, j'éteins l'appareil et je me glisse hors de mon siège. Pendant que les gars l'attachent et ramassent les fusées éclairantes, je reste seul sur le sommet de la colline, aspirant l'air doux et humide, écoutant les derniers grognements de l'orage qui s'éteint. J'ai mon compte. La traque de Chikilinti attendra un temps plus clément. Avant de descendre au camp, je donne à chacun des gardes une tape dans le dos et une grosse prime.

Delia est assise sur le lit de notre maison de pierre et de chaume et pleure dans le noir. J'allume la lampe à énergie solaire et j'essaie de la prendre dans mes bras. Mais elle me repousse.

– Mark, je croyais que tu étais mort ! J'ai vraiment cru que tu étais mort ! Il n'y avait pas de 4 x 4 ici et ma radio ne fonctionnait pas, alors je ne pouvais rien faire. Et cela se produit nuit après nuit ! Sais-tu ce que je ressens ? Tu t'en soucies, au moins ?

Je me tourne vers la fenêtre, écarte les rideaux et regarde les lourds nuages prendre une teinte argentée au-dessus du soleil levant.

– Je suis désolé, chérie. Je ne sais pas quoi faire d'autre. Tu sais que mes missions de survol sont la seule chose qui se dresse entre les braconniers et les éléphants.

– Oui, mais je ne suis plus convaincue que cela vaille la peine de mourir. Si ta mort pouvait changer quelque chose, alors peut-être que ce serait le cas. Mais tu sais bien que non. Et je ne veux pas que tu meures pour rien ! Je veux arrêter le braconnage autant que toi, mais tu as dépassé les bornes, et je ne peux pas continuer comme ça. Je ne peux pas. Je sais que tu ne peux pas changer ; tu fais ce que tu penses être juste, et je te respecte pour cela. Tu continueras à poursuivre les braconniers jusqu'à ce que tu les chasses ou que tu t'écrases au sol en essayant de le faire. Mais je ne peux pas rester ici nuit après nuit, jour après jour, à attendre de voir si tu reviendras, sachant qu'un jour tu ne reviendras pas. Je ne peux pas attendre ce moment.

Je regarde Delia, assise sur notre lit, le visage tuméfié par les pleurs, les yeux fermés. Je la prends à nouveau dans mes bras et j'essaie d'extraire le poison qui la paralyse. Mais il y a cette chose qui nous sépare maintenant, cette différence dans l'acceptation des risques que nous devons prendre pour débarrasser la vallée des braconniers. Je ne suis plus aussi proche d'elle. Elle m'échappe.

– Et donc, je pars, dit-elle en me repoussant à nouveau.

Et j'ai soudain plus peur qu'au cœur de la tempête.

– Écoute, chérie, on peut s'arranger...

– Non, m'interrompt-elle. Je vais aller à la rivière Luangwa pour construire mon propre petit camp, un endroit où je pourrai suivre par radio Bouncer et sa meute et faire quelque chose de plus constructif que de rester assise à attendre que tu te tues.

– Très bien, dis-je avec fermeté. Mais la route est longue d'ici à la Luangwa. Ta radio portable n'atteindra pas le camp de là-bas, et tu n'auras personne pour te sortir de là en cas de problème. Que se passera-t-il si des braconniers attaquent ton camp ? Ou si tu te fais mordre par un serpent, si tu attrapes le paludisme ou la maladie du sommeil ? Il n'y aura personne pour te soigner ou te tirer d'affaire.

– Ne me parle pas de risques ! Ce ne sera jamais aussi risqué que de voler à la cime des arbres la nuit avec des gens qui te tirent dessus, ou de décoller sans instruments en plein orage.

– D'accord, je sais, mais c'est nécessaire et...

– Il en va de même pour les risques que je vais prendre, rétorque-t-elle. Il faut que je me trouve une vie à moi, pour que s'il t'arrive quelque chose, j'aie une raison de continuer. Tu peux comprendre ça ?

En regardant son visage, tiré et hagard sous la lumière crue de l'éclairage au-dessus du lit, je la vois vieillir sous mes yeux. Je ne me souviens pas de la dernière fois où nous avons ri, vraiment ri, ensemble.

– Je comprends, chérie. Fais-le s'il le faut.

Je dois la laisser partir maintenant, ou la perdre pour toujours.

Le lendemain matin, je repars pour une patrouille aérienne dans le secteur nord du parc. Quand je reviens au camp, l'un de nos 4 x 4 a disparu et la cuisine et le bureau sont fermés. Delia a déjà fait ses valises. Elle est partie. Alors que je descends le sentier qui traverse le camp, Marula-Puku semble creux, sans âme, désert. Ce soir-là, alors que je me mets au lit, je découvre son mot posé sur mon oreiller.

Cher Mark,
Je t'aime. Peut-être que si nous survivons à cela, nous pourrons recommencer à zéro.
Affectueusement, Delia

Le lendemain matin, j'effectue un vol de trois heures jusqu'à Lusaka afin de faire inspecter notre avion. À mi-parcours, je suis pris d'un étrange mal : j'ai de la fièvre, mes bras sont soudain aussi lourds que du plomb et mon cœur bat la chamade. Je ne suis pas en état de voler et je devrais atterrir, mais il n'y a pas de piste d'atterrissage utilisable beaucoup plus près que Lusaka. Je positionne Zulu Sierra à trois cents mètres au-dessus du sol, afin de pouvoir effectuer un atterrissage forcé rapide si je commence à m'évanouir.

Pris de vertiges, la vue brouillée, je parviens tant bien que mal à Lusaka, où je me repose chez un ami pendant plus de deux semaines. Chaque fois que je décide de prendre l'avion pour retourner au camp, je change d'avis parce que je suis trop malade.

Un matin, Musakanya arrive avec un message urgent : Chikilinti, Simu Chimba, Mpundu Katongo et quelques autres se sont rendus dans le parc pour braconner. Mais cette fois, leurs cibles ne sont pas les éléphants et les buffles : ils ont l'intention de nous tuer, Delia et moi. Ne sachant pas à qui confier cette information à Mpika, Musakanya a pris le bus postal pour Lusaka afin de transmettre son message en personne.

Le directeur des parcs nationaux ordonne immédiatement à des gardes-chasse de confiance venus de la province du sud de se rendre à Mpika et dans le parc pour sécuriser notre camp. Musakanya repartira avec eux. Mais il leur faudra deux jours pour arriver à destination. Pendant ce temps, Delia est seule au bord de la rivière, au fin fond du parc. Même après leur arrivée à Marula-Puku, les gardes-chasse ne se rendront probablement pas auprès d'elle et, de toute façon, ils ne seront pas assez nombreux pour couvrir le camp et la piste d'atterrissage et la protéger. Pour trouver Delia, les braconniers n'ont qu'à suivre les traces de son 4 x 4 dans la brousse jusqu'à son camp. Elle sera pour eux une cible facile et satisfaisante.

Toujours étourdi et faible, je décolle aux commandes de Zulu Sierra en direction du camp. Je me sens à peu près bien pendant environ une heure et demie de vol, un peu plus qu'à mi-chemin. Ma tête commence alors à tourner, ma vision se brouille et mon front se couvre de sueur. Je m'efforce de me détendre, je ferme les yeux quelques secondes et je continue à voler. Encore et encore, j'imagine Delia campant seule sur la Luangwa, sans se douter que des braconniers pourraient venir la tuer. Pour la première fois, je peux comprendre la peur avec laquelle elle a vécu, en me regardant m'envoler pour affronter les mêmes braconniers, encore et encore.

Près de trois heures après le décollage, je survole Marula-Puku à basse altitude. Au-dessus de la piste d'atterrissage, je remarque une tranchée que les éclaireurs ont dû creuser près de mon dépôt d'essence. Ni Delia ni son 4 x 4 ne sont en vue. Je mets les gaz à pleine puissance et je me dirige vers la Luangwa pour localiser son camp. Quinze minutes plus tard, les larges bancs de sable de la rivière et les mares d'hippopotames défilent sous l'avion. Je me laisse tomber entre les rangées de grands arbres qui bordent la rivière et je remonte le courant juste au-dessus de l'eau. Elle doit être là, quelque part... Quelle idée de partir seule dans un moment pareil !

Je repère sa tente kaki avec son double toit marron, nichée sous un bosquet d'ébéniers sur une haute berge au-dessus de la rivière. Mais il n'y a pas de 4 x 4 en vue ni de Delia.

– Hyène brune, Hyène brune, ici Panthère des sables, lancé-je à la radio, en utilisant nos signaux d'appel du Kalahari. Tu me reçois, chérie ?

En survolant son camp, j'appelle encore et encore. Mais elle ne répond pas. J'espère qu'elle a sa radio avec elle.

J'essaie à nouveau :

— Delia, si tu m'entends, écoute bien. Des braconniers sont entrés dans le parc pour nous tuer. Reste dans ton camp, je serai là plus tard dans la soirée.

Alors que le jour tombe, le cœur lourd d'inquiétude, je remonte les traces de son 4 x 4 en direction de Marula-Puku, espérant l'apercevoir quelque part sur le chemin.

Une minute plus tard, ma radio se met à grésiller.

— Panthère des sables, ici Hyène brune. Mark, c'est toi ? Je me suis éloignée du camp pour faire des relevés. Terminé.

— Bien reçu, mon amour. Maintenant, écoute...

Et je lui parle des braconniers et de mon projet de venir la chercher ce soir pour l'escorter jusqu'à Marula-Puku.

— Négatif. Il y a plus de travail à faire ici. J'ai mon pistolet, cinq cartouches et un garde-chasse avec moi. Je n'ai pas besoin que tu viennes me sauver. On se voit à Marula-Puku ce week-end.

Rien de ce que je dis ne la fait changer d'avis et je me dirige vers Marula-Puku. Plus tard, nous apprendrons de la bouche de Mpundu Katongo et de Bernard Mutondo qu'eux, Chikilinti et Simu Chimba ont quitté Mwamfushi à pied une nuit, chacun armé d'un AK-47. Trois jours plus tard, à 16 heures, ils ont traversé la piste des 4 x 4 à trois kilomètres à l'ouest de Marula-Puku. Ils ont marché un peu plus loin, puis ont campé pour la nuit au bord d'un petit ruisseau entre deux collines.

Le lendemain matin, au lever du soleil, ils se sont frayé un chemin à travers la brousse et ont gravi le versant arrière de la colline qui surplombe le camp.

Chikilinti en tête, ils ont rampé jusqu'au bord de la berge et jeté un coup d'œil sur les cottages en pierre. Le chalet sur leur droite, où les 4 x 4 étaient garés, était le plus proche d'eux.

Ils m'ont regardé marcher le long d'un sentier et entrer dans un cottage près d'un feu de camp. Pendant les quinze minutes qui ont suivi, ils ont pu m'entendre parler à la radio. Puis ils m'ont vu sortir et commencer à me diriger vers le bâtiment où les 4 x 4 étaient garés.

Les quatre hommes ont rampé le long de la berge abrupte jusqu'à ce qu'ils arrivent à une tranchée du ruisseau, puis ils se sont faufilés à l'abri dans les hautes herbes en contrebas. De là, ils m'ont regardé entrer dans l'atelier avec trois de nos hommes. Ils ont avancé en rampant dans l'herbe jusqu'à ce qu'ils soient à moins de soixante-quinze mètres des véhicules. Là, ils ont attendu, allongés côte à côte en position de tir couché, le doigt sur la gâchette.

Lorsque je suis sorti du bâtiment, ils ont pointé leurs armes vers moi.

– Attendez ! a murmuré Chikilinti.

Un garde-chasse, fusil en bandoulière, me parlait, puis un autre est apparu. Levant la tête et se penchant légèrement sur la droite pour voir au-delà des 4 x 4, Chikilinti a aperçu cinq autres gardes-chasse assis autour d'un feu de camp. À leurs bérets et leurs AK-47, il a compris qu'il s'agissait de patrouilleurs paramilitaires, et non de ses amis gardes-chasse de Mpika et de Kanona. Leur présence était totalement inattendue.

Je suis monté dans le Land Cruiser et me suis éloigné des chalets en direction de la colline où se trouvait l'avion. Les braconniers ont reculé jusqu'à la limite du camp et se sont rapidement repliés sur la berge. Ils ne pouvaient pas risquer d'attaquer en présence des gardes-chasse. Sous le couvert des hautes herbes et des buissons, ils ont couru vers la piste d'atterrissage.

Les braconniers ont alors traversé un ruisseau, puis grimpé à travers les broussailles de mopanes jusqu'au sommet de la crête suivante. Depuis le haut d'une termitière située à cinquante mètres de la piste, Chikilinti pouvait nous voir, moi et nos deux gardes, en train de faire le plein de l'avion. Un fusil était appuyé contre la queue de l'appareil et j'avais un pistolet dans un étui à la hanche. Les Bembas n'étaient pas armés. Chikilinti et ses hommes ont rampé dans les hautes herbes jusqu'à un point situé juste en face de la piste d'atterrissage, à seulement soixante mètres de l'avion. S'aplatissant sur le sol, il a montré quelque chose du doigt. Simu Chimba s'est glissé à côté de son chef et a regardé le point qu'il désignait. À vingt mètres derrière l'avion, une tête couverte de branches émergeait d'un trou dans le sol, près d'une pile de bidons d'essence. Le court canon d'un AK-47 était visible au-dessus d'un monticule de terre. En regardant attentivement, ils ont découvert plusieurs autres éclaireurs retranchés autour de la piste et trois autres qui sortaient du poste de garde et se dirigeaient vers moi.

Se retirant à travers les broussailles, les braconniers ont fait demi-tour et sont repartis à pied aussi vite que possible à Mwamfushi, ne s'arrêtant que brièvement aux passages de rivières sablonneuses ou aux pistes poussiéreuses pour effacer leurs traces avec de petites branches de mopane, au cas où ils auraient été suivis. Plus tard, cachés près du village, ils ont siroté de la bière provenant d'un bon moût et ont commencé à élaborer des plans pour attaquer le camp du *bwana* une fois que les gardes-chasse seraient retournés à leurs postes.

18

Nyama Zamara

Delia

Je fais toutes mes rondes sans laisser de traces
et je m'assois au bord de l'eau,
la brise soufflant sur mon visage ;
l'avenir est lointain mais le triomphe est proche
Je perçois les sons que seuls les esprits peuvent
entendre.

Seth R<small>ICHARDSON</small>

Je monte mon propre camp sur la rivière Luangwa ; les Bembas l'appellent le Camp de Delia. Il est niché dans un bosquet de *Combretum*, sous les bras sombres et enveloppants d'un ébénier, surplombant un large coude de la rivière. Tant d'arbres massifs bordent la rive déchiquetée – érodée pendant les saisons des pluies par des crues torrentielles – que ma petite hutte d'herbe et ma tente sont complètement cachées. Une vaste plage blanche de cinquante mètres de large s'étend vers l'eau. Des chicots tordus et des restes d'arbres, balayés par les pluies torrentielles, gisent comme des monuments tombés dans le courant, qui lape doucement les oreilles des hippopotames.

Cette terre est une terre sauvage. Des ravins profonds, des affluents abrupts et des bras morts luxuriants se perdent dans des forêts vertes drapées de lianes entrelacées. Les puissantes racines des figuiers étrangleurs étouffent les arbres imposants. Ce n'est pas la savane ouverte que j'ai vue jusque-là ; c'est l'Afrique telle que je l'ai toujours imaginée.

Il n'a pas été facile d'atteindre cet endroit. Des jours de pistes défoncées et de pneus usés m'ont amenée une fois de plus dans un paradis à l'état brut. Je suis venue voir si ce pour quoi nous nous battons existe encore ; sommes-nous devenus si immergés dans la bataille que nous ne comprenons pas qu'elle est déjà perdue ? Je suis venue voir si l'Afrique est toujours là.

Elle est là. Des centaines d'hippopotames, les seigneurs de la rivière, paressent, bâillent et dorment juste derrière ma plage. Des pukus, des phacochères et des impalas paissent sur la rive d'en face. Lors d'une promenade, je vois des zèbres, des koudous, des cochons d'eau, des buffles et des élands. Un matin, un grand lion mâle entre dans mon camp, et le lendemain, un léopard se promène sur le même chemin. Quelque part derrière moi, j'entends des babouins qui se fraient un chemin à travers la forêt. Et un héron goliath passe en planant sur ses ailes lentes et argentées.

Avec l'aide des Bembas, je construis une petite cabane en herbe au bord de la rivière, dominant la plage. Il s'agit d'une charpente de rondins reliés par des bandes d'écorce et recouverts d'un toit de chaume incliné. L'une des extrémités est entourée de murs d'herbe soignés, où je suspends des paniers, des casseroles et des poêles. Les coffres en fer-blanc des réserves sont empilés contre les murs et des nattes d'herbe recouvrent le sol. L'autre extrémité est ouverte comme un porche avec vue sur la rivière. C'est là que j'ai installé ma table et ma chaise pour travailler et manger. Je reviens toujours d'une randonnée avec une plume d'oiseau, un piquant de porc-épic ou une coquille d'escargot, que je plante dans les murs d'herbe jusqu'à ce que ma petite hutte ressemble plus à un nid d'oiseau qu'à une maison.

Des sentiers d'hippopotames font le tour des deux côtés de ma tente. Au début, cela me semble être une bonne idée – être proche de l'endroit où les hippopotames se promènent. Mais je dois tendre des cordes en travers de leur chemin, et quand je m'allonge pour dormir sur mon matelas, je m'inquiète de ce qui se passerait si un hippopotame trébuchait. Soulagée que Mark ne soit pas là pour se moquer de moi, je me glisse hors de mon sac de couchage et j'enlève les cordes. Je préfère risquer l'effondrement de la tente à cause d'une improbable tempête de vent que de voir une tonne d'hippopotames enragés trébucher.

Mon amie la lune est là, jetant sa chaude lumière sur les méandres de la rivière. À l'aise, j'observe la nuit les hippopotames qui quittent la rivière et se baladent le long des plages pour rejoindre les prairies et les lagunes. Bien que certains mâles aient des territoires le long de la rivière et s'y alimentent chaque nuit, aucun des hippopotames – y compris les mâles territoriaux – n'emprunte les mêmes chemins tous les soirs. D'ailleurs, ils ne dorment pas dans la même partie de la rivière pendant la journée.

Un matin, avant le lever du soleil, alors que la rivière et les berges sont enveloppées de brouillard, j'observe une énorme femelle traverser la plage en se dandinant avec son petit. À la naissance de leurs petits, les femelles se séparent du groupe et s'occupent de leurs bébés dans des roselières isolées pendant plusieurs mois. Cette femelle semble retourner dans son groupe avec son petit, qui se dandine sur la plage comme un jouet en caoutchouc. Mais lorsqu'ils arrivent au bord de l'eau, le bébé s'arrête. La mère le regarde et je peux presque l'entendre dire :

– J'ai oublié de te dire quelque chose. Nous ne vivons pas sur la plage, nous vivons dans l'eau.

Curieuse de voir comment un bébé hippopotame entre dans la rivière pour la première fois, je me glisse dans l'herbe pour l'observer de plus près. La mère avance dans le courant jusqu'à ce que ses pattes soient à moitié submergées, puis elle se retourne vers son petit. Il la suit, mais il est bientôt complètement sous l'eau, à l'exception de sa tête. La mère s'allonge dans l'eau peu profonde, le bébé barbote à côté d'elle. Plus tard, lorsque le soleil est plus chaud, la mère s'enfonce dans le courant plus profond et son petit flotte, sa tête reposant sur son nez titanesque.

Me promenant un matin frais de juillet, quelques jours seulement après avoir installé mon camp, je découvre une lagune qui s'étend en un labyrinthe de voies d'eau claire, si pleines de vie que la surface semble respirer. Presque chaque centimètre de l'eau calme est couvert de nénuphars vert vif et de laitue du Nil. La lagune n'est qu'à un kilomètre du camp, mais elle est si bien cachée dans la forêt que je ne l'aperçois qu'à une vingtaine de mètres. Si j'avais été plus futée, j'aurais su qu'elle était là en observant les canards et les oies qui survolent mon camp tous les matins et se dirigent par là. Après s'être perchés toute la nuit dans l'air froid, ils ont le ventre presque vide et ils s'empressent de voler directement vers les mares, où un buffet de petit déjeuner flotte sur de douces vagues. Le soir, le ventre plein, ils retournent à leur perchoir en suivant les méandres de la rivière, comme s'ils prenaient la route panoramique pour rentrer chez eux.

En marchant silencieusement dans les sous-bois, je me rends presque tous les jours à la lagune et je ne suis jamais déçue. Les crocodiles quittent les berges pour se faufiler dans les bas-fonds émeraude, où quelques hippopotames lèvent leurs museaux couverts de nénuphars pour m'observer. Des centaines de canards, d'oies, de cigognes, de pluviers, de hérons, d'aigles, de foulques, de hiboux, de jacanas et de calaos pataugent, se dandinent, se nourrissent et crient dans une volière naturelle. Les varans du Nil, qui mesurent plus de un mètre cinquante de long, plongent dans l'eau et se réfugient sous les herbes. Les pukus, les antilopes sing-sing, les impalas et les buffles grignotent de succulentes friandises dans les clairières creusées qui s'entrelacent dans la lagune. Une fois, je m'approche si près d'une femelle imbabala et de son petit que je peux voir le coucher de soleil dans leurs yeux.

Ce n'est pas un marécage suintant de matières en décomposition ; l'eau est aussi claire qu'un lac glaciaire – sauf, bien sûr, là où un millier de pieds palmés ont remué le fond. Le jour se lève et il fait chaud, les forêts de mopanes environnantes sont sèches. J'ai envie de m'approcher du bord de la lagune, de plonger mes orteils dans l'eau fraîche et de me tremper tout entière dans l'onde pure. Je m'imagine que mes cheveux flottent parmi les nénuphars et que tous mes problèmes se dissipent. Mais la crête dentelée de la queue d'un crocodile glisse lentement d'avant en arrière, juste sous les nénuphars, me rappelant que ce n'est pas ma lagune. Pourtant, je ne peux m'empêcher de m'approcher sur la pointe des pieds et de me pencher pour toucher l'eau. Le cou raide et prête à bondir, je dois ressembler à un impala qui s'avance prudemment pour boire. Pourtant, une forte crainte m'empêche de profiter de la paix et du confort de la lagune : ce n'est pas mon reflet que je vois dans l'eau, mais le reflet d'une Afrique hors de portée.

La lagune n'a pas de nom. En fait, je ne la trouve pas sur ma carte vieille de vingt ans, alors peut-être ne s'est-elle formée que récemment à partir de la rivière. Je demande à Kasokola et Mwamba, qui m'accompagnent, de m'aider à lui trouver un beau nom africain. Après quelques jours, ils suggèrent « Nyama Zamara ». Aimant la sonorité de l'expression, je demande d'où elle vient et ce qu'elle signifie.

– C'est la langue de la tribu Senga du Malawi, m'explique Kasokola. Ces mots signifient : « La partie est finie ».

Voilà qui me désarçonne.

– Mais c'est un nom horrible pour une si belle lagune.

– Cela ne signifie pas que le gibier est fini à cet endroit, précise Kasokola. Mais un jour, un braconnier a été attrapé ici, et sur ses vêtements, il avait écrit les mots « Nyama Zamara », c'est donc ainsi que la lagune doit être appelée.

J'accepte ce nom à contrecœur, mais j'ajoute :

– S'il vous plaît, vous devez m'aider à faire en sorte que la vie sauvage ne soit jamais finie ici. Nous devons faire cette promesse.

Et ils sont d'accord.

Car malgré l'abondance de la faune, le braconnage est un sérieux problème ici, comme partout ailleurs dans le parc. Nous trouvons des collets métalliques torsadés sur les sentiers de gibier juste à l'extérieur du camp, et un affût suspendu dans un arbre qui surplombe le lagon, d'où un sniper a dû faire son choix parmi les douces créatures qui viennent boire. L'une des raisons pour lesquelles je me suis enfoncée si loin, c'est pour établir un camp de gardes-chasse, le premier à l'intérieur du parc national.

Bien sûr, nous aurions pu envoyer les gardes-chasse seuls, ou avec notre personnel, pour établir un poste ici. La principale raison de ma présence est que, pour l'instant du moins, je ne peux plus vivre avec Mark dans le camp de base, qui est devenu le centre de commandement des opérations de lutte contre le braconnage. Des hordes de gardes-chasse vêtus de vert passent par là pour effectuer des patrouilles. Mark les emmène par avion jusqu'à des pistes d'atterrissage éloignées, les fait décoller vers les camps de braconniers, leur largue du matériel depuis les airs, mais il est rare qu'ils reviennent avec des braconniers. La dernière fois qu'il les a ravitaillés depuis les airs, risquant sa vie en survolant la cime des arbres, il s'est avéré que tout ce qu'ils voulaient, c'étaient des cigarettes. Il se met sans cesse en danger pour ces hommes, mais il est évident qu'ils ne feront jamais leur travail. Je le supplie d'essayer quelque chose de différent, par exemple d'engager des transporteurs pour approvisionner les gardes-chasse, ou même de former nos propres patrouilleurs. Il persiste à croire que ce sont les gardes-chasse qui doivent au bout du compte protéger le parc, et que nous devons donc tout faire pour qu'ils travaillent.

Lorsque Mark effectue des missions nocturnes dangereuses – au milieu des tempêtes – à la recherche de feux de camp de braconniers, c'est moi qui suis chargée d'organiser une recherche aérienne s'il ne revient pas. Pourtant, lorsque je lui demande quand il compte revenir, il me répond sèchement, accablé par le stress, qu'il n'en a aucune idée. Pour ne rien arranger, la radio n'est pas du tout fiable. Parfois, je l'entends transmettre sa position, puis soudain, alors qu'il parle, la radio s'éteint. En faisant les cent pas sous les marulas au milieu de la nuit, je ne sais pas s'il s'est écrasé ou non, jusqu'à ce que j'entende le bourdonnement de l'avion, parfois des heures plus tard. Pour échapper à cette folie, je m'occupe du travail en lien avec les villages et des programmes d'éducation. Mais ce n'est pas suffisant et je décide finalement d'établir mon propre camp pour protéger ce coin de nature sauvage.

Je sais que notre amour profond se cache quelque part sous la surface, mais je sais aussi que l'amour ne peut pas survivre s'il ne peut pas grandir. Je ne peux pas me permettre de ressentir trop de choses pour Mark, car demain, il pourrait mourir. Nous devons trouver un moyen de mener ce combat ensemble, ou nous risquons de nous retrouver séparés quand il sera fini – si tant est que nous en revenons.

Le camp nouvellement établi des gardes-chasse se trouve à près de deux kilomètres au nord de mon camp. Comme ils n'auront pas à marcher de Mano jusqu'au parc, j'espère qu'ils patrouilleront plus souvent. Ils sont censés utiliser leurs tentes et leurs réserves de nourriture comme base pour effectuer des patrouilles anti-braconnage de quatre ou cinq jours dans toute la région. Mais chaque fois que je passe, je les trouve en train de se prélasser autour du camp. Je leur donne des conseils et des cigarettes, mais il n'y a pas d'amélioration.

Si je me réveille assez tôt, vers 5 heures, et que je regarde par la fenêtre de la tente, je peux voir les hippopotames se promener sur la plage pour retourner à la rivière. Si je me lève trop tard, je ne vois que des oreilles et des nez dans le courant. C'est devenu un jeu pour moi. Dès que j'ouvre les yeux, je me précipite hors de mon sac de couchage, je défais la fermeture Éclair de la porte de la tente et je compte les hippopotames.

Un matin, j'entends des bruits sourds sur la plage, comme si un animal courait sur le sable. Je sors précipitamment et je me retrouve nez à nez avec une lionne. Elle a remonté le sentier des hippopotames et se tient à cinq mètres de moi. Fine et dorée, elle remue légèrement la queue et m'observe. Puis elle se retourne vers la plage, où deux autres lionnes et quatre lionceaux se dirigent vers nous. Sans même un regard pour moi, les autres remontent le sentier des hippopotames, passent devant ma tente et pénètrent dans la forêt de mopanes.

J'enfile mes vêtements et me précipite vers la tente où dorment Mwamba, Kasokola et un garde-chasse. Je les appelle doucement et leur demande de venir rapidement pour suivre les lions.

En marchant le long du sentier des hippopotames, nous rattrapons bientôt les lions et les suivons, en restant à environ cent cinquante mètres derrière eux. Les femelles se déplacent avec détermination, comme si elles savaient exactement où elles allaient ; les lionceaux roulent et dégringolent derrière leurs mères, jouant à se pourchasser dans l'herbe. Avant que nous n'atteignions la lisière des arbres, les femelles s'arrêtent et regardent devant elles. Dans une petite clairière herbeuse se tient un grand lion mâle à la crinière dorée. En regardant à travers mes jumelles, je vois qu'il porte un collier radio ; c'est Bouncer. Cela fait plus d'un an que nous ne l'avons pas vu. À cause de la guerre contre le braconnage, nous n'avons pas pu étudier les lions comme nous le souhaitions.

Les femelles se précipitent sur Bouncer et le saluent en se frottant longuement et sensuellement à lui. Levant la queue, il marque un buisson. Puis ils s'installent tous dans un profond fourré de *Combretum* pour passer la journée à l'ombre. Nous, les humains, retournons à mon modeste campement pour le petit déjeuner. La végétation est trop épaisse et le terrain trop accidenté pour suivre la meute en 4 x 4 et je ne me sens pas suffisamment en sécurité pour les suivre à pied la nuit. Mais chaque matin et chaque soir, je les cherche et je note mes observations sur le choix de leurs proies et sur leurs déplacements dans l'habitat.

Maintenant que nous sommes à la saison sèche, ils se sont éloignés des plaines et passent la plupart de leur temps dans les forêts près de la Luangwa. Un matin, j'observe les femelles chasser un phacochère ; un autre matin, elles traquent un puku. Mais la plupart du temps, elles tuent des buffles. Un seul est assez gros pour nourrir toute la meute pendant plusieurs jours.

Par une fraîche matinée où les lionnes et leurs lionceaux prennent le soleil sur la plage, une femelle puku et son petit traversent le sable en direction de la rivière. Elle veut apparemment boire, mais en voyant les lions, elle s'arrête à une cinquantaine de mètres. Pendant quelques instants, elle considère l'eau et les lions, puis se couche avec son petit à l'endroit où elle se trouve. En observant la scène depuis mon camp, j'aimerais tellement pouvoir me promener sur le sable et rejoindre ces dames sur la plage.

La brise souffle fort sur mon visage et, tandis que je me tiens seule au bord de la rivière, j'ai l'impression d'être questionnée par le vent. Comment pouvons-nous nous accrocher à la vieille Afrique sauvage ? Lorsque les éléphants seront en sécurité, pourrons-nous retourner à notre vie d'observation des lions ?

Je me languis d'étudier les animaux à nouveau, de me plonger dans la nature et d'apprendre ses secrets. Il y a toujours d'autres merveilles à découvrir. Seulement il faut les découvrir rapidement, avant qu'elles ne disparaissent – est-ce là que nous en sommes ? Dans le Kalahari, Mark et moi avons assisté à la deuxième plus grande migration de gnous en Afrique. Personne ne l'avait jamais vue, hormis le soleil ; quelques années plus tard, elle avait disparu. Y aura-t-il un moyen de sauver les éléphants ? La pluie fera-t-elle revivre le désert ? Le désert reverra-t-il un jour les gnous, ou ont-ils tous migré vers un monde et un temps qui ont été et ne seront plus jamais ? Quelque part, y a-t-il une plaine poussiéreuse où les gnous dansent encore ?

Le vent se lève et fouette mes cheveux, mais je n'ai pas de réponses. L'Afrique dont je parle est toujours là, mais elle se réduit à de petites poches dans des recoins du continent. Elle se cache.

*

En faisant l'aller-retour entre Mpika et le North Luangwa Luangwa, je partage mon temps, pendant la saison sèche de 1990, entre notre travail dans les villages – que nous appelons maintenant les programmes de service communautaire et d'éducation à la conservation – et mes études sur la rivière. Nous avons étendu nos programmes à dix villages cibles situés à proximité du parc où vivent de nombreux braconniers. Ces projets ont pris une telle ampleur que nous avons embauché un employé à temps plein, Max Saili, et deux volontaires texans, Tom et Wanda Canon. Je reste persuadée que le seul moyen de sauver les éléphants à long terme est de convaincre les habitants de la région qu'ils valent la peine d'être sauvés.

Lors de l'un de mes retours au camp de base pour me réapprovisionner, Mark et moi marchons le long de la Lubonga, échangeant des anecdotes au sujet des gardes-chasse. Il n'a pas eu le temps de visiter mon camp et la seule occasion que nous avons de nous voir, c'est lorsque je viens me ravitailler à Marula-Puku. Il y a toujours une tension entre nous et nous évoluons plus ou moins dans des mondes séparés désormais, nos vies personnelles étant mises en veilleuse.

Mark est à la traîne, ce qui lui ressemble si peu que je me retourne pour voir s'il va bien. Il marche lentement, la tête baissée, la carabine .375 en bandoulière sur son épaule droite.

– Ça va ?
– Je me sens un peu bizarre.

Des perles de sueur brillent sur son front.

– J'ai besoin de manger. Il faut que j'aille au camp, de la nourriture.

Il commence à vaciller et à trébucher.

Je me précipite vers lui et j'attrape le fusil.

– D'abord, tu dois t'asseoir.

Je le pousse doucement vers le sol. Il s'assoit difficilement et tombe à la renverse. Son bras droit se tend, sa tête bascule en arrière et il sombre dans l'inconscience.

– Mark, c'est ton cœur ? Dis-moi ce qui ne va pas !

Ses yeux sont ouverts, le regard vide. Je saisis son poignet moite et lui tâte le pouls. Il est rapide. Sa respiration semble normale, mais ses lèvres sont bleues. Mark a de légers problèmes de glycémie depuis des années, mais il arrive généralement à les contrôler en mangeant correctement et en évitant de consumer trop de caféine. Ces derniers temps, cependant, il avale tasse après tasse de café noir fort avec du sucre pour rester éveillé pendant ses heures de vol de nuit. Depuis qu'il est tombé malade à Lusaka, il est léthargique, à peine capable de tenir le coup. Je l'ai supplié de consulter un médecin, mais il a refusé, disant que si l'on découvrait quelque chose de grave, il pourrait être interdit de vol, et que ses missions de survol sont notre seule arme contre les braconniers.

Et voilà qu'il est totalement inconscient, les jambes et les bras en croix. J'essaie de rester calme, de réfléchir. Il faut que je lui injecte du glucose. Je cours sur les cinq cents mètres qui me séparent du camp en criant à Simbeye d'aller chercher le 4 x 4. Dans le *boma* de la cuisine, je mélange du lait en poudre, de l'eau et du miel dans une gourde. Mes mains tremblent et de la poudre blanche et de la bouillie se répandent partout. Ce qui me semble être des heures plus tard, tous les gars sont à l'arrière du 4 x 4 et nous nous précipitons vers l'endroit où Mark est allongé.

Je fixe longuement ses yeux vides, qui semblent pâles et sans vie. Si j'essaie de lui donner le mélange de miel maintenant, il va s'étouffer. Comme c'est dimanche, il n'y a pas de transmission radio jusqu'à demain matin, pas moyen d'appeler à l'aide, et il faudrait six ou sept heures de route pour aller jusqu'à la clinique. Cela fait vingt minutes qu'il s'est effondré.

Il cligne lentement les yeux. Il bouge la tête. Je place mon visage directement au-dessus du sien.

– Mark, tu peux me voir ?

Il tourne la tête, les yeux emplis de peur.

– Qu'est-ce qui s'est passé ? Où suis-je ?

Tout va bien. Tu t'es évanoui. Je t'ai préparé du lait et du miel. Tu peux le boire ?

– Je pense que oui.

Mais avant que je puisse porter la gourde à ses lèvres, il s'évanouit à nouveau, regardant droit devant lui avec des yeux vides pendant encore dix minutes.

Il essaie à nouveau de regarder autour de lui.

— Chérie, où suis-je ? Est-ce que j'ai crashé l'avion ?
— Non, Mark, dis-je doucement. Tu es juste à l'extérieur du camp. Rappelle-toi, on marchait.
— Oh, je vois.

Il s'évanouit à nouveau. Pendant quinze minutes encore, il perd conscience par intermittence.

Kasokola et moi le soulevons par les épaules, jusqu'à ce qu'il soit affalé contre moi. Lorsqu'il se réveille à nouveau, je murmure :
— Tiens, bois ça.

Il boit à petites gorgées le lait agrémenté de miel. En s'appuyant lourdement contre moi, il parvient à avaler cinq ou six rasades. Il se rassied, les yeux fermés.
— Je me sens mieux, murmure-t-il.

Je porte la gourde à ses lèvres et il boit à nouveau.
— Où suis-je ? Est-ce que quelqu'un d'autre est blessé ?

Je lui explique à nouveau, en le serrant fort dans mes bras.
— Tout va bien, tout va bien.

Au bout de dix minutes, il est capable de s'asseoir tout seul et taquine déjà les gars, qui l'observent depuis l'arrière du 4 x 4 avec une profonde inquiétude sur le visage, comme autant de masques.
— J'ai juste bu trop de bières, plaisante-t-il. Pourquoi tout ce remue-ménage ?

Mais ils ne rient pas. Voir un homme fort dans un tel état n'est pas drôle.

J'appelle doucement Kasokola et Simbeye, et nous soulevons Mark à l'arrière du 4 x 4 pour l'allonger. Je le conduis jusqu'au cottage et ils m'aident à le mettre au lit. Kasokola propose d'apporter plus de lait et de miel.
— Oui, s'il te plaît.

Lorsqu'ils sont partis, je murmure :

– Mark, nous ne pouvons pas continuer comme ça. Il faut qu'on s'y prenne autrement. Il faut qu'on se fasse aider.

– Tu as raison, chérie, nous le ferons. Je te le promets.

Mais le lendemain matin – quinze heures seulement après s'être évanoui, et malgré mes protestations – Mark effectue un autre vol anti-braconnage. Sentant que je ne peux plus l'atteindre, je retourne à mon camp sur la rivière.

19
Rencontres

Mark

> L'éléphant se déplace lentement pour protéger son
> vaste cerveau,
> Avec lequel il entend des sons subsoniques,
> Et dans lequel il porte la topologie,
> les résonances et les réverbérations
> d'un continent entier.
>
> Heathcote WILLIAMS

Je viens juste de m'endormir lorsque je suis réveillé par des bruits de respiration, de pas lourds et d'herbe arrachée du sol quelque part près de ma tête. Par la fenêtre, une odeur de sueur et de bovin se mêle à l'âcreté sucrée des fruits du marula. Glissant lentement hors du lit, je colle mon visage à la moustiquaire. Six buffles du Cap se profilent dans l'obscurité, l'un d'entre eux à une longueur de bras, son estomac grondant comme un lave-vaisselle hors d'âge. Le vieux mâle frappe de ses cornes le mur de pierre du chalet, ce qui produit un bruit de claquement. Je me rendors en sachant qu'à notre échelle, nous avons réussi.

*

Lorsque nous nous sommes tenus pour la première fois sur la haute falaise qui domine Marula-Puku, nous ne savions pas qu'il s'agissait d'un ancien camp de braconniers. Mais nous avons rapidement trouvé des râteliers à viande abandonnés et des cendres sous les marulas. Le braconnage avait conditionné les animaux de la Lubonga à craindre les humains. Une fois que nous sommes arrivés et que nous avons commencé à les défendre, il n'a fallu que quelques mois pour que les animaux s'habituent à leur nouveau sanctuaire. Bientôt, pukus, impalas, gnous, buffles et antilopes sing-sing ont commencé à brouter de l'autre côté de la rivière, puis autour du camp, et enfin au milieu du camp, le soir, après que nous nous étions couchés. Le matin, nous nous dépêchions de sortir pour voir comment les arbustes avaient été redessinés pendant la nuit.

Pour une raison qui m'échappe, les phacochères semblent plus timides que les buffles et les autres animaux. Avec leurs visages semblables à des souches d'arbres déracinées – tout bosselés et protubérants – ils ont le droit d'être timides. Mais pendant la saison sèche de 1990, un phacochère, une truie et trois porcelets commencent à se nourrir sur l'autre rive, face au camp, généralement en fin d'après-midi. À genoux, ils cherchent des tubercules le long de la rive, pataugeant de temps à autre dans le courant en amont du camp, tous en ligne, leurs queues raides comme des tisonniers et droites comme des paratonnerres. Chaque fois qu'ils atteignent le bord du camp, ils s'arrêtent pour nous observer un moment, puis repartent en trottinant dans la direction opposée, toujours effrayés par notre présence après tout ce temps.

Un après-midi de la fin du mois d'août, Survivor revient au campement, en route vers les montagnes. Il n'y a plus de fruits de marula, mais il se nourrit des nouvelles feuilles et des graines des *Combretum*. Les six buffles continuent de brouter le long de la chambre à coucher tous les soirs jusqu'au matin, mais sinon Survivor a le camp pour lui tout seul.

Fidèle à ses habitudes, il se rend au camp en suivant la piste. La petite famille de phacochères trottine sur ses talons, comme s'ils étaient ses cousins miniatures. Les cochons gris et ridés gambadent dans les pas de l'éléphant gris et ridé. Alors que Survivor s'arrête pour se nourrir de petits arbustes, les phacochères se déploient pour déraciner les tubercules, les pousses et les bulbes. Ils ne s'aventurent jamais à plus d'une vingtaine de mètres de leur imposant compagnon, et lorsqu'il sort enfin du camp, les phacochères trottinent en ligne derrière lui le long de la piste et disparaissent de mon champ de vision. Si seulement Delia était là pour assister à cette procession.

Bientôt, Survivor vient tous les jours accompagné de sa suite, et lorsque je marche sur les sentiers entre le *boma* de la cuisine et le chalet du bureau, les cochons ne font pas attention à moi et continuent à fouiller le sol.

*

Un soir, Luke Daka, secrétaire permanent du ministre du Tourisme, et Akim Mwenya, directeur adjoint des parcs nationaux, sont assis avec moi au bord de la rivière du camp. Au fil des ans, Delia et moi avons rencontré de nombreux fonctionnaires à Lusaka pour leur décrire le braconnage et la corruption, et nous les avons invités à visiter le projet. Daka et Mwenya sont les premiers à venir.

– Regardez, un éléphant ! Un éléphant !

Il montre du doigt l'autre côté de la rivière où Survivor se promène au bord de l'eau. Il saute de sa chaise et s'exclame :

– Je n'arrive pas à y croire. Je suis zambien, mais c'est la première fois que je vois un éléphant dans la nature.

– C'est Survivor. Si vous pouvez l'imaginer, il y avait autrefois dix-sept mille éléphants dans le North Luangwa. Aujourd'hui, à cause du braconnage, il en reste peut-être mille ou deux mille.

– C'est terrible. Bien sûr, vous me l'avez dit lors de nos rencontres à Lusaka, mais je n'imaginais pas que c'était si grave.

– C'est très grave. La prochaine fois que je vous verrai à Lusaka, Survivor sera peut-être mort, à moins que vous ne puissiez nous aider.

Je lui parle à nouveau de l'apathie et de la corruption des gardes-chasse et des fonctionnaires de Mpika. Lorsque j'ai terminé, le visage de Daka s'est affaissé. Il promet de faire ce qu'il peut.

Le lendemain matin, après le départ de Daka et de Mwenya, Survivor est de retour au camp. Le braconnage est toujours aussi intense et je devrais prendre l'avion, Delia a raison, cependant, j'ai besoin d'un jour de repos. Je rassemble donc mon sac à dos, mes notes de terrain et mes jumelles, avec l'intention de suivre mon éléphant préféré, d'observer son comportement et de voir où il me mènera. Je vais devoir le faire subrepticement, car Survivor n'aime toujours pas qu'on l'approche ; il préfère faire le premier pas.

Il quitte le campement en passant par nos toilettes extérieures, où je me place derrière lui. Je reste suffisamment en retrait pour pouvoir garder sa grande croupe en vue sans qu'il me voie, et je reste sous le vent pour qu'il ne puisse pas me sentir. Il traverse le ruisseau à côté du camp, escalade une rive abrupte et se promène dans une étendue de *Combretum fragrans*, enroulant nonchalamment sa trompe autour d'un buisson de deux mètres de haut et le décapitant au passage. Il revient sur nos pas, traverse la piste et descend l'ancienne fausse rive de la Lubonga, là où la rivière coulait autrefois, pour arriver dans une profonde clairière sous un énorme marula. Je m'approche à moins de trente mètres de lui, m'assois le dos contre un autre arbre et nous somnolons ensemble jusqu'au milieu de l'après-midi.

Vers 15 h 30, il me conduit le long de la rivière, au-delà de la crête où se trouve la piste d'atterrissage et sur une plaine inondable près du ruisseau Khaya. Ici, l'herbe mesure plus de deux mètres de haut. Comme je ne peux plus le voir, je suis ses bruits.

D'autres sentiers d'éléphants croisent celui-là, alors j'accélère le pas, craignant qu'il n'ait emprunté l'un des sentiers latéraux et qu'il ne soit sur le point de me perdre. Je m'arrête pour m'agenouiller devant un tas d'excréments et une piste d'éléphant à la jonction de deux sentiers. L'herbe de la piste est aplatie, mais quelques tiges commencent à se redresser sous mes yeux. J'enfonce mon doigt dans l'une des boules de bouse. C'est très chaud. Il vient de passer. Je me lève et me dépêche de continuer.

Soudain, l'air retentit d'un grondement profond, comme un tonnerre lointain. Survivor est là, à moins de dix mètres, courbant sa trompe au-dessus des herbes comme un périscope. D'autres grondements retentissent.

Et maintenant, j'entends le bruissement de l'herbe dans plusieurs directions. D'autres éléphants viennent vers nous. Pour ne pas battre en retraite, je m'écarte du sentier et m'accroupis dans un trou boueux peu profond. La masse d'un éléphant mâle, les oreilles dressées, les pieds fendant l'herbe, passe si près que je peux voir ses cils.

On dirait une moissonneuse-batteuse géante dans un champ de blé. Arrivé près de Survivor, il baisse la tête et les deux mâles se pressent brièvement l'un contre l'autre. Plusieurs autres éléphants arrivent et tournent autour de Survivor pendant une minute, leurs trompes touchant les sécrétions des glandes temporales qui s'écoulent des côtés de sa tête, derrière et sous ses yeux. Ils me font penser à des humains versant des larmes de bienvenue. Puis Survivor les emmène vers le ruisseau Khaya, deux cents mètres plus loin. Je les suis.

Plus près du cours d'eau, l'herbe cède la place à de grandes méliacées *Khaya nyasica* et *Trichelia emetica*, qui se dressent sur une haute berge au-dessus du lit du cours d'eau. Les éléphants suivent la piste à travers une profonde entaille dans la rive et disparaissent. En me rapprochant, j'entends des éclaboussures d'eau. Impatient de voir ce qui se passe, je me glisse dans une touffe d'herbe sur la berge et j'avance doucement, le menton sur le sol, jusqu'à ce que je puisse voir par-dessus la corniche.

En contrebas, les éléphants se sont rassemblés autour d'un bassin au bord du lit sablonneux du ruisseau. Une saillie rocheuse traversant le cours d'eau forme une cuvette peu profonde qui recueille l'eau s'écoulant d'une source naturelle située à mi-hauteur de la berge. Ils se tiennent épaule contre épaule autour du bassin, aspirant l'eau, levant la tête et enroulant leurs trompes dans leurs bouches pour boire. Leur soif étanchée, ils s'aspergent le dos et s'arrosent les uns les autres. C'est un véritable spa pour éléphants.

Après avoir pris leur bain, ils marchent cinq mètres jusqu'à une aire poussiéreuse située près d'un énorme ébénier qui pousse horizontalement à deux mètres au-dessus du sol. Du bout de leurs trompes, ils recueillent un demi-litre de poudre grise à la fois, la projetant sur leurs dos et entre leurs pattes jusqu'à ce qu'un grand nuage s'élève face au soleil rouge de la fin d'après-midi. Puis, un par un, ils passent devant l'arbre à gratter, chacun s'y appuyant à un endroit frotté et luisant, soulevant sa masse de haut en bas contre l'écorce, les paupières lourdes.

Pendant la demi-heure qui suit, ils restent debout dans le spa, la tête pendante, la trompe reposant sur le sol. Mon cou s'épuise à soutenir ma tête, alors je pose mon menton sur ma main. Mais en bougeant, je déloge un caillou qui roule le long de la berge dans le lit du cours d'eau, près de Survivor. Levant la tête, les yeux écarquillés, l'éléphant mâle pivote vers moi. Sa trompe se dresse et sa bouche relâche un souffle sonore. Les autres, alertés, tournent sur eux-mêmes, prêts à s'enfuir. Immobile, le visage bien en vue, j'ai l'impression d'être un voyeur. Survivor s'avance lentement vers moi, sa trompe déployée. Avant que je puisse réagir, le bout de sa trompe renifle dans l'herbe, à quelques centimètres de mon pied droit. La haute berge arrête son avancée, mais il continue à inspecter autour de moi, sa trompe maintenant complètement tendue, tapotant dans l'herbe, comme s'il cherchait mon pied. Nous nous regardons dans les yeux pendant de longues secondes. Je pense qu'il savait que j'étais là depuis le début – juste un autre gars dans le vestiaire.

Curieusement, Survivor prend une bouchée de la berge, retire sa trompe, fait demi-tour et retourne vers les autres, laissant tomber l'herbe et la terre de sa bouche en chemin. Sur leurs gardes, mais apparemment plus effrayés, les éléphants s'enfoncent dans les hautes herbes au-delà du ruisseau, Survivor en tête.

Les ombres s'étant allongées, je suis une piste d'éléphants pour rentrer au camp. Non loin du « spa », le sentier mène au bord de la Lubonga, là où la rivière s'enfonce dans une colline basse sur la rive opposée. Juste en face de moi, un buffle mâle broute l'herbe sur un plateau situé à cinq mètres au-dessus de l'eau. Immédiatement après lui, la colline s'élève abruptement pour s'éloigner de la rivière. Je suis si près de lui, à moins de trente mètres, que je m'étonne qu'il ne m'ait pas vu. En levant mes jumelles pour l'observer, je comprends immédiatement pourquoi il ne m'a pas repéré : son œil gauche est d'un blanc bleuâtre et contemple l'espace sans rien voir. Sa peau est couverte de vieilles cicatrices, ses oreilles ont été déchiquetées par les épines, sa queue a été coupée – probablement par des lions ou des hyènes – et, au fil des ans, la brousse africaine a usé l'extrémité de ses cornes jusqu'à en faire des moignons noirs et polis. On peut dire qu'il n'a pas été épargné.

Ignorant toujours ma présence, il continue à brouter, se déplaçant en diagonale vers le bord abrupt de la haute berge – et dans la direction de son œil aveugle. Pas à pas, il se rapproche. Finalement, il pose son sabot avant gauche à moins de quinze centimètres du bord et une partie du talus s'écroule sous lui. Le buffle, qui doit peser plus de deux cents kilos, bascule par-dessus le bord, les pattes battantes, et finit dans la rivière peu profonde en contrebas.

Avec une agilité surprenante, le vieux buffle se hisse sur ses sabots et, soufflant comme une machine à vapeur, charge la berge pour tâcher de remonter sur son rebord. À mi-chemin, il perd pied et roule à nouveau dans la rivière, projetant des embruns. Il essaie à nouveau, avec le même résultat. Et encore. Chaque fois, il devient plus frénétique – et plus pathétique.

Mais avant que je ne puisse vraiment m'apitoyer sur son sort, il se retourne pour me faire face. Debout, les pattes avant écartées, il balance la tête de droite à gauche, observant les options qui s'offrent à lui de son œil valide : des fourrés d'obovatum à sa droite, une autre rive à sa gauche, et une autre derrière lui. Je suis son chemin de moindre résistance ; je pourrais aussi bien l'avoir coincé dans une ruelle. D'une certaine manière, l'eau qui nous sépare m'a donné un faux sentiment de sécurité. Mais ici, la rivière n'est profonde que de quelques centimètres, comme il est sur le point de le démontrer.

Mugissant et reniflant, il charge à travers la rivière. Des fontaines d'eau jaillissent de ses pieds et s'écrasent autour de son corps. À quelques pas derrière moi se trouve un arbre mort dont une branche est à deux mètres du sol. Je me précipite vers cet arbre alors que ses sabots martèlent le sol derrière moi. Priant pour qu'elle supporte mon poids, je saute pour m'accrocher à la branche et me hisse hors de portée. Le buffle poursuit sa course et disparaît au-delà d'un fourré. Pendant plusieurs minutes, je reste perché là, reprenant mon souffle. Quand je suis sûr qu'il est parti, je saute en bas, le sourire aux lèvres, et je me dirige vers le camp – soulagé que Delia ne m'ait pas vu courir vers l'arbre. Elle m'aurait probablement tiré dans le dos.

20

La dernière saison

Mark

... ce vieux rêve que quelque chose de meilleur attend les survivants.

L.E. Sissman

Je passe devant le grand marula, près du centre du camp, quand le « pssst » de Mumanga m'arrête dans mon élan. En levant les yeux, je vois un éléphant mâle qui m'observe à quarante mètres de distance. Je recule jusqu'au mur du bureau et, après plusieurs minutes d'hésitation, l'éléphant se dirige lentement vers la cuisine. Il se tient à trois mètres du feu où s'affaire Mumanga, cherchant avec sa trompe des fruits dans les feuilles séchées, les enfournant les uns après les autres dans sa bouche, ses oreilles battant d'avant en arrière. Je m'approche, jusqu'à ce que je puisse voir le trou dans son oreille gauche. C'est Survivor.

Au début, Mumanga reste sans bouger, collé à la cuisinière. Mais à mesure que Survivor se rapproche, il recule lentement, jusqu'à ce que ses talons heurtent la marche de la porte de la cuisine et qu'il tombe sur les fesses avec un bruit sourd. Notre poêle à bois et notre cuisine sont recouverts d'un grand toit de chaume qui nous protège du soleil et de la pluie, mais pas des éléphants. Ayant apparemment décidé qu'il avait besoin d'un peu de fourrage pour accompagner ses fruits, Survivor fait glisser sa trompe jusqu'au toit de chaume, en retire une énorme portion et l'enfourne dans sa bouche. Les poteaux qui soutiennent le lourd toit chancellent, craquent et gémissent au point que je suis persuadé que toute la structure va s'effondrer. Il en va de même pour Mumanga, qui se précipite dans la cuisine au toit de tuiles. Heureusement, Survivor n'apprécie pas le goût du chaume sec et grossier ; il le recrache et ramasse un autre fruit, se nourrissant autour de la cuisine et de l'atelier jusqu'à la tombée de la nuit. Puis il s'éloigne du campement à travers les herbes hautes, tel un énorme rocher gris roulant au clair de lune, ses grands pieds ronds laissant des traces sur ma vie.

Lorsque je me lève pour le petit déjeuner, un côté du toit de chaume du *boma* de la cuisine est à terre, l'autre recouvre la cuisinière défoncée. Affaiblis par l'assaut de Survivor, les poteaux qui soutiennent le toit se sont effondrés pendant la nuit, avec un petit coup de pouce de la part des termites. Delia aura une surprise en rentrant de son campement sur la rivière.

Plus tard dans la matinée, je m'envole pour Mpika afin de m'entretenir avec le directeur Mulenga au sujet des gardes-chasse de Mano, qui ne partent que très rarement en patrouille, sauf lorsqu'ils veulent de la viande. En tripotant des papiers et en souriant timidement, la secrétaire de Mulenga me dit qu'il est absent pour la journée. Sa réaction m'indique qu'il est « sorti » pour boire des coups à 10 heures du matin. Je me rends au British Aid Compound, récupère notre courrier et m'apprête à partir pour la piste d'atterrissage lorsqu'un homme du nom de Banda Njouhou, l'un des cadres du directeur, me rattrape et me conduit dans un coin tranquille, où nous nous asseyons sous un arbre.

Il commence par regarder nerveusement autour de lui avant de me dire :

– Mark, le directeur ne se contente pas d'avertir les braconniers de la présence de patrouilles, il braconne lui-même. Le week-end, Mulenga prend les 4 x 4 offerts aux parcs nationaux par l'USAID (Agence des États-Unis pour le développement international) et se rend dans les zones de gestion du gibier, où il ordonne aux gardes-chasse d'abattre des buffles et d'autres animaux. Il rapporte ensuite la viande à Mpika et la vend, avec sa femme et deux gardes-chasse, chez lui, au marché, dans deux bars et même dans les banques.

« Le gardien utilise les munitions et les rations d'essence de l'unité de Mano pour le braconnage, poursuit Banda, et il vend leurs rations de farine. Il fait également le commerce de peaux d'animaux.

« Patrick Muchu, le chef de l'unité de Fulaza, et certains de ses gardes-chasse abattent des guépards, des léopards, des lions, des zèbres et d'autres animaux, dont Mulenga vend les peaux sur le marché noir par l'intermédiaire d'un haut fonctionnaire des parcs à Lusaka. Ce fonctionnaire et lui transfèrent des gardes-chasse, qui sont les cousins de Mulenga, dans les zones situées autour du parc du nord, afin de l'aider à braconner. Et ils éloignent les bons éclaireurs, comme Gaston Phiri.

– Que pouvons-nous faire ?

– Nous pourrions le coincer à un barrage routier, une nuit, alors qu'il rentre à Mpika avec son 4 x 4 rempli de viande, suggère Banda.

– Oui, mais à quels gardes-chasse ou policiers pouvons-nous faire confiance pour l'arrêter ? Et s'ils l'arrêtent, que pensez-vous que le magistrat fera ? Il braconne lui aussi, vous savez.

Il lève les deux mains.

– Oui, j'en suis bien conscient. Je ne sais pas ce que vous pouvez faire. Moi, je ne peux rien faire, ce sont mes patrons.

Alors que nous retournons à son 4 x 4, je le remercie de m'avoir transmis ces informations.

Tout de suite après son départ, un autre véhicule s'arrête près de moi. Deux hommes en sortent et se présentent comme des agents de la Commission anti-corruption. L'un d'eux, petit, au visage rond, fronce les sourcils.

– Je crains que quelqu'un ne vous ait accusé d'avoir acheté des armes au marché noir.

L'autre homme, un peu plus grand, au visage mince et hagard, me regarde en silence.

– Quoi ? Qui a dit cela ?

– Vous connaissez Bwalya Muchisa ? demande l'homme au visage rond.

– Bwalya m'a accusé de cela ? Où l'avez-vous vu ?

Bwalya était parti rendre visite à sa famille deux mois plus tôt et je me demandais ce qu'il était devenu.

– Il est à Lusaka. Il s'est fait prendre avec un AK-47 tout neuf acheté au marché noir, et il a dit à un ministre que vous lui aviez donné l'argent pour l'acheter. Écoutez, nous connaissons votre bon travail, mais je suis sûr que vous comprenez que certaines personnes très influentes sont impliquées dans le commerce d'ivoire et voient d'un mauvais œil ce que vous faites pour y mettre un terme. Ce ministre est peut-être l'un d'entre eux. Il veut absolument que vous partiez d'ici.

Assis à la table de notre hutte, je rédige six pages de témoignage, expliquant que Bwalya a dû acheter l'AK-47 pour braconner et que, lorsqu'il a été pris avec, il a inventé l'histoire selon laquelle je lui avais donné l'argent pour le faire. Son père étant l'un des braconniers les plus célèbres et les plus prospères de Zambie, il a probablement des relations avec ce ministre, relations que Bwalya a exploitées pour tenter de sauver sa peau. Ou peut-être que le ministre cherche à me nuire. Si c'est le cas, il a dû découvrir que Bwalya travaillait pour moi, qu'il avait été pris avec un AK-47 et maintenant il essaie d'utiliser ce levier pour me faire jeter en prison ou me forcer à quitter le pays. Plus tard, mes informateurs m'ont appris que pendant tout le temps où Bwalya travaillait pour nous, il gardait un AK-47 et le prêtait à des braconniers. Dès que je leur remets ma déclaration, les officiers se lèvent pour partir.

— Je vous conseille de prendre un avocat, dit l'homme au visage rond. Nous vous contacterons. Veuillez nous avertir si vous avez l'intention de quitter le pays.

Nous nous serrons la main et ils repartent.

De retour au camp, je fais mes valises et m'envole pour Lusaka afin de rencontrer un avocat, qui me dit que tant que je ne serai pas arrêté, il ne pourra rien faire. J'informe l'ambassadeur américain et le haut-commissaire britannique au cas où j'aurais besoin de leur aide, puis je m'envole pour Mpika. Là, je demande à mes amis de nous contacter par radio s'ils apprennent que la police ou l'armée se dirige vers Marula-Puku. De retour au camp, je fais le plein de l'avion et le garde en stand-by pour un décollage rapide.

*

Au cours du mois de septembre 1990, Survivor continue de visiter notre camp, souvent accompagné d'un autre éléphant que nous appelons Cheers. Un matin, alors que Delia est venue se réapprovisionner à Marula-Puku, nous marchons sur le sentier qui mène à la cuisine pour le petit déjeuner, la lumière dorée du soleil pénétrant dans le camp à travers les marulas.

– Mark, regarde, de l'autre côté de la rivière.

Delia montre du doigt un groupe de cinq éléphants qui se nourrissent près du camp du personnel. L'un d'eux est Survivor. Nous le regardons arracher de gros bouquets d'herbes hautes, puis frapper les racines contre son pied pour déloger la terre avant de les fourrer dans sa bouche. Des mahalis sautillent sur le sol près de nos pieds en gazouillant bruyamment et une famille de phacochères fouille la berge de la rivière en amont, à la recherche de nourriture. C'est l'un de ces matins frais et tranquilles où l'Afrique semble se tenir devant son miroir, admirant un dernier vestige de sa beauté déclinante.

PAN ! Un coup de feu retentit de l'autre côté de la rivière et se répercute sur la berge derrière le camp.

Delia se tourne vers moi, à moitié accroupie. Son visage se vide de ses couleurs.

– Oh, mon Dieu, non ! Mark, ils tirent sur Survivor ! Fais quelque chose !

PAN ! PAN ! PAN !

– Cache-toi derrière un arbre !

Je la pousse vers le grand marula qui se trouve à côté de notre sentier et je sprinte vers le bureau. J'attrape la carabine et le fusil de chasse dans le coin près de la bibliothèque et j'enfile l'étui de mon pistolet.

Je hurle à travers la fenêtre du bureau :

– Kasokola ! Simbeye ! Au 4 x 4 !

J'ouvre à la volée la porte de l'armoire, saisis les munitions sur les étagères et les fourre dans mes poches.

PAN ! PAN ! PAN ! PAN ! PAN ! PAN ! Six autres coups de feu retentissent sur l'autre rive. La course de cent cinquante mètres jusqu'au 4 x 4 me laisse les jambes flageolantes.

En montant dans le Land Cruiser, je crie à Delia :
– Tu as ton revolver ?
– Oui ! Vas-y !

Elle pose deux autres boîtes de munitions sur mes genoux.

Avec Kasokola et Simbeye accrochés fermement à l'arrière du pick-up, nous parcourons le kilomètre qui nous sépare du camp du personnel. Nous traversons la Lubonga à toute allure, en faisant voler des éclaboussures et des cailloux. À l'approche du camp, je martèle le Klaxon et je siffle pour prévenir les gars.

– Allez, allez, on y va !

Mais ils courent déjà vers le 4 x 4 avant même que je ne m'arrête.

Je donne à Mwamba le fusil de chasse et à Kasokola le .375, puis je déverse les munitions de chaque arme sur le siège du 4 x 4 et les dépose dans leurs mains.

– D'où viennent les coups de feu ?

Je crains de le savoir déjà, mais l'écho des hautes berges m'empêche d'en être sûr.

– De ce côté-là !

Mwamba désigne directement l'endroit où Delia et moi avions vu Survivor se nourrir depuis notre camp. Je regarde ces jeunes hommes. Ce sont des travailleurs, pas des combattants. Seuls deux d'entre eux sont armés. Les six autres portent des houes, des pelles, des manches de pioche.

– Vous n'êtes pas obligés de venir avec moi, leur dis-je. Ces braconniers ont des AK-47. Ce sera dangereux.

Pas un ne bouge.

— Je n'en voudrai à aucun d'entre vous de rester ici. Ce n'est pas votre travail.

Ils ne bougent toujours pas.

— D'accord, dis-je. Allons-y ! Kasokola, Mwamba, aidez-moi à couvrir la rivière pendant que les hommes non armés traversent !

L'ordre n'est pas respecté. Mwamba et Kasokola me quittent immédiatement et traversent la rivière avec les autres. Je reste à l'arrière, en braquant mon pistolet sur la rive d'en face. Nous sommes des cibles faciles pendant que nous nous débattons dans le courant.

— Les gars avec les armes, restez devant !

Nous sommes dans les hautes herbes et les broussailles de la rive opposée, et nous pouvons tomber sur les braconniers à tout moment. Une fois au sommet de la crête, nous remontons la rivière, à la recherche d'empreintes humaines, ou de traces de Survivor accompagnées de gouttes de sang – des gouttes cramoisies dans la poussière qui peuvent nous avertir qu'il a été blessé plutôt que tué. Avec notre intervention, j'espère empêcher les braconniers de s'abriter dans l'épais maquis de *Combretum fragrans* et les débusquer dans le lit ouvert de la rivière. Je maudis leur culot d'avoir tiré sur un éléphant à proximité de notre camp. Puis une idée me vient à l'esprit : peut-être voulaient-ils être vus.

— Nsingo ! dis-je en attrapant le bras de l'un de nos nouveaux travailleurs. Y a-t-il quelqu'un dans le camp avec Delia ?

— Non.

— Alors retourne là-bas aussi vite que possible, au cas où les braconniers attaqueraient le camp. Mwamba ! Toi, Simbeye, Chende Ende et Muchemwu, continuez de fouiller les environs. Kasokola et moi irons avec les autres chercher Survivor. Si vous rencontrez les braconniers, n'attendez pas qu'ils tirent les premiers.

Mon équipe parcourt la rive à l'est de l'endroit où j'ai vu Survivor. Les hautes herbes le long de la rivière, les broussailles denses et le sol dur rendent la recherche difficile et dangereuse. Nous aurons de la chance de nous en sortir sans que quelqu'un ne soit abattu ou piétiné par un éléphant blessé. Je perds rapidement le contact avec Kasokola et le reste de mon groupe. J'espère qu'ils ne vont pas se rapprocher de Mwamba et des autres et ouvrir le feu les uns sur les autres.

Au bout d'une demi-heure, je n'ai toujours pas trouvé le moindre signe de Survivor ou des braconniers et je crains de plus en plus que les tirs n'aient été qu'un leurre et que les braconniers ne soient maintenant dans le camp. Abandonnant les recherches, je retraverse la rivière à gué et cours jusqu'au 4 x 4.

Dès que j'arrive au camp, je vois Delia, son revolver à la hanche, et Nsingo. Mais pas de braconniers. Dieu merci, pas de braconniers. J'essaie de la convaincre de venir avec moi dans l'avion pour chercher Survivor. Mais elle insiste : quelqu'un doit garder le camp, et Nsingo n'a jamais vu de revolver auparavant.

– Fais attention ! lui dis-je en sautant dans le 4 x 4.
– Toi aussi. Je reste près de la radio.

Une fois en l'air, Delia me donne un repère approximatif entre le camp et l'endroit où les coups de feu ont été tirés. À peine ai-je volé dans cette direction que j'aperçois le corps d'un éléphant, dont les défenses ont été coupées, gisant dans une profonde tranchée sablonneuse juste un peu plus loin que l'endroit où nous avions regardé. Les vautours descendent déjà en spirale vers la carcasse et je suis incapable de dire s'il s'agit de Survivor. Mwamba et son groupe sont à moins de cinquante mètres du cadavre et marchent rapidement vers lui. Je sors mon bras par la fenêtre et leur fais signe de revenir vers le camp. Les braconniers se sont enfuis et ils ne peuvent plus rien faire ici. Il vaut mieux qu'ils soient en position de défendre Marula-Puku si nécessaire.

Après avoir consulté Delia à la radio, je m'envole pour Mpika afin d'aller chercher quelques-uns des nouveaux gardes-chasse récemment arrivés. Je ne peux qu'espérer qu'ils n'ont pas encore été corrompus, mais de toute façon, je ne peux rien faire d'autre. Ils sont mon seul espoir de capturer ces braconniers.

Laissant les gardes-chasse sur la piste d'atterrissage de Marula-Puku, Kasokola et moi décollons à 16 h 30 à la recherche des braconniers. Après avoir tiré sur Survivor, ils se sont sûrement dirigés vers Mpika par la route la plus directe qui leur offre une couverture et de l'eau : le long de la Mwaleshi. Nous survolons la rivière depuis seulement quinze minutes lorsque nous apercevons leur camp près de l'escarpement. Je tourne en rond à une certaine distance, faisant semblant de m'intéresser à une autre zone. Quelques minutes plus tard, en regardant à travers les jumelles, j'aperçois des tentes vertes et des moustiquaires qui me sont familières. Je sais immédiatement à qui elles appartiennent : Chikilinti, Chanda Seven, Mpundu Katongo et Bernard Mutondo.

Je retourne à notre piste d'atterrissage sur la Lubonga, j'atterris et je redécolle avec à mon bord Brighton Mulomba, le chef des gardes-chasse, pour lui montrer le camp et le chemin le plus direct pour y arriver. De loin, nous apercevons une colonne de fumée autour de laquelle tournent des vautours. Les braconniers ont tué un autre éléphant et se sentent apparemment suffisamment en sécurité pour prendre le temps de faire sécher sa viande. Je peux conduire les gardes-chasse en

4 x 4 jusqu'à un point situé à seulement deux heures de marche des braconniers, qui seront pratiquement piégés par les parois abruptes de la vallée. Il sera difficile de ne pas en attraper au moins quelques-uns.

De retour sur la terre ferme, je prononce un discours d'encouragement à l'intention de Mulomba et de ses troupes. Dès que j'ai terminé, le chef de groupe annonce :

– Ah, mais voyez-vous, mes collègues officiers et moi-même avons décidé que nous ne devrions pas partir en patrouille avant un certain temps.

– Mais il s'agit d'une urgence, expliqué-je, pas d'une patrouille régulière, et selon le règlement, vous êtes tenus d'agir contre ces braconniers.

– Oui, mais de toute façon, nous avons besoin de sel et...

Résistant à une puissante envie de sortir mon pistolet, je me détourne et je m'éloigne.

*

De retour au camp, Delia me dit qu'elle a vu Survivor courir au moment où les coups de feu ont éclaté. Elle pense qu'il n'a peut-être été que blessé, ou qu'il s'en est sorti indemne. Mais par le passé, j'ai souvent trouvé les carcasses d'autres éléphants à plusieurs kilomètres de l'embuscade, et Survivor était cerné par les tirs. Il a dû être touché par au moins quelques balles. S'ils ne l'ont pas tué, il mourra certainement de ses blessures.

Nous traversons la rivière jusqu'à la carcasse. Étendue dans le lit asséché du cours d'eau, elle est déjà boursouflée, pourrie, gonflée d'asticots. Les sucs de sa décomposition fertilisent le sol. L'éléphant a été tellement mutilé, d'abord par les braconniers, puis par les charognards, qu'il nous est de prime abord impossible de l'identifier.

Il s'agit cependant d'un mâle de sa taille, et j'en conclus finalement qu'il doit s'agir de Survivor. Mais Delia ne peut l'accepter.

– Mark, on ne voit pas son oreille gauche. Nous ne savons pas si c'est Survivor.

Elle se mord la lèvre et se détourne.

Je refuse de me bercer d'illusions et de m'imaginer qu'il est encore en vie. Pour moi, il est devenu une autre statistique dans la guerre contre les braconniers. Tout espoir de sauver cette vallée et sa faune semble s'être éteint avec lui. Pour notre propre bien, pour notre santé mentale, nous devons enfin reconnaître qu'il y a un moment où il faut abandonner, un moment où il faut admettre qu'il n'y a plus rien à faire.

Mais je n'ai pas encore joué ma dernière carte.

21

Cherry bombs

Mark

> Pourquoi ne pas prendre des risques ? N'est-ce pas là que se trouvent les vrais bénéfices ?
>
> Renee Locks et Joseph McHugh

Le même jour, au coucher du soleil, Kasokola et moi décollons et volons à basse altitude vers le nord, le long de la Lubonga, en direction de l'escarpement. En utilisant les montagnes pour couvrir notre approche, nous espérons surprendre les braconniers qui ont tué Survivor.

J'ai enlevé la porte du côté de Kasokola et j'ai retourné son siège pour qu'il puisse voir facilement à l'extérieur. Sur ses genoux, il porte un fusil de chasse de calibre 12, attaché à son poignet par un lacet, afin que le souffle de l'air ne lui arrache pas l'arme des mains. Le fusil est chargé de cartouches non létales qui projettent une *cherry bomb*[1] à une centaine de mètres, où elle explosera dans un éclair aveuglant et une très

---

1. Une cherry bomb est un gros pétard affectant la forme d'une cerise (*N.d.T.*)

forte détonation. Les *cherry bombs* sont pratiquement inoffensives, mais Chikilinti ne le saura pas.

Une fois arrivé à l'escarpement, je fais monter l'avion dans les montagnes, en évitant les pics et en sautant par-dessus les crêtes, tout en restant bas pour que les braconniers n'entendent l'avion qu'à la dernière minute. Il fait presque nuit lorsque nous atteignons les sources de la rivière Mwaleshi, à quelques kilomètres en amont. Nous sommes à trois cents mètres d'altitude au-dessus de leur campement. Je remets les gaz, j'abaisse mon aile gauche et je m'engouffre dans les profondes gorges de la rivière. Les parois sombres du canyon se rapprochent de part et d'autre. Je baisse les volets pour ralentir Zulu Sierra et je m'incline fortement à droite et à gauche, tirant l'avion dans des virages en épingle à cheveux alors que nous descendons dans la gorge.

Lorsque nous sortons de l'escarpement pour entrer dans l'étroite vallée de la Mwaleshi en contrebas, la lune s'est levée, à deux jours de la pleine lune et à mi-chemin dans le ciel de l'est. Les trous d'eau, les ruisseaux et les *dambos* inondés scintillent au clair de lune lorsque nous passons. Parfois, mon cœur fait un bond, mais les reflets qui captent mon regard sont argentés. Il ne s'agit pas du jaune pâle et vacillant d'un feu de braconnier.

Nous commençons à peine à voler le long des contreforts de l'escarpement, approchant de l'un des affluents de la Mwaleshi, lorsque Kasokola se penche par la porte ouverte et crie :

– Des braconniers. Un feu ! Là !

Il pointe du doigt un grand cercle de flammes près de la rivière. J'incline l'avion et pousse son nez dans un piqué peu profond qui aboutira au-dessus du camp.

Kasokola ramasse le projecteur. Je l'avertis de ne pas l'utiliser plus de deux secondes, le temps de voir les râteliers à viande et de confirmer qu'il s'agit bien du camp des braconniers. La lumière fera de l'avion une cible facile.

– *Eh, Mukwai* – oui, monsieur.

Je jette un coup d'œil et le vois sourire. Il veut Chikilinti autant que moi.

– Et n'éclaire pas l'intérieur de l'avion, lui crié-je à l'oreille. Ça m'aveuglerait.

Je passe devant le camp et j'allume le phare d'atterrissage. Lorsque je peux voir les cimes des arbres défiler juste sous les roues de l'avion, je règle l'altimètre pour lire notre hauteur au-dessus du sol autour des braconniers. Je me servirai de cette valeur comme hauteur minimale de sécurité pour nous aider à rester à l'écart de la forêt lorsque nous survolerons le camp. Après un virage serré, je me retourne vers les feux du campement et je réduis notre vitesse à environ 80 km/h. Lorsque nous arrivons au-dessus du camp, je croise les commandes en appuyant fortement sur le gouvernail droit et l'aileron gauche. Foxtrot Zulu Sierra dérive latéralement autour du campement au son de l'alerte de décrochage qui hurle comme une oie malade. La chaleur qui monte des feux en contrebas secoue l'avion.

– Maintenant, Kasokola !

Il appuie sur l'interrupteur du Black Max et le camp est instantanément baigné par la lumière de quatre cent cinquante mille bougies. En stabilisant l'appareil, je me penche au-dessus de lui et, pendant une seconde, je quitte des yeux le pare-brise pour regarder en bas.

Des tentes... des feux... et des râteliers couverts d'énormes quartiers de viande, si grands qu'ils ne peuvent provenir que d'éléphants. Une paire de défenses est appuyée contre un arbre près du feu, des défenses de la taille de celles de Survivor.

Une trace de lumière blanche, fine comme un crayon, passe devant mon aile droite, suivie d'un claquement sec. Des balles traçantes !

– Ils nous tirent dessus ! Tire sur les arbres et les buissons, fais exploser leurs tentes si tu le peux. Ne lésine pas sur les munitions.

Kasokola pose le projecteur et saisit le fusil de chasse tandis que je redresse l'avion loin des arbres et que je commence à faire demi-tour.

– OK, tiens-toi prêt !

Même avec ses lumières éteintes, Zulu Sierra doit ressembler aux yeux des braconniers au sol à une énorme chauve-souris volant dans le ciel au clair de lune – une belle cible bien grasse. Et après nos deux passages, ils doivent avoir pris le pli de nous suivre avec leurs fusils. Je contourne le camp pour l'aborder du côté opposé à la lune, pour que notre silhouette ne soit pas trop marquée. Puis je descends à la hauteur minimale de sécurité qui nous permettra de rester à l'écart des arbres, en espérant passer au-dessus du camp si rapidement qu'ils n'auront pas le temps de tirer, du moins pas avec précision. Les ombres ténues des arbres passent juste sous les roues de l'avion, puis les feux des séchoirs apparaissent juste en dessous de nous. Je remets les gaz, donne un coup de gouvernail à droite et impulse à l'avion une trajectoire en tire-bouchon au-dessus du campement des braconniers. Une balle traçante fuse, puis une autre, beaucoup plus proche.

– Feu !

Et Kasokola riposte : pfsst-pfsst-pfsst-pfsst-pfsst ! De son canon, le calibre 12 fait jaillir une traînée d'étincelles rouges et orange à mesure que chaque *cherry bomb* file dans la nuit.

BOUM-BOUM-BOUM-BOUM ! De grands éclairs de lumière et de bruit secouent le camp des braconniers. Le visage de Kasokola luit des reflets des explosions. Il glousse de rire, incapable de croire qu'il est à l'origine de tout ce vacarme. BOUM ! La dernière *cherry bomb* atterrit dans le feu de camp. Des gerbes d'étincelles et des brandons fusent à travers le camp et dans les arbres comme des chandelles romaines. L'une des tentes de Chikilinti commence à brûler, enflammée par les braises éparpillées du feu de camp.

Je crie :

– Joyeux 4 juillet, bande de salauds ! Recharge, Kasokola !

Je manœuvre Zulu Sierra pour un nouveau virage serré. Cette fois, nous arrivons quinze mètres plus haut, répandant nos *cherry bombs* sur une zone plus large, dans l'espoir de toucher les braconniers qui se dispersent. Je fais des sauts de puce et des dérapages, évitant ainsi leurs balles traçantes. Kasokola recharge quatre fois de plus. Il arrose le camp encore et encore jusqu'à ce qu'il n'y ait plus de riposte.

Pensant que les braconniers se sont peut-être séparés avant notre attaque, je monte à trois cents mètres au-dessus du sol et aperçois un autre feu de camp, à environ trois kilomètres en aval. Je pousse Zulu Sierra en piqué et Kasokola allume le projecteur. Un cercle d'hommes armés est assis autour du feu, près d'un grand râtelier à viande vide. Ils n'ont pas encore tué.

Nouveau virage serré. De retour au-dessus du second camp, je vois les braconniers toujours assis près de leur feu, si confiants qu'ils n'ont pas pris la peine de se mettre à l'abri. Kasokola tire la première *cherry bomb* à leurs pieds, BOUM ! Au moment de l'explosion, les braconniers se jettent au sol et rampent dans les buissons. Au passage suivant, nous les arrosons d'autres *cherry bombs* et continuons à descendre la vallée, faisant exploser les camps d'autres braconniers sur les rivières Lufwashi, Luangwa et Mulandashi. Nous restons dehors longtemps dans la nuit, jusqu'à ce que les nuages commencent à couvrir la lune et que nous devions rentrer à la maison.

Le lendemain matin, après le lever du soleil, Kasokola et moi nous envolons vers le campement où logeait Chikilinti la nuit précédente. Tout ce qu'il en reste, ce sont les lambeaux carbonisés et fumants de sa tente et un tas de vautours qui se chamaillent.

22

Des gardes-chasse en action

Delia

> Vous ne le ressentez pas
> tant que ce n'est pas fini –
> le soulagement
> d'avoir survécu
> alors que le nouveau soleil
> se lève, calme comme toujours,
> devant vos yeux. C'est
> le matin.
>
> Paula Gunn ALLEN

Nous ne voyons pas le moindre éléphant braconné dans le North Luangwa pendant trois mois. Pendant quatre mois. Pendant cinq mois. En février 1991, le groupe d'éléphants d'Oreille Longue et de Misty, ainsi que d'autres unités familiales, se promènent dans les plaines inondables, se nourrissant à l'air libre d'herbes blondes. De temps en temps, les familles se réunissent, formant des agrégations pouvant atteindre deux cent soixante éléphants.

Un soir, le groupe d'Oreille Longue s'aventure au bord de la rivière avant le coucher du soleil. L'éléphanteau et le petit – qui a maintenant cinq ans – galopent dans la Mwaleshi en projetant des gerbes d'eau dans les airs. Leurs mères se baignent à proximité, puis, prises d'un nouvel élan, courent elles aussi en rond dans les eaux peu profondes de la rivière. Se poursuivant les uns les autres, adultes et jeunes s'amusent et s'ébattent, ce qu'ils n'ont pas fait depuis longtemps. La vallée retrouve sa sauvagerie naturelle.

Recevant toujours des messages codés de Musakanya, Mark vole nuit et jour. Il accueille chaque groupe de braconniers qui pénètre dans le parc avec ses *cherry bombs*, avant même qu'ils ne puissent installer leur camp. Musakanya fait savoir que les braconniers ont du mal à recruter des porteurs, car ils ont peur de l'avion et de ses bombes explosives. Les porteurs commencent à affluer dans notre petit bureau de Mpika, nous demandant du travail. Nous les engageons avec l'argent que nous avons récolté aux États-Unis. Notre méthode est simple : Mark les chasse du parc avec l'avion ; je les accueille au sommet de l'escarpement avec un boulot.

Un après-midi, en cahotant sur la piste de brousse, je roule dans la vallée en direction de Marula-Puku depuis mon campement sur la rivière. La piste me fait traverser les plaines poussiéreuses constellées de buffles et la forêt où se cachent les koudous. Un peu plus tôt, Mark m'a contactée par radio depuis l'avion, me demandant de passer au camp pour parler de quelque chose d'important. Lorsque j'arrive à la Lubonga, je m'arrête dans les hautes herbes et je marche jusqu'au bord de la rivière, là où l'eau se jette sur une petite plate-forme rocheuse et crée un tourbillon naturel. Je me baigne dans le courant chatoyant et je me change pour enfiler un chemisier et un jean neufs. Assise sur les rochers, je me brosse les cheveux au soleil. Je traverse la rivière avec le 4 x 4 et descends la piste jusqu'au camp, où je me gare sous les marulas.

Comme toujours, Kasokola et Mwamba sortent de l'atelier pour me serrer chaleureusement la main, tandis que Mumanga, le cuisinier, et Chanda, son assistant, sortent de la cuisine pour me souhaiter la bienvenue. Mais Mark est en patrouille et ne reviendra que bien plus tard. Ravalant ma déception, j'organise un dîner spécial pour nous. Mumanga, qui pense que Mark et moi ne mangeons jamais assez, me donne un coup de main.

La plus grande partie de la cuisine ouverte n'a plus de toit depuis que Survivor a essayé de le manger. Le petit poêle à bois, dont les pieds se sont effondrés sous le toit, est maintenant posé sur des blocs sous un petit toit de chaume rond. En un rien de temps, Mumanga allume le feu. De la fumée s'échappe de la haute cheminée coiffée d'un chapeau en fer-blanc.

– Mumanga, tu fais un gâteau, d'accord ? Je vais faire une tourte au thon, c'est le plat préféré de Mark. Chanda, s'il te plaît, mets la table dans le petit chalet. Mark et moi n'avons pas partagé de vrai dîner depuis des mois.

Tandis que nous nous activons en cuisine, plongés dans la pâte jusqu'au coude, Chanda et Mumanga me parlent des animaux sauvages qu'ils ont vus près du campement. Le zèbre sans rayures broute de temps en temps de l'autre côté de la rivière, et le petit troupeau de buffles vient au camp tous les matins.

En fin d'après-midi, l'avion nous survole alors que Mark s'approche de la piste d'atterrissage. Tout est prêt : Mumanga glace le gâteau, la tourte cuit, la table du chalet est dressée, avec des bougies et de la vaisselle en faïence.

Les yeux injectés de sang, les traits tirés, Mark descend du 4 x 4 à l'atelier. Il me serre brièvement dans ses bras et, avant que nous ayons fait deux pas, il m'annonce qu'il doit retourner directement à la piste d'atterrissage. Musakanya a fait savoir que des braconniers pourraient se diriger vers le parc par le nord, dans une région vallonnée où Mark ne vole pas très souvent.

Debout dans le *n'saka*, Mark engloutit un sandwich au beurre de cacahuète qu'il accompagne d'un café noir bien serré. Je ne mentionne pas le dîner spécial que j'ai préparé, ni ne lui suggère de se reposer, car je sais qu'il ne m'écoutera pas. Selon les médecins de Lusaka, son évanouissement est dû au stress et à la fatigue, à des parasites et à un virus, ainsi qu'à un excès de caféine. Pourtant, il n'a pas tenu compte des avertissements lui demandant de lever le pied.

Assis sur le muret de pierre du *n'saka*, Mark boit du café tout en discutant. Les *cherry bombs* ont débarrassé le parc des braconniers plus efficacement que nous n'aurions pu l'imaginer, mais nous savons que cela ne peut pas durer. Tôt ou tard, les braconniers se rendront compte que les pétards sont inoffensifs ; tôt ou tard, Mark sera abattu ou arrêté par un fonctionnaire corrompu.

Nous devons essayer à nouveau de faire en sorte que les gardes-chasse fassent leur travail. Nous avons conclu que notre dernier espoir est de trouver un Zambien fiable et investi pour être leur chef d'unité. L'encouragement, la motivation et le leadership dont les éclaireurs de Mano ont désespérément besoin ne doivent pas venir de nous, mais de l'un d'entre eux. Nous avons besoin d'un Zambien aussi passionné par les éléphants que nous le sommes.

Seuls deux hommes peuvent nous aider : Luke Daka et Akim Mwenya. Ensemble, ils sont responsables de tous les gardes-chasse, directeurs et administrateurs des parcs nationaux. C'est Daka qui est tombé amoureux de Survivor lorsqu'il l'a rencontré dans notre camp. Nous nous rendrons à Lusaka dans quelques jours pour les rencontrer à nouveau.

Mark, qui n'a remarqué ni la tourte ni le gâteau dans le *boma* de la cuisine, m'embrasse rapidement et reprend la route vers la piste. Pour ne pas froisser Mumanga, je n'annule pas le dîner, je m'assois seule à table et je mange un repas prévu pour deux. Au coucher du soleil, j'entends l'avion décoller au loin et disparaître parmi les collines de l'escarpement. Je ne me suis jamais sentie aussi seule. Après le dîner, je prépare de nouvelles provisions pour mon camp, je donne quelques parts de gâteau et de tourte à Mumanga et à Chanda et je leur demande de garder le reste au chaud en attendant le retour de Mark. Puis je monte dans mon 4 x 4 pour les trois heures de route vers la Luangwa. La demi-lune sera ma seule compagne.

*

Des odeurs nauséabondes et des bruits urbains stridents filtrent à travers les fenêtres ouvertes de l'Electra House, le bureau du ministère du Tourisme à Lusaka. Mark et moi sommes assis à une table de conférence avec neuf membres du gouvernement zambien : Luke Daka, secrétaire permanent du ministère, le directeur et le directeur adjoint du Service des parcs nationaux et de la faune sauvage, ainsi que plusieurs autres hauts fonctionnaires de ce service et quelques représentants de la Commission anticorruption que nous avons invités.

Nous avons expliqué les problèmes de braconnage à tous ces hommes à de nombreuses reprises lors de réunions à Lusaka. Mais nous ne les avons jamais rencontrés tous ensemble.

– Monsieur Daka, déclare Mark, vous vous souvenez sans doute de Survivor, l'éléphant qui est venu dans notre camp quand vous vous y trouviez. J'ai bien peur de devoir vous dire que des braconniers sont venus à Marula-Puku et ont tiré sur son groupe, tuant au moins un éléphant. Nous pensons qu'il s'agit de Survivor.

Daka grimace.

– Non ! C'est terrible !

– Il y a pire. J'ai trouvé le camp des braconniers depuis les airs, poursuit Mark, mais les gardes-chasse ont refusé de les poursuivre.

– C'est scandaleux ! Comment les gardes-chasse peuvent-ils refuser d'agir dans une telle situation d'urgence ?

Plusieurs hommes se tortillent sur leur siège.

– Monsieur, ce n'est pas le pire.

Mark parle pendant vingt minutes, expliquant que les permis de radio et d'armes à feu ne sont jamais accordés, que les éclaireurs patrouillent rarement, que la corruption règne à Mpika, que les agents des parcs nationaux – y compris le directeur – trafiquent l'ivoire, les peaux et la viande. Il raconte qu'on lui a tiré dessus à plusieurs reprises alors qu'il aidait les gardes-chasse et qu'un fonctionnaire l'a accusé d'acheter des armes au marché noir.

– Mais c'est ridicule, balbutie Daka. Qui a porté ces accusations contre vous ? Et pourquoi vous faut-il attendre deux ans pour obtenir des licences radio – elles devraient être prêtes en deux ou trois jours !

Il jette un regard froid aux hommes qui l'entourent.

— Nous pensons, poursuit Mark, que des personnes ayant des intérêts dans le braconnage au North Luangwa essaient de faire obstacle à tout ce que nous entreprenons. Elles veulent nous empêcher d'obtenir des armes à feu et des radios pour que les gardes-chasse ne puissent pas protéger le parc.

Mark se tait quelques instants, le temps que le message soit bien assimilé.

— Monsieur, le North Luangwa est l'un des plus beaux parcs d'Afrique. Il pourrait, avec le South Luangwa, rapporter des millions de dollars à la Zambie grâce au tourisme. Mais laissez-moi vous dire que nous ne pouvons pas continuer ainsi. Nous devons savoir que ce gouvernement va nous soutenir ou au moins ne pas saper notre action.

Daka regarde fixement la table, en faisant tourner le stylo dans sa main.

— Mark, Delia, dit-il enfin, après avoir visité votre camp, je me rends compte que votre projet est le seul espoir pour ce parc. Nous vous soutiendrons par tous les moyens.

Mark et moi avons déjà entendu cela auparavant ; nous sommes sceptiques. Mais Akim Mwenya poursuit, en regardant durement ses subordonnés des parcs nationaux :

— Demain, je veux que quelqu'un du département se rende à Ndola pour obtenir ces licences radio. Je veux aussi des licences pour faire entrer ces fusils dans le pays immédiatement, afin que les gardes-chasse puissent être armés correctement. Et du nouveau personnel doit être envoyé au plus vite à l'unité de Mano.

Le directeur propose d'envoyer immédiatement à Mano vingt gardes-chasse ayant reçu une formation militaire spéciale et de construire un nouveau camp pour eux. La priorité absolue sera accordée au North Luangwa.

— Monsieur, j'aimerais faire une autre demande, dit Mark. L'unité a désespérément besoin d'un nouveau chef dynamique. S'il vous plaît, envoyez-nous le meilleur de vos hommes.

Nous les remercions tous, en particulier M. Daka, mais après quatre années de faux espoirs et de déceptions, nous repartons plus inquiets qu'optimistes.

— Je me demande combien de temps ils vont nous donner pour faire nos bagages et quitter leur pays, plaisante Mark alors que nous sortons dans la rue.

Au milieu de la foule qui se bouscule, je ne ris pas.

*

Levée avant l'aube, je compte les hippopotames de mon camp avant de remonter l'escarpement pour rejoindre Mark près de Mano. Depuis notre rencontre à Lusaka il y a quelques semaines, trois hauts fonctionnaires ont été suspendus, dans l'attente d'une enquête sur des accusations de contrebande d'ivoire vers le Swaziland. Nos licences radio ont été approuvées et de nouveaux gardes-chasse ont été affectés au North Luangwa. Un nouveau chef d'unité a été muté à Mano, et Mark et moi devons le rencontrer aujourd'hui.

En suivant des pistes différentes, Mark et moi arrivons à la rivière Mwaleshi, près de Mano, à peu près au même moment. Nous descendons de nos 4 x 4 pour inspecter le nouveau pont que nous avons fait construire par la main-d'œuvre locale, puis nous empruntons la nouvelle route de Mano à Mukungule jusqu'à la piste d'atterrissage qui vient d'être achevée. À notre grand étonnement, un escadron de gardes-chasse en uniforme complet marche au pas de course le long de la piste. Ils s'arrêtent, tournent élégamment sur place, nous honorent d'un salut militaire impeccable, puis repartent. En tête de colonne, un jeune Zambien élancé arbore un sourire fier. Incrédules, Mark et moi nous regardons. Serait-ce là le nouvel entraînement des gardes-chasse de Mano ?

Nous nous rendons au camp principal dans le 4 x 4 de Mark. Les enfants nous entourent alors que nous descendons du Land Cruiser, puis nous demandent d'attendre dans le *n'saka* en ruine pendant qu'ils vont avertir le nouveau chef d'unité. Dix d'entre eux se précipitent pour le chercher, tandis que les autres enfants demandent des histoires à la marionnette du lion du Luangwa. Mano ressemble toujours plus à un camp de réfugiés qu'au quartier général officiel d'une unité de gardes-chasse. Les murs fissurés des vieilles huttes ont simplement été enduits d'une nouvelle couche de boue qui va bientôt craquer au soleil.

Dix minutes plus tard, les enfants reviennent en courant en devançant un jeune homme et une colonne de gardes-chasse. Il ordonne à son escouade de faire demi-tour. Celle-ci s'exécute puis repart au pas. Il congédie les hommes. Suant à grosses gouttes à cause de la marche forcée, mais impeccable dans son nouvel uniforme vert, il se dirige vers nous d'un pas vif. Je le scrute. Pour moi, c'est maintenant ou jamais. Si cet homme ne parvient pas à maîtriser l'unité de Mano, le projet sera contraint de recruter ses propres gardes-chasse. Si cela ne fonctionne pas non plus, nous trouverons une autre région sauvage à sauver.

Sa poignée de main est ferme et il me regarde droit dans les yeux, le regard fixe et confiant, tandis qu'il se présente :

– Je suis Kotela Mukendwa. J'ai beaucoup entendu parler de vous. Nous avons beaucoup de choses à nous dire. Asseyez-vous, s'il vous plaît.

Alors que Mark et moi informons Kotela du braconnage dans le North Luangwa et de nos problèmes avec les gardes-chasse, il hoche la tête d'un air entendu. Il a l'intention de transformer ces gardes indisciplinés en une unité militaire efficace. Nous lui promettons tout ce dont il a besoin, dans la limite du raisonnable, pour lancer son programme. Si le travail est bien fait, nous examinerons les demandes qui dépassent les limites du raisonnable.

Parlant si vite que nous avons du mal à le comprendre, Kotela présente une liste soigneusement préparée de ses besoins : accès à un 4 x 4 pour capturer les braconniers connus dans les villages, du carburant, plus d'armes, de munitions et de nourriture pour les patrouilles. Il va entraîner les hommes tous les jours, leur enseigner les tactiques militaires, leur ordonner d'être en uniforme et prêts à patrouiller à tout moment. Il a esquissé en détail ses plans pour un bureau, une prison, une armurerie et un complexe de stockage pour Mano. Presque abasourdis par sa compétence et sa détermination, nous acceptons de lui fournir pratiquement tout ce qui figure sur sa liste.

Mark se lève et tend la main à Kotela.

– Faisons comme ça !

Et il sourit, pour la première fois depuis longtemps.

*

Mark et moi installons un petit campement près de la cascade, de l'autre côté de la rivière Mwaleshi par rapport au campement des gardes-chasse, afin d'aider Kotela autant que possible. En utilisant nos 4 x 4 et nos fonds pour le carburant et la nourriture, il approvisionne Mano en fournitures et enseigne aux hommes les tactiques de patrouille. Il engage des informateurs et prépare les gardes-chasse à effectuer des ratissages dans les villages, au cours desquels ils feront des descentes dans les maisons des braconniers au milieu de la nuit et les arrêteront. Pendant ce temps, nous installons de nouvelles radios à énergie solaire dans les différents camps de gardes-chasse, nous coordonnons des agriculteurs pour cultiver de la nourriture pour les troupes et, d'une manière générale, nous essayons d'améliorer leurs conditions de vie. Grâce à l'argent collecté aux États-Unis, nous achetons deux nouveaux tracteurs et remorques pour approvisionner les campements, ainsi qu'une niveleuse afin d'améliorer les routes et les pistes d'atterrissage pour l'industrie touristique naissante.

Un vieil homme d'un village voisin sait comment construire de bonnes maisons en adobe et nous l'engageons pour bâtir de nouveaux chalets pour les gardes-chasse et leurs familles. Les femmes des éclaireurs peignent les nouvelles maisons en terre avec des motifs géométriques saisissants, dans des tons de rouille, de rouge, de marron et de vert. Nous engageons une équipe de soixante villageois pour réaménager la piste menant au parc.

Les gardes-chasse spécialement formés par l'armée promis par le directeur arrivent et s'installent dans les nouvelles maisons. Dès l'aube, on entend Kotela aboyer des ordres pendant qu'il les entraîne sur la piste d'atterrissage. Bien habillés dans leurs nouveaux uniformes, les gardes-chasse saluent leurs officiers. La vieille marmite de bière, autrefois centre des activités du campement, a disparu. Le camp de Mano, repaire autrefois lugubre de gardes-chasse en goguette, est animé d'une énergie nouvelle.

Nous engageons deux Anglais, Ian Spincer et Edward North, fraîchement sortis de l'université de Reading. Ils ne savent pas dans quoi ils mettent les pieds, mais ils sont prêts à tout. Nous les installons à Mano pour aider Kotela à organiser la logistique du camp et à mettre en place un programme de maintien de l'ordre. Ian, diplômé en agriculture, crée à Mano une ferme qui produit des légumes, qui élève des lapins et des volailles pour les gardes-chasse et leurs familles. Il installe un moulin pour moudre le maïs et supervise la livraison par tracteur et remorque de toutes les denrées alimentaires aux camps éloignés. Edward met en place un programme d'entraînement au maniement des armes à feu pour les gardes-chasse et leur remet les nouveaux fusils que nous avons importés des États-Unis. Ian et lui patrouillent avec eux et évaluent leurs performances sur le terrain. Nous achetons plus de matériel de camping et un 4 x 4 pour les gardes-chasse, et Simbeye s'installe à Mano en tant que chauffeur officiel. Il est également chargé de former une force auxiliaire composée de villageois locaux qui aideront les gardes-chasse.

Kotela, Ian et Edward organisent l'unité en sept escouades et établissent des horaires réguliers pour les patrouilles. Ils emploient un régiment de porteurs – dont la plupart travaillaient auparavant pour les braconniers – pour transporter la nourriture et les fournitures aux gardes-chasse dans le parc. Désormais, les hommes peuvent patrouiller pendant trois semaines et couvrir des zones beaucoup plus vastes sans que Mark n'ait à effectuer de périlleuses missions de réapprovisionnement par avion. Pour la première fois, il y a au moins quelques gardes-chasse dans le parc national de North Luangwa en permanence. Mark crée des unités spéciales pour ceux qui obtiennent de bons résultats et leur fournit un équipement supplémentaire – de nouveaux fusils, des couteaux de survie, des jumelles, des boussoles.

Tout est en place, mais nous n'avons pas encore capturé de braconniers.

Un après-midi, après avoir supervisé l'équipe de voirie toute la journée, Mark et moi entrons dans le camp principal vers 16 heures. L'endroit semble désert, puis nous constatons que toutes les femmes, tous les enfants et tous les hommes de Mano se tiennent autour du *n'saka*. Les gardes-chasse sont revenus de leur première opération de ratissage de village et le *n'saka* est occupé par quatorze braconniers. Un monceau d'armes illégales s'empile contre un arbre à l'extérieur.

L'opération de ratissage se poursuit pendant quatre jours. Les éclaireurs font des descentes dans les villages toute la nuit – faisant irruption dans les huttes des braconniers pendant qu'ils dorment – et rentrent à Mano le matin, leur 4 x 4 chargé de suspects et d'armes illégales. Les braconniers ont sévi en toute impunité pendant si longtemps qu'ils sont pris au dépourvu. Grâce à leur mobilité, Kotela et ses hommes en capturent des dizaines avant que ne se répande la nouvelle que les éclaireurs prennent désormais les choses en main.

Les anciens gardes-chasse, tels que Island Zulu et Tapa, marchent désormais plus droit et nous saluent avec fierté. Au lieu de s'excuser et de se plaindre, ils nous racontent maintenant des histoires invraisemblables sur la capture de braconniers notoires. Nelson Mumba, qui porte toujours son bandana rouge et refuse de patrouiller, et Patrick Mubuka, l'éclaireur qui a abattu des éléphants dans le parc, sont embarqués à l'arrière d'un 4 x 4, conduits à Mpika et déposés devant la porte du directeur, pour ne plus jamais revenir à Mano.

Tandis que Kotela et ses éclaireurs patrouillent dans le parc et ratissent les villages, Mark continue de terroriser les braconniers depuis les airs. Mano est soudain devenue l'unité numéro un en Zambie, capturant plus de braconniers que n'importe quelle autre.

Les cinq camps de l'unité de Mano ne sont efficaces que sur la frontière ouest du parc. Pour protéger son flanc nord, nous envoyons Edward North afin de prêter main-forte aux gardes-chasse et aux villageois de Fulaza. Nous engageons un pilote de brousse venu d'Alaska, Larry Campbell, pour reconstruire le camp de gardes-chasse de Nabwalya, au sud du parc, et pour résoudre quelques-uns des problèmes qui se posent dans le village.

Si spectaculaires que soient ces changements, ils ne représentent qu'un début. Bien que Kotela réussisse à arrêter de nombreux braconniers qui tuent pour revendre de la viande, la plupart des grands braconniers d'ivoire dans des villages comme Mwamfushi échappent encore aux gardes-chasse grâce à leur célèbre juju d'invisibilité. Le parc couvre plus de six mille kilomètres carrés et seuls douze gardes-chasse patrouillent à la fois. Des hommes expérimentés comme Chikilinti et Chanda Seven n'ont guère de mal à les éviter. Mark les chasse hors du parc, mais ils reviennent sans cesse. Les éclaireurs en capturent un ; le magistrat le laisse partir. D'une manière ou d'une autre, nous devons attraper ces hommes du village de Mwamfushi.

23

Le village de Mwamfushi

Delia

Chers directeurs du projet de conservation du North Luangwa,

Je m'appelle Steven Nsofwa, j'ai treize ans et je suis élève à l'école primaire de Mukungule. Je tiens à remercier madame et monsieur pour tout ce que vous avez fait pour notre village. Depuis votre arrivée, le moulin à maïs produit notre farine de maïs, le magasin vend notre savon, l'école a maintenant une carte du monde. Nous, les élèves, aimons jouer aux jeux sur les éléphants et faire des dessins de lions. Quand nous serons grands, nous chasserons les braconniers de notre village pour qu'il y ait toujours des animaux dans les rivières. Pour l'instant, nous ne sommes pas encore assez grands pour les chasser. Nous tenons à vous remercier.
Sincèrement,

Steven Nsofwa.

En évitant les ravines profondes et les ornières, Mark conduit le 4 x 4 vers le village de Mwamfushi. Sur le siège qui nous sépare se trouvent le sac de vol en cuir de Mark et ma mallette. Dans le sac de vol de Mark, encombré de cartes aéronautiques et de papiers, est niché son pistolet 9 mm ; dans ma sacoche, un revolver de calibre .38. Tout en roulant, nous scrutons les hautes herbes ondulantes qui bordent la piste, à la recherche de tout signe d'embuscade.

On nous a déconseillé d'aller à Mwamfushi. Même Kotela nous a dit que c'était trop dangereux. Les hommes de ce village ont essayé de nous tuer, ils ont tiré à l'arme automatique sur la maison de Musakanya, ils ont empoisonné Jealous et plusieurs autres personnes qui travaillent pour nous. Mais si nous ne pouvons pas arrêter les braconniers de Mwamfushi, il n'y a aucun espoir de sauver les éléphants du North Luangwa. Nous avons fait savoir au chef de Mwamfushi que nous aimerions rencontrer ses villageois ce samedi matin à l'école. Nous faisons le pari que les braconniers ne prendront pas le risque de nous attaquer en plein jour, en présence d'autres personnes.

En nous arrêtant en chemin dans des huttes et des *bomas* épars, nous passons prendre le chef Chikwanda et ses serviteurs. Max Saili, responsable des activités de notre projet dans les villages, nous accompagne également. Lorsque notre pick-up maculé de boue et rempli d'officiels couverts de poussière arrive à l'école en briques d'argile, trente villageois attendent dans la cour aride. Quelques vieillards vêtus de pantalons rapiécés et de chemises en lambeaux nous serrent la main, mais la plupart des gens se contentent de nous lancer des regards mauvais. Tenant fermement nos mallettes, nous nous frayons un chemin à travers la cour de l'école.

Alors que nous entrons dans la salle de classe, Mark nous indique discrètement un homme qui est un grand braconnier de buffles. Aucun des braconniers d'ivoire – Chanda Seven, Chikilinti, Bernard Mutondo, Simu Chimba ou Mpundu Katongo – n'est venu, mais je suis heureuse que cet homme soit là ; s'il échange son arme contre un travail, cela servira d'exemple à d'autres. Saili, Mark et moi-même sommes assis sur des chaises disposées à l'avant de la salle ; les villageois s'assoient sur les bancs des écoliers. Nous nous levons tous lorsque Saili entonne l'hymne national de la Zambie et nous encourage à se joindre à lui. Sa mélodie douce et mélancolique s'échappe des fenêtres fissurées et traverse les champs non entretenus.

Debout pour prononcer le discours d'ouverture, l'honorable chef Chikwanda porte un tee-shirt que nous lui avons offert un peu plus tôt. Chaque fois qu'il répète le mot « éléphant » dans son discours – ce qui arrive très souvent – il tourne sur lui-même et se balance d'avant en arrière pour présenter l'éléphant dansant à son auditoire. Criant et se pavanant comme un prédicateur évangéliste, il rappelle sans cesse que la faune sauvage est une ressource précieuse, qu'elle est l'héritage de son peuple et que les braconniers sacrifient l'avenir de leurs enfants. Il termine par un avertissement sévère : le braconnage doit cesser immédiatement dans sa chefferie. C'est une véritable performance, mais elle serait encore plus impressionnante si tout le monde dans la salle ne savait pas que Chikwanda lui-même a été accusé plus d'une fois de braconnage d'éléphants. En ce moment même, il fait appel de l'une de ses condamnations.

Saili nous présente et, au fur et à mesure que nous parlons, il traduit toutes les phrases. Nous commençons par expliquer que nous ne sommes pas là pour arrêter qui que ce soit ; que si, par hasard, des braconniers sont présents (nous savons que 85 % des gens ici sont impliqués), nous leur donnerons du travail en échange de leurs armes. Nous savons qu'ils braconnent parce qu'ils ont besoin de nourriture et de travail et nous sommes là pour les aider à trouver d'autres solutions. La traduction de Saili est longue et laborieuse, mais nous finissons par épuiser notre stock de déclarations convaincantes et bien rodées. Des murmures d'approbation se font entendre dans la foule âgée et édentée, mais plusieurs jeunes hommes discutent vivement entre eux.

Un jeune homme vêtu d'une chemise rose délavée se lève et dit en anglais :

– Ce que vous dites est peut-être une bonne chose, mais il y a beaucoup d'hommes dans ce village – pas moi, bien sûr (rires) – qui doivent braconner. Vous pouvez peut-être embaucher certains d'entre eux, mais vous ne pouvez pas tous nous embaucher. Il y en a beaucoup.

Plusieurs personnes acquiescent ou crient leur accord.

Un autre jeune homme, de seize ans au plus, lève la main :

– J'ai un ami qui travaille pour les braconniers. Que fera-t-il si les braconniers quittent cet endroit ?

Un ancien intervient :

– C'est exactement ce que proposent les Owenses, ils nous aideront à trouver un autre travail.

– Qu'est-ce que tu racontes, vieillard ? s'écrie l'homme en rose. C'est toi qui donnes tes filles aux braconniers en échange d'un peu de viande !

La salle s'enflamme, les hommes serrent les poings et se crient dessus en chibemba. Un ancien sort de la pièce à grands pas. Les mains levées, Saili prononce quelques phrases en chibemba et finit par rétablir l'ordre.

Lorsque la foule s'est calmée, Mark reprend la parole.

– Nous savons que ce ne sera pas facile. Mais tout votre village dépend du braconnage, qui est un crime.

On dit à vos propres enfants d'être des porteurs, ce qui est illégal et dangereux. Et vous savez mieux que moi que si vous continuez à tirer sur les animaux, il n'en restera plus. Pensez à la distance que votre père devait parcourir avant de trouver un éléphant, un buffle ou un hippopotame à abattre. Vos grands-pères et vos pères pouvaient se procurer de la viande tout près de votre village ; aujourd'hui, vous devez parcourir quarante ou cinquante kilomètres pour trouver des animaux. Messieurs, il y a tellement de gens et si peu d'animaux qu'ils ne peuvent plus vous nourrir. Si vous continuez à les tuer, il n'y en aura bientôt plus. Vous devez donc trouver des moyens de gagner de l'argent en les gardant en vie. Et nous sommes là pour vous aider.

Saili traduit.

De nouveau, un murmure de mécontentement retentit dans la pièce. Mark et moi nous regardons, déçus ; les choses ne se passent pas comme nous l'avions espéré.

Alors, Mark désigne le braconnier de buffles au fond de la salle.

– Je vais commencer par cet homme. Je vous connais, je vous ai vu dans le parc. Je vais vous donner un bon travail tout de suite. Venez nous voir après la réunion.

La foule éclate de rire. L'homme sourit à ses amis, mais ne dit rien.

Après quarante-cinq minutes de cris et de disputes, je fais circuler du papier et des stylos et je demande à ceux qui souhaitent travailler pour nous d'écrire leur nom et leurs compétences. Quelques jeunes hommes quittent précipitamment la pièce, probablement nerveux à l'idée de révéler leur identité. Mais la plupart de ceux qui savent écrire griffonnent leur nom et celui de leurs amis analphabètes.

Sept d'entre eux – dont l'homme à la chemise rose – affirment être des charpentiers de formation. Ils sont au chômage parce que les outils de leur coopérative ont été volés et qu'ils n'ont pas les moyens d'en acheter de nouveaux. Un homme est tailleur, plusieurs autres savent fabriquer et poser des briques, deux sont titulaires d'un permis de conduire. Le village regorge d'hommes qui, si on leur donnait une chance, pourraient gagner honnêtement leur vie. Mark et moi chuchotons à voix basse et prenons rapidement des décisions.

– Nous allons commencer tout de suite à aider votre village, dis-je. Tout d'abord, nous allons vous prêter de l'argent pour acheter les outils, le bois et le matériel nécessaires à l'ouverture d'un atelier de menuiserie. Lorsque vous fabriquerez des meubles et que vous gagnerez de l'argent, vous pourrez nous rembourser progressivement, ce qui nous permettra d'aider d'autres personnes.

– Mais n'oubliez pas, intervient Mark, qu'il ne s'agit pas d'un cadeau. En échange, vous devez cesser de braconner et vous devez chasser les grands braconniers de votre village. Êtes-vous d'accord ?

Presque tout le monde, y compris l'homme à la chemise rose, acquiesce.

– De plus, ajoute Mark, nous engagerons une équipe de travailleurs pour reconstruire la route entre votre village et Mpika. Musakanya, qui était autrefois un braconnier de votre village et qui travaille maintenant pour nous, sera le superviseur.

Avant même que Mark ait fini de parler, les hommes se bousculent autour de Musakanya, demandant à être choisis pour faire partie de l'équipe.

Nous les invitons à demander des prêts pour lancer d'autres industries artisanales – des ateliers de cordonnerie, des presses à arachide pour fabriquer de l'huile de cuisson – mais nous les avertissons que nous ne pouvons pas accorder de prêt à tout le monde. La priorité sera donnée aux entreprises qui emploient le plus de personnes ou qui produisent de la nourriture ou un service communautaire essentiel.

Nous avons dépassé l'heure du déjeuner depuis un moment. Presque personne n'a quitté la salle de classe et beaucoup d'autres sont entrés. Épuisés, nous clôturons la réunion en chantant à nouveau l'hymne national et nous nous frayons un chemin à travers la foule de personnes qui se pressent autour de nous pour demander de l'aide. Une petite femme, vêtue d'un *chitenge* rouge, m'attrape le bras.

– Madame, dit-elle, vous avez oublié les femmes.

Je la regarde un instant, gênée.

– Je vous promets que je ne vous ai pas oubliées. C'est juste que ce sont les hommes qui braconnent, alors c'est à eux que nous avons d'abord proposé des emplois.

– Vous ne comprenez pas, insiste-t-elle. Les femmes sont très dangereuses dans ce village. Elles font tout le travail – la récolte, la construction de la maison, la cuisine, la lessive – pendant que les hommes restent assis sous les arbres. Ce sont les femmes qui disent à leurs maris : « Pourquoi n'irais-tu pas au parc chercher de la viande de brousse ? » Ce sont les femmes qui disent à leurs enfants de quitter l'école pour travailler comme porteurs pour les braconniers.

Je n'avais jamais entendu cela auparavant, mais j'y décèle une certaine vérité.

– Comment pouvons-nous aider ?

Au milieu de la cour poussiéreuse de l'école, entourées de villageois qui bavardent, d'enfants qui courent et des éternels poulets qui grattent, les femmes et moi décidons d'ouvrir un atelier de couture pour elles.

Lorsque nous atteignons enfin notre 4 x 4, toujours entourés de candidats à la conversion, je vois le braconnier de buffles qui contourne rapidement l'école en direction des champs. Il n'est pas venu nous voir pour un travail. Cela m'attriste, mais j'ai le sentiment que, pour le reste, la réunion a été un grand succès.

Ne voulant pas perdre notre élan, nous envoyons immédiatement Tom et Wanda Canon, nos volontaires du projet, à Lusaka pour acheter des outils de menuiserie, une machine à coudre manuelle, un moulin et des outils pour l'équipe de voirie.

Quelques semaines après notre première rencontre, nous retournons à Mwamfushi avec Tom, Wanda et Saili. Quatre-vingts hommes et femmes sont entassés dans l'école, bavardant avec excitation en nous attendant. De jeunes enfants sont alignés le long des murs à l'extérieur, se bousculant pour coller leurs visages aux fenêtres. Les villageois applaudissent, chantent et ululent une mélopée spirituelle aiguë lorsque nous présentons la machine à coudre aux femmes et les outils aux hommes. Nous applaudissons à tout rompre, puis nous entamons une discussion sur les autres activités qui pourraient voir le jour dans le village et sur les moyens de mettre un terme au braconnage.

Pendant que Saili traduit, un jeune homme se glisse par la porte dans la salle de classe et tend un bout de papier à Mark. Il le lit, sourit et me le passe. Les mots suivants sont griffonnés en caractères d'imprimerie : « Je veux me joindre à vous. Je donne mon arme. S'il vous plaît, rencontrez-moi dans le hangar derrière l'école avant de partir. Venez seul. » La lettre est signée Chanda Seven.

*

– Mark, tu ne peux pas aller là-bas tout seul, chuchoté-je.

La réunion est terminée et presque tout le monde est sorti. Nous sommes seuls dans un coin de la salle de classe.

– Je serai prudent.

Dans la cour de l'école, Saili, les Canon et moi-même continuons à parler aux villageois. Pendant ce temps, Mark, la main dans son sac de vol, disparaît à l'angle de l'école en direction d'une cabane en briques de terre croulante qui se dresse au bord d'un champ de maïs. Une porte en bois pend sur un gond, cachant l'intérieur sombre. Mark se plaque contre le mur, à l'écoute des bruits provenant de l'intérieur, puis ouvre la porte d'un coup de pied et jette un coup d'œil. Peu à peu, sa vue s'adapte à l'obscurité et la silhouette d'un homme se dessine. Il se tient dans l'ombre, derrière un comptoir rudimentaire sur lequel ses mains sont à plat. Près de ses doigts, trop près, repose un AK-47.

– Vous êtes Chanda Seven ? demande Mark, les yeux rivés sur le fusil d'assaut. Que voulez-vous ?

– Je vous donnerai mon arme si vous me donnez du travail.

– La première chose à faire est de vous éloigner de ce comptoir.

Chanda Seven recule dans la pénombre. Mark s'empresse d'entrer, prend le fusil par le canon et le pose contre le mur.

– Je peux vous donner un travail. Mais comment savoir si je peux vous faire confiance ? Vous avez essayé de nous tuer, ma femme et moi, vous avez tiré sur de nombreux éléphants, vous avez tiré sur la maison de Musakanya, vous avez empoisonné Jealous.

– Je ne sais pas comment vous pouvez faire confiance à un homme comme moi. Il suffit peut-être que je vous donne mon arme. Après ça, je suis désarmé.

– Il ne suffit pas de me donner votre arme. Vous pourriez venir travailler pour moi, vous familiariser avec notre routine, puis amener d'autres braconniers pour me tuer. Pour travailler pour moi, vous devez d'abord prouver que je peux vous faire confiance. Aidez-moi à capturer les autres braconniers de Mwamfushi – Simu Chimba, Chikilinti, Mpundu Katongo et Bernard Mutondo – et je vous donnerai un très bon travail. Vous devez découvrir quand et où ils prévoient de braconner, et m'envoyer un message par l'intermédiaire de Musakanya. Êtes-vous d'accord ?

– *Eh, Mukwai*, oui.

Mark range l'AK-47 dans un sac à dos et serre la main de l'un des braconniers les plus notoires de Mwamfushi. En retraversant la cour de l'école bondée, Mark lève un pouce victorieux.

Je souris. Un gros bonnet dans nos filets, sans le moindre coup de feu, sans le moindre vol de nuit hasardeux.

24

Le partage des saisons

Delia

> Se battre pour un rêve en vaut toujours la peine, car c'est dans la lutte que résident la force et l'accomplissement des saisons changeantes de notre vie.
>
> Walter RINOER

En mai 1991, les fruits du marula gisent sur le sol, exhalant un parfum doux comme le miel, et mon esprit se tourne une fois de plus vers Survivor. Mpundu Katongo, Chanda Seven et Chikilinti l'ont-ils tué ou s'est-il échappé ? Suis-je bête d'espérer qu'il reviendra au camp à son retour des plaines ? Mark continue à effectuer des patrouilles anti-braconnage et à compter les éléphants ; je passe la plupart du temps à mon campement de la rivière, à encourager les gardes-chasse ou à travailler à Mwamfushi. Mais je ne traverse jamais les collines près de Marula-Puku sans penser à Survivor, sans chercher sur les crêtes et dans les vallées un éléphant avec de petites défenses et un trou à l'oreille gauche.

Un après-midi, quelques semaines après notre visite à Mwamfushi, je suis assise sur le sol rouge et poussiéreux avec les enfants de Mano, en train de dessiner des éléphants. La forêt environnante résonne des chants des inséparables et des perroquets sauvages, et le campement bourdonne des bruits réguliers des femmes qui cuisinent et lavent à l'extérieur de leurs huttes en terre. Le vrombissement d'un moteur traverse les arbres : Mark est en train de niveler la piste d'atterrissage de Mano avec l'un des nouveaux tracteurs.

Un panache de poussière s'élève derrière lui. Le 4 x 4 de Mano entre alors en trombe dans le camp, avec dix gardes-chasse à l'arrière. Tous chantent et lèvent le pouce. Nous n'avons jamais entendu les gardes-chasse chanter auparavant ; les enfants et moi nous levons et courons à leur rencontre. Un homme en haillons couvert de poussière est assis à l'arrière du 4 x 4, menotté, la tête pendante.

– Nous avons capturé Simu Chimba, madame ! Regardez comme il est petit ! Un grand braconnier comme lui, comment peut-il être si petit ?

– Bravo !

Je les félicite, tout en pensant : « Deux de moins, il en reste trois. »

*

Entre Mark qui patrouille dans les airs, les gardes-chasse et notre équipe qui s'activent sur le terrain, nous n'avons pas vu d'éléphant braconné depuis huit mois. Notre travail pour gagner la confiance des habitants de Mwamfushi se poursuit, même si rien n'est facile et que les choses sont souvent à l'arrêt. Tout ce qui est nécessaire à l'approvisionnement des industries artisanales naissantes, depuis les aiguilles à coudre jusqu'aux lames de scie à métaux, doit être transporté par camion depuis Lusaka ou importé de l'étranger. Mais déjà, un changement s'opère dans le village, qui semble respirer. Musakanya et son équipe de voirie ont construit une piste large et lisse de Mpika à Mwamfushi ; le moulin broie de la farine de maïs ; l'atelier de couture confectionne de nouveaux uniformes pour les gardes-chasse ; les menuisiers ont fabriqué un bureau. Une personne parle de produire des bougies, une autre du savon, une troisième de développer une ferme piscicole. Nous avons lancé un programme d'éducation à la conservation dans l'école, et des posters d'éléphants, de lions et de léopards – offerts par le zoo de Dallas – apportent des touches de fierté et de couleur sur les murs en briques d'argile.

Avec un nouveau sentiment de confiance et d'espoir, les habitants du village ont espionné Chikilinti, Mpundu Katongo, Simu Chimba et les autres braconniers et ont fait part de leurs plans à Musakanya. En les harcelant d'insultes et de menaces, les justiciers improvisés de Mwamfushi les ont forcés à quitter le village pour se réfugier dans la brousse, où ils se cachent dans des taudis d'herbe, craignant même de faire un feu de camp la nuit. Le pouvoir qu'ils exerçaient sur les villageois a été brisé. Chanda Seven et Musakanya, les deux anciens braconniers qui travaillent maintenant pour nous à Mwamfushi, sont des exemples à suivre pour tous ceux qui n'ont pas été convertis. Tous deux occupent des postes de supervision – Musakanya avec l'équipe de voirie, Chanda Seven dans une ferme – et perçoivent de bons salaires sans enfreindre la loi.

Par un après-midi de farniente, alors que toute l'Afrique somnole dans la chaleur, Mpundu Katongo descend des collines et se dirige vers la hutte de Chanda Seven. Il prépare une grande expédition de braconnage dans le North Luangwa et espère persuader Chanda Seven de se joindre à lui. Mpundu a entendu toutes ces sornettes sur la pisciculture et les moulins, mais il ne croit pas qu'elles soient aussi payantes que le braconnage. Bien qu'il soit petit, il est très fort et, contrairement à d'autres braconniers, il n'est pas effrayé par les villageois.

Chanda Seven aperçoit son vieil ami de l'autre côté du champ et l'invite à boire une bière dans sa hutte en torchis. Ils se serrent la main dans la cour soigneusement balayée et Chanda Seven s'écarte pour laisser entrer son invité dans la hutte. Alors qu'ils se faufilent par la minuscule porte, Chanda pousse Katongo contre le mur du fond, saute à l'extérieur et ferme la porte à clé. Katongo crie et tape sur la porte minuscule, menaçant de s'enfuir. Saisissant une hache, Chanda Seven jure de découper Mpundu en petits morceaux et de le donner à manger aux hyènes s'il tente de s'échapper.

Attirés par l'agitation, des villageois armés de houes et de râteaux courent à travers les champs de maïs pour aider Seven à contenir son prisonnier, tout en lui criant des insultes à travers la porte de la hutte.

Lorsque Musakanya apprend ce qui s'est passé, il court huit kilomètres jusqu'à Mpika pour informer les gardes-chasse. Convaincre les éclaireurs de Mpika de venir n'est pas chose facile, mais ils finissent par utiliser l'un de nos 4 x 4 pour se rendre à Mwamfushi, arrêter Mpundu Katongo et l'emmener à Mpika. Tôt le lendemain, avant même que nous ayons entendu parler de l'arrestation, Max Saili nous appelle par radio pour nous prévenir que le directeur serait sur le point de relâcher Katongo.

— Oh non, il n'en est pas question ! hurle Mark dans le micro. Ne le laissez pas faire ! Je serai à Mpika dans trente minutes.

Mark saute dans l'avion et s'envole pour Mpika, où Saili le rejoint sur la piste d'atterrissage. Un pot-de-vin a sans doute été échangé, mais cette fois-ci, ça ne marchera pas.

À 10 heures du matin, Mark arrive en trombe au *Mpondo's Roadside Bar* et pile dans un nuage de poussière. Il pénètre dans l'établissement délabré et jette un coup d'œil dans la salle faiblement éclairée. Le directeur Mulenga est assis seul à une table où trônent huit bouteilles de bière vides. Il jette un coup d'œil dans la direction de Mark, puis fixe le mur d'un air absent.

– J'ai entendu dire que vous alliez libérer Mpundu Katongo, lance Mark.

– Il n'y a pas assez de preuves, grommelle le directeur.

– Vous savez que cet homme est un braconnier. Si vous n'avez pas de preuves solides, nous en avons. Si vous le relâchez, je vais faire un scandale au ministère.

Le directeur, ivre, marmonne quelque chose d'inintelligible, déchire un bout de sac en papier brun et écrit son autorisation pour que Katongo soit emmené à Mano pour y être interrogé. Il accepte de ne pas abandonner les charges contre Katongo si nous l'engageons. Mpundu sera sous la garde de Kotela et des éclaireurs de Mano.

– Merci, monsieur le directeur, prenez donc une autre bière.

Mark pose quelques billets sur la table et sort.

Menotté et encadré par deux gardes-chasse, le braconnier est hissé dans l'avion. Mark l'emmène jusqu'à la piste d'atterrissage de Mano, où les éclaireurs et moi-même l'attendons. Ils se pressent autour de l'appareil et, lorsque Mpundu leur est remis, ils se dirigent vers le camp, poussant et bousculant le captif entravé. Une fois dans le *n'saka*, ils le maintiennent au sol et peignent des lignes bleues et jaunes sur son visage – un juju qui enlève tout pouvoir. Pieds et mains liés, il se retrouve assis au centre du *n'saka* pendant que les éclaireurs, les femmes et les enfants l'humilient à tour de rôle. L'un des gardes-chasse lui demande de faire le poulet. En boitillant autour du camp, il gratte la poussière avec ses pieds nus et bat des bras du mieux qu'il peut. Puis, tous les quelques pas, il bascule et tombe violemment sur le sol, ce qui fait rire tout le monde.

Lorsque les gardes-chasse se lassent enfin de ce manège, Kotela nous dit que nous pouvons interroger le prisonnier. Nous installons la caméra vidéo et je plante mon regard dans les yeux de Mpundu Katongo. C'est un homme petit et trapu, au visage de bouledogue. Dépouillé de son juju, il reste tranquillement assis à regarder la terre et avoue qu'il a abattu plus de soixante-quinze éléphants, des centaines de buffles et bien trop de pukus pour pouvoir les compter.

S'adressant sans détour à la caméra, il admet avoir tiré sur l'avion avec des armes semi-automatiques à de nombreuses reprises. Il décrit avec force détails comment lui et les autres avaient prévu d'attaquer notre camp, avant de renoncer à leur projet lorsqu'ils ont vu les gardes-chasse. Il nous dit que c'est lui, Chanda Seven et Chikilinti qui ont abattu les éléphants près de Marula-Puku.

Nous faisons venir la famille de Katongo à Mano et lui donnons une maison. Nous l'engageons pour diriger les patrouilles des éclaireurs, en mettant à profit sa connaissance des itinéraires et des zones de chasse pour les aider à tendre des embuscades et à appréhender d'autres braconniers. Plus tard, nous recrutons également Bernard Mutondo, le braconnier qui a tué un garde-chasse et en a blessé trois autres au sud du parc et qui a néanmoins été relâché par le magistrat. Aujourd'hui, trois des cinq hommes qui ont tenté de nous tuer travaillent pour nous.

*

En marchant tranquillement dans les sous-bois, je m'éloigne de la lagune de Nyama Zamara en direction de mon camp sur la rivière. Une grande antilope mâle, debout dans les hautes herbes, balance la tête dans ma direction. Je ne bouge pas. Elle me regarde un instant, puis continue à brouter. Je reprends mon chemin vers la plage, où soixante hippopotames se prélassent sur le sable humide.

Contre toute attente, j'entends le bruit de notre avion au sud ; Mark doit être en train de patrouiller le long de la rivière Mwaleshi. Comme toujours lorsque j'entends l'avion, je sors le talkie-walkie de mon sac à dos et l'allume au cas où il m'appellerait. Bien qu'il patrouille souvent dans cette zone, il n'a jamais visité mon camp. Le bourdonnement du moteur s'intensifie.

La voix de Mark grésille dans la radio :

– Hyène brune, ici Panthère des sables. Tu me reçois ?

Je vois l'avion passer en rase-mottes au-dessus des arbres dans le coude de la rivière.

– Bien reçu, Panthère des sables. Je t'écoute.

– Bonjour, chérie ! Tu veux de la compagnie pour dîner ce soir ?

– Bien reçu, Panthère des sables. Ce serait parfait. Tant que tu comprends que le dîner dans mon camp implique de porter une veste et une cravate, dis-je en plaisantant. Et n'oublie pas les chocolats.

– Bien sûr, répond Mark en riant. Je rentrerai en fin d'après-midi. Viens me chercher à la piste d'atterrissage dans les plaines où nous avons attrapé Bouncer.

– Bien reçu. À tout à l'heure. Hyène brune, terminé.

Je range la radio dans mon sac à dos et je cours à travers les arbres vers le camp, en évitant la plage pour ne pas effrayer les hippopotames. Qu'est-ce que je vais bien pouvoir cuisiner pour le dîner ?

Dans ma petite hutte d'herbe, j'ouvre les coffres à provisions bleus et je fouille dans les boîtes de conserve à la recherche de quelque chose de spécial. J'opte pour une soupe à l'oignon en sachet, des pâtes avec une sauce aux champignons et au fromage en conserve, des haricots verts et des biscuits. Je dresse la table avec un *chitenge* à motifs de tourbillons verts, bleus et rouges, des bougies placées dans des coquilles d'escargot, des tasses et des assiettes en émail jaune. Au bord du camp, je cueille de minuscules fleurs sauvages bleues et les place sur la table dans un pot de beurre de cacahuète vide. Sentant apparemment mon excitation, les babouins grimpent dans l'ébénier au-dessus de la hutte et se penchent sur les branches pour m'observer.

Pliant une feuille de papier en deux et la décorant de croquis d'hippopotames et de crocodiles, je rédige un menu pour la soirée :

Entrée
Huîtres fumées à la Zamara
Potage
Soupe à l'oignon du Luangwa avec croûtons à l'ail
Plat de résistance
Pâtes du lagon aux champignons et au fromage
Haricots verts Lubonga
Dessert
Biscuits de lune

Je ne dispose d'aucun vêtement décent dans mon campement. Déterminée à être aussi élégante que possible, je me confectionne une jupe avec un autre *chitenge* et la porte avec un chemisier blanc, des sandales et mes boucles d'oreilles bochimanes préférées. En fin d'après-midi, je me rends en voiture à la piste d'atterrissage située sur une plaine plate et dégagée, à environ six kilomètres de la rivière. Pendant les vingt minutes que dure le trajet, je croise des troupeaux de gnous, de zèbres et de buffles qui broutent le long du chemin. Je suis à un kilomètre de la piste lorsque Mark descend en piqué juste au-dessus du 4 x 4. Pile à l'heure. Il atterrira juste avant que j'arrive.

Lorsque je débouche sur la piste poussiéreuse, l'avion est déjà stationné à son extrémité. Mais en me dirigeant vers l'appareil, je ne vois pas mon pilote. C'est étrange, il devrait être sorti de l'avion maintenant, en train de l'amarrer pour la nuit. En me rapprochant, je suis de plus en plus perplexe : le cockpit est vide. Je me gare, sors et regarde autour de moi.

Soudain, Mark surgit de derrière le fuselage où il s'était caché. Au-dessous de la ceinture, il est habillé comme d'habitude – short kaki, chaussettes de brousse et bottes de désert. Mais au-dessus de la taille, il porte un élégant blazer bleu, une chemise blanche et une cravate. Un bouquet de fleurs sauvages cache son sourire diabolique et une bouteille de champagne est glissée sous son bras.

– *Bonjour, madame*[1]. Panthère des sables, à votre service, dit-il en s'inclinant.

Sur la rive surplombant la plage, nous grignotons des huîtres fumées et sirotons du champagne en regardant le soleil et les hippopotames s'enfoncer dans la large

---

1. En français dans le texte *(N.d.T.)*

rivière. Plus tard, au clair de lune sur le sable blanc, les hippopotames sortent de l'eau en titubant et se promènent juste en dessous de notre table perchée sur le bord de la berge. Ma petite hutte d'herbe brille à la lumière douce des bougies et des lanternes. En chuchotant et en riant doucement, nous cherchons des étoiles filantes dans le ciel et en comptons six.

Plus tard, sur nos lits dans la tente, j'attrape mon oreiller et je cherche des chocolats. Il y a longtemps, c'était la cachette préférée de Mark pour les surprises spéciales, y compris les chocolats. Mais il n'y a rien. Cachant ma déception, je me glisse entre les draps et il me serre contre lui en riant. Mes pieds touchent alors quelque chose à l'autre bout des couvertures.

– Mark, qu'as-tu encore fait ?

En écartant la couverture, je découvre des barres de chocolat – vingt-cinq – alignées au bout de mes orteils.

*

C'est à nouveau la saison sèche. Les herbes sont fatiguées, car elles ont produit des graines de toutes les formes et de tous les types imaginables. Elles sont couchées sur le côté, la tête près du sol. Les feux de forêt finiront par les consumer, envoyant leurs dernières gouttes de vie vers les nuages, qui à leur tour pleuvront sur les jeunes pousses des collines lointaines. Ou bien, si les feux ne viennent pas, les herbes retourneront à la terre, donnant leur âme à de nouvelles graines pleines d'espoir. Quoi qu'il en soit, nous les reverrons. Même les couleurs sont fatiguées de s'être consumées dans des ors et des rouges éclatants avant de s'évanouir dans la teinte pâle de la paille. La vie fait une pause, l'année elle-même doit se reposer.

C'est à nouveau la saison sèche. Elle revient chaque année. Mais je sais maintenant que les pluies vivifiantes seront de retour un jour. Tout comme il y a une fin à l'hiver, il y a une fin à la sécheresse. Le secret est de vivre à chaque saison. Le Kalahari me l'a appris et, comme le désert, je veux chanter pendant la saison sèche et danser pendant la saison des pluies.

Les braconniers ayant été arrêtés avant qu'ils ne puissent allumer leurs feux, les animaux ont pour une fois de l'herbe à se mettre sous la dent, et ce jusqu'à la fin de la saison sèche. Des colonnes sinueuses d'éléphants sillonnent le fond de la vallée, se nourrissant de la savane. Autrefois, en mars ou avril, ils auraient fui vers les collines protectrices de l'escarpement, abandonnant le fourrage supérieur des herbes de la vallée pour l'écorce fibreuse des forêts de miombos. Mais aujourd'hui, Oreille Longue, Misty, Marula et leurs petits se nourrissent le long des plaines inondables de la Mwaleshi, où les hautes herbes à éléphants ondulent sous la brise légère.

Un matin, sur la piste d'atterrissage, Kasokola et Mwamba, qui gardent l'avion, nous disent qu'ils ont aperçu deux éléphants dans la petite vallée près du ruisseau Khaya, en contrebas de la colline. L'un d'eux a des défenses, l'autre non. Les jours suivants, nous les cherchons mais ne voyons rien. Plusieurs matins plus tard, nous passons devant le bassin des hippopotames sur le chemin du retour au camp lorsqu'un éléphant mâle sans défenses apparaît dans les hautes herbes près de la rive. C'est Cheers. Tous les jours suivants, nous le trouvons en train de se nourrir des longues herbes qui poussent de l'autre côté de la Lubonga, près du camp, ou de fruits près de la piste d'atterrissage, mais il refuse de s'approcher davantage. Il est toujours accompagné d'un autre éléphant qui se tient sous le couvert des arbres, de sorte que nous ne pouvons jamais le voir de près. Comme une ombre grise, il s'éloigne toujours silencieusement.

Une fin d'après-midi, alors que nous sommes tranquillement assis au bord de la rivière, Mark et moi entendons un bruissement sur la rive d'en face. Lentement, un éléphant sort des hauts roseaux d'un *dambo* de l'autre côté et se tient là, regardant les marulas derrière nous. Je porte mes mains à mon visage, incrédule. L'éléphant a des défenses aussi longues que les bras de Mark et un minuscule trou à l'oreille gauche. C'est Survivor.

Pendant plusieurs minutes, il nous observe avec des yeux qui en ont trop vu. Il lève sa trompe en l'air dans notre direction. Mais nous ne sommes pas dupes, ce n'est pas une salutation. Ce sont les fruits du marula qu'il sent et les fruits du marula qu'il veut, pas le contact avec nous. Il ne nous remercie pas d'être là ni ne nous reproche de ne pas l'avoir mieux protégé. Il veut simplement manger ces fruits, se promener dans ces collines et vivre avec les siens. Ce n'est pas trop demander pour lui et ses congénères. Et nous pouvons bien leur accorder cela.

Il nous évite quand il passe sur la rive opposée, ne s'approchant pas aussi près de nous que l'année dernière. Il se traîne jusqu'à la rivière, touchant l'eau de sa trompe, la portant à sa bouche. Il reste de longs moments à nous regarder, puis glisse silencieusement le long du banc de sable. On dit que les éléphants n'oublient pas ; peut-être pardonnent-ils.

– Qu'est-ce qu'on va faire maintenant ? me souffle Mark.

– Qu'est-ce que tu veux dire ?

– Tu as toujours dit que nous rentrerions chez nous quand les éléphants pourraient venir boire en paix au bord de la rivière.

Je contemple la Lubonga, qui se faufile doucement entre les hautes berges et les fonds rocailleux. Cinq pukus se reposent dans le sable frais, près d'un couple d'ouettes.

Et je réponds :
– Nous sommes chez nous.

Épilogue

Retour à Deception

Delia

> La terre a été blessée. Les abus ne sont pas excusables
> et leurs effets néfastes se feront longtemps sentir.
> Mais la nature ne sera pas éliminée, même ici.
> La pluie, la mousse et le temps appliquent leur pansement,
> et la terre blessée se rétablit enfin.
> La nature est toujours verte, après tout.
>
> Robert Michael Pyle

Durant toutes ces années au North Luangwa, nous n'avons jamais oublié le Kalahari. Chaque fois que nous voyions la meute de Serendipity, nous pensions aux lions du désert ; chaque fois qu'il pleuvait à Marula-Puku, nous nous demandions si la dune de l'Est était encore sèche ; chaque fois qu'il y avait une pleine lune, nous nous languissions de Deception Valley.

En 1988, alors que nous étions au North Luangwa, nous avons reçu une lettre nous informant qu'une commission spéciale du Botswana avait décidé du sort de la réserve de chasse du Kalahari central. Parmi les pistes envisagées, il y avait la dissolution des deux tiers inférieurs de la réserve afin qu'ils puissent être utilisés pour l'élevage commercial de bétail. Finalement, sous l'œil attentif des agences internationales de protection de la nature, la commission a voté en faveur du maintien de la totalité de la réserve. En outre, elle a adopté un grand nombre des recommandations environnementales que nous avions formulées avant la controverse. Il s'agissait notamment d'abattre certaines clôtures afin d'ouvrir un corridor pour les espèces migratrices telles que les gnous et les bubales. Bien sûr, à ce moment-là, la majeure partie de la population de gnous – plus d'un quart de million d'animaux, ainsi que des dizaines de milliers d'antilopes du désert – avait péri. Mais peut-être que si de bonnes pluies reviennent sur le Kalahari, cette terre rude mais résistante fournira à nouveau les kilomètres d'herbe dorée nécessaires au retour de ces populations. L'homme a porté un coup terrible au Kalahari, mais les déserts savent ce qu'est la renaissance.

Dans la mesure où notre statut d'immigrant illégal avait été annulé, une fois la décision de sauver la réserve prise, plus rien ne pouvait nous éloigner des dunes capricieuses et des vallées fluviales ancestrales qui avaient été notre foyer pendant sept ans. Nous avons planifié une expédition pour nettoyer notre campement, pour effacer toute trace de notre passage, pour rechercher les lions auxquels nous avions posé un collier radio avant notre expulsion, et pour dire adieu au Kalahari en bonne et due forme.

Comme nous l'avions fait en 1985, Mark a piloté notre avion depuis Gaborone et j'ai conduit jusqu'à Deception Valley à travers le pays des épineux. En 1988, la sécheresse qui s'était abattue sur le désert depuis 1979 sévissait toujours. Les sols argileux lourds de l'ancien lit de la rivière avaient été réduits à une poudre sèche et maladive par des années de soleil furieux et de vents infatigables. Alors que je traversais Deception et contournais Acacia Point, des volutes de poussière pâle s'élevaient derrière le 4 x 4. Pas un seul buisson noueux ni la moindre feuille biscornue n'avaient survécu. Même les brins d'herbe étaient depuis longtemps ensevelis sous une couche de temps.

Mark se tenait près de l'avion, garé dans le *boma* délabré que nous avions construit des années auparavant pour empêcher les lions de la Meute bleue de ronger les pneus. Il est sorti pour m'accueillir et nous nous sommes assis sur le lit asséché de la rivière, près de notre ancien camp et de notre propriété. Au nord, Acacia Point, le point d'eau de Mid-Pan, Eagle Island, Cheetah Hill et la dune du Nord ; au sud, Bush Island, Tree Island et Jackal Island dans la baie du Sud, tous aussi familiers aujourd'hui qu'ils l'étaient il y a des années. Le visage du Kalahari était brûlé par la sécheresse, sablé, ridé et sans vie à cause du vent violent. Je me demandais si le désert avait remarqué un changement similaire chez nous, car nous avions nous aussi enduré une longue période de sécheresse.

Au bout d'un moment, nous sommes entrés dans ce qui restait de notre camp. Les *Ziziphus mucronata* et *Acacia tortillas* avaient réussi à produire des feuilles, mais elles étaient grises et flétries. Alors que je m'avançais au milieu des arbres stériles, un gobe-mouche du Marico est passé au-dessus de ma tête et s'est posé sur une branche juste à côté. Il gazouillait d'urgence, les ailes tremblantes le long du corps, implorant de la nourriture. Il s'agissait certainement de l'un des gobe-mouches que nous avions connus auparavant. J'ai couru jusqu'à la glacière, j'ai arraché un morceau de fromage et je l'ai tendu dans sa direction. Il l'a pris comme si nous l'avions nourri pas plus tard qu'hier.

Après notre expulsion, des amis avaient démonté nos tentes, mais le *boma* de la cuisine, avec son toit de chaume en lambeaux, était toujours debout. La « table des hyènes » – construite à six pieds du sol pour empêcher les hyènes brunes de s'approcher de nos marmites et de nos casseroles – était restée sous l'acacia. Le *boma* de bain et quelques tables en bois étaient à divers stades de dévoration par les termites. Le lendemain, nous nettoierions tout cela, nous l'empilerions en un énorme tas et nous le brûlerions.

En fin d'après-midi, nous avons déterré une bouteille de cabernet sauvignon Nederburg toujours enterrée dans notre « cave à vin » sous le *Ziziphus*. Nous l'avons remplacée par une nouvelle bouteille et un mot dans un bocal, en pensant qu'un jour nous repasserions par là. Puis, assis les jambes croisées sur le lit de la rivière, à quelques mètres de l'endroit où se trouvaient autrefois nos barils d'eau, nous avons regardé le soleil disparaître au-delà des dunes. En sirotant du vin dans des chopes en fer-blanc, nous avons écouté le clic-clic-clic des geckos nocturnes et les cris plaintifs et vacillants d'un chacal quelque part au-delà des dunes.

Le lendemain matin, Mark était déterminé à rechercher les lions auxquels nous avions posé un collier émetteur en 1985, lors de notre premier retour dans le Kalahari, quelques semaines avant notre expulsion. Je ne voulais pas le décourager, mais j'avais l'impression qu'il y avait très peu de chances de les retrouver. Cela faisait deux ans et demi que nous avions équipé huit d'entre eux, dont Happy, que nous connaissions depuis des années, ainsi que Sunrise et Sage, ses jeunes compagnons. Depuis notre départ, les lions avaient dû se disperser sur des milliers de kilomètres carrés, à la recherche de proies dans les confins du désert. Mais comment ne pas essayer de les retrouver ? Nous avons monté les récepteurs sous les ailes et Mark a décollé comme il l'avait fait des centaines de fois, à la recherche de lions dans les dunes.

Je suis restée sur place et j'ai commencé à démonter les *bomas* de la cuisine et de la salle de bains, la palissade de l'avion et les tables. Une tâche éreintante. J'ai travaillé à la hache et j'ai traîné des poteaux et de l'herbe jusqu'à une grande fosse. La chaleur était intense, une chaleur que l'on pouvait presque toucher. Tout en travaillant, je me demandais comment nous avions pu endurer cela pendant tant d'années. Parfois, je pouvais entendre le bourdonnement de l'avion, alors que Mark volait encore et encore – au nord, au sud, à l'est et à l'ouest sur des quadrillages imaginaires à travers le ciel. Lorsqu'il se posait pour déjeuner de noix et de fruits, son visage était rouge de chaleur, fermé et déterminé. Toute la matinée, il n'avait rien entendu dans ses écouteurs, si ce n'est des parasites et des signaux fantômes. Il a essayé encore pendant des heures cet après-midi-là, et a atterri juste avant le coucher du soleil, en haussant les épaules. Rien.

Le lendemain matin, il a décollé et volé jusqu'à midi, s'est posé pour faire le plein et a redécollé. J'ai brûlé des poteaux et déblayé des ordures. Je commençais à penser que transporter de lourdes bûches dans la chaleur pendant que Mark se baladait à des altitudes plus fraîches n'était pas un bon plan. Puis j'ai entendu l'avion se diriger vers le camp. Il a atterri. Mark a sauté de l'avion et a couru vers moi en criant :

– Je les ai trouvés ! Tu ne vas pas le croire. J'ai trouvé sept des huit lions ! Et Happy est juste au-delà de la dune de l'Est.

Comme si nous n'étions jamais partis, nous nous sommes retrouvés à nouveau dans le 4 x 4, roulant sur les dunes, suivant le bip-bip du signal radio d'un lion. Cette fois, j'avais la gorge nouée, non pas à cause de la soif, mais à cause du tourment de mon cœur.

– Tu es sûr de l'avoir vue ? Elle a peut-être perdu son collier. Ou peut-être qu'elle est morte.

– Tiens bon, chérie. Tu vas voir.

Les herbes des dunes, décolorées par le soleil, bruissaient comme des fétus secs en se balançant doucement dans la chaleur de midi. Les rayons du soleil frappaient d'aplomb, créant un désert sans ombres. Mark a arrêté le 4 x 4 et a pointé un endroit juste devant lui. Trois lionnes endormies sous un buisson d'acacias ont lentement levé la tête et nous ont regardés en haletant. Deux d'entre elles étaient très jeunes et nous ne les avons pas reconnues. Mais l'autre avait un visage vaguement familier et portait un collier radio abîmé. Elle s'est levée, les yeux écarquillés. C'était Happy, âgée de treize ans – un âge considérable pour une lionne du Kalahari. Nous nous étions assis avec elle pendant des centaines d'heures, nous l'avions suivie à travers les dunes éclairées par les étoiles et nous avions même dormi près d'elle sur les sables du désert à plusieurs reprises. Nous avions trouvé Happy lors de notre premier retour au Kalahari en 1985, et elle était de nouveau là.

Elle s'est levée en titubant et a marché lentement vers nous, ses côtes se découpant en lignes sombres sous une peau parcheminée, son ventre haut et serré contre sa colonne vertébrale affaissée. Elle était vieille et affamée. Elle a trébuché, puis hésité, vacillé. Ses forces fondaient dans les vagues de chaleur de midi. Elle a recommencé à avancer et s'est approchée à moins de trois mètres du 4 x 4. J'ai pensé un instant qu'elle pourrait mâcher les pneus, comme elle et les autres lionnes de la Meute bleue l'avaient fait si souvent auparavant. Au lieu de quoi elle nous a regardés avec des yeux doux et dorés où ne se lisait pas la moindre peur mais bien la certitude qu'elle nous reconnaissait. Si seulement nous pouvions lui demander : « Où est Blue ? Qu'est-il arrivé à Moffet ? Ce sont tes petits ? » Mais les années avaient passé et les réponses étaient à jamais perdues dans le désert.

Elle a fait le tour du 4 x 4, touchant presque le pare-chocs arrière avec son flanc, et s'est à nouveau couchée à l'ombre de quelques maigres branches. Nous sommes restés avec les lionnes tout l'après-midi et ce soir-là, nous les avons observées essayer en vain de tuer un grand oryx mâle. L'effort les a épuisées et elles sont restées là, haletantes, leurs ventres rétrécis se soulevant à chaque respiration. Elles formaient un trio pitoyable : Happy trop vieille pour bien chasser, les jeunes trop inexpérimentées. Nées sur une terre qui n'offre que rarement de l'eau et qui est même avare d'ombre, elles se dressaient comme trois monuments rachitiques à la survie. Nous les avons quittées au coucher du soleil, en ressentant ce que le Kalahari nous fait toujours ressentir : intrigués par ses merveilles, dégrisés par sa dureté, attristés par son déclin.

Le lendemain matin, nous avons traversé la dune de l'Est et retrouvé Happy une dernière fois. Elle était accompagnée cette fois de trois femelles plus âgées et des deux plus jeunes de la veille : les membres de la Meute bleue, sans nom, inconnus, mais tenaces. Sous un buisson d'*Acacia mellifera* gisait un oryx fraîchement tué. Tous les lions, y compris Happy, avaient le ventre plein.

Les animaux connaissent les salutations : des lions séparés depuis longtemps se précipitent l'un vers l'autre, se frottant la tête et le corps en signe de retrouvailles ; les hyènes brunes se reniflent le cou et la queue ; les chacals se flairent le nez. Mais les animaux savent-ils ce qu'est un adieu, me suis-je demandé alors que nous nous éloignions de Happy pour la dernière fois. J'ai soutenu son regard jusqu'à ce que son visage fauve s'estompe dans les herbes couleur paille du Kalahari. Nous savions que nous ne la reverrions pas ; elle ne survivrait jamais à une autre saison sèche. Mais au moins, elle était entourée de sa meute dans une réserve sécurisée.

Nous sommes retournés au North Luangwa pour y poursuivre nos programmes, et en atterrissant, les gars nous ont dit qu'une lionne avait visité leur camp tous les soirs. Plusieurs nuits plus tard, nous l'avons trouvée près de la piste d'atterrissage, où nous l'avons endormie d'une fléchette. Comme d'habitude, nous l'avons pesée, enregistrée et nommée. Elle est petite, pas très forte, mais elle est toujours là. Elle s'appelle Hope[1].

---

1. Espoir en français (*N.d.T.*)

Postface

Delia

Lorsque nous avons entamé notre projet en 1986, les éléphants du parc national du North Luangwa étaient braconnés à raison d'un millier par an. À la fin de l'année 1991, ce nombre avait été réduit à douze.

Le 16 janvier 1992, David Chile, du village de Mwamfushi, l'un des boursiers de notre projet de conservation du North Luangwa, a remis au nouveau président Frederick Chiluba une pétition signée par trois mille Zambiens demandant à leur gouvernement de respecter l'embargo frappant le commerce de l'ivoire. De nombreuses autres organisations et personnes en Zambie – la David Shepard Foundation et la Species Protection Division n'en sont que deux exemples – ont participé à l'effort visant à convaincre le gouvernement zambien d'adhérer à l'embargo. Lors de la journée « Sauvez l'éléphant », organisée par Wanda et Tom Canon, des élèves de toute la Zambie et des États-Unis ont chanté une chanson spéciale qu'ils avaient écrite sur les éléphants. Les chants ont été coordonnés de manière à durer cinq heures à travers l'Afrique et l'Amérique. La chanson a été entendue.

Dans un communiqué de presse du 7 février 1992, le gouvernement du président Chiluba a annoncé qu'il adhérait à l'interdiction internationale du commerce de l'ivoire et qu'il la soutenait pleinement : « Après avoir examiné les preuves du déclin désastreux de la population d'éléphants du pays sous le gouvernement précédent, [le nouveau gouvernement] a annoncé un changement radical dans la politique de la Zambie à l'égard des éléphants... La Zambie s'oppose en effet désormais à la reprise du commerce international des produits dérivés de l'éléphant. » Le nouveau ministre du Tourisme a ensuite demandé aux autres pays africains qui pratiquent encore le commerce de l'ivoire de suivre l'exemple de la Zambie et les a invités à coopérer et à se coordonner pour mettre en place des mesures qui garantiraient la conservation de leurs ressources collectives en faune et en flore. Enfin : « Le vendredi 14 février 1992, le ministre a organisé une cérémonie d'incinération de l'ivoire saisi aux braconniers et aux contrebandiers par le Service des parcs nationaux et de la protection de la faune et par d'autres organismes zambiens. »

*

Le Projet de conservation du North Luangwa (NLCP) est désormais installé dans un bureau élégant à Mpika. Evans Mukuka, notre actuel responsable de l'éducation, se rend dans dix écoles chaque mois pour présenter aux enfants des diaporamas sur la faune et la flore sauvages et sur la conservation. Ces programmes, qui ont débuté sur l'argile rouge et poussiéreuse du village de Chishala, touchent aujourd'hui douze mille élèves dans trente écoles, dans des villages autrefois réputés pour leur braconnage. Notre programme de bourses parraine un étudiant de chaque village pour lui permettre d'étudier à l'université de Zambie.

Récemment, Mukuka a organisé un concours de quiz sur la faune et la flore parmi les élèves de sixième des écoles de la région de Mpika. Des équipes de chaque école ont répondu à une batterie de questions sur la faune et la flore du North Luangwa et ce sont les enfants de Mwamfushi qui ont gagné !

Avec l'aide des anciens, de Max Saili, d'Ian Spincer et d'Edward North, nos programmes dans les villages aident les gens à trouver de nouveaux emplois, à fonder des industries artisanales et à produire davantage de protéines. Au total, le NLCP a créé plus de deux cents emplois pour les hommes et les femmes de la région, dont beaucoup étaient autrefois impliqués dans le braconnage.

Dans une grande partie du district de Mpika, il n'y a pas eu de boucheries ou d'autres endroits où acheter de la viande pendant de nombreuses années. Les Bembas, qui pratiquent depuis longtemps la chasse de subsistance et sont très friands de viande, braconnaient donc les animaux sauvages jusqu'à l'extinction. Afin de décourager aussi bien le braconnage de subsistance que le braconnage commercial, le projet a prêté suffisamment d'argent à un homme d'affaires zambien de Mpika pour qu'il puisse ouvrir une boucherie. Il fait venir le bétail par train depuis la province du sud, le découpe et vend le bœuf à un prix inférieur à celui pratiqué par les marchands au noir qui vendent de la viande braconnée. Sur le côté de sa boucherie, un panneau proclame : SAUVEZ LA FAUNE : ACHETEZ DU BŒUF, PAS DE LA VIANDE DE BROUSSE.

Confronté à l'ambassadeur américain, le fonctionnaire qui avait avalé l'histoire de Bwalya Muchisa et accusé Mark d'avoir acheté des armes de guerre sur le marché noir a fait marche arrière. Bwalya, lui, a disparu. La Commission anticorruption a créé une division de protection des espèces (SPD) chargée d'enquêter sur la corruption officielle liée au braconnage. Périodiquement, des agents de la SPD viennent à Mpika pour enquêter sur les fonctionnaires qui collaborent avec les braconniers. En 1991, ils ont arrêté le chef de la police de Mpika, le commandant du poste de police et un officier de l'armurerie de Tazara, ainsi que deux chefs tribaux. Au début de 1992, le directeur Mulenga a été démis de ses fonctions et Isaac Longwe, un homme très compétent et digne de confiance, a été nommé directeur intérimaire.

Malgré ces progrès, nous ne pouvons pas encore affirmer que le North Luangwa est présevé. La corruption est toujours débridée, bien que l'administration du président Chiluba nous redonne l'espoir qu'elle diminuera. Le braconnage se poursuit, bien qu'il ait considérablement diminué. La police a relâché Simu Chimba, le « petit » grand braconnier capturé par les éclaireurs de Mano, mais il a été tué plus tard dans la vallée du Zambèze par un éléphant qui le chargeait. Chikilinti échappe toujours aux éclaireurs grâce à son juju d'invisibilité. Ces jours-ci, cependant, il braconne plus souvent dans les zones de gestion du gibier situées à l'extérieur du parc.

Pressé par l'ancien directeur Mulenga de se joindre à ses activités malhonnêtes, Kotela, qui a tellement transformé l'unité de Mano, a demandé à être transféré à un autre poste. Nous serons tristes de le perdre car, en fin de compte, la protection et le développement du parc dépendent de lui et de ses compatriotes. C'est à eux, et non à nous, de faire en sorte que cela fonctionne.

En octobre 1991, le nouveau gouvernement démocratique de Zambie, le MMD (Mouvement pour la démocratie multipartite), a été élu à une écrasante majorité lors d'élections libres et équitables, supervisées par l'ancien président américain Jimmy Carter. L'administration du président Chiluba s'est engagée à préserver les ressources naturelles du pays, y compris sa faune et sa flore, et soutient un système fondé sur l'économie de marché qui accueille les visiteurs en Zambie. De nombreux hauts fonctionnaires de l'ancien système à parti unique, fortement impliqués dans le braconnage, ont été démis de leurs fonctions et le nouveau gouvernement s'attaque aux problèmes généralisés de la corruption et de l'exploitation illicite. Le braconnage est tellement institutionnalisé qu'il faudra du temps avant que l'administration puisse l'éradiquer. Néanmoins, la Zambie a l'occasion de repartir de zéro et de démontrer que l'homme et la faune peuvent vivre côte à côte dans l'intérêt des deux parties.

Le pays aura besoin d'un soutien fort dans sa quête d'un programme national de conservation vraiment efficace.

Jusqu'à ce que des bénéfices substantiels puissent être tirés du tourisme et des autres activités liées à la faune, le Projet de conservation du North Luangwa doit continuer à trouver des moyens de renforcer les liens économiques entre les communautés animales du parc et les villages voisins, qui risqueraient sinon d'éradiquer la faune. Malheureusement, si notre projet et ses services communautaires devaient disparaître demain, le braconnage menacerait à nouveau le parc. Les avantages à court terme pour les villageois devront tôt ou tard être remplacés par des avantages durables provenant directement du parc.

Le tourisme peut être la solution, mais il doit être conçu de manière à ne pas perturber l'écosystème. Nous avons fortement recommandé qu'il se limite à des safaris à pied à l'ancienne. Tout est prêt : le parc a été protégé des braconniers, les camps d'excursion sont installés et il y aura bientôt un moyen officiel de reverser l'argent du tourisme aux Bembas et aux Bisas. Il ne reste plus qu'à faire venir les touristes.

Ils ont déjà commencé à se présenter. Deux petites entreprises ont mis en place des safaris à pied dans le parc. Leurs visiteurs n'ont pas besoin de monter dans des minibus radiocommandés ou de jouer des coudes au milieu de la foule pour voir des lions dévorer une proie. Chaque personne qui vient découvrir la véritable Afrique aide à sauver les éléphants en faisant en sorte que les animaux sauvages vivants aient de la valeur pour les populations locales.

*

En attendant, Mark et moi continuerons à travailler au North Luangwa en aidant le gouvernement à assumer ses responsabilités en matière de sécurité, de gestion et de développement du parc, dans l'intérêt de la population locale et de la faune sauvage.

Simbeye, Mwamba et Kasokola, qui nous accompagnent depuis les premiers jours, sont toujours parmi nous et sourient tous les matins. Avec les autres membres de notre équipe zambienne, ils travaillent avec bonne humeur et détermination pour sauver le North Luangwa.

Bouncer et sa meute continuent d'arpenter les plaines pendant la saison des pluies et de rejoindre la forêt près de la lagune de Nyama Zamara pendant la saison sèche. La meute de Serendipity tient toujours son territoire le long de la Mwaleshi et tente d'éviter un certain crocodile.

Mona, le varan, a abandonné notre baignoire et s'est fait un nouveau nid sur la berge.

Parfois, Survivor et Cheers passent par notre camp lors de leur migration vers et depuis les montagnes. En de rares occasions, Survivor s'aventure dans notre camp la nuit pour se nourrir de fruits de marula. Il marche aussi doucement qu'avant, avale les fruits aussi bruyamment que d'habitude et nous berce de son chant.

Annexe A
Clôtures et vie sauvage au Kalahari

Dans le désert du Kalahari, les clôtures bloquent les migrations des antilopes et détruisent les populations d'animaux sauvages. Ces clôtures sont érigées (a) pour lutter contre la fièvre aphteuse (FA) et (b) pour enclore de grands élevages commerciaux de bovins.

Quarantaine contre la fièvre aphteuse

Dans certains cas, les clôtures construites à cette fin s'étendent sur des centaines de kilomètres à travers la savane. Elles ont été érigées le long des limites sud, ouest, nord et d'une partie de la limite est de la réserve de chasse du Kalahari central, bloquant les migrations des antilopes vers et depuis la rivière Boteti et le lac Xau, les seuls points d'eau naturels pour ces animaux en période de sécheresse.

Ces clôtures divisent le Botswana en sections de quarantaine, de sorte qu'en cas d'épidémie de fièvre aphteuse, les bovins malades peuvent être isolés, ce qui empêche théoriquement la propagation de l'infection à un autre secteur. Ces clôtures ont également pour but d'isoler les populations d'animaux sauvages suspectés d'être porteurs de la maladie du bétail domestique.

Après des années de recherche dans le Kalahari, nous avons remis en question l'efficacité de ces clôtures pour plusieurs raisons :

1. Aucun virus de la fièvre aphteuse n'a jamais été trouvé dans la faune sauvage du Kalahari.[1]

2. Lors des épidémies de fièvre aphteuse, le virus se propage souvent d'une zone de quarantaine à l'autre, indépendamment des clôtures, qui ne semblent donc pas être des barrières efficaces. En outre, en Europe, le virus de la fièvre aphteuse a été transporté dans le sol humide, sur les pattes des oiseaux et des rongeurs, sur les roues des véhicules et même dans l'air[2].

3. Il n'a jamais été prouvé que les ongulés sauvages pouvaient transmettre la fièvre aphteuse au bétail domestique.[3]

Bien que les clôtures ne permettent pas de lutter contre la fièvre aphteuse, depuis qu'elles ont été érigées au début des années 1950, neuf grandes hécatombes d'antilopes du désert se sont produites, comme celle dont nous avons été témoins près du lac Xau. Pendant au moins cinq années consécutives, à partir de 1979, des extinctions massives de gnous migrateurs ont été enregistrées au lac Xau (la sécheresse et la mine de diamants DeBeers avaient asséché le lac) par nous deux et par Doug Williamson, qui a géré notre camp de Deception Valley de 1981 à 1984. Rick Lamba, un producteur de

---

1. R. S. Hedger, « Foot and mouth disease », *Infectious Diseases of Wild Mammals,* John Davis *et al*, Iowa State University Press, 1981.
2. *Ibid*.
3. J. B. Condy and R. S. Hedger, *The survival of foot and mouth disease virus in African buffalo with nontransference of infection to domestic catde, Research in Veterinary Science.*

films, a également été témoin de la tragédie et a réalisé un documentaire intitulé *Frightened Wilderness*. Ce film a été diffusé sur les chaînes Turner et projeté au Capitole. Le nombre d'animaux qui périssent chaque année à Xau varie de quinze mille à soixante mille, mais plus d'un quart de million de gnous sont morts au total.

Mais les gnous mourant au lac Xau ne représentent qu'une partie du drame. À cent kilomètres au sud, jusqu'à dix mille bubales rouges mouraient chaque année, ainsi qu'un nombre incalculable d'oryx, de girafes, de springboks et d'autres antilopes du désert. Ils s'entassaient et mouraient contre les clôtures qui les empêchaient d'accéder à l'eau. Au total, depuis les années 1950, les clôtures ont tué plus d'un million d'ongulés sauvages, ainsi qu'un grand nombre de carnivores qui dépendent de ces proies.

Les clôtures, bien qu'elles ne soient que la première ligne de l'exploitation, fournissent des preuves tangibles que l'argent consacré au développement du bétail décime les populations d'animaux sauvages. Des tracteurs tirant des chariots chargés d'hommes armés patrouillaient régulièrement le long des clôtures ; tout animal sauvage qui s'en approchait était abattu. Des milliers d'entre eux ont ainsi succombé. L'un des premiers propriétaires de Safari South, une société de chasse basée à Maun, possède une photographie d'un tas d'os d'antilopes « aussi grand qu'une maison à deux étages », prise près de l'extrémité nord de la clôture de Makalamabedi. Selon un écologiste du département des parcs nationaux du Botswana, ces patrouilles commercialisaient à Gaborone, la capitale, la viande et les peaux des animaux tués le long des clôtures. Il a rapporté avoir vu un charnier rempli de centaines de carcasses fraîches dans l'une des fermes expérimentales du gouvernement.

Ces décès provoqués par l'homme représentent indiscutablement l'un des pires désastres de ce siècle pour la faune et la flore, un désastre qui aurait pu être totalement évité.

Enclavement des grands ranchs commerciaux

À partir des années 1970, de riches éleveurs privés, dont certaines des principales personnalités politiques du Botswana, ont obtenu des prêts à faible taux d'intérêt de la Banque mondiale pour développer d'immenses ranchs dans les zones sauvages du Kalahari. Ils ont érigé des clôtures, foré des puits, élevé du bétail et bloqué les migrations des antilopes, tuant des dizaines de milliers d'entre elles.

En règle générale, ces ranchs ont été rentables pendant environ cinq ans. Puis les puits, qui tiraient l'eau de nappes aquifères fossiles non rechargeables, se sont asséchés ; les savanes semi-arides ont été surpâturées et réduites à l'état de broussailles et de poussière. Avant que les éleveurs ne puissent rembourser les prêts, ils ont été contraints d'abandonner leurs ranchs et d'aller « développer » l'énorme parcelle de nature sauvage la plus proche, grâce à un autre prêt de la Banque mondiale. Cette version hautement financière de l'agriculture sur brûlis a laissé dans son sillage des terres stériles couvertes de fils de fer et de squelettes blanchis, les restes de dizaines de milliers d'antilopes dont les migrations vers l'eau avaient été bloquées.

Ce n'était qu'une question de temps avant que ces éleveurs commerciaux ne commencent à manquer de terres. Ils ont alors proposé de dissoudre la réserve de chasse du Kalahari central, le deuxième ou troisième plus grand sanctuaire de la vie sauvage au monde, afin de pouvoir l'utiliser pour de nouveaux élevages de bétail.

Après avoir détruit des dizaines de milliers de kilomètres carrés d'habitat sauvage au nom du développement, les éleveurs n'ont jamais remboursé aucun des prêts de la Banque mondiale. Malgré cela, la Banque était sur le point de financer un autre grand projet de développement de l'élevage bovin au Botswana lorsqu'un tollé international l'a arrêtée. Les États-Unis, qui fournissent environ vingt pour cent du budget de la Banque, ont refusé de financer d'autres projets de ce type en Afrique équatoriale en l'absence de contrôles environnementaux adéquats.

L'industrie bovine commerciale du Botswana n'a été rentable à court terme que parce que les pays de la Communauté européenne ont payé le bœuf botswanais soixante pour cent au-dessus du prix mondial et ont garanti d'en importer autant que les éleveurs pouvaient en produire. Cependant, seuls trois pour cent des ménages botswanais reçoivent les deux tiers des bénéfices de l'industrie. Pendant ce temps, les pays du Marché commun payaient des sommes exorbitantes pour congeler un excédent de sept cent vingt mille tonnes de viande bovine. En fin de compte, pour réduire l'excédent, une grande partie de la viande bovine a été vendue à la Russie pour dix pour cent du coût de production. En outre, la Communauté européenne a remboursé aux éleveurs commerciaux du Botswana quatre-vingt-onze pour cent des droits de douane perçus pour l'accès à son marché. Les prêts exorbitants à faible taux d'intérêt accordés par la Banque mondiale pour le développement, associés aux rendements élevés auprès de la Communauté européenne, ont fortement incité les éleveurs et les hommes politiques du Botswana à se lancer dans l'aventure. Ils ont encaissé les bénéfices en développant d'immenses zones d'élevage dans des régions sauvages, sans se soucier du coût pour l'environnement.

Lors de notre retour au Kalahari en 1987, nous avons survolé le quart nord-est de la réserve. Nous y avons découvert des centaines de bovins et de chèvres qui paissaient jusqu'à trente kilomètres à l'intérieur de la réserve, où ils étaient abreuvés par des gardes-chasse – dans des trous de forage aménagés avec l'argent de la Communauté européenne pour la protection de la faune migratrice. La propagation du bétail dans la réserve avait commencé, et c'est peut-être la raison pour laquelle on nous a ordonné de quitter le Kalahari.

En fin de compte, cependant, comme le précise notre texte, le gouvernement du Botswana a décidé de conserver la réserve intacte et de ne pas l'aménager pour le bétail.

Annexe B

L'embargo sur l'ivoire

Le braconnage de l'éléphant d'Afrique avant 1989

De 1963 à 1989, les braconniers ont abattu quatre-vingt-six pour cent des éléphants d'Afrique pour leur ivoire, leur peau, leur queue et leurs pattes. En une décennie, la population d'éléphants a chuté de 1 300 000 à 600 000, soit moins de la moitié de ce qu'elle était auparavant. Soixante-dix mille éléphants étaient abattus chaque année pour répondre à la demande mondiale d'ivoire. Quatre-vingt-dix pour cent de l'ivoire commercialisé sur le marché international provenait d'éléphants braconnés. En d'autres termes, il y avait quatre-vingt-dix pour cent de chances qu'un bracelet en ivoire vendu dans n'importe quelle bijouterie ou grand magasin du monde provienne d'un éléphant braconné. Les défenses illégales étaient « blanchies » à l'aide de faux documents.

Les populations d'éléphants de vingt-et-un pays africains ont considérablement diminué au cours de la décennie qui a précédé l'embargo imposé par la CITES. La Zambie a perdu plus de quatre-vingts pour cent de ses éléphants. Dans la seule vallée de la Luangwa, 100 000 éléphants ont été abattus entre 1973 et 1985. Dans le parc national du North Luangwa, de 1975 à

1986, 1000 éléphants ont été abattus par an. La Tanzanie en a perdu 80 %, l'Ouganda 73 %. Dans l'ensemble de l'Afrique de l'Est, 80 à 86 % des éléphants ont été abattus par des braconniers. Au cours des quinze années précédant l'embargo, le Kenya a perdu 5 000 éléphants par an – 1095 par an dans le seul parc de Tsavo[1].

En 1986, la Convention des Nations unies sur le commerce international des espèces de faune et de flore sauvages menacées d'extinction (CITES) a tenté de contrôler le commerce illégal de l'ivoire en exigeant que des documents d'importation et d'exportation rédigés à l'encre indélébile accompagnent chaque défense. Ce système a complètement échoué. Dans certains cas, les documents et les marques ont été falsifiés. La plupart du temps, la procédure a été purement et simplement ignorée. Le braconnage des éléphants et le commerce illégal de l'ivoire ont continué comme avant.

La plupart des pays africains ne disposaient pas des ressources nécessaires à la lutte contre le braconnage des éléphants. Le prix de l'ivoire brut a grimpé à plus de 136 dollars la livre. Les fonctionnaires corrompus de nombreux pays (dont la Zambie, le Zimbabwe, le Botswana et l'Afrique du Sud[2]) ont participé au braconnage pour augmenter leurs revenus. Les institutions gouvernementales – douanes, armée, police, départements des parcs nationaux, système judiciaire – étaient également souvent impliquées. Dans la majorité des cas,

---

1. Commentaires de la Humane Society of the United States concernant les propositions du Zimbabwe, du Botswana, de l'Afrique du Sud, de la Namibie, du Malawi et de la Zambie de transférer des populations d'éléphants d'Afrique de la CITES, Annexes 1 et 2, Humane Society of the United States, 30 janvier 1992.
2. *Ibid.*

le profit réel des éléphants braconnés est allé dans les mains de particuliers ou de ressortissants étrangers. Les trésors nationaux des pays africains n'en ont que très peu profité[3].

L'embargo imposé par la CITES

Au début de l'année 1989, se rendant compte que le braconnage était incontrôlable et que leurs nations perdaient une ressource considérable, huit pays africains (Tanzanie, Kenya, Somalie, Gambie, Zaïre, Tchad, Niger et Zambie) se sont mis d'accord pour soutenir une interdiction internationale du commerce de l'ivoire, qui devait débuter en janvier 1990. En mars 1989, les États-Unis ont imposé une interdiction immédiate sur l'importation d'ivoire. Le Canada, la Communauté européenne, la Suisse et les Émirats arabes unis ont suivi l'exemple des États-Unis.

Le 17 octobre 1989, la CITES a voté (soixante-seize nations contre onze) l'inscription de l'éléphant d'Afrique à l'annexe I, le classant ainsi parmi les espèces menacées d'extinction. La vente de tout ce qui provient des éléphants a été interdite pendant deux ans à partir de janvier 1990.

Le prix de l'ivoire payé aux braconniers a chuté à un centième de son prix antérieur : environ 1,36 dollar par livre. En conséquence, le braconnage a diminué de façon spectaculaire dans de nombreuses régions. Le Kenya, qui perdait 5 000 éléphants par an, n'en a abattu que 55 l'année suivant l'interdiction. Dans le parc national du North Luangwa, nous n'avons enregistré que

---

3. Communiqué de l'African Wildlife Foundation.

12 éléphants morts en 1990 (contre 1000 par an). À Selous, en Tanzanie, aucune carcasse fraîche n'a été observée. En général, le braconnage a diminué de 80 % en Afrique de l'Est. Il a également diminué au Tchad, au Gabon, au Zaïre et au Congo[4].

Ces résultats incroyables montrent que l'embargo sur l'ivoire par la CITES a été l'une des politiques environnementales les plus efficaces jamais adoptées.

La résistance à l'embargo

Malgré ce succès sans précédent, huit pays qui avaient tout à gagner au commerce de l'ivoire ont émis des réserves à l'embargo en 1989 : la Chine, le Botswana, le Zimbabwe, le Mozambique, l'Afrique du Sud, le Malawi, la Zambie – qui avait changé de position – et la Grande-Bretagne au nom de Hong Kong (pour six mois).

En outre, l'Afrique du Sud, le Botswana, le Zimbabwe, la Namibie, le Malawi, le Mozambique et l'ancien gouvernement zambien ont décidé de faire passer l'éléphant de la catégorie « en danger » à la catégorie « menacée », ce qui leur permettait de poursuivre leur commerce d'ivoire. À l'exception de l'Afrique du Sud, ces pays ont formé leur propre cartel de l'ivoire, le Centre d'Afrique australe pour la commercialisation de l'ivoire (SACIM).

Dans un geste extrêmement courageux, le gouvernement nouvellement élu de la Zambie, sous l'égide du parti MMD, a annoncé qu'il changerait à nouveau de position, qu'il soutiendrait l'embargo et qu'il ne vendrait pas le stock d'ivoire qu'il avait confisqué aux braconniers. Le 14 février 1992, la Zambie a organisé une

---

4. Communiqué de The Humane Society of the United States.

cérémonie d'incinération de l'ivoire illégal. La Chine est également revenue sur sa position et s'est jointe à l'embargo.

Les pays d'Afrique australe qui ont refusé de s'y joindre ont organisé une campagne internationale pour convaincre les pays non africains de la CITES que leur position de déclassement de l'éléphant était la bonne. Leurs arguments étaient erronés pour les raisons suivantes.

1. Ces nations sont impliquées dans le commerce illégal de l'ivoire.

L'Afrique du Sud, l'un des pays qui s'est le plus opposé à l'embargo, est l'un des plus grands centres d'échange d'ivoire illicite du continent africain. L'ivoire brut entrant et sortant d'Afrique du Sud à destination d'autres pays de son union douanière (Botswana, Swaziland, Namibie, Lesotho) ne nécessite pas de permis d'importation ou d'exportation. En outre, l'ivoire travaillé peut être importé en Afrique du Sud ou exporté depuis ce pays sans permis. La porte est donc grande ouverte à l'importation d'ivoire illégal dans le pays, puis à son exportation n'importe où dans le monde, sans documents.

Une grande partie de l'ivoire illicite provenant de Zambie, notamment du parc national de North Luangwa, a été transportée par Swazi-Air de Lusaka au Swaziland, puis par camion en Afrique du Sud. Trois hauts fonctionnaires zambiens ont été suspendus pour avoir participé à ce réseau de contrebande.

Une fois que l'ivoire se trouve en Afrique du Sud, il peut être vendu ou exporté librement. Avant l'embargo de 1989, l'Afrique du Sud importait 15 tonnes d'ivoire illégal du Zaïre, 12 tonnes en provenance de l'Angola, 10 tonnes de la Zambie, 2 tonnes du Zimbabwe et 1 tonne du Malawi et du Mozambique[5]. Et l'Afrique du Sud exportait 40 tonnes d'ivoire illégal par an. Une étude des Nations unies a conclu que « l'Afrique du Sud sert d'intermédiaire pour l'exportation illégale de quantités importantes d'ivoire (...) à partir des États voisins (notamment l'Angola, le Botswana, le Malawi, le Mozambique, la Zambie et le Zimbabwe)[6]. »

En Angola, les membres de l'Union nationale pour l'indépendance totale de l'Angola (UNITA) ont tué 100 000 éléphants pour financer leur guerre contre le gouvernement. Leurs défenses ont été exportées vers l'Afrique du Sud, où elles sont entrées sur le marché libre[7]. Un photographe du magazine *Time* a vu un énorme atelier automatisé géré par l'UNITA en Angola, où des dizaines de tours étaient utilisés pour sculpter des défenses en répliques de mitrailleuses. Deux hommes arrêtés en Afrique du Sud en possession de 975 défenses d'éléphants braconnés n'ont jamais été poursuivis[8].

Le 25 février 1992, l'Agence d'investigation environnementale d'Angleterre a indiqué qu'après deux ans d'examen, elle avait déterminé que les Forces de défense sud-africaines (SADF) et l'Armée nationale du Zimbabwe avaient été impliquées dans le braconnage d'éléphants à grande échelle et dans la contrebande

---

5. *The Ivory Trade in Southern Africa*, publication de la CITES, 7.22, Annexe 2, 1990.
6. Rapport du Programme des Nations unies pour l'environnement, 16 août 1991.
7. Craig van Note, *Earth Island Journal*, 1988.
8. *Johannesburg Star*, 19 novembre 1989.

d'ivoire. Son rapport apportait la preuve que les SADF dirigeaient une importante opération de contrebande à partir de l'Angola et du Mozambique[9].

2. Les affirmations selon lesquelles il y a trop d'éléphants dans certaines régions sont inexactes ou non pertinentes.

Le Zimbabwe et le Botswana déclarent qu'ils ont trop d'éléphants et qu'ils doivent les abattre pour éviter la destruction de l'habitat. Trop souvent, lorsque les éléphants semblent être présents en grand nombre, c'est en fait parce qu'ils ont été entassés dans de petites zones par des pressions extérieures dues au braconnage, ou par la perte d'habitat due au développement humain. Si le braconnage était éliminé ou si les éléphants étaient autorisés à occuper une plus grande partie de leurs anciennes aires de répartition, la surpopulation n'existerait plus. Les populations humaines augmentant de plus de 3 % par an, elles prendront de plus en plus de place dans l'habitat des éléphants à des fins de développement et des conflits se produiront. Mais le traité CITES n'interdit pas l'abattage des éléphants dans les zones où leur densité est trop élevée. L'abattage doit être considéré comme un dernier recours, mais lorsque cela est nécessaire, il peut être effectué conformément aux règlements de la CITES. Ce n'est pas l'abattage qui est la cause du braconnage, mais bien la vente de l'ivoire et d'autres parties des éléphants abattus.
Trop souvent dans le passé, les gouvernements ont eu recours de manière répétée et prématurée à des opérations

---

9. *Under Fire: Elephants in the Front Line,* Environmental Investigation Agency, Londres, 1992.

d'abattage pour contrôler les populations d'éléphants. Il serait bien plus judicieux que les pays d'Afrique centrale, d'Afrique australe et d'Afrique de l'Est créent une agence internationale de police similaire à Interpol pour lutter contre le trafic illicite de tout ce qui provient des animaux et coordonner les opérations de lutte contre le braconnage.

3. Ces pays affirment qu'ils maîtrisent le braconnage et qu'en se voyant refuser le commerce de ce qui provient des éléphants, ils sont pénalisés par l'absence de contrôle dans d'autres pays. Mais le braconnage continue au Zimbabwe et au Botswana. Selon le directeur adjoint du département zimbabwéen de la faune, le nombre d'éléphants tués par des braconniers a augmenté de 300 % au cours des dernières années[10]. Le département a fait état d'un braconnage intensif et organisé dans la vallée du Zambèze et a reçu 104 500 dollars des États-Unis pour l'aider à lutter contre ce phénomène. Le braconnage des éléphants a lieu dans la réserve de Chobe au Botswana et Nigel Hunter, directeur adjoint de la faune et des parcs nationaux, a déclaré qu'il soupçonnait que l'ivoire illégalement prélevé au Botswana passait par l'Afrique du Sud[11].

Comme il n'existe actuellement aucun moyen de vérifier l'origine de tout ce qui provient des éléphants, tout pays qui en fait le commerce stimule inévitablement un trafic illégal massif à l'intérieur de ses propres frontières et au-delà de celles-ci avec d'autres pays. La demande augmentant, de plus en plus d'éléphants sont braconnés dans les pays voisins pour y répondre à la demande.

10. *New African Magazine,* juin 1991.
11. Communiqué de The Humane Society of the United States.

4. L'affirmation selon laquelle les gens devraient pouvoir tirer profit des éléphants n'est pas contradictoire avec l'embargo.

Les pays qui résistent à l'embargo affirment que les populations locales et les trésors nationaux devraient pouvoir bénéficier des éléphants. Mais l'interdiction ne les empêche pas de le faire. Le tourisme animalier peut générer autant de revenus que le commerce de l'ivoire. Les éléphants vivants du Kenya rapportent 20 millions de dollars par an grâce au tourisme, qui profite à de nombreuses personnes ; l'argent provenant des éléphants braconnés ne tombe que dans quelques mains.

5. Certains pays veulent déclasser l'éléphant d'Afrique afin de permettre le commerce international des peaux, des pattes et des queues, même si le commerce de l'ivoire est interdit.

Avant l'embargo, le commerce des peaux, des pieds et des queues d'éléphants valait autant que le commerce de l'ivoire au Zimbabwe et en Afrique du Sud. Il importe peu au braconnier d'abattre un éléphant pour son ivoire ou pour sa peau. Tant qu'il y aura un marché pour quelque partie d'éléphant que ce soit, le braconnage reprendra de plus belle.

L'embargo remis en cause

Au mois de mars 1992, les délégués de la CITES se sont réunis au Japon pour voter sur le maintien ou non de l'interdiction. Malgré son succès, les nations du

SACIM et l'Afrique du Sud voulaient qu'elle soit annulée. Si incroyable que cela puisse paraître, la délégation du Service américain de la pêche et de la faune (Fish and Wildlife Service) a envisagé de se joindre à ces pays pour voter en faveur d'un déclassement de l'éléphant. Apparemment, les délégués américains avaient accepté les déclarations des nations du SACIM selon lesquelles elles avaient les moyens de contrôler un tel commerce, malgré les preuves accablantes qu'elles n'en étaient pas capables. Soixante groupes américains de protection de l'environnement et de conservation, dont le nôtre, ainsi que de nombreux sénateurs et membres du Congrès, ont envoyé des pétitions au président George Bush, demandant que les États-Unis soutiennent la poursuite du moratoire. Après avoir examiné tous les éléments, le président Bush a décidé que cette action était « la bonne chose à faire ». Il a demandé à la délégation américaine au Japon de voter en conséquence, et les autres pays membres de la CITES ont fait de même. Finalement, les pays opposés à l'interdiction ont retiré leur proposition et le moratoire sur la vente de tout ce qui provient des éléphants a été maintenu.

Conclusion

L'ouverture d'un marché légal pour n'importe quelle partie d'éléphant (ivoire, peaux, queues, pattes) rouvrira le marché illégal. Dans les conditions actuelles de corruption généralisée et de manque de ressources pour protéger les éléphants sur le terrain, le moyen le plus efficace de sauver l'éléphant d'Afrique est de maintenir un moratoire international complet et à long terme sur la vente de toutes les parties d'éléphants, y compris l'ivoire.

Lors de la prochaine réunion de la CITES (en 1994), le moratoire devrait être prolongé d'au moins dix ans, et non de deux. Une période plus longue empêchera les braconniers de stocker de l'ivoire et enverra un message fort aux vendeurs du marché noir, à savoir que les pays de la CITES sont déterminés à sauver l'éléphant d'Afrique de l'extinction. Une telle période permettra également aux populations d'éléphants de se reconstituer.

Un dernier mot : le commerce de l'ivoire ne tue pas seulement les éléphants, il entraîne aussi la mort des personnes qui tentent de les protéger.

Remerciements

Nous sommes extrêmement reconnaissants des initiatives de conservation prises par le nouveau gouvernement zambien, et en particulier de la vision de Frederick Chiluba, son nouveau président démocratiquement élu. Pour la première fois, nous osons espérer que les solutions aux problèmes de la vie sauvage et du développement humain peuvent être complémentaires et durables. Nous remercions le gouvernement zambien et le conseil du district de Mpika de nous avoir permis de mener le projet de conservation du North Luangwa ; l'ancien ambassadeur des États-Unis en Zambie, Paul Hare, et l'agent des services d'information des États-Unis, Jan Zehner, pour leur rôle dans l'obtention de cette autorisation, ainsi que leurs épouses, qui nous ont ouvert leurs maisons à de nombreuses occasions. Nous sommes redevables à l'actuel ambassadeur, Gordon Streeb, d'avoir ajouté son prestige et son influence à la politique de conservation en Zambie, et nous apprécions l'hospitalité que lui et Junie, son épouse, nous ont offerte.

À Andy et Caroline Anderson et Dick Houston à Lusaka, merci de comprendre ce que signifie venir de la brousse. Nous remercions également Julie et Alan van Edgmond, Mary Ann Epily, Marilyn Santin, ainsi que Mary, Ralph et Astrid Krag-Olsen pour leur amitié et leur hospitalité à Lusaka.

Nous remercions tout particulièrement Luke Daka, secrétaire permanent du ministre du Tourisme, Akim Mwenya, directeur du Service des parcs nationaux et de la faune sauvage de Zambie, Gilson Kaweche, également du Service des parcs nationaux et de la faune sauvage, Paul Russell, chef des opérations de la Commission anticorruption, ainsi que Norbert Mumba, Clement Mwale et Charles Lengalenga, responsables des enquêtes de la Division de la protection des espèces, pour leur aide dans la lutte contre le braconnage organisé dans la région de Mpika. Nous remercions sincèrement le gouvernement du Canada d'avoir fait don d'un camion à notre programme de service communautaire.

Nous remercions chaleureusement le président George Bush et la première dame Barbara Bush pour le temps et la considération qu'ils ont consacrés à notre message et pour avoir agi de manière décisive afin de garantir le maintien de l'embargo international de la CITES sur le commerce des éléphants. Nous sommes également reconnaissants au sénateur Bob Kasten, à Eva, son épouse, et à Alex Echols, collaborateur principal du sénateur, ainsi qu'au membre du Congrès Mel Levine et à Jennifer Savage, sa collaboratrice, pour leurs actions visant à garantir que les subventions de la Banque mondiale ne continuent pas à détruire la nature sauvage du Kalahari et pour avoir veillé à ce que la délégation américaine à la CITES vote en faveur du maintien de l'interdiction de l'ivoire. Nous remercions également Marguerite Williams pour son aide à cet égard et pour toutes les autres manières dont elle nous a soutenus.

Nous sommes très reconnaissants aux Amis des animaux de la Société zoologique de Francfort, et en particulier à Richard Faust, son président, et à Ingrid Koberstein, son assistante, qui, depuis 1978, ont été les principaux soutiens de nos projets et nous ont fourni tout ce dont nous avions besoin, des trombones aux avions. Francfort est une force puissante pour la conservation en Afrique, en Asie et en Amérique du Sud.

Nous sommes également redevables aux membres de notre propre Fondation Owens pour la conservation de la vie sauvage, qui nous ont soutenus financièrement, moralement et spirituellement, en particulier pour l'expansion de notre projet de conservation du North Luangwa, qui comprend des programmes d'application de la loi, de sensibilisation des villages et de services communautaires, ainsi que d'éducation à la conservation.

À Helen Cooper, sœur de Delia et directrice exécutive de notre fondation, et à Fred, son mari : merci d'avoir été là pour tout, du contact direct avec les présidents à la direction adroite, aux conseils avisés, à la collecte de fonds et à l'organisation de nos tournées de conférences. Notre neveu Jay Cooper est notre consultant en informatique et notre bidouilleur en tout genre. Merci, Jaybird. Merci également au frère de Jay, Derick, qui nous a permis d'entreposer nos cartes d'identité des lions sur son lit et sur les murs de sa chambre à coucher. Nous remercions chaleureusement Bobby Dykes, le frère jumeau de Delia, pour la gestion de notre photothèque. Mary, son épouse, est la directrice adjointe de notre fondation et acquiert des objets aussi divers que des moteurs d'avion et des crayons de couleur. D'une manière ou d'une autre, elle les achemine dans l'un des coins les plus reculés d'Afrique. Plus miraculeusement encore, elle comptabilise leur achat et leur expédition dans pas moins de cinq devises différentes. En même temps, elle dirige notre programme de jumelage d'écoles. Nous remercions également Mike, le frère de Mark, et Jan, son épouse, pour le soin qu'ils ont apporté au matériel photographique.

Leslie Keller-Howington a offert les magnifiques illustrations du logo de notre fondation et des brochures de conférences. Nous sommes également très reconnaissants à Rick Richey pour le montage et la reproduction des vidéos et à

Channing Huser pour ses illustrations du projet de conservation du North Luangwa.

Pendant des mois, Marie Hill a travaillé bénévolement à Mpika et dans les villages les plus reculés pour développer notre programme d'éducation à la conservation. Harvey Hill a apporté des idées nouvelles et un soutien matériel. Nous leur sommes redevables à tous deux. Lorsque nos programmes se sont rapidement transformés en un projet de développement régional, Tom et Wanda Canon, nos coordinateurs de projet bénévoles à Mpika, sont venus ajouter de l'ordre, du calme et de la confiance à l'ensemble de l'effort. Même si le soleil décline et que le chaume de leur maison ronde fume chaque fois qu'ils allument leurs méga-appareils, ils ont énormément aidé le projet et nous ne pourrions pas nous passer d'eux. Nous exprimons notre profonde gratitude à Max Saili, notre excellent responsable des services communautaires, et à Evans Mukuka, notre responsable de l'éducation, pour avoir contribué à transmettre le message de la conservation aux habitants du district de Mpika.

Ian Spincer et Edward North, qui ont rejoint le projet en tant que jeunes diplômés de l'université de Reading en Angleterre, ont littéralement pataugé dans des rivières inondées et infestées de crocodiles pour obtenir des informations fiables de première main sur le braconnage et les performances des gardes-chasse sur le terrain. Aucun risque n'a été trop intimidant, aucun défi n'a été trop grand, aucune tâche n'a été trop insignifiante pour eux. Et par-dessus le marché, ils ont contribué à restaurer notre sens de l'humour.

Nous remercions également Christopher, le fils de Mark, qui, pendant trois mois en 1991, a aidé à construire des pistes, à conduire des 4 x 4 et à nommer Bouncer, le lion.

Nous remercions tout particulièrement Mick Slater, David et Jane Warwick, Dutch Gibson, Barbara Collinson, ainsi que Glen Allison, Charlotte Harmon, Gracious Siyanga, Grace,

Exilda Mungulbe, Patrick Enyus, Carl Berry-man et tout le personnel du Projet de services de développement du district (Masdar, Agence britannique de développement outre-mer) à Mpika, qui nous ont hébergés chez eux, nous ont permis d'utiliser leur matériel de communication et leur bureau de poste et nous ont encouragés et soutenus de trop nombreuses manières pour être toutes mentionnées.

Nous exprimons notre reconnaissance envers les officiers Isaac Longwe, Martin Mwanza et Mukendwa Kotela pour avoir apporté diligence et intégrité à l'unité des gardes-chasse de Mano.

Steve Hall, de Wings of Eagles, Tampa, Floride, un pilote de ferry renommé, a piloté notre avion depuis Atlanta jusqu'au camp de Marula-Puku. Il se rend souvent en Afrique et, chaque fois qu'il passe à quelques centaines de kilomètres de la Zambie, Steve s'envole, son avion chargé de fournitures pour le projet de conservation du North Luangwa. Merci à un homme formidable dans le ciel, Steve, et volez en toute sécurité.

Les élèves, les enseignants et les parents de plus de trente écoles américaines soutiennent la conservation en Zambie en envoyant des lettres, des dessins, des récits et des rapports et en faisant don de livres et de fournitures scolaires à leurs amis des écoles jumelées.

Nous saluons Judith Hawke, notre coordinatrice à Lusaka, pour son efficacité et sa diligence dans l'obtention des permis et autres documents administratifs, ainsi que du personnel, des informations, de l'équipement et des fournitures nécessaires au projet.

Nous sommes reconnaissants pour les dons de matériel vidéo de Sony Corporation et de Bubba, le revendeur Zenith de Portland ; pour le matériel informatique de Hewlett Packard Afrique du Sud et de Kaypro Californie ; et en particulier à notre ami proche Jose Jardim pour des années de soutien informatique et pour nous avoir aidés à nettoyer notre camp à Deception Valley. Nous sommes également redevables à Richard Ferris, de Kodak Afrique du Sud, pour les stocks de pellicules, ainsi que pour son hospitalité et son amitié.

Nous remercions Bob Ivey, Dick Houston, Lee et Maureen Ewell, Jon Fisher, Barbara Frybarger, Barbara Brookes et Helen Cooper pour leurs commentaires utiles sur le manuscrit. À nos chers amis Bob Ivey et Jill Bowman, merci une fois de plus de nous avoir permis de profiter de votre maison et de gâter vos chats tout en mettant la dernière main au manuscrit.

Nous remercions tout particulièrement Harry Foster, notre ami et éditeur chez Houghton Mifflin, pour son enthousiasme, ses encouragements et sa révision inlassable d'innombrables versions du manuscrit ; Vivian Wheeler pour son aide ; et Suzanne Gluck, notre agent littéraire, pour son intérêt et son soutien.

Dave Erskine et Gordon Bennet de Johannesburg ont débarrassé notre camp après notre expulsion du Botswana. À Johannesburg, George et Penny Poole, ainsi que Nick et Sally, nous ont gentiment permis de séjourner dans leur chalet familial en forme de A pendant trois mois après notre expulsion, et de récupérer dans leur chalet sur la côte sud. Notre vieil ami Kevin Gill nous a offert sa maison, sa compagnie et son aide inestimable pour identifier les arbres du North Luangwa. Everard et Patsy Reed, de Johannesburg, nous ont invités à partager leur magnifique ferme près de Mulders Drift pendant la phase initiale de rédaction du manuscrit.

Hank et Margaret McCamish, nous vous remercions pour cet endroit très spécial dans la Vallée des cerfs, ainsi que pour votre foi et votre confiance en nous et en notre philosophie d'aide aux populations et aux animaux de l'Afrique sauvage.

Nous ressentons un sentiment particulier de camaraderie avec nos « gars » de Marula-Puku : Mutale Kasokola, Mumanga Kasokola, Chanda Mwamba, Chomba Simbeye,

Evans Mulenga, Timothy Nsingo et les autres membres de l'équipe qui ont travaillé dur et risqué beaucoup pour sauver le North Luangwa. Sans eux, le parc aurait certainement été perdu à l'heure qu'il est.

À Bill Campbell et Maryanne Vollers, merci pour tous les souvenirs sous les étoiles africaines et pour vos efforts incessants en faveur de la conservation. Bill et Marion Hamilton, Joel Berger et Carol Cunningham ont toujours été là quand nous avions besoin d'eux. Nous remercions Jim et John Lipscomb, producteurs de *African Odyssey*, de nous avoir suivis à travers le continent dans un voyage apparemment sans fin de campements abandonnés, qui s'est terminé par le début d'un nouveau rêve.

Merci à Randy Jones et Jim Cole pour la création de notre brochure et à Joe et Geri Naylor pour leur aide à la produire.

À tous nos amis et à tous les membres de nos familles mentionnés ci-dessus, ainsi qu'à tous ceux que nous aurions pu omettre, merci de faire partie intégrante de nos vies et d'avoir contribué à sauver les éléphants du North Luangwa.

Table

Note des auteurs 9
Personnages principaux 11
Cartes
    District de Mpika 14
    Parc national de North Luangwa 15

Première partie : La saison sèche
Introduction... 19
1. Le vol vers Deception................................. 23
2. Le pays des dunes...................................... 30
3. Contre le vent 55
4. Après Deception 59

Deuxième partie : La saison des changements
Introduction... 77
5. Le Rift... 79
6. Inondations... 113
7. Une vallée grouillante de vie..................... 151
8. Le cœur du village..................................... 181
9. Survivre, chaque saison............................. 205

10. L'œil du dragon	216
11. La seconde Côte d'Ivoire	243
12. Un zèbre sans rayures	257
13. Le juju de Chikilinti	265
14. L'aigle	274
15. L'ombre de la lune	279
16. Une Seule Défense	302
17. Dans l'œil du cyclone	315
18. Nyama Zamara	329
19. Rencontres	344
20. La dernière saison	353
21. *Cherry bombs*	365
22. Des gardes-chasse en action	371
23. Le village de Mwamfushi	385
24. Le partage des saisons	395
Épilogue : Retour à Deception	409
Postface	419
Annexe A : Clôtures et vie sauvage au Kalahari	427
Annexe B : L'embargo sur l'ivoire	433
Remerciements	445

LE RÉCIT DES AVENTURES DE DELIA ET MARK OWENS DANS LE DÉSERT DU KALAHARI

DISPONIBLE EN POCHE AUX ÉDITIONS POINTS

Les Éditions Points s'engagent
pour la protection de l'environnement
et une production française responsable

Ce livre a été imprimé en France, sur un papier certifié issu de forêts gérées durablement, chez un imprimeur labellisé Imprim'Vert, marque créée en partenariat avec l'Agence de l'eau, l'ADEME (Agence de l'environnement et de la maîtrise de l'énergie) et l'UNIIC (Union nationale des industries de l'impression et de la communication).

La marque Imprim'Vert apporte trois garanties essentielles :

- La suppression totale de l'utilisation de produits toxiques
- La sécurisation des stockages de produits et de déchets dangereux
- La collecte et le traitement de produits dangereux

RÉALISATION : NORD COMPO À VILLENEUVE-D'ASCQ
IMPRESSION : CPI FRANCE
DÉPÔT LÉGAL : NOVEMBRE 2023. N° 154107 (3053812)
IMPRIMÉ EN FRANCE